"新师范"建设丛书

XINSHIFAN JIANSHE CONGSHU

广东省基础教育高质量教研理论与实践

陈文海　熊建文　赵　艺　主编

广东高等教育出版社
Guangdong Higher Education Press
·广州·

图书在版编目（CIP）数据

广东省基础教育高质量教研：理论与实践/陈文海，熊建文，赵艺主编. —广州：广东高等教育出版社，2024.4

（“新师范”建设丛书）

ISBN 978-7-5361-7655-3

Ⅰ. ①广… Ⅱ. ①陈… ②熊… ③赵… Ⅲ. ①基础教育-数学研究-广东 Ⅳ. ①G632.0

中国国家版本馆 CIP 数据核字（2024）第 051020 号

GUANGDONG SHENG JICHU JIAOYU GAOZHILIANG JIAOYAN：LILUN YU SHIJIAN

出版发行	广东高等教育出版社 社址：广州市天河区林和西横路 邮编：510500　营销电话：（020）87553335 http://www.gdgjs.com.cn
印　　刷	广州市怡升印刷有限公司
开　　本	787 毫米 ×1 092 毫米　1/16
印　　张	19.75
字　　数	470 千
版　　次	2024 年 4 月第 1 版
印　　次	2024 年 4 月第 1 次印刷
定　　价	63.00 元

前　　言

2019年，中共中央、国务院颁发《关于深化教育教学改革全面提高义务教育质量的意见》，同年，教育部颁发《关于加强和改进新时代基础教育教研工作的意见》，对深化基础教育综合改革，发挥教研对基础教育的支撑作用，推动基础教育高质量发展提出了具体要求。

华南师范大学作为地方重点师范大学，建校90周年以来始终坚持师范底色，在师范生培养、教师发展、基础教育教学改革、教材建设、基础教育质量检测与评价等方面做出了应有之贡献。

为落实相关文件精神，2022年4月，依托广东省“新师范”建设指导委员会和“华南师大－中小学”协同发展联盟，华南师范大学适时举办全省“新课标新教材新高考”背景下优秀教学研究论文评选与分享活动。活动由教务处策划组织，相关二级学院具体实施，全省在职高中教师、我校师范生和教育硕士生参与了线上分享活动。本活动遴选出一批具有示范性、代表性的优秀教学研究论文，邀请优秀论文获奖者分享了论文写作缘由、写作过程、写作框架、心理历程等。点评专家有来自我校的课程与教学论专家，也有来自省教研院、各地市教研院/教研室等资深教研员，他们对教研论文进行了针对性点评，并高屋建瓴地进行了专题汇报，开拓了教师的教研视野和思路。全省基础教育一线教师和华南师范大学的在读师范生同时线上参与了该分享活动，活动成效显著，成为了引领广东基础教育教研的“风向标”。

本论文集优中选优，在近600篇教研论文中遴选出47篇涵盖九大学科的优秀论文结集出版。这批优秀论文充分体现了基础教育教研的新方向和新思路，具有典型性和示范性。本论文集对学科教研员、基础教育一线教师和在校师范生均具有启发和指导作用。

此外，依托广东省“新师范”建设指导委员会、“华南师大－中小学”协同发展联盟，于2022年3月教育部印发《义务教育课程方案和课程标准（2022年版）》之际，华南师范大学联合华南师范大学附属中学，通过16个虚拟教研室，面向社会开展了题为“双减背景下义务教育新课标暨技术赋能的创新课堂教学云分享会”的大型联合教研活动，线上观摩人数超过30万人次；同年，华南师范大学联合广东省教育研究院“南方教研大讲堂”分别开展了基于学科核心素养的语文、数学、英语学科的3场线上教研活动，面向全国开放，每场观摩人数均超过60万人次。这些活动凸显了华南师范大学对基础教育教研的引领作用，同时加强了华南师范大学与省教研院、中小学的紧密联系，推动了课程与教学论专家与基础教育一线教师、学科教研员和师范生共同体的协同发展。数字赋能教育，高等教育与基础教育正在形成新形态的协同教研发展共同体，共同弘扬教育家精神，为教育强国、民族复兴伟业做出新的更大贡献！

编　者

于华南师范大学

2024年1月10日

目　录

语 文 篇

数 学 篇

英　语　篇

物 理 篇

化 学 篇

生 物 学 篇

思想政治篇

历 史 篇

地 理 篇

语文篇

“新师范”建设丛书

统编教材高中语文古诗文教学中传统文化常识的渗透

汕头市聿怀中学　李　艺

传统文化是我国精神领域的瑰宝，高中古诗文中的文化一般主要指中国传统文化。所谓中国传统文化“是指以华夏民族为主流的多元文化在长期的历史发展过程中融合、形成、发展起来，具有稳定形态的中国文化，包括思想观念、思维方式、价值取向、道德情操、生活方式、礼仪制度、风俗习惯、宗教信仰、文学艺术、教育科技等诸多层面的丰富内容”。随着社会的发展，传统文化教育的地位与意义与日俱增，培养学生具有优秀传统品格和素质意义重大。因此，笔者将从在高中语文古诗文教学中渗透传统文化及文化常识的必然性和必要性，以及教学实施策略角度入手来谈这个问题。

一、在高中语文教学中渗透传统文化及文化常识的必然性和必要性

（一）在高中语文教学中渗透传统文化及文化常识，是对普通高中语文课程标准人文性的践行

《普通高中语文课程标准（2017 年版 2020 年修订）》（简称《高中语文课程标准》）在课程性质中指出：普通高中语文课程，应使全体学生在义务教育的基础上，进一步提高语文素养，形成良好的思想道德修养和科学人文修养，为终身学习奠定基础，为传承和发展中华文化、增强民族凝聚力和创造力发挥独特的功能，为培养德智体美劳全面发展的社会主义建设者和接班人发挥应有的作用。

《高中语文课程标准》在课程理念中提到高中语文课程必须充分发挥自身的优势，弘扬和培育民族精神，使学生受到优秀文化的熏陶；在其传承中华文化的课程目标中也明确指出要通过学习运用祖国语言文字，体会中华文化的博大精深、源远流长，体会中华文化的核心思想理念和人文精神，增强文化自信，理解、认同、热爱中华文化，继承、弘扬中华优秀传统文化和革命文化。普通高中语文课程由必修、选择性必修、选修三类课程构成。三类课程分别安排 7 ~ 9 个学习任务群。中华优秀传统文化、革命文化和社会主义先进文化方面的内容始终贯串必修、选择性必修、选修。

通过研读、分析《高中语文课程标准》，我们不难发现：课程标准并不只是单一地注重语文的工具性，实际上，它是对工具性和人文性的双重追求。在人文性教学目标方面又将教学目标具体分为思想目标、文化目标、审美目标三个层次。而倘若我们能将中华传统文化及古代文化常识渗透到教学中去，那更是对完成“思想目标”“文化目标”的更有力度的表现。

（二）在高中语文教学中渗透传统文化及文化常识，有助于深入了解传统，增强文化自信

传统文化是民族精神魂魄得以延续的有力保障。中华优秀传统文化在国家文化建设及我国特色社会主义建设过程中的积极作用愈加被重视，习近平总书记多次提出要实现对中华优秀传统文化的创造性转化与创新性发展。而实现对文化的创造和创新，传承是其前提和基础。只有辩证性地选择传承与当下时代相适应的中华优秀传统文化，才能更好地实现对中华优秀传统文化的“双创”。在传承中国传统文化的道路上，在语文教学中渗透传统文化及文化常识就显得尤为任重而道远了。

二、在高中语文古诗文教学中渗透传统文化及文化常识的实施策略

（一）挖掘整理教材中的古代文化常识，丰富传统文化内涵

统编高中语文教材中的古诗文，基本都是精选的经典著作，蕴含着大量的文化常识及优秀传统文化精神。对此，笔者结合课文内容和课本注释梳理统编高中语文必修上、下册，选择性必修上、中、下册教材古诗文中涉及的传统文化知识和传统文化精神。整理过程中发现其涵盖之广，内容之丰富：上到天文历法，下到人文地理，古代姓氏名号、科举职官、历史典故可谓应有尽有。现对教材古诗文中涉及的文化常识和传统文化精神的内容整理列表如下（见表1、表2、表3）。

表1　统编高中语文必修上册涉及的文化常识和传统文化精神

篇目	古代文化及文化常识	传统文化精神
《芣苢》/《诗经·周南》 《插秧歌》	《诗经》相关常识 古代传统劳作（插秧）方式	热爱劳动 劳育体现
《短歌行》 《归园田居》	古代诗歌体裁常识：行 “建安风骨” 历史典故	不与邪恶势力同流合污的斗争精神和牢记初心使命的爱国担当
《梦游天姥吟留别》 《登高》 《琵琶行并序》	歌行体的相关常识 古代官职任免术语 古代官职的名称 古代官服颜色与官位高低相关常识	仕与隐、儒与道思想 心系百姓 同情百姓 爱民的情操

续上表

篇目	古代文化及文化常识	传统文化精神
《念奴娇·赤壁怀古》 《永遇乐·京口北固亭怀古》 《声声慢（寻寻觅觅）》	豪放派和婉约派的相关知识 向鬼神敬酒的礼俗形式的常识："酹" 宗法礼俗之年号常识 历史典故	雄心壮志，报国平天下的爱国情操
《师说》 《劝学》/《荀子》	唐宋八大家 "六艺"内涵 各朝代国家最高学府的名称 古代步伐计算	师道 学无常师、不耻下问的尊师重道精神 学习的重要性 学习中注重积累、坚持、专一的务实学风
《赤壁赋》 《登泰山记》	中国传统历法常识：既望、晦朔等 星宿常识 干支纪年法常识	积极入世和消极避世的矛盾中所体现出来的豁达乐观精神
《静女》/《诗经·邶风》 《涉江采芙蓉》/《古诗十九首》 《虞美人（春花秋月何时了）》 《鹊桥仙（纤云弄巧）》	《诗经》相关常识 《古诗十九首》的文学常识 宋词、词牌名相关常识 星宿常识 古代传统节日七夕节	美好爱情的追求 家国情怀 小我之爱与博爱

表 2　统编高中语文必修下册涉及的文化常识和传统文化精神

篇目	古代文化及文化常识	传统文化精神
《子路、曾皙、冉有、公西华侍坐》/《论语》 《齐桓晋文之事》/《孟子》 《庖丁解牛》/《庄子》	诸子百家思想及代表作相关常识 古代重量单位（钧）等 古代不同性质学校的名称 孝悌思想	人各有志 工匠精神 儒家、道家思想理解：为与不为
《烛之武退秦师》/《左传》	编年体、断代体、通史文学常识 古代男女不同年龄阶段的称呼：男子二十（冠），男子三十（壮）	古代外交行为准则之有礼与不武
《鸿门宴》	《史记》相关常识 古代兄弟间的排序 古代坐席、座次问题 姓氏名号 历史典故 古代隆重的礼节	作者司马迁忍辱负重的精神 性格与命运的关系

续上表

篇目	古代文化及文化常识	传统文化精神
《谏逐客书》 《与妻书》	奏章、古代书信文体常识 干支纪年法常识 古代不同颜色的称呼（黔：黑色）以及颜色指代（黔首、青衫）	海纳百川、自强不息之精神 爱国情怀及对妻子的忠贞
《谏太宗十思疏》 《答司马谏议书》	奏章与书信文体常识	天下兴亡，匹夫有责 居安思危 革新以救亡图强 使命担当 善始善终
《阿房宫赋》 《六国论》	赋与史论文体常识 古代建筑结构风格	心系天下 忧国忧民 家国情怀
《登岳阳楼》 《桂枝香·金陵怀古》 《念奴娇·过洞庭》 《游园（【皂罗袍】）》	宋词、元杂剧、明清传奇文体常识	赤诚的爱国情怀 向往美好，憧憬青春

表3　统编高中语文选择性必修上、中、下册涉及的文化常识和传统文化精神

篇目	古代文化及文化常识	传统文化精神
《〈论语〉十二章》 《大学之道》/《礼记》 《人皆有不忍人之心》/《孟子》 《〈老子〉四章》 《五石之瓠》/《庄子》 《兼爱》/《墨子》	诸子散文 儒家、道家、墨家思想的理解	立身处世 立德树人 修身养性
《无衣》/《诗经·秦风》 《春江花月夜》 《将进酒》 《江城子·乙卯正月二十日夜记梦》	《诗经》、古体诗、宋词文体常识 干支纪年法常识	人生得意失意的价值取向 恒久的自然和短暂的人生之间的关系

续上表

篇目	古代文化及文化常识	传统文化精神
《屈原列传》 《苏武传》 《过秦论》 《五代史伶官传序》	传、史论、序文体常识 战国时期“四公子” 下层人民百姓的别称 宗法礼俗中“士”的定义 古代地理常识之“九州”	居安思危的思想
《氓》/《诗经·卫风》 《离骚（节选）》	《诗经》《楚辞》相关常识 少年男女发型专用术语 对逝世亲人称呼的专用术语 十二地支相关天文常识	人该具有的忠诚和责任 不与邪恶势力同流合污的斗争精神和至死不渝的爱国热情
《孔雀东南飞并序》	乐府诗相关常识 十二时辰制，汉代命名（人定、黄昏等） 古代夜晚的时段划分术语 宗法礼俗之年号常识 古代农历固定日子的专有名称（三五、上九等）	自由平等的爱情思想
《陈情表》 《项脊轩志》	古代文体常识：表、志 古代官职的名称 古代服丧制度 古代官职任免术语 宗法礼俗之嫁娶术语 对逝世亲人称呼的专用术语 中国传统历法常识：既望、晦朔等	尊老崇孝的品德 珍惜当下 浓郁的家庭观
《兰亭集序》 《归去来兮辞并序》 《种树郭橐驼传》 《石钟山记》	奏章表、序志、传记文体常识 十二地支相关天文常识	不与邪恶势力同流合污的斗争精神和牢记初心使命的爱国担当 取与舍的生死观

（二）课堂随文及时讲解，适当进行知识的迁移与拓展

在课堂上，教师做到有意识地对教材所选的诗文所包含的文化常识加以梳理讲解，是高中古诗文文化常识教学中最基本的策略。适当地将文化常识穿插其中，不仅在一定程度上激发了学生的学习兴趣，更是对当前《高中语文课程标准》所提要求的践行。

然而，教材所选篇目包含的文化常识也是有限的，因此，适当地在此基础上进行知识的迁移与拓展，显得尤为必要。

在所教篇目涉及的古代文化常识教学中，笔者通过联想法，将课文中涉及的文化常识与其他相关知识联系起来，并通过对比法，将这些知识进行对比，从而让学生了解、掌握更多的古代文化常识。

例如，在《鸿门宴》教学中，课文中有这么一段："项王、项伯东向坐；亚父南向坐，——亚父者，范增也；沛公北向坐；张良西向侍。"其中谈到座次问题。在介绍汉代以向东（右侧）的座位为尊，尊卑方位依次为东向、南向、北向、西向时，可通过联想法，整理有关"古代方位词尊卑"的文化常识：（1）主东宾西。古代主位在东，宾位在西。(课文涉及知识）（2）尊右卑左。在古代官职排列、待客、居住位置、座次等方面以右为尊位，而以左为卑位。如《廉颇蔺相如列传》中"以相如功大，拜为上卿，位在廉颇之右"，又如《琵琶行》中"予左迁九江司马"，"左迁"即贬官。（3）面南背北。古代一般把面向南面为至尊，即座位在北面，面向南面，所以称帝王都是南向，与此相对，臣见君必然北向，所以称臣都叫"北面"。如《赤壁之战》中"若不能，何不按兵束甲，北面而事之"。

又如，在进行《永遇乐·京口北固亭怀古》教学时，诗词中涉及"元嘉草草，封狼居胥"，其中"元嘉"是南朝宋皇帝宋文帝刘义隆的年号，所以在介绍有关年号的相关古代文化常识时，运用联想法，古代文化常识中有关"号"的知识，都可以以此做整理总结和对比，整理如下。

- 年号：年号是中国封建王朝纪年的名号，由西汉武帝首创。
- 谥号：谥号是后人根据死者生前事迹评定的一种称号，有褒贬之意。
- 庙号：庙号始于商代，止于清朝，是封建皇帝死后在太庙立室奉祀时的名号。
- 古代人名的别号、字、号。

学生在了解概念之后，对比这几个"号"的性质，区别明确它们的用法以及它们是在人生具体哪些时间段产生的。

通过这种知识迁移拓展的方式，学生不仅掌握了课本知识，同时还能打破课本知识的局限性，掌握更多知识，在联想和对比中辨别几个知识点的异同。

（三）开展以"文化常识"为主题的课前演讲

课前演讲有利于提高学生口语交际表达能力。在文言文教学阶段，笔者的课前演讲主题一般都会与文化常识相关知识有关系。比如：学习《报任安书》，介绍作者司马迁受宫刑，就产生了"介绍古代酷刑以及你所了解的著名历史人物曾受到过的酷刑"的课前演讲课题。这样一来，学生通过演讲前的资料收集、课前的演讲，了解了古代酷刑的种类，甚至提到了上官婉儿受到的墨刑、孙膑受到的膑刑；在学习古代字号相关文化常识时，就产生了"古代成人礼与潮汕地区出花园习俗异同"的课前演讲课题。潮汕地区的孩子，基本在 15 岁都会举办一个"出花园"的习俗仪式来代表长大成人，这与古代男子的成人礼有异曲同工之感。于是，学生在介绍中，回忆和讲述自己的亲身经历，与自己收集到的古代成人礼习俗的相关材料进行对比，加深了他们对传统文化知识的理解。

三、 总结

博大精深、川流不息的中国文化长河，为我们实施古代文化常识教学提供了取之不尽、用之不竭的源泉。本文笔者结合了高中语文教学经历，从实际出发，依据《高中语文课程标准》的要求，探讨了在高中语文古诗文教学中渗透传统文化常识的必要性和方法策略。笔者希望在整理小结教材文化常识时提高古诗文教学中渗透文化常识教学的意识，和同行分享这种教学模式，全面提高学生的语文素养，增加师生的文化底蕴，充分发挥语文课程人文性的育人功能。

参考文献

［1］郭瑞林. 中国传统文化与中学语文［M］. 长沙：湖南师范大学出版社，1999：9.
［2］中华人民共和国教育部. 普通高中语文课程标准（2017 年版）［M］. 北京：人民教育出版社，2018.
［3］陈浩渊. 新课程环境下高中文言文传统文化教学［D］. 呼和浩特：内蒙古师范大学，2011：17.
［4］司马迁. 史记［M］. 北京：中华书局，2014.
［5］罗贯中. 三国演义［M］. 北京：中华书局，2009.

基于项目学习的高中语文整本书阅读教学策略探究

——以《红楼梦》为例

广州协和学校　粟　嘉

阅读教学是高中语文教学中的重要环节之一。《普通高中语文课程标准（2017 年版）》明确把“整本书阅读与研讨”作为一个学习任务群纳入教学内容，并强调这一任务群将贯穿必修、选择性必修和选修三个阶段。如何更好地实施整本书阅读教学，怎样才能获得更好的教学效果，成为教师需要探讨和研究的问题。而传统的语文阅读教学多为单篇阅读教学，且以讲授教学模式为主，显然不太符合当前新课程标准的要求。如何改进阅读教学模式，与时俱进，成为当前语文教育工作者面临的一个重要课题。笔者认为，将项目学习教学模式应用于高中语文整本书阅读教学中，不仅能够提升学生对阅读的兴趣，提高学生的阅读能力，还能提高学生的语言表达能力、创新能力、合作能力，从而全面提高学生的语文综合素养。

一、 概述

项目学习的概念最早起源于 1918 年由美国教育学家克伯屈从学习心理学和教育学角度创立的“项目教学法”。因受杜威“做中学”思想的影响，克伦屈提出知识必须经历实践才能获得，所以只有在教学中围绕具体问题去创设情境，才能引导学生在活动过程中有效地获取知识，这就是项目学习的核心。

目前，对“项目学习”没有一个公认的定义，因此学者们对项目学习的概念认定有所差异。综合一些有代表性的学者的观点可以得出，项目学习是一种以学生为中心，围绕主题项目，选择合适的资源和方法途径，对学科内容探究性、合作性的学习模式。

西方国家有关项目学习的研究和实践较多，已经基本走向成熟，项目学习教学模式现已扩展到各层次的教育教学中。而我国对于项目学习的研究起步相对较晚，直至 20 世纪 90 年代末，有关项目学习的理论才被引入我国，我国对项目学习的理论以及实践研究还处在不太成熟的阶段，研究领域主要涉及教育学、心理学、语言学等高等教育范畴，甚少涉及基础教育领域的研究，因此项目学习在我国基础教育的应用研究仍然需要进行更多的探索。笔者在经过一学年的教学实践之后，认为项目学习对于高中语文整本书阅读教学确实是一种行之有效的教学模式。

二、 项目学习教学模式在高中语文整本书阅读教学中的运用

将项目学习引入高中语文整本书阅读教学中，首先要清楚项目学习教学模式的实施流程，项目学习教学模式强调以学生为主体，让学生采用自主、合作、探究的学习方式去完成学习任务，具体实施主要按照设计项目、制订计划、自主探究、汇报成果和项目评价五个步骤进行。

下面以笔者在教学实践中的“红楼人物评析专题读书展示课”为例，对项目学习教学模式的具体实施流程进行说明。

（一）设计项目

项目的设计需要教师根据课程标准和教学大纲的要求，在充分了解教材的基础上，对教材进行详细分析，并结合所任教班级的具体学情，确定项目内容、制定教学目标、做好教学设计，把教学内容和教学目标合理地融合在项目学习的过程中。

根据新课程标准中提倡学生“读好书，读整本书”的建议，笔者安排学生在课外根据拟订的阅读计划完成《红楼梦》整本书阅读。为了让阅读任务落到实处，检测学生自主阅读的成效，笔者按照项目学习教学模式设计了以红楼人物评析为专题的读书展示课。

项目设计之前，笔者将“红楼人物形象评析”作为项目学习的内容，把教学目标设定为“感受《红楼梦》的艺术魅力，激发对名著阅读的兴趣，引导学生学会多角度鉴赏小说人物形象，通过评析人物，初步形成个性化认识，培养个性化阅读和创造性阅读的能力，提高语文素养”。然后根据项目内容和目标，向学生明确项目的任务和要求：“（1）用简洁的语言概括人物的性格特点。（2）自选一种文学形式对人物形象进行评价。（3）对人物的评价不能脱离原著。”学生可以按照项目任务和要求自由选择自己喜欢的红楼人物来进行评价。

（二）制订计划

学生明确项目任务后，自由组合为探究小组，组长根据组员的具体情况，按照搜集资料、整理资料、创作作品、制作演示文稿、汇报作品等不同任务来进行分工，小组成员采用自主、合作、探究的学习方式来完成项目任务。

（三）自主探究

学生根据项目计划和分工任务开展活动探究，首先是利用各种渠道搜集、整理资料，然后创作作品并完成演示制作。学生需要综合运用各种知识和技能来完成作品的制作，作品形式可以是以文本为主，也可以将文本、图片、音频等加入到成果展示中，制作成演示文稿，还可以将作品拍摄为视频并制作成光盘。

教师在此步骤中主要是指导学生按计划开展各项任务，也可以给学生提供资源指南，

比如教师可以建立学习资源库，为学生提供资源下载、网址导航、在线阅读等帮助。

（四）汇报成果

各小组按照一定的顺序上台汇报本小组的学习成果，在开展红楼人物评析专题读书展示课中，学生选择了以诗歌、人物评论、散文等多种文学形式来评价自己心中喜爱的红楼人物形象，展示的成果中也不乏优秀作品。

如一组学生选择王熙凤作为他们的评价对象，写了一首诗歌来表达他们对王熙凤这个人物的评价：

“丹唇未启笑先闻，言谈爽利心细深，恍若神妃彩仙子，犹记凤本玉贵人……”

另一组学生则选择林黛玉作为他们的评价对象，写了一篇人物短评来表达他们对林黛玉这一人物的看法：

“许多没看过《红楼梦》的人都会觉得林黛玉没有宝钗可爱，性格阴沉、爱哭闹，甚至，有一点作，但看过《红楼梦》之后，无人不被她感动。曹公花了不少笔墨写她，让她的美更超然于旁人……黛玉不同宝钗，她更加地灵动活泼，更加地不被世俗困惑，才华更是顶上的好……”

在轮流展示作品时，学生之间可以相互交流，可以对他人的作品进行点评，也可以提出建议。此时，教师的角色应该由课堂讲授者转变为组织者、观摩者、倾听者，教师在此步骤中主要是为学生搭建交流、展示平台，组织学生展示交流并对学生作品的优缺点给予适时点评。

（五）项目评价

成果汇报结束后，教师应对学生的学习成果进行一定的评价，以便学生能够及时对自己的学习成果做出反思。在进行评价之前教师应该制定一个评价量规，为学生进行自评和互评提供一个参照标准。如在此次成果汇报后，笔者给学生提供了一个评价量规（见表1）。

表1　成果汇报评价量规表

评价等级	评价标准			
	A项：对人物形象的分析观点是否明确，评价是否恰当	B项：分析人物形象是否做到有理有据	C项：展示的作品质量和效果（包括内容和形式）	D项：汇报人的表达是否清晰、流畅、精彩
优秀				
良好				
合格				
不合格				

评价的方式可以是多样的，教师可以根据教学需要提供多种评价方式，如自我评价、小组互评、教师评价等。教师可以在学生自评和互评的基础上给出一个综合评价和改进建

议，学生课后可以根据评价意见对自己的作品进行修改和完善。学生的综合能力在这样的学习过程中自然能够得到提升。

三、 实施项目学习教学模式的效果分析

为了检验项目学习教学模式在高中语文整本书阅读教学中的有效性，笔者在自己所任教的班级进行了一学年的实践研究，除了“红楼人物评析专题读书展示课”外，还陆续开展了“从唐诗宋词中领悟传统文化”“我看《乡土中国》的学术价值”等一系列项目学习活动。实践证明，将项目学习教学模式引入高中语文阅读教学中主要有以下几个方面的教学效果。

（一）有助于提升学生的阅读能力，提高语文阅读成绩

笔者以学生在本学年内开学初的摸底考试以及期中、期末四次大考一共 5 次测试的语文考试成绩为样本进行了数据分析，结果见表 2。

表 2　本学年 5 次测试平均分成绩表

考试名称	现代文阅读	古诗文阅读	语言文字运用	作文	总分
摸底考试	20. 28	20. 18	11. 02	39. 20	90. 68
上学期期中考	21. 68	20. 53	11. 30	39. 61	93. 12
上学期期末考	22. 06	21. 78	11. 85	40. 06	95. 75
下学期期中考	23. 12	22. 66	12. 05	41. 20	99. 03
下学期期末考	24. 05	23. 38	12. 46	42. 16	102. 05

通过表 2 可以清楚地看到，在实施项目学习教学模式后，该班级学生的语文成绩呈逐步上升的趋势，特别是现代文和古诗文的阅读成绩上升较快，从开学初的摸底考到第二学期期末考试，班级语文总分的平均分提高了 11. 37 分，仅阅读所占分数的平均分就提高了近 7 分。同时，学生阅读能力的提高也促进了写作能力的提升，作文的平均分也提高了近 3 分。班级的及格率也由第一学期学期初的 82. 3% 上升到第二学期学期末的 96. 07%，优生率由 15. 6% 上升到 35. 29%。

（二）有效提升学生对阅读的兴趣

通过调查发现，在笔者所任教的班级中，之前仅有 25. 3% 的学生喜欢语文课，而一学期后有 80. 6% 的学生喜欢语文课，其中还有 35. 8% 的学生坦言自己是十分期待语文课的。之前有 85. 6% 的学生认为自己不喜欢阅读，而一学期后这些学生却说阅读已经成为一种习惯。

由此可见，学生对项目学习这种类型的课堂十分喜爱。将项目学习模式引入高中语文阅读教学以后，学生对于阅读的兴趣明显增加，有更多的学生喜欢上了阅读，也喜欢上语文课堂。

（三）有助于学生语文综合素养的提高

项目学习教学模式下的学习过程强调以学生为中心，在整个学习过程中能够为学生提供更大的自主探究的空间，通过设计项目任务，能有效激发学生的好奇心，提高他们主动解决问题的积极性。学生在自主查阅资料、创作作品、展示成果的过程中，锻炼了他们的创新能力、思辨能力、阅读分析能力、语言表达能力及写作能力等，同时在小组合作的过程中也逐渐学会了如何与人沟通，如何与人合作，学生的团队合作能力在学习过程中也得以提升。

四、关于项目学习教学模式在高中语文整本书阅读教学中运用的反思

项目学习教学理论的引入丰富了我国语文教学的理论研究，将项目学习教学模式运用于高中语文整本书阅读教学中，丰富和拓宽了语文教学领域的实践研究。实践证明，项目学习教学模式在激发学生的阅读兴趣、提高阅读能力与综合素质等方面均能取得较好的效果。这种教学模式与新课程标准中“为改变过于强调接受学习、死记硬背、机械训练的状况，特别要重视探究的学习方式”的观念是一致的。

项目学习的课堂教学模式对教师也提出了更高的要求，要求教师必须放下传统的教学观念，改变传统授课方式，完成教学角色的转换。在这种教学模式下，教师还应具备更高的综合素质，除了教学能力，教师还要具备一定的信息技术能力、组织活动能力等，需要在项目学习过程的不同阶段根据学生的实际情况合理安排教学方法，不断跟进项目进展，适时调整教学策略，在不断实践与反思中逐渐提升自己的教学水平，所以项目学习教学模式也能够促进教师的专业能力发展。

但由于项目学习教学模式需要学生通过自主、合作、探究的方式去完成学习任务，在学习过程中需要搜集资料、整理资料、制作作品、完成汇报，整个学习过程历经的时间较长，耗费的精力较多，太多的活动也会增加学生的学业负担，所以每节语文课都按照这样的教学模式也是不切实际的，那么如何才能将项目学习教学模式更好地应用于高中语文的基础教育课程，还需要更多的教育教学工作者做进一步的研究与实践。

参考文献

［1］中华人民共和国教育部．普通高中语文课程标准（2017 年版）［M］．北京：人民教育出版社，2018：11－13.

［2］杨桃．项目式大学语文教学模式初探［J］．长春师范学院学报（人文社会科学版），2012，31（5）：148－149.

［3］王林发．基于“项目学习”的语文综合性学习教学：内涵、实践与反思［J］．内蒙古师范大学学报（教育科学版），2013，26（8）：124－127.

激趣·探究·自主建构

——高一必修上册“词语积累与词语解释”单元教学实践探索

广州协和学校　晏丽萍

《普通高中语文课程标准（2017年版2020年修订）》（以下简称“课程标准”）对于“语言积累、梳理与探究”任务群在教学方面的提示中明确指出，本任务群重在过程的典型性，不论是积累、梳理还是探究，都注重发展语感，增强对语言规律的认识，不追求知识点的全面与系统，切忌违背学生自主学习的精神，生硬灌输一些语言学条文。

统编语文教材必修上册第八单元“词语积累与词语解释”从属于“语言积累、梳理与探究”任务群，是一个学习活动单元。该单元围绕词语积累与词语解释开展学习活动，旨在引导学生积极丰富语言积累与自主梳理语言现象，在探究语言文字运用规律的同时，提高理解和运用词语的能力。

教师在引导学生进行语言实践活动时，如何有意识地创设真实的语言运用情境，让学生形成积累语言的习惯，掌握语言运用的规律，正是本文着意探索解决的问题。

一、　单元活动情境

纵览统编语文教材必修上册第八单元“词语积累与词语解释”单元的教学内容，对于学习的核心内容“词语”，尤其是其中的“成语”和“新词”，学生由于接触较多，日常运用难度不大，但是对“成语”的文化内涵与在使用时如何分辨对象与场合等的认识还有待提升。而对于文言文中的词语，学生基本停留在死记硬背层面，不懂得结合古今词语的演变进行系统性思考，对于词语理性的思考还有待在教师的引导下逐步提升。

必修上册教材所面对的学生群体是刚刚从初中升入高中的高一年级学生，根据埃里克森八阶段理论，他们正处于青春期，面临的矛盾是自我同一性和角色混乱的冲突。处于这一时期学生的主要任务是建立一个新的同一感或自己在别人眼中的形象，以及他在社会集体中所占的情感位置，这是处于这一阶段学生的心理特点。而根据皮亚杰认知发展理论，高一年级的学生处于形式运算阶段，这一阶段学生的一个主要特征是青春期自我中心，他们开始非常关注自己，而且觉得他人也同样关注自己。

高一学生关注自己，在乎自己在别人心目中的形象，渴望在新群体中确立自己的情感位置，“我和我名字的故事”课前三分钟演讲这一情境的创设就是基于学生的这一心理特点，巧妙地将第八单元词语教学这一略带抽象的教学内容转化为有真实意义和目标的学习任务，通过缘于生活的积极的言语实践活动引导学生走近“词语”，以学生的自主探究建构起第八单元的语文学习活动。

二、 单元活动过程

（一）激趣与发现：丰富词语积累

高一新生初入学校，面对全新的班集体，需要有一个互相认识和了解的过程。每一位同学的姓名，都承载着丰富的汉字知识，于是我们将以“我和我名字的故事”为主题的演讲与第八单元的第一个活动“丰富词语积累”有机整合，激发学生对词语的兴趣，引导学生掌握积累词语的方法。

对于演讲的内容我们只是做了基本的要求，每位学生首先要去查《说文解字》和《古代汉语词典》，了解自己姓名中每个汉字的意义；其次与父母交流，探寻自己名字的由来，挖掘姓名背后的故事；最后，结合姓名本身字义以及父母的希冀，谈谈自己对自己的期许。要求每位学生在演讲的时候要有别于其他同学的亮点，可以从内容和形式两个方面去创新。

学生演讲稿示例：

胡新雨：关于我的姓氏，其实还和陈氏的由来有所关联。它源于妫姓，舜帝的后裔妫满在周朝初年被封于陈国号胡公，又称陈胡公满。有些子孙就以他的号作为姓氏，称为胡氏。或许大家都听说过《山居秋暝》这首诗，其中有一句“空山新雨后，天气晚来秋”，我对这句诗的理解是——刚下过雨的空旷山谷中空气清新，初秋傍晚天气十分凉爽。我喜欢诗里山中秋色的景象和恬然自安的意境。它使我感受到诗中有画，画中有诗。当时我母亲很喜欢这首诗，于是我的名字就这样诞生了。

石得一：我的名字出自《道德经》第三十九章“昔之得一者：天得一以清，地得一以宁，神得一以灵，谷得一以盈，万物得一以生，侯王得一以为天下贞”。这里的“得一”是得道的意思。这句话的意思是：天得到道而清明，地得到道而宁静，神得到道而灵，河谷得到道而充盈，万物得到道而生长，侯王得到道而成为天下的首领。我爸为“文革”后的第一批知识分子，步入中年后开始研究古代百家思想，然后给我取了这个意境深远的名字。我爸给起这个名字是希望我心怀天下，为世界带来太平。

黄海涛：下面请大家看一下我的族谱。其实在族谱当中，我叫黄安涛。安，是一个字辈，作为第二十三代长子的名字中的第二个字，意为平平安安。请同学们观察一下我名字的特点，你会发现，除去姓氏，名字里的每个字都有三点水。这是因为在我刚出生时，父母带我去算命，算命的说我五行缺水，所以我父母就给我取了这个名字。

从以上节选的学生的演讲稿可以看到学生走近了汉字，从汉字的起源，到汉字的演变，再到一个个鲜活词语背后所蕴含的生动故事，学生兴趣盎然。比如“王”，学生在介绍自己姓氏的时候，颇感自豪。他首先呈现了甲骨文中“王”的形状，进而解说“王”

的本义和引申义：古人以大斧作为权力的象征。大斧既是劈山开路的工具，也是征战杀戮的兵器，谁掌握大斧，谁便拥有至高无上的权力，谁就是“王”。

经过一段时间的分享，学生在彼此加深理解的同时，由“名字”而引发的疑问也渐渐产生了，例如，“玥”“璇”“瑞”“璟”“瑜”“玮”“珺”“琪”“琳”“琛”这些字在姓名中出现的频率很高，为什么大家会对“王”字旁的字情有独钟？为什么家长喜欢借用成语中的字词来为孩子命名？哪一类的词语会经常出现在名字之中？汉字还有哪些不为我们所知的秘密？学生的问题就是研究的起点，帮助他们解决问题就是教师的责任。

为了帮助学生了解语素和词的概念及关系，我们为他们提供助读资料，还推荐他们阅读王宁的《汉字与中华文化十讲》中第五讲“怎样分析一个字——汉字的结构和字理”，引导学生按照语素积累法、语义关系、联想归类法来整理自己积累的词语，去走近并自主建构词语“家族”，让词语的积累更加有效。

为了提升学生的自主学习效果，我们还设计了一系列专项研讨活动，例如，要求学生统观本班同学的姓名，找出与姓名相关的成语并做积累，探究成语中的姓名文化，感受家人对自己的期望；或者通过对本班同学姓名的研究，分析其中折射出的中国名字文化，用小论文的方式表达自己的思考；或者围绕同学们在演讲中提到的“五行”，分析“五行”对于中国人命名的影响以及走近中国的“五行”文化。学生可以利用前期学习到的汉字的相关知识，在探究本义的基础上，通过对一定范围内的姓名用字展开深度思考，走进姓名用字背后所隐含的深厚的中华文化。

这样的任务设置有梯度，一方面学生可以根据自己的能力有选择地开展，另一方面有前面的知识建构作为铺垫，又与学生自身息息相关，所以学生不仅有话可说，而且颇有兴致。这种走向深处的学习与探究，正是课程标准中所倡导的“学生通过典型内容的学习，体会典型的思维过程与方法，体验典型的思想情感，呈现典型的学习成果”的学习方式。

（二）探究与梳理：把握古今词义的联系与区别

学生姓名中所用的词语，除少数之外，很多都经历了岁月的洗礼，或多或少发生了词义的变化。为了更好地引导学生把握古今词义的联系与区别，我们依然以学生的姓名为出发点，以点带面，由姓名中的词语拓展到古诗文中的词语，通过学生的自主探究活动，帮助他们梳理并掌握古今词义变化的规律。

【学习任务一】古今异义探究竟

> 情境创设

高二年级语文备课组要在全级开展文言文词语积累比赛，需要命制一份竞赛试题，请你围绕“古今异义”这一知识点提供一份试题供竞赛使用。本活动的目的是让学生通过命制试题，在加深对古今异义理解的同时，巩固学生对已学文言词语的理解和积累。

> 活动准备

（1）阅读教材“学习资源”《语言的演变》，梳理出古今异义的常见类型，如词义扩大、词义缩小、词义感情色彩变化、词义转移、词义程度变化等。

（2）命题要求。

①必须涉及《语言的演变》中所提及的古今异义的常见类型。

②题目的素材源自班级同学的姓名和学过的文言篇目，题目包含三组内容，具体要求如下。

小组1：命题的材料从班级同学的姓名中去搜集，不少于5道题。

小组2：从初中篇目《诫子书》《狼》《河中石兽》《小石潭记》《三峡》《记承天寺夜游》《生于忧患，死于安乐》《愚公移山》《出师表》《桃花源记》《岳阳楼记》《醉翁亭记》《邹忌讽齐王纳谏》中锁定，不少于10道题。

小组3：从高中篇目《劝学》《师说》《赤壁赋》《登泰山记》中锁定，不少于10道题。

③所有的题目均应有详细答案。

> 活动过程

（1）学生分成五人小组，依照要求完成试题命制。

（2）课堂时间，小组之间题目互换，学生独立完成题目，并对所做试题进行评价。

（3）评选出优秀的试题，充实“古今异义”试题库，并对此次活动中表现优异的学生在全年级进行表彰。

【学习任务二】一词多义觅源头

> 情境创设

王宁在《训诂方法论》中指出：“引申是一种有规律的词义运动。词义从一点（本义）出发，沿着它的特点所决定的方向，按照各民族的习惯，不断产生新义或派生新词从而构成有系统的义列。这就是词义引申的基本表现。”由本义派生出来的新的词义就是引申义。虽然一个词有许多意义，但是它们之间是互相联系着的，而且往往环绕一个中心。这个中心是什么？你能为它们理出一条脉络吗？

> 活动准备

（1）阅读助读资料，了解汉字的“六书”：象形、指事、形声、会意、转注、假借。阅读裘锡圭《文字学概要》的第七章“表意字”。

（2）示例参考如图1所示。

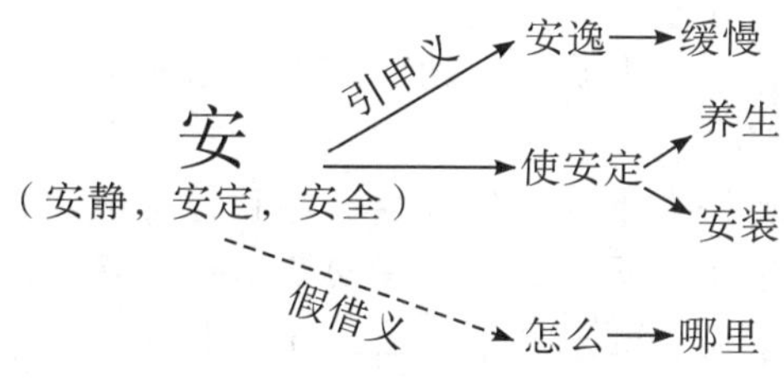

图1 “安”的词义脉络

> 活动过程

组成五人小组，每个小组从本班同学的姓名中选择三个字，仿照教师提供的“安”字示例，运用“字形分析法”探究该字的本义，并根据本义推断出其他引申义，完成对应的词义推导图，搭建词义引申框架，掌握词语变化的规律。

本环节的核心是引导学生从语言演变的角度掌握古今词义变化的规律，借助同学的演讲，学生已经对班级同学名字中的汉字有了一定的理解和词语储备，在此基础上进一步引导学生深入走进词语，加深对中国汉字博大精深的感性体悟与理性认识。学生在经历了此环节之后，在讲授统编语文教材必修上册第六、七单元的时候，就可以放手让学生自主进行重点实词的梳理与积累，快速疏通文意，进而提高文言文教学的效率。

（三）自主建构：词义的辨析和词语的使用

词语是构成姓名的基础，它既是一个符号，也表达了家长对子女或者个人对自己的美好期盼。对姓名中词语的选择和使用是每个家庭、每个人都会面临的问题。而且很多人在自己成年后还会更改自己的姓名，其中也有很多原因，这都外显为具体词语的选择和使用。

从姓名中词语的辨析到文学作品中语言的使用，是一个由感性走向理性的过程，期间可以很好地引导学生关注词义，加深对词义辨析与使用的认识。基于这样的思考，我们设计了以下活动带领学生进入统编语文教材必修上册第八单元第三个活动的学习。

【学习任务一】改名缘由微探

本活动开展的目的在于引导学生从身边同学的姓名入手，关注姓名与人的个性以及命名初衷之间的关系，体会不同的词语在姓名中表意的差别，进而养成更加准确地理解并运用词语的习惯。

> 活动1

收集本班同学更改姓名的个例，整理其改名的原因，并进行归纳整理。

> 活动2

从网上搜集名人改名的事例，分析其改名的缘由，并进行归纳整理。

> 活动3

从词义辨析的角度写一篇探析人名更改缘由的小论文。

【学习任务二】“推敲”悟匠心

通过替换文学作品中的词语，体悟词义的细微差别以及用法上的差异。

> 活动1

对下面例子进行分析，讨论准确和生动地使用词语的常见方法。

例一：

蜂儿如一朵小雾稳稳地停在半空；蚂蚁摇头晃脑捋着触须，猛然间想透了什么，转身疾行而去；瓢虫爬得不耐烦了，累了，祈祷一回便支开翅膀，忽悠一下升空了；树干上留着一只蝉蜕，寂寞如一间空屋；露水在草叶上滚动，聚集，压弯了草叶轰然坠地摔开万道金光。（史铁生《我与地坛》）

例二：

树缝里也漏着一两点路灯光，没精打采的，是渴睡人的眼。这时候最热闹的，要数树上的蝉声与水里的蛙声；但热闹是它们的，我什么也没有。（朱自清《荷塘月色》）

> 活动2

以下是从《中国在梁庄》节选的两个文段，这两个文段中流露的对中国乡村的情感有何不同？你是从哪些词体会到的？

文段一：

从什么时候起，乡村成了民族的累赘，成了改革、发展与现代化追求的负面？什么时候起，乡村成为底层、边缘、病症的代名词？又是从什么时候起，一想起那日渐荒凉、寂寞的乡村，想起那在城市黑暗边缘忙碌，在火车站奋力挤拼的无数农民工，就有悲怆欲哭的感觉？

文段二：

乡村，并不纯然是被改造的，或者，有许多东西可以保持，因为从中我们看到一个民族的深层情感，爱、善、纯厚、朴素、亲情等等，失去它们，将会失去很多很多。

本学习活动的开展可以放置在“我和我名字的故事”主题演讲结束之后，这既是对演讲活动的总结，也是将从中积淀的词语知识与单元学习内容有机结合的有效迁移。

三、结语

在认真地研究课程标准以及统观统编语文教材必修上册的教学内容以及充分关注高一学生学情的基础上，我们尝试将“语言积累、梳理与探究”任务群的学习内容进行有效分解，灵活地在课前三分钟演讲以及其他学习任务群的教学过程中，摸索出一条将“语言积累、梳理与探究”任务群的实施贯穿于必修、选择性必修两个阶段的思路和方法。

“我和我名字的故事”课前三分钟演讲是非常适用于高一新生开展的、贴合学生实际的、有意义的任务活动，通过活动的开展，学生的思维被打开了，学习在不知不觉间生成了，不仅实现了语言的有效积累，而且还在活动中闪现了许多亮点。

以“我和我名字的故事”为主题，引导学生以自己的名字为研究的起点，从名字本身以及名字背后的故事入手，与日日相伴的姓名进行一次深入的交流，借助名字引导学生走进汉字、走进汉语，主动构建自己的语言宝库，丰富自己的语言积累，进而感受汉语言的独特魅力，体会中华文化的博大与精深。

参考文献

［1］中华人民共和国教育部．普通高中语文课程标准（2017 年版 2020 年修订）［M］．北京：人民教育出版社，2020.

［2］何元俭，陈大勇．综合实践活动性学习设计：以“词语积累与词语解释”单元为例［J］．中学语文教学参考，2020（19）：51－54.

［3］金瑞奇．语文活动任务的设计和评价：以高中语文统编教材必修上册第八单元“词语积累与词语解释”为例［J］．基础教育课程，2021（2）：24－28.

［4］王丹霞．探寻古诗文词汇学习的有效路径：统编高中语文教材必修上第八单元教与学实践［J］．语文学习，2021（1）：25－29.

［5］叶海燕．引导学生在言语实践活动中建构知识网络：以高中语文统编教材必修上第八单元等的教学为例［J］．福建教育，2021（24）：51－53.

以创新情境为例探究教育评价改革对提高新高考语文命题质量的导向

广州市第六十五中学　莫燕军

新高考取消了考试大纲与样卷，这并不意味着教育评价缺失。教育评价改革从传统的功利性转向了“一核四层四翼”的新高考评价体系，因而，“高考试题命制最大的变化在于考查形式的变化，以情境任务为试题主要载体考查学生的综合学科素养，是高考评价体系最重要的创新之一。”而语文新高考导向的创新情境特征是不直接列出考点，而是在选项与文本中考查语言文字知识、文学审美知识、中外文化常识等，以新颖的话语考查形式，综合检验学生的创造性思维能力，这符合考查学生达成语文核心素养的基本要求，也是教育评价改革重要的评价目标之一。

一、 教育评价改革与语文新高考命题之间的关系

“要加强考试评价改革研究，提高考试命题质量，推动建立以发展素质教育为导向的科学评价体系。”如此看来，高考评价体系始终握紧时代的命脉，遵循语言建构与运用、思维发展与提升、审美鉴赏与创造、文化传承与理解的核心素养基本内涵，始终引导学生打好基础知识的框架，在积累中运用、提升语文的表达能力与创新能力，以达成发展语文核心素养的要求。

评价引领着高考命题实践，高考命题必须符合高考语文评价改革的要求，因而在构建评价体系的框架中，必定包含考查的必备知识、考查的关键能力、体现的学科素养、达成的考查要求等项目。

我们可以看到，语文新高考的改革，目的是扭转教育功利性的单一导向，并不是考什么才学什么，也不是不需要考查的内容就直接淡化知识的功能性。教育评价改革的重点既然放在了“一核四层四翼”，就意味着高考命题中的创新情境必然凸显评价的要求。新高考必须坚持引导教学，这就衍生出一个新的导向：教育评价改革是否对新高考语文命题产生重要作用?

新高考语文命题考查学生是否达成必备知识、关键能力、学科素养等要求，能否全面

实现语言建构与运用、思维发展与提升、审美鉴赏与创造、文化传承与理解的平衡发展要求。尤其以创新情境题型占据整份试卷比较大的比例。因此，教育评价改革对新高考语文命题产生了重要的作用，特别是全面融入了创新情境，从而指导教师应如何选题与创新命题，进而提升学生提高答题正确率的自信心。

二、 新高考命题要体现学科认知情境， 夯实学科基础知识

学生对语文学科学习的认识有片面性，认为语文是玄学，无法把握。这种想法其实是把语文能力看成是固化的知识点，他们认为语文只是单纯考查学生是否掌握课本的内容，这种想法显得极度单一与片面，导致学生逐渐不愿意夯实语文基础知识。他们没有从高一开始就重视语文课内以及课外阅读能力的培养，认为到了高三就能凭借一年时间一飞冲天、金榜题名。但事实是，没有前期语文基础知识的积累，是没有办法形成基本的知识运用能力的。因此，在高一阶段就要要求学生夯实巩固语文学科的基础知识。在平时命题训练中要体现课内知识的结合，提高命题的质量。如在诗歌鉴赏题中，选项加入课内的知识点，学生就不会轻视课内积累，但同时也要兼顾考查应用性与综合性的解题能力。

从语文新高考命题的角度看，要把课内的知识点融入诗歌鉴赏的选项中，建构学科认知的情境。

如：范仲淹的《河朔吟》首联“太平燕赵许闲游，三十从知壮士羞”。

A 项：首联写燕赵一带的太平景象，让正值而立之年的诗人满怀羞愤。安于异族统治的燕赵百姓与辛弃疾《永遇乐·京口北固亭怀古》中“佛狸祠下”的人们何其相似。

又如：柳宗元的《岭南江行》尾联“从此忧来非一事，岂容华发待流年”。

C 项：此诗尾联中的“华发”和苏轼《念奴娇·赤壁怀古》中的“华发”，表达的情感基本相同。

这两道题融合了课内知识辛弃疾《永遇乐·京口北固亭怀古》中的“佛狸祠下”与苏轼《念奴娇·赤壁怀古》中的“华发”，考查了学生的识记认知、文本理解、要点分析等能力。运用“佛狸祠下”的典故是为了说明百姓竟然对异族君主有了崇敬之意，安于异族的统治，与安于异族统治的燕赵百姓是一样的状态。苏轼的“华发”是自嘲年迈没有作为，有点多愁善感；柳宗元的“华发”则是表达不能虚度年华，有积极向上的含义。因此，两者表达的情感不同。我们在选取练习或者创新命题的时候，应该有意识地挑选符合新高考语文素养的知识点，结合课内基础在试题中创造新情境，同时在研究新高考的过程中尝试创造新题型，这能使学生在潜移默化的训练中形成适应创新情境的能力。

三、 新高考命题要融入社会生活情境， 建立实践环境意识

学生只重视知识点的死记硬背，没有通过生活积累经验，往往缺乏对生活的感受能力，在做高考题的时候容易落入陷阱，无法判断考查的方向，导致出现审题不清、作答漏点的现象。

实际上，我们应该从高一开始就注重培养学生的社会生活感受能力，以课内知识为引

子，延伸到社会生活中，培养学生实实在在的语文素养能力。语文新教材在每个单元之后都有一个单元学习任务，这些单元学习的共同点在于引导学生通过对个人经历的思考总结，回忆过去，开阔视野展望未来，表达真切的实践感受，这种能力随着实践环境的变换会逐渐增强。如语文必修上册第一单元学习任务：“四、青春之美，在人的一生中是弥足珍贵的。结合本单元诗作和能够引发你思考的其他作品，发挥想象写一首诗，抒写你的青春岁月，给未来留下宝贵的记忆。”语文从来不是纸上谈兵，也不是单纯背诵别人的人生再复制到答卷上，学生应展现的是在具体的实践生活情境中个人独特的生活体验，学生要乐于实践，并把实践的心得记录下来，同时表达出来，与他人形成共鸣。当学生进入考场中，发现试题与自己的生活经历有异曲同工之妙，就能沉稳应对，以具备的能力素养提高得分率。

四、新高考命题要建构个人体验情境，培养多元思维能力

“落实立德树人根本任务，遵循教育规律，系统推进教育评价改革，发展素质教育，引导全党全社会树立科学的教育发展观、人才成长观、选人用人观，推动构建服务全民终身学习的教育体系，努力培养担当民族复兴大任的时代新人，培养德智体美劳全面发展的社会主义建设者和接班人。”重视个人体验情境是素质教育的表现之一，为了让学生在文本中有自己独特的感受能力，建构并体现其个人的生命价值态度，在新高考的命题中常以创新情境的形式出现。

如2021年新高考全国Ⅰ卷信息类文本阅读：“朱光潜《诗论》、钱锺书《读〈拉奥扎〉》——5．嵇康诗有‘目送归鸿，手挥五弦’一句，顾恺之说画‘手挥五弦易，目送归鸿难’。请结合材料，谈谈你对此的理解。”又如：“朱顺社的《立碑》——9．习近平总书记指出，文艺作品要为时代画像，为时代立传，为时代明德。请简要分析小说是如何体现总书记这一指示的。”

这两道题都有一个鲜明的特点，即在理解题目要求的基础上，回归文本寻找答案，这就要求学生要用多元的思维方式分步骤思考。

第一，梳理并理解清楚题目的要求，细化每一个要点分别对应什么含义。诗“目送归鸿，手挥五弦”是诗歌中动作的呈现；画“手挥五弦易，目送归鸿难”是画中动态与连续性动作的对比。为时代画像是主要人物的群体特征；为时代立传是具体的时代背景内容；为时代明德是具有导向性的品质特点。

第二，回归文本，寻找相关内涵的信息并概括。文本信息——诗：“绘画宜于表现‘物体’或形态，而诗歌宜于表现‘动作’或情事”。文本信息——画：“所画出、塑出的不可能超过一刹那内的物态和景象”，“动作不宜于画，因为一幅画仅能表现时间上的某一点”，“绘画……不表达时间上的后继”，所以“手挥五弦”是一刹那的动态，相对容易，“目送归鸿”是连续性的动作，相对较难。画像——吴亮亮和周局长所代表的干部群体和王老汉代表的新时代村民；立传——“吴支书在王家滩村任职三年多来，带领群众修路打井、植树造林……王家滩村民脱贫了，致富了，奔小康了，可是……”，这些是扶贫攻坚、乡村振兴、保护耕地的社会背景；明德——不忘初心、心系民生的吴亮亮，廉洁奉公、深

明大义的周局长，懂得感恩、真诚质朴的王老汉。

第三，组织文本，语言按要点分顺序进行答案的梳理与整合。这每一步都需要学生具备建构个人体验情境，提出个人见解的能力。理清题目与文本内涵的重要意义，运用综合理解能力，这是依据文本内容与个人经验融合而成的知识。知识呈现的载体虽然只是文字，但学生在理解的过程中，凭借个人情感体验形成分辨题目意图的能力，按照顺序依次寻找核心内涵并一一对应，继而运用语言表达能力，这些就是多元思维能力的综合体现。

五、 结语

综上所述，教育评价对于高三学生而言，分数是首要的指标，但分数体现了社会主义核心价值观立德树人的培养方案。出题者的角度往往与语文核心素养“一核四层四翼”相结合。因此在新高考命题中必然要以教育评价改革为指引，学生只有达成语文核心素养的目标，才能提高得分率，因而分数与素养两者并不矛盾。

新高考语文命题质量是教育评价改革从单一功利性转化为语文核心素养价值导向的桥梁，深入研读新高考语文评价体系，可帮助我们抓准评价标准，在评价标准中找好新高考命题定位，认清出题者的意图，帮助学生逐一击破难点。尤其是以创新情境为主流方向，多元循环在语文新高考中出现的命题下，务必让学生逐步形成识题的本能，从“建立学科认知情境，夯实学科基础知识；融入社会生活情境，建立实践环境意识；建构个人体验情境，培养多元思维能力”三个方面落实提高新高考语文命题质量的导向实践作用，从而帮助学生树立战胜语文新高考的决心，“坚定语文教育的基本信念：培养终身阅读者，培养负责任的表达者”，成为德才兼备，知识与实践融会贯通的时代新青年。

参考文献

[1] 广东南方出版传媒教材经营有限公司教学资源研究开发中心．中国高考评价体系解读与高考试题分析：语文［M］．广州：广东经济出版社，2022：16.

[2] 中共中央　国务院印发《深化新时代教育评价改革总体方案》［EB/OL］.（2020－10－13）［2022－03－07］. http://www.gov.cn/zhengce/2020－10/13/content_5551032.htm.

[3] 王宁，巢宗祺．普通高中语文课程标准（2017 年版）解读［M］．北京：高等教育出版社，2018：24.

读写互济，思辨相生

——读写活动“向《人民日报》学写时评”项目学习①

湛江市第四中学　陈如华

本项目学习是部编教材推行后的一次语文读写结合项目学习活动，学习者是湛江市第四中学高二学生，学习过程为期 10 个月，由湛江市第四中学高二年级语文备课组主导、语文教师负责实施。本文介绍此次语文项目学习设计和实施过程中的主要环节，以及对开展时评写作教学实践的反思。

一、主题和目标的确定

本次语文项目学习内容是部编高中语文必修上册第六单元、必修下册第一单元，属于新课标七个必修学习任务群之一“思辨性阅读与表达”，本学习任务群旨在引导学生学习表达和阐发自己的观点，力求立论正确、语言准确、论据恰当、逻辑讲究，学习多角度思考问题，学习反驳，能够做到有理有据、以理服人，同时能围绕感兴趣的话题开展讨论和辩论，能理性、有条理地表达自己的观点，平等商讨，有针对性地进行反驳。

近年来的高考作文材料呈现出“社会现象化、时事化”的特点，与新课标中学生养成独立思考、质疑探究的习惯，发展思维的严密性、深刻性和批判性的要求一致，宿构、假大空、套作的作文等，显然难以适应新高考写作要求，关注现实、独立思考、有独到见解的文章更容易得到认可。面对这类时评材料，不少刚升上高中的学生虽然在初中也曾进行议论文写作训练，但是落脚于学习“议论文结构”“论证方法”等的文体写作知识上，与高中阶段“写出针对性”“写出深刻性”的能力要求是有差距的，这导致不少学生对议论文写作束手无策。

如今“双减”政策主张减轻学生过重的课内作业负担，对于要准备高考的学生而言，不仅仅是减少低质量的课内作业，更需要在紧张有限的高中学习时间内提高学习效率。本

① 本文是广东省教育科学规划“十三五”课题《新高考背景下高中语文写作教学的实践与思考》（课题编号 2020YQJK389）研究成果。

项目的学习主题，就是在“双减保质”的宗旨下，保证学生有高质量的语文课外有效阅读。《人民日报》时评以鲜明的政治导向为特色，理性表达看法，同时能在专业权威的视角下开展严密说理，擅长论证观点，针对有争议的社会热点问题，运用多种表达技巧来增加文采，做到文质兼美，“理”与“文”共存。多阅读《人民日报》既是落实“立德树人”育人理念的必要途径，也是帮助高中生在思维发展、价值观形成过程中明辨是非的有效渠道。把《人民日报》优质时评当成阅读书目的同时，本项目组尝试读写结合，通过向《人民日报》学写时评，来提高学生的议论文写作能力。时评“引、议、联、结”的四步结构，思路清晰，能帮助学生在短时间内迅速构思文章，消除学生“怕写议论文”的心理，树立议论文写作信心。这种读写互济的课外阅读，是语文课堂的延伸及补充。多渠道的学习途径、多形式的写作知识，使学生学会分析社会现象，提高思辨能力，思辨相生，这是对“双减”精神的大胆践行。

同时本项目组还运用有效的作文评价表格、写作质量监控技术，帮助教师快速、及时、有效地批改学生的时评习作，避免以往作文评改工作量大、耗时久，师生反馈不及时、交流不通畅的情况，避免部分教师的作文教学“无序随意”的行为，消弭教师“怕改作文”的思想负担，让教师树立“作文教学是有步骤的、有效的、有价值的”的自信心。

基于学生的写作困难、教师的教学困难，本项目组确立此次项目学习的学习目标如下：

（1）以《人民日报》时评为阅读书目，学习以“精读和摘抄”的方式阅读时评，把握主要观点和论证结构、论证方法，借鉴理性思考的方法。

（2）拓展思辨类阅读深度，积累写作素材、议论文论据。

（3）动笔写时评，培养思维品质，具备初步的理性思辨能力。

（4）加强小组合作，通过各种途径搜集需要的时评资料，能系统表达独到的自我见解。能够借助教师提供的作文评价量表，反思及总结自己的时评写作情况。

二、 创设项目情境

为了落实学习目标，本项目小组以《人民日报》时评的写作导向为范本，以时评写作这一“短平快”的写作形式作为突破口，采用小组合作互评互改的作文评价策略，切实提高学生的写作基本功，为高中生的议论文写作训练提供好平台。本项目组创设的项目情境如下：

偏爱流行文学、娱乐新闻的学生在平常的自主阅读中，对《人民日报》这类政治导向明显的党报是有阅读陌生感及疏离感的，在学生没有充分接触时评、杂论的前提下，如果教师“满堂灌”，强行给学生灌输时评的概念、本质特点、结构类型等知识就匆匆让学生动笔模仿，不利于本次项目学习的实施、推进，也不利于学生提高议论文写作能力。这种僵化的写作教学方式，只是静态的写作知识，并不是学生“动手来拿、自己思考”的有效动态写作知识。

为了让学生对时评有亲近感及熟悉度，在开展本次项目学习之前，我们向学生提出一个驱动型问题：作为常年住校的高中生，我们想提高议论文写作，该阅读哪些耗时少、时效性强、篇目短小精悍的议论类阅读书目，又能通过现有的哪种阅读资源方便快捷地获取这些时评阅读信息？带着这个问题去思考，很多学生都能意识到，要多阅读学校、班级订阅的报纸。

三、提供学习资源

为了帮助学生完成学习任务、达成学习目标，本项目组为学生提供三类学习资源。

第一类：纸质阅读资源。学校给各班订阅了《人民日报》《湛江日报》各1份，自由传阅，同时在学校的6间阅览室订阅《人民日报》《中国青年报》《南方日报》等报纸40余种，学校档案室有历年装订成册的《人民日报》全年报纸。同时，向学生印发由语文备课组全体语文教师轮流负责编辑整理、与每期新闻频道节目《新闻周刊》同步的辅助阅读材料《新闻周刊时评集锦》《作文素材海底捞》。

第二类：电子阅读资源、视频资源。高二年级语文备课组利用固定时段，如在每周日晚读时段，统一安排全级学生收看中央电视台新闻频道专题节目《新闻周刊》。同时，学校7间电子阅览室有130多种经过精心挑选的电子视频资源，涉及纪录片、新闻调查、文化调查之类。

第三类：提供时评写作发表、交流的网络平台。学校语文组有面对全校师生发行的“紫荆文学社”社刊、社报，科组公众号，学校官网公众号，以及校外的社会刊物、媒体平台。

四、实施项目活动

在整个项目学习中需要学生完成以下活动。

活动一：写时评前的阅读准备——阅读摘抄我尝试

阅读与分析、摘抄与归纳。学生大量阅读《人民日报》时评，获得直观的阅读感知，明确时评的文体特征、结构形式。该活动以每周一节的语文阅读课、每周日晚修全级统一观看一期中央电视台新闻频道专题节目《新闻周刊》等形式推行，以及每人每周要上交一份时评读书笔记、摘抄类作业，字数600字以上，教师快速评改，利用课堂十分钟时间进行评价、交流和展示。这项活动贯穿整个实验期，长达10个月。

活动二：课前演讲——针砭时弊我发言

学生精选在时评阅读、《新闻周刊》专题节目中感兴趣的新闻事件，轮流自荐或由教师根据时评作业质量推荐，在课堂上向同学们介绍一件典型、有争议点的新闻事件，要侧重表达自己的看法、观点，以及分析相关事件的根源、理由、危害和应对措施。

该活动在每节语文课正式上课前进行，以每人用时5分钟、一个班级50人计，每节课安排1人，每周6节课，8周左右全班一轮回。

活动三：小组活动——读书汇报我交流

完成读书汇报报告会：读写结合——“向《人民日报》学写时评”主题读书报告会，

班内交流分享是每个月1次，年级交流分享是每学期1次，同时推荐优秀班级承担全校、全区的公开交流课。

在此基础上完成项目最终成果：在全区范围召开“向《人民日报》学写时评读书汇报”的公开交流课。（从教师教研成长角度看，这也是本项目组积极与全区同行交流切磋、将优秀经验向全区兄弟学校推广的教研好机会）

同时，为了回应“二、创设项目情境”的环节中学生得出要多阅读现有的报纸时评资源的答案，我们布置了两项有阶梯性、持续性的任务。

任务一：阅读与分析

设定本任务要落实的问题是：“作为长时间在学校住宿或学习的高中学生，在你的实际阅读经历中，能接触到短小精悍、时效性强的议论文阅读资源是不是各大报纸？”要求学生利用各班征订的报纸及放学时段，到学校的阅览室阅读本地区有较大影响力的报刊的相关版面，如《中国青年报》“冰点周刊”、《人民日报》评论、《南方日报》时事版，要求认真阅读该报的时评杂论，挑选一篇感兴趣的文章去分析：这篇文章是不是时评？时评的一般结构特点是什么样的？

在学生持续完成上述感性阅读两周后，组织堂上讨论，进行集体交流，解决上述疑问。学生在前阶段的阅读接触中，能明确时评的文体特征：一种对新闻事件、社会热点、现象问题理性表达观点的论述文，由新闻事件与评论这两部分组成，结构一般是“是什么—为什么—怎么办”。

任务二：摘抄与归纳

掌握时评的文体特征、结构后，给学生布置新任务：以《人民日报》时评为阅读对象，采用小组合作形式，每周推荐、摘抄一篇优秀时评，归纳分析这篇时评的行文结构、中心论点、分论点、论证方法。每个小组至少完成5篇优秀时评的文脉分析，整理收录到读书摘抄本。同时，要求学生每周交一次杂评作业，字数600字以上，学生自选一个新闻话题或现象，结合最近阅读习得的时评分析方法、摘抄整理的深刻术语。学生在这样高频阅读名家名作的基础上，得以强化时评写作意识，借鉴优秀时评，最终内化为自己的写作功底。

以“活动二”为例，教师提供时评“引—议—联—结”的结构支架：

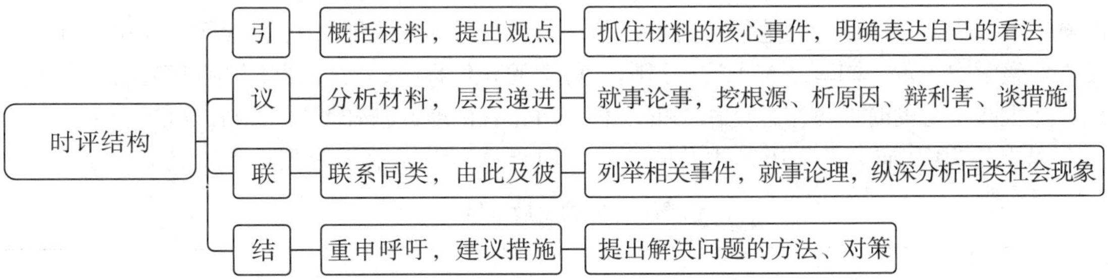

图1　时评的结构

同时教师也提供深刻分析问题的思维支架：

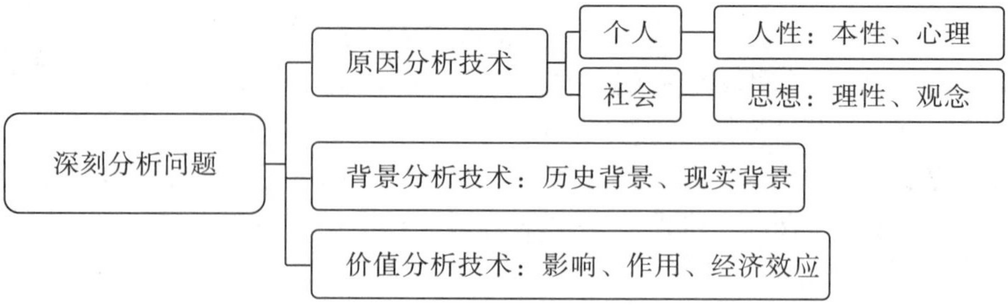

图 2　问题的思维支架

整个项目活动设计以学生自主阅读、学生活动为中心，遵循“循序渐进”的学习原则，活动一至活动三的过程是“阅读摘抄—演讲分享—主题报告”，有序实现项目学习的目标，让学生“把握时评主要观点和论证结构、论证方法，借鉴理性思考的方法”，在阅读中学会搜集新闻素材、学会借鉴分析论证方法。教师同时提供时评分析结构和深刻分析问题的思维支架，让学生的时评写作有参照、有示范、有步骤，激发学生时评写作的积极性，练就快速构思时评结构、论证等方面的能力。从学生的读书笔记、课堂演讲、时评写作、小组成果展示等方面的作业质量来看，本次项目学习达到了预设目标。

五、监控、评价项目过程

由于时评阅读本身涉及大量、持续的课外阅读，尤其是《人民日报》时评具有政治认知的高度，关注面涵盖政治、经济、文化、民生、环境、公共服务等多个领域，这样的话题面及思想高度，对于习惯阅读畅销文学、轻文学、浅文学的“00 后”“10 后”学生来说，会有心理距离，“不爱读、不懂读、不懂学”的畏难阅读恐惧是存在的。因此，需要教师团队与学生共同学习，一起完善适合本次项目学习的学习方法，完善监控评价途径。项目学习的主角固然是学生，但教师的作用十分重要，教师是“统筹者”与“主导者”。

评价量表、考核量表等过程性评价工具是教师评价、监控项目的好助手，借助这些评价工具，能全面、及时观照学生在整个项目活动中的学习状态。此外，这些评价工具也是学生的重要方法支架，不但能为他们导向项目活动的训练目标，还能帮助他们及时自我评价、反思，调整学习表现。同时，有了这些清晰、科学的评价标准，也能帮忙教师有依据、有步骤地快速批改学生的时评习作，让作文批改有方向、有标准，减轻教师批改作文的负担。

以下是 2022 届高二年级师生共同制订的时评读写结合活动系列评价工具。

表 1　阅读、摘抄日志

项目	具体内容
阅读人、阅读日期、摘抄日期	
阅读刊物的名称	

续上表

项目	具体内容
我的阅读任务	
阅读收获（如何引述材料、表达观点）	
阅读收获（从哪些角度分析问题）	
阅读收获（用了哪些论证方法）	

表 2　课前演讲评分表

细目	得分（满分 5 分）	总分（满分 20 分）
观点（深刻、准确）		
思路（分析充分、客观）		
结构（直观、清晰）		
语言（生动、有感染力）		

表 3　主题报告时评习作自评表

评价内容	评价标准	自我评价
写作准备	是否按时完成时评摘抄、时评写作？得到教师批改优秀等级有几篇？	
	请从以下方面评价自己的时评习作： 是否选对新闻价值点； 分析角度是否新颖、深刻、理性； 时评结构是否完整； 语言表达是否有文采（修辞、用词）	
	是否主动摘抄报刊时评的观点句、深刻术语	
	是否阅读、运用教师提供的时评习作方法支架	
	打算从哪些方面去提高时评写作	

表 4　主题报告时评习作小组互评表

本人姓名：	组员姓名：
任务内容： 组内互阅时评习作，按下表评价标准互评； 与组员交流，挑出最突出、最需要补足的时评写作短板； 参考一篇《人民日报》的优秀时评，小组合作，对照修改升格小组内一篇作品	

续上表

评价标准	同伴评价	本人时评写作的最大写作短板	推荐优秀时评范本	推荐理由（结构、分析、语言）
具体篇目（日期、版面）				
标题（泛泛式还是小切口）				
时评结构完整				
分析角度理性、深刻				
有文采				

六、 实践后的反思

在这次长达10个月的项目学习中，学生大量阅读以《人民日报》为代表的重要报刊时评，同时也坚持每周一次600字以上的时评练笔写作，其中项目训练落实情况较好的高二（10）班、高二（18）班，两个班人数123人，在本次项目学习周期中，在教师的带领下，写出了553篇杂评，有多篇时评发表于语文组公众号、文学社社刊、《湛江日报》；同时由区名师工作室牵头，承担了全区作文教学公开课的任务，在2021年1月13日开展"向《人民日报》学写时评的读写活动"的汇报课上，与会教师有100多人，都对公开课予以好评，认为该项目学习活动目标清晰、步骤切实、训练有实效。

学习的效果是由学生的学习收获来评判的。本次项目学习中，学生在广泛阅读《人民日报》优秀时评的基础上，借助教师提供的有效学习支架，逐渐掌握时评写作结构、论证方法，消除了对时评、议论文写作的畏难心态，减少低效学习负担，提高学习效率。在课前演讲这一真实语文使用情境中，学生得以训练语言表达力、思辨力，更在小组活动中互相合作，减轻个人学习负担。学生能在语文学习中自己去发现、去创造，提高问题解决能力、交流合作能力，以及信息收集、分析和运用能力，从长远来看，这才是"立德树人"的育人本质。与此同时，本次项目学习也对教师提供了切实的减负帮助，比如有清晰的评价量表，引导学生自评自改，做到"从学习中自我成长"，有独立判断能力、反思改进能力，这自然是对教师的机械性指导工作的减负，让教师更有精力去制订项目学习的整体规划、设计各种评价量表和学习支架，更有时间去关注学生的实时写作需要，用各种方法去辅助学生实现时评写作的预定目标。从学生、教师双方的收获而言，本次项目学习贯彻了"双减"精神，也取得较好的成效。

在接下来的研究中，我们还将关注学生的单篇时评写作任务与高考作文题目要求的衔接，从"就事论事"的单则新闻事件到高考作文材料的多则材料等，引导学生正确审读作文材料，提高审题分析能力。我们的研究还会继续，加强反思并进行改进，探索在"双减"政策下的新课程改革教学方式、学习方法的变革。

参考文献

[1] 教育部考试中心. 中国高考评价体系说明 [M]. 北京：人民教育出版社，2019.
[2] 李翠玉.《人民日报》时评研究 [D]. 长春：长春理工大学，2017.
[3] 郭跃辉. 议论文主体段落的"深刻技术" [J]. 语文月刊，2015 (11)：66－68.
[4] 陆子君. 以时评提纲提升高中生语文写作水平的策略探究 [J]. 兰州教育学院学报，2017，33 (11)：170－172.

夯基固本　积厚成势

——浅谈高考理解性默写的提分技巧

佛山市顺德区第一中学　陈泽锋

“默写常见的名句名篇”是高考语文的必考考点。所谓“名句”，指的是那些富有思想性、艺术性或哲理性的语句，而“名篇”则为规定的相关篇目。作为第三批高考综合改革试点的省份，辽宁、河北、重庆、湖北、湖南、江苏、福建和广东8省的“名句名篇默写”题的备考范围参照《2019年普通高等学校招生全国统一考试大纲的说明　文科》，背诵篇目为64篇。从近几年的得分情况来看，虽然学生在考前做了大量的准备工作，但还是有很多人无法将这6分完全“收入囊中”。对此，我们在高考复习备考过程中是否可以找到“突破口”，让学生不丢分或者少丢分，从而提高这道题的得分率呢？

全国卷对古诗文默写的考查注重理解性的情境默写，例如2020年新课标Ⅰ卷名篇名句默写题（1）：“《离骚》中‘__________，__________’两句对古代服饰的‘上衣下裳’有所反映。”这类题给出了具体的语境，提示了默写的方向，有效防止了死记硬背，是最常见的试题形式。又如2021年新课标Ⅰ卷名篇名句默写题（2）：“在《邹忌讽齐王纳谏》中，邹忌见到了徐公，先是仔细观察，感觉自己没有徐公美，然后‘__________，__________’，最终认定自己确实不如徐公美。”此类题目更加强调内在语境，对考生的理解、鉴赏能力提出了更高的要求——挖空的两个句子前后都是情境，默写的句子在中间起着连接的作用。因此，答题者必须理清事件发展的先后关系，方能准确作答。以情境为载体考查默写是新高考命题的必然趋势，而要达成“稳拿满分”的目标，不仅学生得有足够的知识存储量，作为“教练员”的教师也要辅之以科学的备考方法。在实践的基础上，笔者归纳形成了以下若干技巧，供各位同行参考借鉴。

一、任务驱动，让学生“动”起来

兴趣是激励学习最好的老师。所谓“知之者不如好之者，好之者不如乐之者”，讲的就是这个道理。落实高考必背篇目的主体是学生，只有为他们创设了平等参与的机会，才能激发其学习的兴趣，从而收到良好的效果。基于此，笔者在汇编64篇推荐篇目的“重点句子”时，通过给学生布置任务，让他们亲身经历了命题和资料的形成过程。

高三开学伊始，笔者就给每位学生配发了一张《高考默写背诵篇目重点句子汇编表》，其中的“任务清单”既是自主学习的“重头戏”，也是教学目标转化的具体形式。学生在正式复习开始之前，可以通过它清楚了解实现分数突破的角度、途径和注意事项。诸如汇编的句子是“有易错、难写的字且容易混淆”的语句，需要“对其中易错或难写的字用括号进行挖空”等，这些要求都有利于整合任务的顺利完成。而最后的“汇总负责人签名”一栏更是落实到人，实现了对学生的督促和鼓励，有利于激发他们的积极性和创造性。马克思主义认为，人的发展只有经过主体活动才能实现。在以往的必背篇目复习中，学生主动思考得少，机械记忆、被动接受得多，但“动”起来的他们不仅加深了相关记忆，锻炼了解题能力，而且也在这个过程中感受到了合作学习的快乐，其智慧成果还将作为公共资料印刷以供全班使用，可谓一举多得。

学生的“动”并不意味着教师的“无为”。在日常的抽背环节之中，笔者对任务进行分解，以“相互抽查、课前反馈”的方式帮助学生将任务化大为小，温故知新，从“要我学”到“我要学”，这种复习策略的改变夯实了默写名句名篇的基础，为他们做好理解性情境默写题提供了有力的保障。

二、强调理解，让学生“活”起来

相较于传统的补句式默写，理解性默写设题形式灵活。它要求考生真正理解古诗文句子的含义，把握其内容情感，认识其手法作用，这体现了新课程标准对语文核心素养“审美鉴赏与创造”和“思维发展与提升”的呼唤。其实，经过系统复习，大部分学生的识记能力都得到了提高，64 篇古诗文已经可以流利背诵。得分之所以不理想，归根到底还是理解的“活”功夫未做到位。

纵观近几年高考的理解性默写题我们不难发现，题目设计的情境与要求默写的句子关系密切——或解析句中的词语，或阐释整句的句意，或对其中运用的手法进行鉴赏。而以翻译为切入点落实原文理解，既是疏通文意的简单方法，也是帮助学生迅速锁定答题区间，在具体语境中“复活”句子的有效途径。对于每篇必背古诗文，笔者首先会带领学生逐字逐句地翻译，然后引导他们在分层的基础上逐段背诵。这种做法不但对文言词汇、词类活用、句式等的积累大有裨益，而且有助于培养学生良好的文言语感，提高他们对古诗文的整体性认识，便于其准确把握该句在全篇中的结构作用。如果平时不注重根据内容进行理解性记忆，仅依靠机械的记与背，是很难写出填空处所对应的句子来的。

《中国高考评价体系》指出应以“情境”承载考查内容，实现考查的要求。对名句名篇默写题而言，这无疑是在立足原文的基础上，强调读懂题目的重要性。因此，考生在着重理解高考必背篇目的同时，亦要注重理解题目本身。在高考真题及各地模拟试卷中我们注意到，挖空处句子和理解性默写题干营造的情境之间往往存在着内在的逻辑关联，而抓住相关的提示语言和相应的标志词语是准确判断前后句意关系，从而正确作答的关键。如2018 年全国Ⅲ卷“《荀子·劝学》中举例论证借助外物的重要性时说，终日殚精竭虑思考，却‘__________’，踮起脚尖极目远望，也‘__________’”。在这道题中，“却”字说明该处所填句子应与上文形成表意反差，而“也”字则暗示了后文填入的句子与“踮起脚尖极目远望”的关系参考上例。同理，2020 年新课标Ⅱ卷名篇名句默写题（1）：

“《荀子·劝学》中举例说，笔直的木材如果‘__________’，就会弯曲到符合圆规的标准；即使再经暴晒也不会挺直，因为‘__________’。”该题的解答也应该抓住题干中的“如果”“就”“即使”“因为”这些关联词。对于常见的表示因果、转折、并列、假设等逻辑关系的标志词以及连词“而”这些隐性的逻辑衔接词，教师要有意识地要求学生进行整理。灵活用好题干里凸显说理层次的逻辑标志词，不失为在考场上快速理清语意关系、提取需填句子的一种好办法。

三、注意细节，把分数提起来

规范思维是一种优秀的学习品质，也是取得高分的必由之路。做好高考名句名篇默写题既要准确把握题目要求，还应关注所填的句子有没有“不规范”的问题。时下，提笔忘字、错字连篇是不少学生的通病。从某种意义上说，学生不良的书写习惯是造成他们考试非智力因素失分的重要原因。因此，作为备考“引路人”的教师必须始终把强调“正确书写”放在首要位置。一方面，我们要通过常态化的保温练习强化学生的记忆，协助他们梳理其中的生僻字、同音字、形近字、通假字等命题人“设伏”的热点；另一方面，我们可以借助汉字“横平竖直，撇捺舒展”书写原则的落实，唤起他们认真规范书写的意识。

除此之外，在审读题干时，要特别留心其中的挖空处数量和标点符号设置两个细节。这两者通常对所填内容的句式和句数有着直观的导引，是帮助学生重组语境的有力抓手，也是正确还原文句的题中之义。当然，对细节的关注还有利于考生从容应对一些新题与难题。2021 年广州一模名句名篇默写题（3）：“宋诗有以诗言理的特点，如‘__________，__________’两句，与苏轼的‘不识庐山真面目，只缘身在此山中’表达的哲理相似。”这道题没有提供任何有关作者、篇名以及与默写内容的信息，形式新颖、难度较大，但我们若能抓住题目中“宋诗”“诗言理”“哲理相似”几个表示限定的细节，就能顺利缩小搜索范围，写出“不畏浮云遮望眼，自缘身在最高层”的正确答案。由此可见，知识迁移和灵活运用的能力固然重要，但没有了对原文及题干中细节的理解把握，题目得分的提高也就无从谈起了。

总而言之，名句名篇默写是高考语文试卷中“古代诗文阅读”板块的重要组成部分，对“文化传承与理解”意义重大。虽然该题考查范围明确，题型相对稳定，但是做好它并非一朝一夕的事情。在全面实施新课程标准和新高考的时代背景下，坚持从理解文本着手，从句意情境出发，有计划有步骤地分散复习，在夯基固本中积厚成势，方可收到更好的效果。

参考文献

［1］杨倩．高考理解性默写的命题特点及应对策略［J］．广东教育（高中版），2021（3）：10－11.
［2］向珍明，陈军．高考古诗文理解性默写技巧［J］．中华辞赋，2019（5）：80.
［3］詹大娟．理解性默写高频错误纠错技巧［J］．高考，2018（18）：217－218.

数学篇

"新师范"建设丛书

XINSHIFAN JIANSHE CONGSHU

为何常出错

——谈应试中运算的若干问题

惠州市惠阳区丰湖高级中学　陈土清

一、 引言

每次数学模拟考试后，笔者常常发现有些学生把原本有把握的题目一不小心做错了，而学生分析出错的原因时，得出的结论都是“粗心造成的”“头脑当时短路了”等。虽然这样的分析也说得过去，但学生没有尝试从多方面去分析，而且下次考试又出现把会做的题目做错的情况，最终给自己造成很大的心理压力，不利于学好数学。笔者认为学生做错有把握的题目是受诸多方面因素影响的，要多方面多层次去理性分析问题，了然问题发生的规律，防止下次再犯或者少犯同类型的错误。

二、 潜意识与有意识

笔者发现，有些学生能做对较难的题目，反而简单的题目容易出错，分析背后的原因，往往就是潜意识出了问题。如题目要求选出错误的选项，有些学生反而选出正确的选项；又如算出的答案选项是 C，但自己不知为何阴差阳错选了 B。

再如碰到这样一道填空题：“一张方桌有四个座位，A 先坐在方桌左边的座位上，B、C、D 三人随机坐在其他三个位置上，则 C 与 D 相邻的概率是多少?”有些学生很自然就想到，要算相邻的概率，就要先算出不相邻的概率，再利用相邻与不相邻是对立事件的原理求出相邻的概率。花了时间算出不相邻的概率后，就填上不相邻的概率，却忘记题目是求相邻的概率。究其原因，错误的发生机制就是题目让我们求解问题 A，求解问题 A 就需要我们先求解问题 B，然后再由问题 B 求出问题 A。但当我们解出问题 B 以后，就很快选上或填上问题 B 的答案，往往就忘记了题目的“初心”是求解问题 A。

潜意识的运作方式，是基于相关性的。因为我们之前求解过类似的问题 B，所以潜意识就认为我们的任务是求解问题 B，而遗忘了题目是让我们求解问题 A 这个任务。为什么会这样？因为潜意识的相关性判断非常快速，而且节能，可以用非常低的能量长期运作。

考试期间因为紧张，大脑无意中会节能，节省脑能量来做下一道题目。越是简单的题目越要小心，潜意识很可能让你做出错误的选择，认识到这点后，自己要有意识地认真审题，算完后，核对所解的答案能否对上所求的问题，尽可能避免潜意识的错误判断。

三、 口算与笔算

碰到会做的题目，却因为解题过程中的运算出了小差错，导致解题结果与对的答案擦肩而过，这是让人很懊悔的事情，甚至可以让人心态崩溃，不利于数学学习，所以研究运算出错背后的原因并提出解决方案，是一件很紧要的事情。

跳步，口算，没有一步一步按运算程序来做，是运算出错的主要原因。如 2022 年高三惠州二调第 13 题："已知 $\tan\alpha=-3$，则 $\frac{\sin\alpha+\cos\alpha}{\sin\alpha-\cos\alpha}=$ ________。"【例 1】有学生填的是 $-\frac{1}{2}$，而正确答案是 $\frac{1}{2}$。通过查看学生的草稿内容，笔者发现，有两个填 $-\frac{1}{2}$ 的学生，第一个学生的表达过程为：$\frac{\tan\alpha+1}{1-\tan\alpha}=\frac{-3+1}{1+3}=\frac{-2}{4}=-\frac{1}{2}$；第二个学生的表达过程为：$\frac{\tan\alpha+1}{\tan\alpha-1}=\frac{-3+1}{-3-1}=\frac{-2}{-4}$。笔者当时问过第一个同学，她说开头用了口算，后面用的是笔算，是因为口算出错导致这道题目做错。而第二个同学，从开头一直到得出结果之前都用了笔算，但结果明显是 $\frac{1}{2}$，却没有按运算程序写下来，然后直接口算得出 $-\frac{1}{2}$，试卷填的就是 $-\frac{1}{2}$，就那么莫名其妙，让人懊悔。

再如 2021 年新高考全国Ⅰ卷的第 22 题第（1）问："已知函数 $f(x)=x(1-\ln x)$。（1）讨论 $f(x)$ 的单调性。"【例 2】笔者刚好参与此题高考改卷，大量的考生是因为求导运算过程中口算跳步，导致运算出错，很可惜。其运算过程为：由 $f(x)=x(1-\ln x)$ 得 $f(x)=x-x\ln x$，接着求导，$f'(x)=1-\ln x+x\cdot\frac{1}{x}=2-\ln x$。明显是口算跳步导致出错，正确的解法是：$f'(x)=1-\left(\ln x+x\cdot\frac{1}{x}\right)=-\ln x$。

口算和笔算各有优点和缺点。

口算的优点：快，可以省下时间算难题。口算的缺点：（1）不准，瞬时记忆力差的人，口算时脑子总"丢三落四"；（2）逻辑性差，瞬时记忆力差的人，一旦紧张就会出现口算了半天忘记自己要做什么的情况；（3）犹豫成本高，心里总担心自己算错，每一步都花大量时间检查，同时产生焦虑情绪，一旦过度焦虑，心情就会难以平复，从而影响问题思考的专注性，这是考试的大忌；（4）返工成本高，由于考试有大量的口算，一旦发现结果不对，就没办法快速检查自己的过程，只能从头算过，重算时运算速度肯定会放慢，考试时间本来就少，一想到时间可能不够，就容易产生焦虑，不利于考试。

笔算的优点：（1）准，步骤变细，出错率低；（2）逻辑性强，没有任何思路的时候，不要空想发呆，下笔算一算、画一画，数形结合，思路自然就出来了；（3）犹豫成本低，由于算得比较细致，不必每一步都大量检查；（4）返工成本低，检查的时候所有步骤都非常清晰地落在纸上。笔算的缺点：略慢。

对于考试中有把握的题目，尽可能不要因为运算出错导致丢分。会做的题目没有做对，难题又做不出来，总分自然就不高，因为运算出错成本太高了，再综合考虑逻辑性、犹豫成本和返工成本，还有每个人瞬时记忆力的差异性，所以建议考生少口算，少跳步，多笔算，一步一步按运算程序来。

四、 化简与等价

运算的推理，式子的化简，往往会导致重要信息的丢失，以致前后问题不等价。如果没有意识到这个问题，原来简单的题目也会做错。

如2016年全国卷的导数大题的第（1）问：“设函数 $f(x)=\ln x-x+1$。（1）讨论 $f(x)$ 的单调性。”【例3】常见错误解法：由题意得，$f'(x)=\frac{1}{x}-1$，令 $f'(x)=0$，解得 $x=1$。令 $f'(x)=\frac{1}{x}-1>0$，得 $x<1$；令 $f'(x)=\frac{1}{x}-1<0$，得 $x>1$，所以 $f(x)$ 在（$-\infty$，1）上单调递增，在（1，$+\infty$）上单调递减。这就是运算推理过程中的信息丢失导致的解题出错。$f(x)=\ln x-x+1$ 里面 x 的信息是 $x>0$，但学生求导后，$f'(x)=\frac{1}{x}-1$ 里面 x 的信息是 x 不等于0，继续解不等式 $f'(x)=\frac{1}{x}-1>0$，得到的信息是 $x<1$。可以看出信息的丢失导致讨论的范围发生了变异，题目中的函数隐藏着让考生在 $x>0$ 有意义范围内讨论单调性，而最后运算化简，使得考生潜意识里面认为是在全体实数 **R** 上讨论单调性。

再如，在做下面的一道题目时，大部分学生也会出现不可思议的错误：“若椭圆 C：$\frac{x^2}{4}+y^2=1$ 与圆 O：$(x-1)^2+y^2=a^2$ 有公共点，求实数 a 的取值范围。”【例4】直接消去 y，整理得 x 的方程：$3x^2-8x+8-4a^2=0$，再令 $\Delta\geqslant 0$，解得 $a\geqslant\frac{\sqrt{6}}{3}$ 或者 $a\leqslant-\frac{\sqrt{6}}{3}$。这跟标准答案不一样，但学生不知为何如此。造成错误的原因是方程组 $\begin{cases}\frac{x^2}{4}+y^2=1,\\(x-1)^2+y^2=a^2\end{cases}$ 是否有解与方程 $3x^2-8x+8-4a^2=0$ 是否有解，并不等价。式子的化简已经导致扩大了信息，$\Delta\geqslant 0$ 只是方程组有解的必要条件而已。解决这个问题最好的方法是数形结合，除了根据 $\Delta\geqslant 0$ 的条件确定 $|a|_{\min}=\frac{\sqrt{6}}{3}$，又要根据图形得到 $|a|_{\max}=3$，所以 a 的取值范围为 $\frac{\sqrt{6}}{3}\leqslant|a|\leqslant 3$。

从上面分析可以看出，对于只要是研究函数问题，就要建立定义域优先考虑的这一原则，学生恰恰会忘记。所以教师要有意识地训练这方面的题目，只有这样，他们才能深刻意识到“碰到函数问题，定义域先行”的重要性。在碰到方程组与同解变形问题时，教师应当具体情况具体分析，帮助学生把这些知识方法的学习、应用融合在一起，不断提醒学生关注这一问题，以期学生能准确理解等价变形的意义，并尽可能深刻地保持这种理解。此外，因为数学的抽象性，所以经常需要在文字语言、符号语言和图形语言这三种语言之间进行转译，以便更清楚地理解问题的本质，最终能选择适当的方式来表述问题，进而寻找解决问题的方法并表达解决问题，这是一种非常重要的数学能力。

五、知识与应用

通过“题海战术”刷了不少数学题目，学生在考试中碰到常见的熟悉题型，则问题不大，很快就解决了，但只要题型稍微一变，很多学生就无从入手了，不知怎么去列式运算，不免落入“死读书，读死书，读书死”之圈。

如 2022 年高三广东省一模的填空第 15 题：“已知扇形 AOB 的半径为 10，以 O 点为原点建立平面直角坐标系，$\overrightarrow{OA}=(10,0)$，$\overrightarrow{OB}=(6,8)$，则$\overset{\frown}{AB}$的中点 C 的坐标为_____。”

【例 5】 这道题目本来不算难题，但统计结果：全班共 37 人，4 人空着没做，7 人填写的是 $(8,4)$，3 人填写的是 $(2\sqrt{21},4)$，3 人填写的是 $(8,6)$，1 人填写的是 $(2\sqrt{5},4\sqrt{5})$，只有 10 人的答案是 $(4\sqrt{5},2\sqrt{5})$，剩下的也是各种各样的答案。错误的原因剖析如下：7 人潜意识里面认为点 C 就是 A 与 B 的中点坐标，忘记检验 OC 长度要满足 10 才行；3 人潜意识里面认为点 C 的纵坐标是 4，又根据半径为 10，由勾股定理推出点 C 的横坐标是 $2\sqrt{21}$；3 人潜意识里面认为点 C 的横坐标是 8，又根据半径为 10，由勾股定理推出点 C 的纵坐标是 6。大部分人没有意识到用二倍角公式来做，或利用向量坐标知识来做，或转化为直线和圆的方程组求解问题。

从上面例子可以看出，现在的考卷已经不利于“题海战术”优势的发挥，造成很多学生面对“生面孔”的题目时变得束手无策。就“题海战术”而言，它的优点是重视了各种技能的熟练应用，重视了众多结论的运用过程，缺点是忽视了学科思想的全面掌握，忽视了知识的发生与意义的理解过程。章建跃博士曾说过：“加深对概念的理解，掌握基础知识和基本技能；梳理一类问题的通法；学会思考，培养和发展数学能力，特别是数学思维能力是解题的基本目标。”

综上所述，要解决知识与应用的矛盾，无非就是加深对数学知识的本质理解，还有学会如何基于问题进行数学思考。那如何去实践呢？可以由下面两个途径去实践：

途径一是靠学生自己独立阅读数学书籍来诱发思考，促进思考，开阔视野。阅读能力是人生最重要的能力，从某种意义上来说，阅读能力就是智力。

途径二是中档难度的题目，尽量让学生做到一题多解。一题多解，就意味着思考的深度和广度。一题多解也意味着要加入同学们之间或者师生之间的交流讨论，一个人很难面面俱到，交流能促使自己掌握完备的知识，故闭门造车不可取，应尽量多交流各自的解法。通过一题多解，才能对题目有深刻的印象，在这印象之下，碰到更多同一类“在意料之外，在情理之中”的题目时，就摘录下来，抄到笔记本里。摘录自认为有价值的、有意思的一类题目进行归类，让这一类题目成为“多题一解”，就是摘录的这些题目，能用同一种方法破解。

通过以上两种途径，学生就有了自己的“实践理论”，这样的理论是有助于解题的。学生学习了数学各种概念和运算，但往往知而不能用，此时教育只起了扫盲的作用，只有学了各种概念和运算，又能灵活应用，这样才是真教育。

六、 结束语

不难发现，适当的考试能优化学生的知识结构，考后的反思能优化他们的学习过程和思维品质。所以高中生在应试中，运算方面常常出现各种疑难杂症时，必须用坦然的心态面对它，面对挫折是学好数学的必经之路。但大多数学生因为知识面不广，经验不够，还有心智的不成熟等，所以很难从根本上解决问题。故此时教师要像医生看病一样，找出真正的病因，对症下药，以期药到病除。

参考文献

[1] 徐强．高中生：3 步打通理科思维［M］．杭州：浙江出版集团数字传媒有限公司，2021.
[2] 谷丹．守望・成长［M］．北京：商务印书馆，2017：142.
[3] 连春兴，李振雷，郑新春．促进课程改革　展示首都特色：2007 年高考数学北京卷对高中教学的导向述评［J］．数学通报，2007（12）：37－40.
[4] 杨林军．高中数学解题思维策略［M］．天津：天津人民出版社，2020：1.

探究问题本质，提升数学思维

——以一道解析几何题的教学为例

广州市铁一中学　陈泽瑛

数学家希尔伯特曾说："数学宝藏是无穷无尽的，一个问题一旦解决，无数新的问题就会代之而起"。可见，对于一个好的问题，仅满足于如何解决是远远不够的，其背后往往引发许多新的思考与结论。而当前习以为常的解题课，基本注重在有限的时间内多讲几道题，高容量、快节奏，讲题的方式也是就题解题，问题解决完即可，没有挖掘问题的本质；也有教师会在部分解题课上对题目进行探究教学，但由于缺少教师引导，学生探究方向凌乱，课堂效率低下；抑或是推广结论或者变式问题的主体基本是教师，学生只负责解答问题，而对于如何进行推广，为什么要做这样的变式等，学生不得而知。这些在一定程度上都不利于学生发现问题和提出问题能力的培养。

《普通高中数学课程标准（2017 年版）》提出了"把握问题本质，改进教学"的基本理念，强调高中数学教学要以发展学生数学学科核心素养为导向，创设合适的教学情境，启发学生思考，引导学生把握数学内容的本质。同时，也提倡独立思考、自主学习、合作交流等多种学习方式，促进实践能力和创新意识的发展。同时，新高考的题型也融入了多选题、开放题、结构不良等新题型，这些题型的出现无一不体现对学生开放性思维、探究能力和创新能力的考查。因此，在新课标、新高考的背景下，解题教学不妨把部分主动权交予学生，不在乎讲题的数量，而注重学生在挖透题目的过程中培养数学能力。下文以一道解析几何的题目为例，尝试进行了一节解题探究课的教学设计与实施。

一、试题来源

【例题】　已知直线 l：$mx+y+3m-\sqrt{3}=0$ 与圆 $x^2+y^2=12$ 交于 A，B 两点。过 A，B 分别作 l 的垂线与 x 轴交于 C，D 两点。若 $|AB|=2\sqrt{3}$，则 $|CD|=$ ________。（记圆心为坐标原点 O，圆的半径 r）

本题来源于某节高三复习的解题课，属于直线与圆的综合问题，主要考点是直线与圆的位置关系，附带涉及其他相关平面几何知识。课上发现，学生虽然知道要从"代数法"

或“几何法”的角度思考，但也存在“对代数法和几何法理解不深刻”和“数形结合思想运用不熟练”等问题。因此，选用此题作为设计对象，其一，题目难度中等，留给学生深层次思考的空间，提升数学思维；其二，题目基本蕴含了解析几何常用的思想，结合实例加深学生对数形结合、转化与化归及方程思想的理解；其三，题目本身采用的几何法、代数法可以启发学生进行一系列的推广与变式，进而透彻理解代数法和几何法的联系与区别。

二、 教学过程设计与实施

（一）展示解法，提炼思路

问题1：分析题目，你认为解决这道题关键的思路是什么？并尝试用不同的方法解决。

学生活动：先让学生独立完成，再进行小组讨论，最后让有不同解法的小组进行板演。

教师活动：组织小组代表讲解解法的思路。

小组1：设 A，B，C，D 的坐标分别为 (x_A, y_A)，(x_B, y_B)，(x_C, y_C)，(x_D, y_D)。由于直线方程含参数 m，第一步是把 m 求出来，利用圆的弦长性质和点到直线的距离公式建立方程，求出 $m=-\frac{\sqrt{3}}{3}$，得到 l：$y=\frac{\sqrt{3}}{3}x+2\sqrt{3}$；接着联立直线与圆的方程，求出 A，B 坐标，利用垂线方程得到 x_C，x_D，即可求得 $|CD|=4$。（记为【解法思路1】）

小组2：我们与小组1的主体思路是一样的，但解法存在差异。我们发现 $|AB|=r$，即 $\triangle OAB$ 为等边三角形，利用 $d=\frac{\sqrt{3}}{2}r$ 及点到直线的距离公式建立方程，同样可以求出 m；而对于 $|CD|$，过点 A 作 x 轴的平行线 AE 交 BD 于 E（如图1所示），则 $\angle BAE=30^\circ$，又由四边形 $ACDE$ 为平行四边形，得 $|CD|=|AE|=\frac{|AB|}{\cos 30^\circ}=4$。（记为【解法思路2】）

小组3：我们小组也是通过添加辅助线来解决此问题，只不过添加方式稍有不同。过点 C 作 BD 的垂线交 BD 于 E'（如图2所示），则四边形 $ABE'C$ 为平行四边形，同样可得 $|CD|=\frac{|CE'|}{\cos 30^\circ}=\frac{|AB|}{\cos 30^\circ}=4$。（记为【解法思路3】）

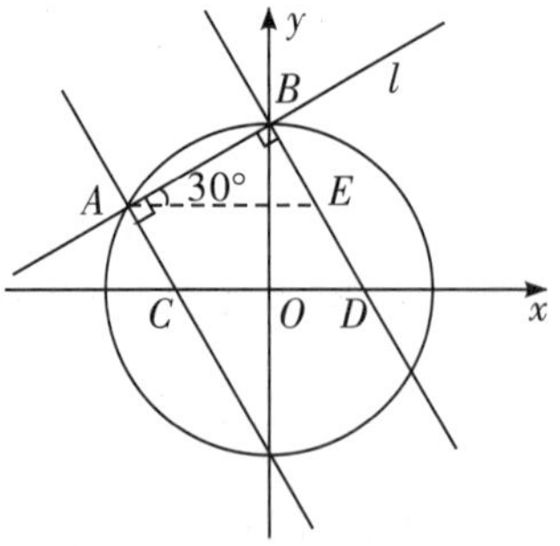

图1　解法思路2示意图

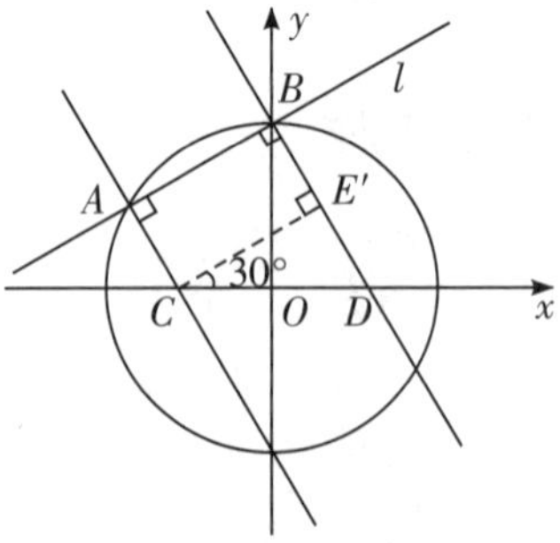

图2　解法思路3示意图

师生活动：根据同学们的解法，共同提炼出本题的思维导图（见图 3）。

教师给出说明：根据思维导图，可以清晰地看到本题的关键思路，即先求 m，再求 $|CD|$。对于解析几何的题目，代数法和几何法常常是我们考虑的解题方向。上述三种解法较为典型，解法思路 1 运用代数法，而解法思路 2、3 采用几何法。可以感受到几何法的解题效率要比代数法高，但对于技巧的要求也自然较高。其中，解法思路 2 和 3 的两种作辅助线的方式在本质上是一样的，都是为了构造平行四边形进行“边相等”的传递，运用转化的思想求出 $|CD|$。

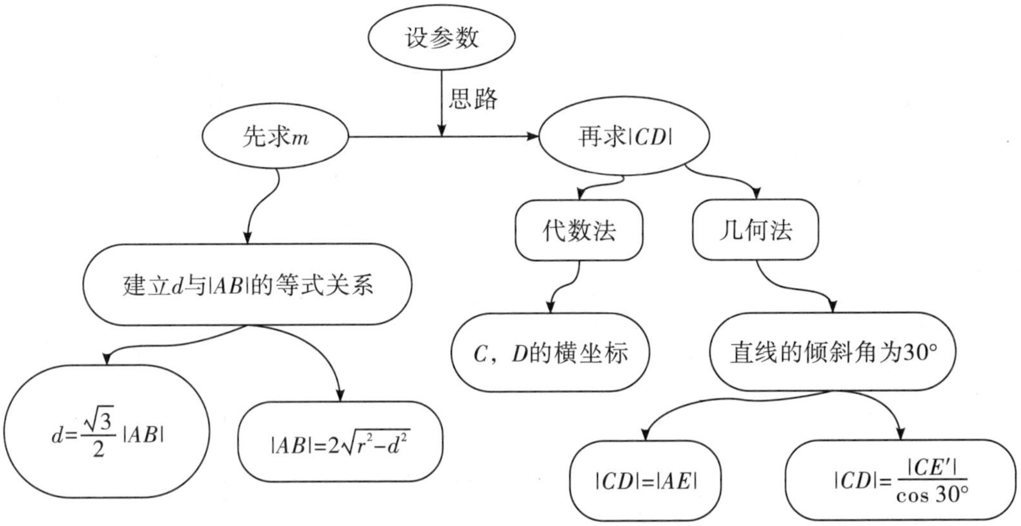

图 3　本题的思维导图

追问 1：由上述的多种解法，你能发现 $|CD|$ 与哪些量有关？

生 1：观察解法思路 2 和 3，求 $|CD|$ 的思路方向分别是 $|CD|\to|AE|\to|AB|$ 和 $|CD|\to|CE'|\to|AB|$，最终都转化到与 $|AB|$ 相关。

生 2：在求解的过程中发现 $|CD|=\frac{|AB|}{\cos 30°}$，因此我觉得 $|CD|$ 不只与 $|AB|$ 有关，也与直线 l 的倾斜角（或者直线的斜率）有关。

追问 2：根据以上讨论，你能猜想出 $|CD|$ 的一般表达式吗？

生 3：根据以上分析，我觉得 $|CD|$ 的表达式可能为 $|CD|=\frac{|AB|}{\cos\theta}$（$\theta$ 为倾斜角），但由于 $\cos\theta$ 可能取负值，所以进一步修正为 $|CD|=\frac{|AB|}{|\cos\theta|}$（$\theta$ 为倾斜角）。

（二）探究与推广 $|CD|$ 的表达式

问题 2：将本题推广到一般情况，并推导出 $|CD|$ 的一般表达式，是否与猜想一致？

师生活动：以小组为单位进行探究；教师巡视，了解学生的探究情况并进行有针对性的引导；组织有代表性的小组汇报，其他小组边听边判断，予以补充。

小组4：观察上述题目的条件，我们发现$|AB|$刚好与圆的半径r相等，因此我们将题目的具体数值都进行了一般化处理，得到如下的推广1。

【推广1】 已知直线l：$mx+y+n=0$（m，n为常数）与圆$x^2+y^2=r^2$交于A，B两点，过A，B分别作l的垂线与x轴交于C，D两点。若$|AB|=r$，请写出$|CD|$的表达式。

小组4：沿用解法思路2，进行以下分析（见表1）。需要注意的是，当$\theta=\dfrac{\pi}{2}$时，过A，B分别作l的垂线与x轴没有交点，与题目情境不符，所以直线l的斜率必须存在。

小组4：$|CD|$的表达式可以概括为$|CD|=\dfrac{|AB|}{|\cos\theta|}=\dfrac{r}{|\cos\theta|}$，论证了猜想。

学生活动：若小组4汇报过程出现错漏，其他小组可指正或补充。

小组5补充：由于推广1的条件中并未出现θ，且$|\cos\theta|=\dfrac{1}{\sqrt{m^2+1}}$，进一步可化为$|CD|=r\sqrt{m^2+1}$，这样较为严谨。

表1　关于推广1的几何法分析

θ	图示（只展示典型的情况）	$\lvert CD\rvert$
$\theta=0$	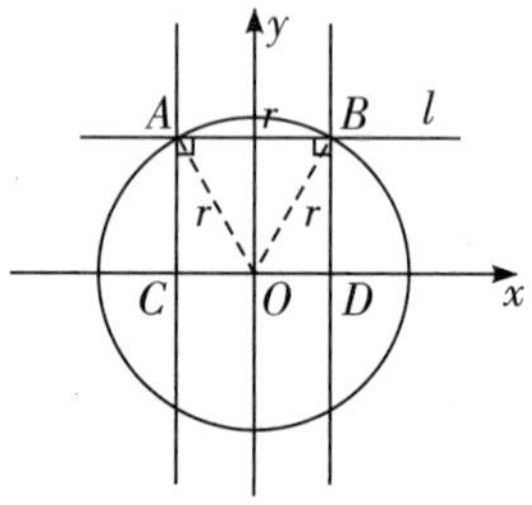 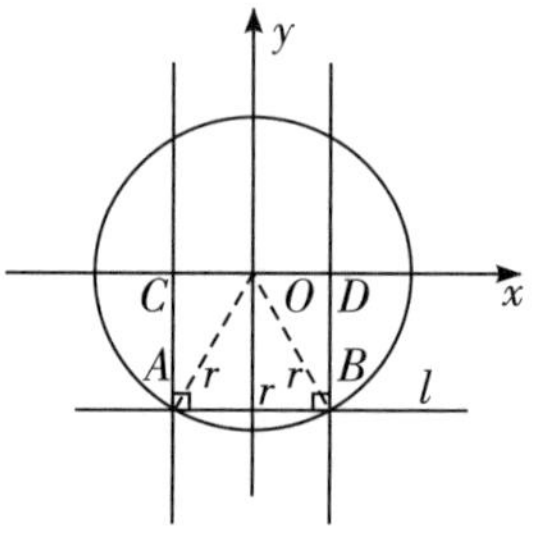	$\lvert CD\rvert=\lvert AB\rvert$
$0<\theta<\dfrac{\pi}{2}$	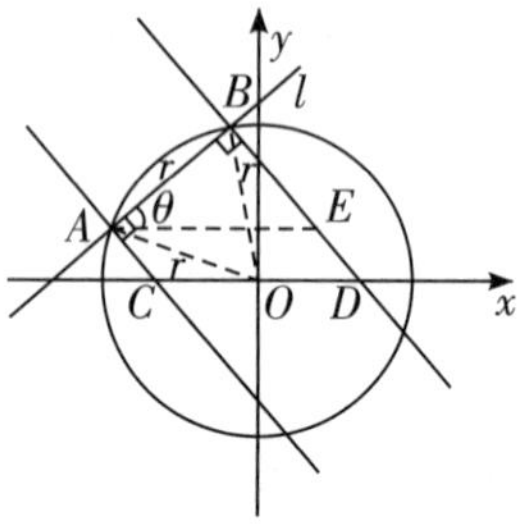 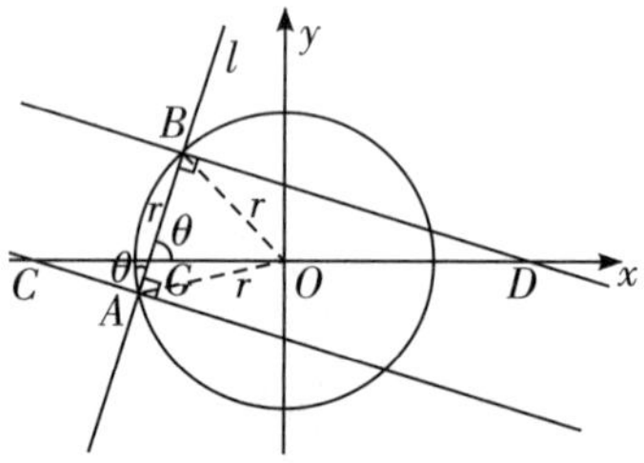	$\lvert CD\rvert=\dfrac{\lvert AB\rvert}{\cos\theta}$
$\dfrac{\pi}{2}<\theta<\pi$	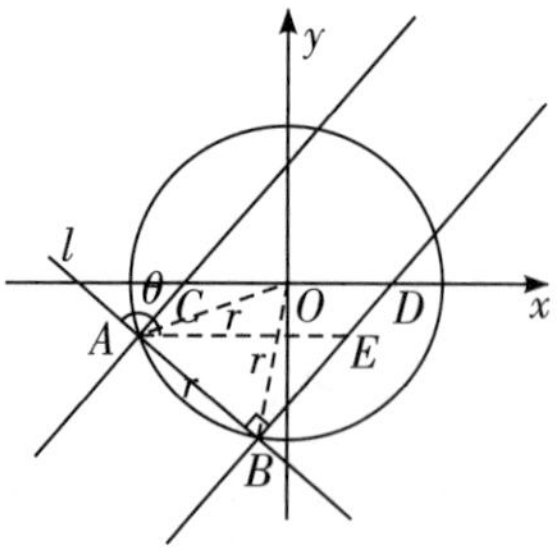 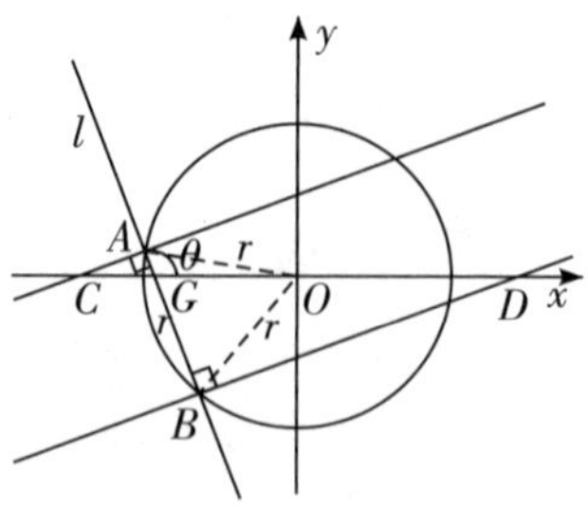	$\lvert CD\rvert=\dfrac{\lvert AB\rvert}{\cos(\pi-\theta)}=\dfrac{\lvert AB\rvert}{-\cos\theta}$

小组 6：我们小组发现，$|CD|$虽然与$|AB|$的长度有关，但与“$|AB|$是否等于圆的半径 r”无关，因此将题目推广到更一般的情况，形成如下推广 2。

【推广 2】 已知直线 l：$mx+y+n=0$ 与圆 $x^2+y^2=r^2$ 交于 A，B 两点。过 A，B 分别作 l 的垂线与 x 轴交于 C，D 两点。若将$|AB|$记为 p（p 为常数），请写出$|CD|$的表达式。

小组 6：选用代数法解决。当 $m\neq0$ 时，先联立$\begin{cases}x^2+y^2=r^2,\\ mx+y+n=0,\end{cases}$得到 $(1+m^2)x^2-2mnx+n^2-r^2=0$，则过 A 作 l 的垂线 l_A：$y=\frac{1}{m}(x-x_A)+y_A$，令 $y=0$，得 $x_C=-my_A+x_A$，同理可得 $x_D=-my_B+x_B$，$\therefore |CD|=|x_C-x_D|=(m^2+1)\cdot|x_A-x_B|=\sqrt{m^2+1}\cdot\sqrt{m^2+1}\cdot|x_A-x_B|=\sqrt{m^2+1}|AB|=p\sqrt{m^2+1}$。当 $m=0$ 时，$|CD|=|AB|=p$。综上，$|CD|$的表达式为$|CD|=p\sqrt{m^2+1}$。

学生活动：若小组 6 汇报过程出现错漏，其他小组可指正或补充。

教师给出说明：到此，我们已经得到$|CD|=\frac{|AB|}{|\cos\theta|}$或$|CD|=\sqrt{m^2+1}|AB|$。相对于小组 4，小组 6 的推广更为彻底，更进一步地将$|AB|$的长度一般化。其实，对于两个推广的解法是共通的，即还可以用类似的代数法解决推广 1，也可以用类似的几何法解决推广 2。对于小组 6 所用的代数法，很关键的一步是最后求$|CD|$时，凑出了$|AB|$的弦长公式，避免运用韦达定理的繁杂计算。

追问 3：受小组 6 所用代数法的启发，能否将前面的“推广”继续一般化？

小组 7：小组 6 凑出弦长公式，无须运用韦达定理，这也就意味着无须用到联立后的方程。因此，我们小组的想法是将圆的方程一般化，即将圆心位于原点的圆一般化到任意位置的圆。运用上述的代数法和几何法，易证改变圆的位置，$|CD|$的表达式保持不变。

教师活动：引导学生总结出以下的结论 1。

【结论 1】 $\underbrace{\text{已知直线 } l\text{：} mx+y+n=0 \text{ 与圆 } (x-a)^2+(y-b)^2=r^2 \text{ 交于 } A, B \text{ 两点，}}_{\text{条件①}}$ $\underbrace{\text{过 } A, B \text{ 分别作 } l \text{ 的垂线与 } x \text{ 轴交于 } C, D \text{ 两点}}_{\text{条件②}}$。若将$|AB|$记为 p，$\underbrace{\text{则 } |CD|=p\sqrt{1+m^2}}_{\text{结论}}$（$p$ 为常数）。

教师给出说明：通过上面三个小组的推广，我们发现将一个问题一般化，首先可以从“数值”的角度出发，将具体数值一般化，这是较为简单的推广。其次，可以对条件中涉及的对象进行适当推广，比如本题中$|AB|$、直线方程、圆的方程等对象都可尝试推广，再具体分析每个对象的推广是否得当。

（三）变式题目，发散思维

问题 3：在结论 1 中划分出“条件①”“条件②”以及“结论”。根据原题目以及结论 1，你能对题目或结论进行变式吗？请说明你的变式思路，并展示题目。

学生活动：小组各成员先独立思考，把自己的变式思路或者题目写下来；组内有想法的成员展示自己的变式，交流讨论，得到代表小组的最终讨论结果。

教师活动：巡视各个小组的讨论情况，对部分小组进行指导与简单评价；小组讨论结束后，组织小组畅所欲言，自荐汇报成果。

注：(1) 考虑到时间关系，课堂上学生主要以“介绍小组的变式思路，初步表述所得结论，并以一个变式题目举例说明”为主，对于变式题目的解答，由小组课后完成。

(2) 由于课堂上只能进行部分小组的汇报，所以各个小组在课后将本小组的想法完善成简单的书面报告，以便教师及时对各小组进行评价。

结合学生课上和课后的分析，教师将变式类型和典例整理如下。表 2、表 3 和表 4 的变式思路都是以结论 1 为载体。其中，表 2 和表 3 从条件出发，改变条件①，发现在其他圆锥曲线的背景下，$|CD|$的表达式保持不变；改变条件②，若过 A，B 的垂线与 y 轴产生交点，交点的距离仍与$|AB|$的长度和斜率有关。表 4 从结论出发进行变式，得到$|CD|$，$|AB|$，k 符合知二求一的关系。

表 2　关于条件①的变式分析

变式角度——条件①	
思路分析	将结论 1 的条件①中圆的方程改为“双曲线的方程”。由双曲线的特点，直线与双曲线有两个交点只有两种情况：交于异支两点，交于某一支两点。根据此特性，运用几何法，易证$|CD|$的表达式保持不变
所得结论	【结论 2】　已知直线 l：$mx+y+n=0$ 与双曲线$\frac{x^2}{a^2}-\frac{y^2}{b^2}=1$交于 A，B 两点，过 A，B 分别作 l 的垂线与 x 轴交于 C，D 两点。若将$|AB|$记为 p，则$|CD|=p\sqrt{1+m^2}$（椭圆、抛物线也适用）
变式举例	【变式 1】　已知直线 l：$y=kx-1$ 与双曲线 $x^2-y^2=4$ 的左支交于 A，B 两点，过 A，B 分别作 l 的垂线与 x 轴交于 C，D 两点。若$|AB|=2$，则$|CD|$的取值范围为________

表 3　关于条件②的变式分析

变式角度——条件②	
思路分析	由于条件②中过 A，B 的垂线与 x 轴产生交点，如果交点在 y 轴，两个交点的距离的表达式又会是什么呢？如果将垂线与坐标轴的四个交点依次连接起来，构成一个四边形，那么四边形的面积又应该如何考虑呢？
所得结论	【结论 3】　已知直线 l：$mx+y+n=0$ 与圆 $(x-a)^2+(y-b)^2=r^2$ 交于 A，B 两点，过 A，B 分别作 l 的垂线与 y 轴交于 E，F 两点。若将$|AB|$记为 p，则$|EF|=p\sqrt{1+\frac{1}{m^2}}$（其他圆锥曲线也适用）。 【结论 4】　已知直线 l：$mx+y+n=0$ 与圆 $(x-a)^2+(y-b)^2=r^2$ 交于 A，B 两点，过 A，B 分别作 l 的垂线，分别与 x，y 轴交于 C，D，E，F。若将$|AB|$记为 p，则四边形 $CEDF$ 的面积为$\frac{1}{2}p^2\sqrt{m^2+\frac{1}{m^2}+2}$（其他圆锥曲线也适用）

续上表

变式举例	【变式2】　已知直线 l：$mx+y+3m-\sqrt{3}=0$ 与圆 $x^2+y^2=12$ 交于 A，B 两点，过 A，B 分别作 l 的垂线，分别与 x，y 轴交于 C，D，E，F。若 $\|AB\|=2\sqrt{3}$，则四边形 $CEDF$ 的面积为____________

表4　关于结论的变式分析

变式角度——结论	
思路分析	从结论1中的结论出发，将命题进行逆向变式
所得结论	$\|CD\|$，$\|AB\|$，k——知二求一
变式举例	【变式3】　若斜率为$\sqrt{2}$的直线 l 与一个圆交于 A，B 两点，过 A，B 分别作 l 的垂线与 x 轴交于 C，D 两点，其中 $C(-1,0)$，$D(3,0)$。 （1）符合情境的直线有多少条？请说明理由。 （2）请判断符合条件的圆能否确定。若能确定，请求出圆的方程；若不能确定，再添加什么条件即可（只限添加一个）？

教师给出说明：根据大家的讨论情况，可以发现变式一个题目的角度有很多。可以将题目的条件进行变式，比如改变数值、改变题目的大背景等；也可以对所求问题进行变式，比如提出所求问题对象与其他对象的关联、改变提问的对象；还可以逆向思考问题，将结论作为已知条件，进行变式等（见图4）。

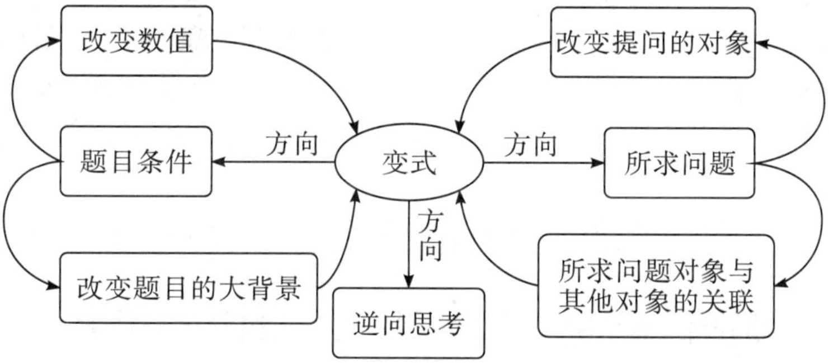

图4　变式的思维导图

（四）归纳小结，课后提升

师：我们发现，无论是直线与圆相交，还是直线与其他圆锥曲线相交，甚至是两个圆锥曲线相交（如椭圆与抛物线），无论这些图象在坐标系中的哪个位置，无论两垂线是与哪个坐标轴相交，只要能交于 A，B 两点，那么 $|CD|$（或 $|EF|$）始终只与 $|AB|$ 的长度、$|AB|$ 所在直线的斜率有关，满足 $|CD|=\sqrt{1+m^2}|AB|$（或 $|EF|=\sqrt{1+\frac{1}{m^2}}|AB|$）。

问题4：解析几何题目常蕴含丰富的数学思想，本节课渗透了哪些数学思想呢？

师生活动：先组织学生畅所欲言，再师生共同完成思维导图（见图5）。

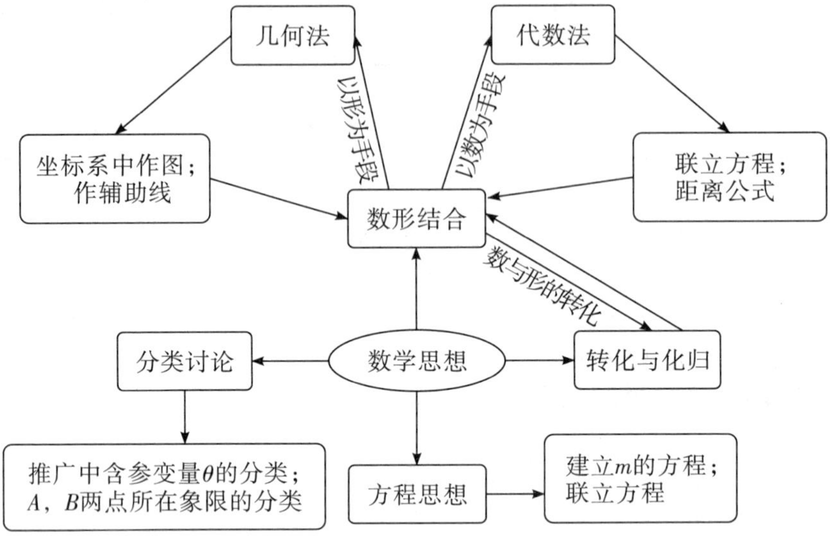

图5　本节课蕴含的数学思想的思维导图

师：图5所述四大思想确实是解析几何题目的主要思想。值得一提的是，数形结合是解析几何题目的核心思想。正如数学家华罗庚所说：“数缺形时少直观，形少数时难入微。”几何法让我们直观地看到边与边的联系，而代数法从严密细致的角度规范了我们的思路，这两种方法相辅相成，需要我们好好掌握。

师：本节课我们深入探讨了一道关于直线与圆的解析几何题目。虽然题目难度中等，但我们却在解法的种类、推广与变式上下足了功夫，逐步加深了问题的难度，挖掘出题目的本质和丰富的结论，以及具体蕴含的数学思想。同时，也掌握了如何将题目进行推广与变式的思路方法。

课后作业：继续完善变式的小组报告，并尝试将原题改编成多选题。

三、关于新课标新高考下的解题教学的几点思考

上述教学设计实施后，大部分学生都表示很喜欢这种上课方式，课堂氛围活跃，每个人都有思考问题和讨论问题的机会，也感受到小组力量的强大。而且课上学生基本都能将题目进行推广和变式，上述归纳推广和变式典例全部由学生合作探究得出。在表达思路和归纳结论方面，学生基本能表达清楚，但语言组织不够精练，这也需要教师平时多给予学生锻炼的机会。因此，在平时的解题教学中，不妨将探究融入部分解题课，探究问题的本质，发挥学生的创造力。而对于解题教学，笔者认为需要注意以下几点。

（一）注重探究问题的本质

正所谓“知其然，且知其所以然”。学生解题时，不仅要会做题，还要知道为什么要

这样做。面对数学问题，不再是就题讲题和就题解题，而是就题展题，探寻本质。教师根据题目循序渐进地引导，学生通过自主探究由浅入深地思考，将问题拓展与延伸，体会变与不变的思想，从而把握问题的本质。抓住问题的本质，一方面能快速找到题目的解决方法，以及优化解题过程；另一方面有利于学生拓宽思考角度和加深思考深度，提升数学思维。

（二）注重驱动探究的方式

哲学家鲍波尔认为，“正是问题激发我们去学习，去实践，去察看”。以“问题串”驱动解题探究教学，无疑是一种有效的方式。创设有效的“问题串”，驱使学生多角度思考问题，或层层递进地深挖题目蕴藏的本质和延伸，丰富解题教学。设计“好”的问题串，需以学生的“最近发展区”为出发点，从提问内容、提问的指向性、提问顺序等方面仔细考虑，并预设学生的回答，不断对“问题串”做出调整。本节课以“问题串”驱动学生对一道题目展开探究，给予充分讨论交流和动手操作的机会，最终获得丰富的数学结论。经历这样逐步深入的探究过程，有利于培养学生发现和提出问题、作图表达、推理论证等能力，在具体情境中提升数学思维和直观想象、逻辑推理、数学运算等核心素养，积累数学探究活动经验，激发学生的求知欲。

（三）注重独立思考与合作探究的相容性

在解题课探究教学中，并非只强调合作探究，强调学生适时的独立思考也十分必要，两者相辅相成。本节课在各个环节分别采取了学生独立思考、小组合作探究，以及独立思考和合作探究两者兼有的学习方式。对于一些较为简单的提问，可以选择学生独立思考的方式；在推广题目中，采用小组合作互相启发，增强实效。根据结论进行变式思考时，笔者认为应该让每个学生都静下心来内化前面的思路过程，思考属于自己的变式角度，尝试设计变式题目，不受其他同学的思路的影响，经历了思考问题的过程之后再与小组成员交流，获得更为完善和多样的结论。因此，教师要善于根据不同的内容和学习任务组织不同的学习方式，让学生在“互动、启发”的合作探究和“自主、内化”的独立思考之间，做到“动”和“静”结合，养成良好的学习习惯。

（四）注重教师与学生的“双主作用”

弗拉登塔尔认为，学习数学的唯一正确方法就是实行再创造，就是由学生本人把要学的东西发现出来或创造出来。在解题探究教学中，学生的学是教学活动的重心。通过让学生成为推广与变式的“主角”，培养发现问题、提出问题的能力；通过合作交流、学生汇报、小组互评的学习方式，提高课堂参与度，发挥学生的主体作用。而教师的作用则是作为引导者促进学生学会学习，具体而言有以下四个方面。其一，挑选适合探究、适合学情的题目。其二，提前设计好“问题串”。其三，引导是核心，教师通过“问题串”和追问的形式，引发学生做深层次的思考；通过巡视及时指正或启发学生，做到心中有数；融入必要的说明和总结，如提炼出思维导图和思路方法等，让学生学会合理地“放”和“收”。其四，评价贯穿课堂，课上鼓励学生参与讨论，积极评价学生汇报，课下认真反馈小组作业等，增强学生学习数学的信心。因此，在教学实践中，注重发挥以学生为主体和教师为主导的“双主作用”，不仅重视如何教，更要重视如何学，引导学生学会学数学。

总体而言，新课标和新高考下的解题探究教学应围绕问题本质展开，既要重视学生的学，又要重视教师的牵引，积极探索有利于促进学生学习的多样化教学方式，不仅限于讲题与练习，还要合理组织独立思考、小组合作、动手实践等学习方式，帮助学生养成良好的学习习惯，促进学生会学数学，对学习产生更多的兴趣。

参考文献

[1] 杨世明，袁桂珍. 数学方法论中的希尔伯特问题 [J]. 数学通讯，2003 (21)：1－5.
[2] 中华人民共和国教育部. 普通高中数学课程标准 (2017 年版) [M]. 北京：人民教育出版社，2018.
[3] 郭庶，王瑞霖. 弗莱登塔尔再创造理论对数学教学提出的挑战 [J]. 首都师范大学学报（自然科学版)，2015，36 (5)：23－26.

基于学习进阶理论“等比数列通项公式的应用”教学设计

佛山市顺德区第一中学　丁崇芳

一、前言

随着我国社会、经济的发展，高中教育的性质和培养目标也在发生变化。正如《普通高中数学课程标准（2017年版）》《中国高考评价体系》指出的，要把立德树人融入教育各环节，贯穿教育各领域。数学教育中的立德树人要体现数学学科特点，其具体内涵是：学生能在获得“四基”、提高“四能”的过程中，发展数学学科核心素养，逐步学会用数学眼光观察世界，用数学思维思考世界，用数学语言表达世界。

数列作为一类特殊的函数，在实际生活中有着广泛的应用。在研究方法上，一列数中蕴含的规律一般是从具体到抽象，首先通过代数运算发现规律，再应用严谨的数学符号和语言表达规律，发现数学本质，建立数学模型，最后利用数学知识与方法解决问题。而教学实践过程中，一些教师和学生，把注意力更多地放在发现规律中，却忽略了更为重要的数学本质，导致理性思维的进一步发展受限。本文通过探究几何分形中的数列问题，让学生能抓住纷繁复杂事物中的关键要素，善于发现事物的本质、关系和规律，善于透过现象看本质，形成重理论、有条理、有逻辑的思维品质。

在教学方法上，准确把握学生不同学习阶段的水平层次，设置自然、流畅、合理的问题链，为学生设定有效的进阶路径，形成一条逐步精致、持续深化的思维路径，让学生学会课堂知识的同时，掌握探究问题的一般路径，实现学生从低层级数学思维到高层级数学思维的发展。

二、“学习进阶”理论的内涵

“学习进阶”的概念源于美国科学教育领域。2007年，美国国家科学研究委员会（National Research Council，简称NRC）将“学习进阶”定义为：“对学生在一个时间跨度内学习和探究某一主题时，依次进阶、依次深化的思维方式的描述。”特别指出“教学实践对学习进阶起着关键作用”。

近年来，学习进阶逐渐进入数学等学科的教育教学领域。北师大生命科学学院刘恩山教授等将“学习进阶”定义为：对学生在各学段学习同一主题的概念时所遵循的连贯的、典型的学习路径的描述，一般呈现为围绕核心概念展开的一系列由简单到复杂、由粗放到精致的相互关联的概念系列。其本质是围绕学科中对某个学习主题的认知发展过程，构建基于学生认知发展的学习进阶路径。

学习进阶理论认为，学生对某一主题内容的学习不是一蹴而就的，需要经历进阶起点、许多个不同的中间水平从而到达进阶的终点。学习进阶定量描述了学生在学习某一主题时不同的思考阶段，重视学生的深度思考，进而寻求最佳的教学模式，以促进各水平“阶”的发生。

三、“学习进阶”的学情分析

（一）进阶起点

等比数列是研究复杂数列的重要模型，它与实际生活有密切的联系，如存款利率、放射性物质的衰变、人口增长、几何分形等都要用等比数列的知识来解决。知识上，学生已经掌握了等比数列的定义及通项公式、递推关系、累加法等相关知识。思想方法上，学生具备从特殊化到一般化、转化与化归能力。这是本节课的教学的进阶起点。

（二）进阶目标

一级目标：在准确掌握等比数列概念和通项公式的基础上，能在具体问题情境中，发现成等比关系的量以及量之间的规律和关系，并用严谨的数学符号和语言表示。

二级目标：将具体化的问题抽象为数学模型，利用所学知识求解模型。

三级目标：通过数列与分形的结合，让学生感受数学的“美”，培养学生在综合情境中解决复杂问题的能力，提升学生数学抽象、数学运算、数学建模素养的同时，培养学生数学理性思维和科学精神，落实“立德树人”目标。

（三）进阶障碍分析

障碍一：教师对于数列的教学侧重于通项公式、求和、综合问题等抽象的理论知识，往往忽略数列的实际应用，以致学生面对复杂的实际应用问题时，会出现畏惧心理，甚至出现“读不懂题”等现象。

障碍二：本节内容的背景是几何中的分形图案，本质上是研究数列的通项公式或求和问题，寻求递推关系是建立模型的重点和关键。这需要一定的观察和归纳能力，通过代数运算发现量的变化规律，利用从特殊到一般的数学思想方法研究数学问题的能力。

障碍三：学生的数学建模思想和能力。数学建模作为六大核心素养之一，因其综合性和实用性较强，其能力培养过程难度相对较大，在实际教学的水平体现上，显得不是那么理想，呈现理论性研究较多，而课堂实践和切实落地相对较少的状况。

四、基于“学习进阶”的教学实例

（一）Cantor 集

19 世纪下半叶集合论的创立，奠定了现代数学的基础。著名的“康托尔三分集”是数学理性思维的构造产物，具有典型的分形特征，其操作过程如下：将闭区间［0，1］均分为三段，去掉中间的区间段$\left(\frac{1}{3}, \frac{2}{3}\right)$，记为第 1 次操作；再将剩下的两个区间［0，$\frac{1}{3}$］，［$\frac{2}{3}$，1］分别分为三段，并各自去掉中间的区间段，记为第 2 次操作；……每次操作都在上一次操作的基础上，将剩下的各个区间分别分为三段，同样各自去掉中间的区间段。操作过程不断地进行下去，剩下的区间集合即是“康托尔三分集”。如图 1，记第 n 次操作后剩余区间的长度为 $\varphi(n)$，试探究 $\varphi(n)$ 的表达式。

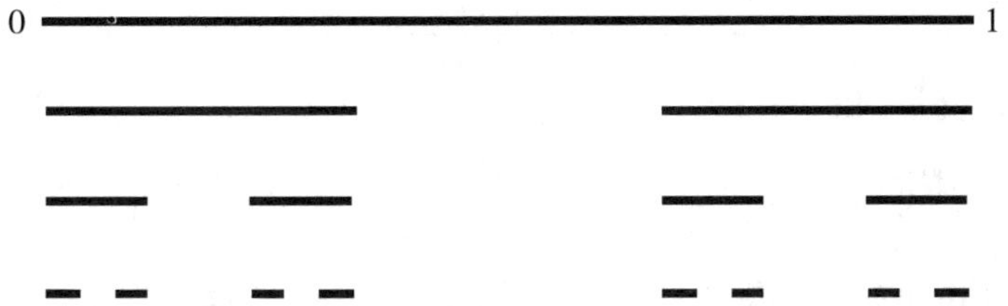

图 1

问题 1：可以将 $\varphi(n)$ 看作是关于 n 的函数，其本质是一个数列。请问它是一个等差数列或等比数列吗？

生：$\varphi(1)=\frac{2}{3}$，$\varphi(2)=\frac{4}{27}$，$\varphi(3)=\frac{8}{81}$，…，$\varphi(n)=\left(\frac{2}{3}\right)^n$，是一个等比数列。

【设计意图】通过问题 1，让学生发现成等比数列变化的量，并从特殊到一般，归纳猜想得出 $\varphi(n)$ 的表达式，感受具体问题情境中等比数列的存在，完成一级目标。

在具体试题中，得到 $\varphi(n)$ 的表达式，就可以进行下一步相关的数学知识的考查（参考 2022 年广州一模 12 题）。反思其探究过程，其数学本质是不完全归纳，以下做进一步的深入探究。

问题 2：该问题情境中，每次操作，变化的量有哪些？有怎样的变化规律？

师：引导学生从表 1 的角度认识问题。根据解决问题的需要，用数列定义变化的量，研究变量间的关系。其数学本质是探究数列的递推关系，建立数学模型，再根据数列相关知识，解决问题。

表1　变量及其变化规律

次数	每次去掉单个区间长度 (a_n)	每次去掉区间个数 (b_n)	剩余单个区间长度 (a_n)	剩余单个区间个数 ($2b_n$)	剩余区间总长度 [$\varphi(n)$]	去掉区间的总长度 (c_n)
第1次	$\frac{1}{3}$	1	$\frac{1}{3}$	2	$\frac{2}{3}$	$1-\frac{2}{3}$
第2次	$\left(\frac{1}{3}\right)^2$	2	$\left(\frac{1}{3}\right)^2$	2^2	$\left(\frac{2}{3}\right)^2$	$1-\left(\frac{2}{3}\right)^2$
第3次	$\left(\frac{1}{3}\right)^3$	2^2	$\left(\frac{1}{3}\right)^3$	2^3	$\left(\frac{2}{3}\right)^3$	$1-\left(\frac{2}{3}\right)^3$
…	…	…	…	…	…	…
第n次	$\left(\frac{1}{3}\right)^n$	2^{n-1}	$\left(\frac{1}{3}\right)^n$	2^n	$\left(\frac{2}{3}\right)^n$	$1-\left(\frac{2}{3}\right)^n$

分析表1得，变量间的关系：

①第 $n+1$ 次去掉的区间长度是第 n 次剩余单个区间长度的$\frac{1}{3}$，而第 n 次剩余单个区间等于第 n 次去掉单个区间长度，即 $a_{n+1}=\frac{1}{3}a_n$，$n\in\mathbf{N}^*$ 且 $a_1=\frac{1}{3}$；

②第 $n+1$ 次去掉区间的个数等于第 n 次剩余区间的区间个数，而第 n 次剩余的区间个数即为2倍第 n 次去掉的区间个数，$b_{n+1}=2b_n$，$n\in\mathbf{N}^*$ 且 $b_1=1$；

③第 n 次剩余区间的总长度等于剩余单个区间长度乘以区间个数，即 $\varphi(n)=2a_nb_n$，$n\in\mathbf{N}^*$；

④去掉区间的总长度与剩余区间的总长度的和等于1，即 $c_n+\varphi(n)=1$，$n\in\mathbf{N}^*$。

【设计意图】通过问题2，从递推关系的角度，重新认识变化的量，从不完全归纳上升到演绎推理，建立数列模型，完成二级目标。

问题3：上述定义的数列与$\varphi(n)$之间的关系如何？请用数学表达式表示，并用所学知识证明。

生：由$\frac{a_{n+1}}{a_n}=\frac{1}{3}$，$n\in\mathbf{N}^*$，根据等比数列的定义知，数列 $\{a_n\}$ 是以$\frac{1}{3}$为首项，$\frac{1}{3}$为公比的等比数列，所以 $a_n=\frac{1}{3}\cdot\left(\frac{1}{3}\right)^{n-1}=\left(\frac{1}{3}\right)^n$，$n\in\mathbf{N}^*$；同理，$b_n=2^{n-1}$，$n\in\mathbf{N}^*$，$c_n=1-2a_nb_n=1-\left(\frac{2}{3}\right)^n$，$n\in\mathbf{N}^*$。

教师引导学生发现：

$$
\begin{aligned}
c_n&=a_1b_1+a_2b_2+a_3b_3+\cdots+a_nb_n\\
&=\frac{1}{3}\left[\left(\frac{2}{3}\right)^0+\left(\frac{2}{3}\right)^1+\left(\frac{2}{3}\right)^2+\cdots+\left(\frac{2}{3}\right)^{n-1}\right]
\end{aligned}
$$

$$=\frac{1}{3}\cdot\frac{1-\left(\frac{2}{3}\right)^{n-1}\cdot\frac{2}{3}}{1-\frac{2}{3}}$$

$$=1-\left(\frac{2}{3}\right)^{n}$$

$$=1-\varphi(n),\ n\in\mathbf{N}^*。$$

【设计意图】问题 3 的设置让学生深入探究数学本质，发现其中所隐含的关系——等比数列的求和公式，感受数学的“美”，提高学生数学抽象、数学运算的素养，完成三级目标。

（二）Koch 雪花曲线

图 2 为瑞典数学家科赫在 1904 年构造的能够描述雪花形状的图案。图形的作法是：从一个正三角形开始，把每个边分成三等份，然后以各边的中间一段为底边分别向外作正三角形，再去掉底边，得图（2），如此继续下去，得图（3）……反复进行这一过程，就得到一条“雪花”状的曲线。试探究第 n 个图形的周长和面积。

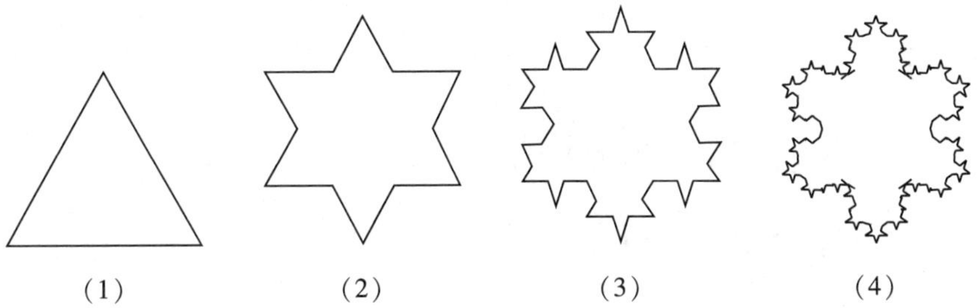

图 2　Koch 雪花曲线

问题 1：该问题情境中，每次变化过程中，变化的量有哪些？有怎样的变化规律？

生：边长、边数、周长、面积都是关于 n 的函数，分别记为数列 $\{a_n\}$，$\{b_n\}$，$\{L_n\}$，$\{S_n\}$，其中 $\{a_n\}$，$\{b_n\}$ 均为等比数列。且

①$a_{n+1}=\frac{1}{3}a_n$，即$\frac{a_{n+1}}{a_n}=\frac{1}{3}$，$n\in\mathbf{N}^*$，且 $a_1=1$；

②$b_{n+1}=4b_n$，即$\frac{b_{n+1}}{b_n}=4$，$n\in\mathbf{N}^*$，且 $b_1=3$；

③$L_n=a_nb_n$，$n\in\mathbf{N}^*$。

根据等比数列的定义和通项公式知：$a_n=1\cdot\left(\frac{1}{3}\right)^{n-1}=\left(\frac{1}{3}\right)^{n-1}$，$n\in\mathbf{N}^*$；$b_n=3\cdot4^{n-1}$，$n\in\mathbf{N}^*$；$L_n=a_nb_n=3\cdot\left(\frac{4}{3}\right)^{n-1}$，$n\in\mathbf{N}^*$。

【设计意图】基于康托尔集的进阶路径，学生避开了归纳猜想的过程，可以快速发现成等比数列变化的量，并用数列符号和数学语言表示，建立数学模型，完成一、二级目

标。难点在于面积的变化规律，学生难以通过观察、归纳、简单推理确定数列的通项公式，教师需要引导学生完成其下一阶段的进阶。

问题2：以上的探究进阶路径，我们从观察推理归纳猜想进阶到寻找递推关系，用递推关系解释数学模型，再用数列知识解决问题。现从面积角度，观察图形变化，探究数列 $\{S_n\}$ 的递推关系式。

生：第 $n+1$ 个图形是在第 n 个图形的基础上，新增 b_n 个边长为 a_{n+1} 个小正三角形。

数学关系式为：$S_{n+1}=S_n+b_n\cdot\frac{\sqrt{3}}{4}\cdot a_{n+1}{}^2$，$n\in\mathbf{N}^*$，且 $S_1=\frac{\sqrt{3}}{4}$。

即：$S_{n+1}-S_n=\frac{3\sqrt{3}}{16}\cdot\left(\frac{4}{9}\right)^n$，$n\in\mathbf{N}^*$，且 $S_1=\frac{\sqrt{3}}{4}$。

【设计意图】较之边长、边数、周长的变化，面积的变化规律较难发现，此时不完全归纳已经完全行不通，教师引导学生观察图形的面积变化，探究新增的图形的面积，推导出数列 $\{S_n\}$ 的递推关系式，建立数列模型，完成二级目标。

问题3：如何由上述递推关系求数列的通项公式?

生：累加法。

解：当 $n\geqslant2$ 时，

$$S_1=\frac{\sqrt{3}}{4},$$

$$S_2-S_1=\frac{3\sqrt{3}}{16}\cdot\left(\frac{4}{9}\right)^1,$$

$$S_3-S_2=\frac{3\sqrt{3}}{16}\cdot\left(\frac{4}{9}\right)^2,$$

$$\cdots$$

$$S_n-S_{n-1}=\frac{3\sqrt{3}}{16}\cdot\left(\frac{4}{9}\right)^{n-1},$$

由累加法得：
$$S_n=\frac{\sqrt{3}}{4}+\frac{3\sqrt{3}}{16}\cdot\left[\left(\frac{4}{9}\right)^1+\left(\frac{4}{9}\right)^2+\left(\frac{4}{9}\right)^3+\cdots+\left(\frac{4}{9}\right)^{n-1}\right]$$
$$=\frac{\sqrt{3}}{4}+\frac{3\sqrt{3}}{16}\cdot\frac{\frac{4}{9}-\left(\frac{4}{9}\right)^{n-1}\cdot\frac{4}{9}}{1-\frac{4}{9}}$$
$$=\frac{\sqrt{3}}{20}\cdot\left[8-3\cdot\left(\frac{4}{9}\right)^{n-1}\right],\ n\geqslant2,\ n\in\mathbf{N}^*,$$

上式对 $n=1$ 成立，

综上，$S_n=\frac{\sqrt{3}}{20}\cdot\left[8-3\cdot\left(\frac{4}{9}\right)^{n-1}\right]$，$n\in\mathbf{N}^*$。

【设计意图】利用累积法求数列的通项公式，用数列知识解决问题，感受课堂知识所蕴含的数学价值。

问题4：如果这个作图过程可以一直继续下去，那么该图形的周长和面积将趋近于多少？

生：由 $L_n=a_nb_n=3\cdot\left(\frac{4}{3}\right)^{n-1}$，$n\in\mathbf{N}^*$，将 L_n 看作是关于变量 n 的函数，为单调递增的指数函数，因此当 n 无限增大时，L_n 将趋近于无穷大；$S_n=\frac{\sqrt{3}}{20}\cdot\left[8-3\cdot\left(\frac{4}{9}\right)^{n-1}\right]=\frac{2\sqrt{3}}{5}-\frac{3\sqrt{3}}{20}\cdot\left(\frac{4}{9}\right)^{n-1}$，$n\in\mathbf{N}^*$，将 S_n 看作是关于变量 n 的函数，为单调递增的指数函数，因此当 n 无限增大时，S_n 有渐近线，即 S_n 将趋近于$\frac{2\sqrt{3}}{5}$。可以看到：无限次变化后的图形周长是无穷大的，但是面积却是有限的。

【设计意图】目的是渗透极限思想，尽管学生没有学习极限的概念，但借助于“数列是一类特殊的函数”，从指数函数的角度，可以解释问题。一步步探索发现和总结，从问题的表象到本质，再从本质到外化，即从特殊到一般，再从一般理论到应用，这应该是发展的一般规律，也是学习的自然过程，完成三级目标。

事实上，雪花曲线、希尔宾斯基三角形、树形图的生长，以及螺旋线、纸板图形的绘制等都是以分形图为背景的数列问题。而这些分形图案的生长和绘制问题，仅仅依靠不完全归纳是无法解决问题的，需要从本质上研究数列的通项公式或求和问题，其中寻求递推关系是研究的难点和关键。

五、 结语

符合立德树人要求的数学教育，要求教师充分挖掘和利用数学课程内容所蕴含的育人资源，着眼于数学本质，引导学生通过对现实问题的数学抽象获得数学对象，构建研究数学对象的基本路径，将其“台阶式”地分层教学，使学生慢慢形成理性思维和科学精神，以实现从“知其然”到“知其所以然”，再到“何由以知其所以然”的跨越。

参考文献

[1] 教育部考试中心. 中国高考评价体系 [M]. 北京：人民教育出版社，2019.

[2] 翟小铭，郭玉英，李敏. 构建学习进阶：本质问题与教学实践策略 [J]. 教育科学，2015 (2)：47－51.

以史为鉴：构建“弧度制”概念生成

华南师范大学附属中学　申西芬

一、背景

数学教学中，教师常常会遇到两类不同的“为什么”：一类是“逻辑上的为什么”，另一类则是“历史上的为什么”。由于高考的压力，高中的日常教学中，更多是讲做题方法技巧，即使是数学概念教学，也多数停留在“逻辑上的为什么”。事实上，概念教学是中学数学教学中至关重要的一个环节，是基础知识和基本技能教学的核心，是数学思维的起点，是判断推理的基础，是定理、法则、性质的基本单位，是建立数学理论的基础，正确理解、掌握和运用数学概念是学好数学的前提。所以数学概念的教学具有十分重要的作用，不仅担负着学生知识结构和思维能力发展的责任，同时也是培养学生核心素养的一种重要途径。

“弧度制”是人教 A 版高中数学必修一第五章“三角函数”第一节“任意角与弧度制”第二课时的内容，从单元结构来看，如图 1，“弧度制”在“任意角”之后，“任意角的三角函数”之前，承上启下，为三角函数后续的学习和研究做足了准备，因为它将任意角与实数一一对应了。这是课本编写的知识逻辑，但是在不少课例中过分强调了这一逻辑上的“为什么”，片面地将“使用弧度制的好处”作为学习弧度制的必要性。事实上，在角度制下依然可以研究三角函数。只是引入弧度制后，进制的统一让三角函数研究起来更加方便，在刻画现实世界中的周期现象时变得更加契合。即便如此，教师在授课时也只能有限涉及必要性，更多的应该从事实出发，从史实出发，通过背后的数学，让学生发现如此度量角的大小是合理的、便利的、符合习惯的。否则，学生学习完这一课仅仅只是记得角度制和弧度制的互化，以及能与实数对应的弧度制带来的简便性，却失去了一次在追寻数学家的研究过程中感受思维再现的机会。因此本节课“弧度制”概念的生成重点放在“弧度制的由来”。以阅读历史的方式让学生体会弧度不是一个干巴巴的概念，不是一个仅仅为了满足研究而创造出的概念，而是一个数学思维转化的产物，一个美妙的成果，让学生感受数学研究成果是顺其自然的，合乎认知与发展的。

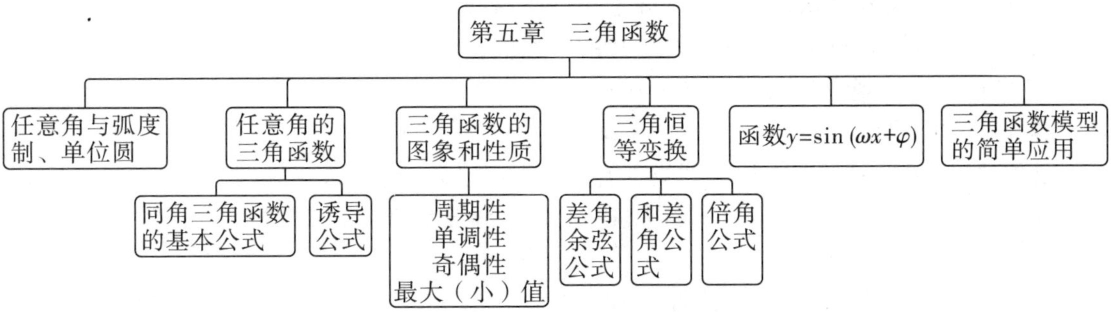

图1　三角函数知识架构

二、 整体思路

本次教学过程主要分五个环节：第一环节是回顾圆周角，引出角度制，阅读史料1，启发学生思考角的度量方式；第二环节是阅读史料2，探究弧度制的发展过程，阅读史料3和史料4，理解弧度制下用半径度量弧长的度量本质；第三环节是弧度制与角度制的关系，弧度与角度的互化；第四环节是弧度制下扇形弧长与面积公式的推导与应用；第五环节是小结和作业布置。概念生成包含环节一和环节二。整堂课教师利用问题串形成教学主线，教师为主导，学生为主体，启发学生思考，获得知识。通过对数学家研究问题的情境植入，引导学生去感受并学习数学家思考问题的方式。教师采用讲授法、发现法，进行问题探究式教学，学生采用归纳法、练习法学习。具体教学流程如图2所示。

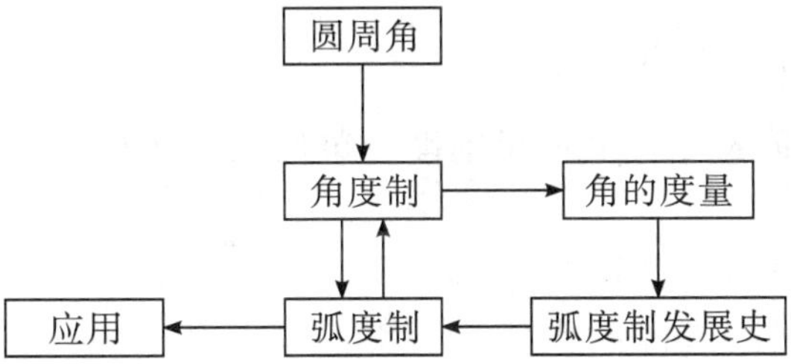

图2　“弧度制”授课流程

三、 教学过程

（一）环节一：知识回顾，引出角度制，启发学生思考角的度量方式

师生回顾：上一节课我们将角推广到任意角，我们知道与 α 终边相同的角的集合可以表示成

$$\{\beta \mid \beta = \alpha + k \cdot 360°,\ k \in \mathbf{Z}\}。$$

问题1：上式为什么是加360°（重音）的整数倍？

学生：因为终边相同的角相差圆周角的整数倍，而圆周角是360°。

问题1-1：谁规定圆周角为360°呢？

学生：古巴比伦人。

史料1：（学生回答后教师梳理呈现）古巴比伦人以60为基数，他们把一圈分为360份，把每一份圆周所对的圆心角叫作1度，1度再细分为60分，将1分再分为60秒。这就是常用的角度制。

问题1-2：角度制是多少进制？

学生：六十进制。

问题1-3：角度制的度量的基本单位是什么？

学生：是1度，圆周角的$\frac{1}{360}$。

问题1-4：质量有千克、斤、磅等度量单位，你知道角还有什么度量单位吗？

学生：密位制、圈、转，还有弧度制。

问题1-5：你知道弧度制的由来吗？

学生：弧度制是由数学家欧拉提出的。

【设计意图】让学生从熟悉的知识出发，向未知发问，以探究新知。类比其他量的度量，思考角的度量的其他可能性，为弧度制的探讨铺路。

（二）环节二：探究弧度制发展过程，理解弧度制度量本质

史料2：公元6世纪，印度数学家、天文学家阿耶波多（公元476—550）将圆周等分为21 600份，每一份为记为1′，由于他计算出圆周和直径的比约为3.141 6∶1，因此他计算出半径等于$\frac{21\ 600}{2\times 3.141\ 6}=3\ 438'$。

问题2：阿耶波多度量半径时所用的度量单位是什么？

学生：1′。

问题2-1：1′是像米一样的长度单位吗？

学生：不是，1′就是圆周的1/21 600。

问题2-2：那阿耶波多实质上在用什么度量半径？度量单位是什么？

学生：度量单位就是圆周的1/21 600，就是材料中的1′，实质上就是用圆周度量半径。

问题2-3：在上述计算中，我们发现半径的$\frac{1}{3\ 438}=1'$，也就是说可以用半径反过来度量弧长，对吗？

学生：是的，可以的。

教师总结：事实上，阿耶波多确实这么做了，并且据此制作出了第一象限内的正弦差值表。阿耶波多那时候就已经知道了用半径度量弧长，只是为了研究方便，他采用的半径是固定的。

问题2-4：那半径不固定的圆能不能用半径度量弧长呢？

学生：（进行讨论）应该是可以的。

师生一起探究：设圆的半径为 r，周长为 C，圆周率为 π。则圆周长和半径的关系为：$C=2\pi r$。换一下表达形式也可以得到：$r=\frac{1}{2\pi}\cdot C$。也就是说圆周周长的$\frac{1}{2\pi}$，就是半径长。

问题2－5：那长度等于半径的弧对应的圆心角是多少呢？

学生：圆周角的$\frac{1}{2\pi}$。

史料3：1748年，伟大的数学家欧拉在《无穷小分析引论》一书中提出把圆的半径作为弧长的度量单位，使一个圆周角等于2π，1弧度等于圆周角的$\frac{1}{2\pi}$。

问题2－6：那你知道长度等于半径的弧所对的圆心角是多少了吗？

学生：就是1弧度的角。

教师强调：把圆的半径作为弧长的度量单位，同时使一个圆的周角等于2π弧度。这样1弧度的角就是长度等于半径长的弧所对应的圆心角。这种用弧度为单位来度量角的单位制就是弧度制。

问题2－7：弧度的符号用什么来表示呢？

学生：rad。

问题2－8：那你知道rad的意思吗？

史料4：弧度的符号在历史上历经了许多变换，数学家们提出过不同的建议。1857年，爱尔兰工程师詹姆斯·汤姆森首先发明出“radian”一词，由半径（radius）和角（angle）两个英语单词组合而成。1935年，我国的数学家把它翻译成“弪”（即由弧和径两个字合成），1956年出版的《数学名词》废除了“弪”字，重新把它译为弧度。

【设计意图】通过印度数学家用弧长度量半径的数学史，以及此后弧度的最终符号的制定和选择，引导学生去思考每一种度量都是有出发点和度量的本质，不论是弧长度量半径还是半径度量弧长都是一种思维方式，让学生感受数学思维的发散性。

问题3：1 rad的角的大小会随圆的半径的改变而改变吗？

学生：不改变。因为1 rad的角是圆周角的$\frac{1}{2\pi}$，圆周角都是2π，因此它们所对应的圆心角都是1弧度，与半径无关。

问题3－1：弧长等于直径的弧所对应的圆心角为多少弧度？

学生：2 rad，因为1个半径长的弧对应的圆心角是1弧度，那两段半径长的弧对应的圆心角当然就是2个弧度了。

问题3－2：弧长等于α倍的半径的弧所对应的圆心角为多少弧度呢？

学生：α rad。

问题3－3：你能用符号表达弧长、半径、圆心角的关系吗？

学生：根据前面所讲，弧长是半径的多少倍那对应的圆心角就是多少弧度。在半径为 r 的圆中，弧长为 l 的弧对应的圆心角为 α rad，则 $\alpha=\frac{1}{r}$。

问题3－4：根据任意角定义，α 可以是正数、负数和0，那上式还成立吗？

学生：给 α 加个绝对值，即 $|\alpha| = \frac{1}{r}$。

师生总结：式中 α 的正负由角的终边的旋转方向决定。观察式子，我们发现等式右边为 $\frac{1}{r}$，结果为一实数，也就是说弧度制下角与实数对应，正角对应正数，零角对应 0，负角对应负数。反过来，每一个实数也都对应一个任意角，从而弧度制下角与实数实现一一对应，同时弧度制下角、半径、弧长也都统一了进制。这就为我们后面的学习带来诸多便利。

【设计意图】让学生从特殊到一般，自行在思考中完成归纳，掌握角与半径的无关性，同时总结推导出半径、弧长、角之间的代数关系，发现弧度制下角的大小与实数的一一对应，感受弧度制的美妙。

（三）环节三：弧度制与角度制的关系

问题 4：弧度制与角度制有什么区别与联系呢？

学生：弧度制是用长度度量角，角度制是用角度度量角，弧度制是十进制，角度制是六十进制，弧度制下等于半径的弧对应的圆心角是 1 弧度，角度制下圆周的 $\frac{1}{360}$ 是 $1°$。共性就是都是角的度量单位。

问题 4－1：你能将弧度和角度互化吗？

学生：能。圆周角既是 $360°$ 又是 2π。因此 $180° = \pi$，从而 $1° = \frac{\pi}{180}$ rad，或 1 rad $= \left(\frac{180}{\pi}\right)°$。上述两个式子实现角度与弧度互化。

【设计意图】让学生在推导中进一步理解角度和弧度只是角的度量的不同方式，它们之间可以相互转化，让学生接受弧度的表示，并感受弧度的实数本质。

（四）环节四：弧度制的运用

【练习 1】 填写特殊角的度数与弧度数对应表（见表 1）。

表 1　特殊角的度数与弧度数对应表

度	0°	30°	45°			120°	135°	150°			360°
弧度				$\frac{\pi}{3}$	$\frac{\pi}{2}$				π	$\frac{3\pi}{2}$	

【例 1】 请推出弧度制下扇形弧长与面积的计算公式。

【练习 2】 已知扇形的周长为 8 cm，圆心角为 2 rad，求扇形的面积。

【变式】 已知扇形的周长为 8 cm，当圆心角为多少时，扇形面积最大？

【例 2】 如图 3，一截面长为 $\sqrt{3}$ dm，宽为 1 dm 的长方体木块在桌面上做无滑动翻滚，翻滚到接近一周时，被一小木块挡住，使木块底面与桌面所成角为 $\frac{\pi}{6}$。试求点 A 走过的路程及走过的弧所在的扇形的面积。

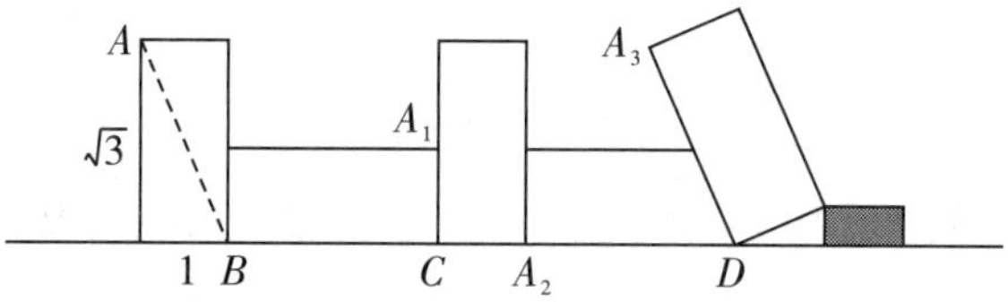

图3　例2图

【设计意图】通过练习，巩固本节内容，熟悉弧度制下的弧长、扇形面积公式，并能加以运用，感受弧度制下运算及结果的简洁。

（五）环节五：小结与作业

问题5：这节课我们主要学了什么呢?

作业布置：

必做：课本175页“习题5.1”第2题，176页第10、11题。

选做：课本176页第12题。

【设计意图】通过回顾课堂内容，建立知识联系，通过分层作业练习巩固所学内容。

四、小结

本节课借助四段数学史整合材料，通过问题推进，让学生在情境中发现问题，解决问题，理解弧度制的由来以及运用的价值，在教学中自然地给出了两个“为什么”的答案。首先，相比于直接给出弧度制的概念，虽然会占用较多的时间来生成概念，但是课后学生的感受颇深，不少提前预习的同学会感慨：原以为只是一个对应关系的记忆，没想到弧度制的产生经历这么久的历史发展。数学史告诉我们，任何数学概念、公式、定理思想都不是天上掉下来的，都有其自然发生发展的过程。以史为鉴，融入课堂，方知知识的发生发展是自然的，符合历史发展的。

其次，一些学生之所以觉得学习数学很困难，概念认识不够清晰往往是最直接的原因，这样就不能熟练地对数学概念进行理解、应用和转化等。在历年高考中，总有学生因为对概念认识不够深刻而丢失分数。因此，抓好概念教学，理清来龙去脉，对提高普通中学数学教学质量具有根本性的意义。

再者，数学史的融入，让学生能够更客观地认识数学的发展，揭示数学文化价值，感受思考的重要性，提升数学学习的兴趣。正如新课标所说：“通过高中数学课程的学习，学生能提高学习数学的兴趣，增强学好数学的自信心……；树立敢于质疑、善于思考、严谨求实的科学精神；认识数学的科学价值、应用价值、文化价值和审美价值。”进一步促进学生全面、可持续发展。

参考文献

[1] 汪晓勤，沈中宇．数学史与高中数学教学：理论、实践与案例［M］．上海：华东师范大学出版社，2020.

[2] 利维．奇妙数学史：从早期的数学概念到混沌理论［M］．崔涵，丁亚琼，译．北京：人民邮电出版社，2016.

[3] 刘丽萍．基于数学史的高中三角函数教学研究［D］．广州：广州大学，2019.

“三新”背景下的高三复习课教学实践与反思

——以“一道教材例题的深度微专题教学”为例

佛山市顺德区第一中学　杨承根

2017 年，《普通高中数学课程标准（2017 年版）》正式颁布，学业质量水平标准和高中数学核心素养是新课标的两大亮点，也贯穿高中数学教学的始终。教材是课程标准的重要载体，随着新教材的出版，2019 年秋山东等省份开始使用新教材，2020 年第一次新高考正式实施“三新”（新课标、新教材、新高考简称“三新”）。随着“三新”的全面实施，高三数学复习教学也面临新的挑战，如何在高三阶段以知识为载体，培育学生的数学“四基”与“四能”，发展学生的数学核心素养，最终让学生在高中数学终极评价——高考中获得理想的成绩，是每一位高三数学一线教师面临的实际问题。

高一、高二新授课的教学通常是在学生不知晓学习内容的情况下进行的，而高三数学复习则是在学生已经学习过相关内容，但相隔时间较长，遗忘较多的状态下进行，而且其教学目标更是直接指向高中阶段的终极评价——高考。二轮复习是整个高三复习的一个重要环节，相对于一轮复习的重基础、讲知识、建体系而言，二轮复习的关键在于知识点的深入、重难点寻求突破、思想方法交融升华，但高三复习教学没有教材、没有教参，学校教学的自主性较大，这也给教学带来不小的困惑。

一、 教学背景，凝练主题

近年来，高考试题、模拟试题中频繁出现以平面向量的数量积为背景的压轴小题，它们的命题背景就是来源于课本经典例题提炼出来的极化恒等式，可以采用坐标法和基底法通性通法来解决，但有时解题过程由于运算复杂、过程烦冗而导致错误。而通过极化恒等式往往可以化繁为简，帮助学生找到此类问题的解题突破口。当然任何方法都不是万能的，我们试图让学生多学会一种解决问题的办法，并能从中优选合适的办法去面对高考。

1. 知识与方法目标

（1）笔者结合近几年高考题、模拟题与学生的学习情况，设计了这节课，本节课主要是要求学生从向量“形”的特征出发应用极化恒等式解决有关向量数量积求值或取值范围的问题。

（2）了解极化恒等式的由来，极化恒等式来源于教材，向量是连接代数与几何的桥梁。由于向量的坐标运算引入，向量与代数的互换已经深入人心，与几何的运算联系则略显单薄，而极化恒等式恰恰弥补了这个缺憾，可以说极化恒等式把向量的数量积问题用形象的几何图形展示得淋漓尽致。

2. 过程与能力目标

在一题多解与多题一解的研究过程中掌握极化恒等式的适用情况，并在解决过程中渗透数形结合的思想方法，培养学生的发散思维、举一反三的能力。

3. 情感态度价值观

培养学生感受向量“数”与“形”的双重特征；感受向量的工具作用。

4. 教学重点

极化恒等式的提炼，如何合理地运用极化恒等式解决有关数量积问题。

5. 教学难点

极化恒等式的提炼，向量与空间立体几何、解析几何问题的转化。

二、 回归教材，唤醒认知

教材是课标的载体，是学生学习的重要素材，也是高考命题的重要源泉，因此引导学生回归教材，唤醒学生的认知，提升备考复习的增长点具有重要意义。

（一）学生自主挖掘中线长定理并运用

【例1】 （旧人教A版必修四，课本第109页例1，新教材必修二第39页）平行四边形是表示向量加法与减法的几何模型。如图1。$\overrightarrow{AC}=\overrightarrow{AB}+\overrightarrow{AD}$，$\overrightarrow{DB}=\overrightarrow{AB}-\overrightarrow{AD}$，你能发现平行四边形对角线的长度与两条邻边长度之间的关系吗?

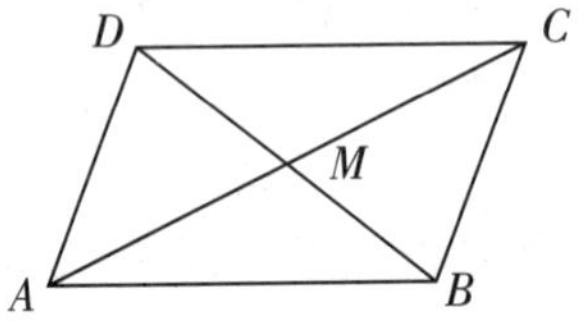

图1

分析： 不妨设$\overrightarrow{AB}=\vec{a}$，$\overrightarrow{AD}=\vec{b}$，则$\overrightarrow{AC}=\vec{a}+\vec{b}$，$\overrightarrow{DB}=\vec{a}-\vec{b}$，$|\overrightarrow{AB}|^2=|\vec{a}|^2$，$|\overrightarrow{AD}|^2=|\vec{b}|^2$。涉及长度问题常常考虑向量的数量积，为此，我们计算$|\overrightarrow{AC}|^2$与$|\overrightarrow{DB}|^2$。

解： $|\overrightarrow{AC}|^2=\overrightarrow{AC}\cdot\overrightarrow{AC}=(\vec{a}+\vec{b})\cdot(\vec{a}+\vec{b})$

$$=\vec{a}\cdot\vec{a}+\vec{a}\cdot\vec{b}+\vec{b}\cdot\vec{a}+\vec{b}\cdot\vec{b}$$

$$=|\vec{a}|^2+2\vec{a}\cdot\vec{b}+|\vec{b}|^2。(1)$$

同理，$|\overrightarrow{DB}|^2=|\vec{a}|^2-2\vec{a}\cdot\vec{b}+|\vec{b}|^2$。(2)

观察（1）(2) 两式的特点，我们发现，（1）+（2）得

$$|\overrightarrow{AC}|^2+|\overrightarrow{DB}|^2=2(|\vec{a}|^2+|\vec{b}|^2)=2(|\overrightarrow{AB}|^2+|\overrightarrow{AD}|^2)。$$

结论： 平行四边形两条对角线的平方和等于两条邻边平方和的两倍，即

$$AC^2+BD^2=2(AB^2+AD^2)。$$

思考1： 上述结论如果把平行四边形的对角线用三角形的中线来替换（即$AC=2AM$，$BD=2MD$），会发现在三角形$\triangle ABD$中有我们熟悉的什么结论呢？还能再用其他方法证明

$AB^2+AD^2=2(AM^2+MD^2)$ 吗？

学生自主归纳中线长定理：在$\triangle ABC$中，D是边BC的中点，则$AB^2+AC^2=2(AD^2+DC^2)$。（见图2）

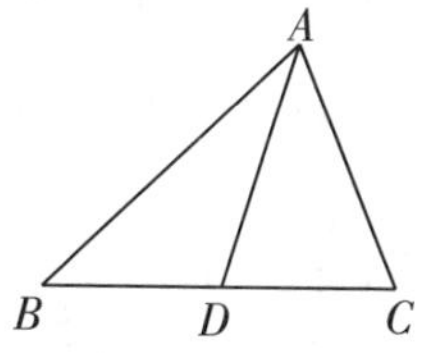
图2

【设计意图】设计思考问题为学生创造自主探索的机会，提炼形成中线长定理，这样让学生亲自实践，经历知识的发生、发展过程，感知知识的本来面目，让学生在“再创造”中实现知识、情感、价值观的充分发展。

【练习1】 在$\triangle ABC$中，D为BC的中点，$AB=1$，$AD=2$，$AC=3$，求BC。

解法1：设$BD=x$，在$\triangle ABD$中，由余弦定理得，$\cos\angle ADB=\frac{4+x^2-1}{4x}=\frac{x^2+3}{4x}$。在$\triangle ACD$中，由余弦定理得，$\cos\angle ADC=\frac{4+x^2-9}{4x}=\frac{x^2-5}{4x}$。

$\because \angle ADB+\angle ADC=\pi$，$\therefore \cos\angle ADB+\cos\angle ADC=0$，即$\frac{x^2+3}{4x}+\frac{x^2-5}{4x}=0$，解得$x=1$，于是$BC=2x=2$。

解法2：$\because \overrightarrow{AB}+\overrightarrow{AC}=2\overrightarrow{AD}$，$\therefore 4\overrightarrow{AD}=(\overrightarrow{AB}+\overrightarrow{AC})^2$，即$16=1+9+2\overrightarrow{AB}\cdot\overrightarrow{AC}$，$\therefore \overrightarrow{AB}\cdot\overrightarrow{AC}=3$。

$\because \overrightarrow{AC}-\overrightarrow{AB}=\overrightarrow{BC}$，$\therefore \overrightarrow{BC}^2=\overrightarrow{AB}^2-2\overrightarrow{AC}\cdot\overrightarrow{AB}+\overrightarrow{AC}^2=1-2\times3+9=4$，即$BC=2$。

解法3：由中线长定理得，$AB^2+AC^2=2(AD^2+BD^2)$，即$1+9=2\times(4+BD^2)$。解得：$BD=1$，于是$BC=2$。

【练习2】 已知双曲线C：$\frac{x^2}{a^2}-\frac{y^2}{b^2}=1(a>0, b>0)$的左右焦点分别为$F_1$，$F_2$，点$P$为$C$上的一点，$OP=b$，$|\overrightarrow{PF_1}|=3|\overrightarrow{PF_2}|$，则$C$的离心率为__________。

解法1：由双曲线的定义得，$|PF_1|-|PF_2|=2a$，

$\because |\overrightarrow{PF_1}|=3|\overrightarrow{PF_2}|$，$\therefore |PF_1|=3a$，$|PF_2|=a$，

$\because \overrightarrow{PF_1}+\overrightarrow{PF_2}=2\overrightarrow{PO}$，$\therefore |\overrightarrow{PF_1}|^2+|\overrightarrow{PF_2}|^2+2\overrightarrow{PF_1}\cdot\overrightarrow{PF_2}=4|\overrightarrow{PO}|^2$，

即$10a^2+2\times a\times3a\times\cos\angle F_1PF_2=4b^2$。

在$\triangle PF_1F_2$中，$\cos\angle F_1PF_2=\frac{PF_1^2+PF_2^2-F_1F_2^2}{2PF_1\cdot PF_2}=\frac{9a^2+a^2-4c^2}{2\times3a\times a}=\frac{5a^2-2c^2}{3a^2}$，

于是$10a^2+10a^2-4c^2=4b^2$，即$20a^2-4c^2=4(c^2-a^2)$，化简得$c^2=3a^2$，$\therefore e^2=\frac{c^2}{a^2}=3$，$\therefore e=\sqrt{3}$。

解法2：由中线长定理得，$|PF_1|^2+|PF_2|^2=2(|PO|^2+|OF_1|^2)$，即$9a^2+a^2=2(b^2+c^2)$，化简得$c^2=3a^2$，$\therefore e^2=\frac{c^2}{a^2}=3$，$\therefore e=\sqrt{3}$。

【练习3】 在$Rt\triangle ABC$中，点D是斜边AB的中点，点P为线段CD的中点（见图3），则$\frac{PA^2+PB^2}{PC^2}=$__________。

解法1：（坐标法）将直角三角形放入直角坐标系中，如图3，设 $A(a,0)$，$B(0,b)$，$a>0$，$b>0$，则 $D\left(\frac{a}{2},\frac{b}{2}\right)$，$P\left(\frac{a}{4},\frac{b}{4}\right)$，

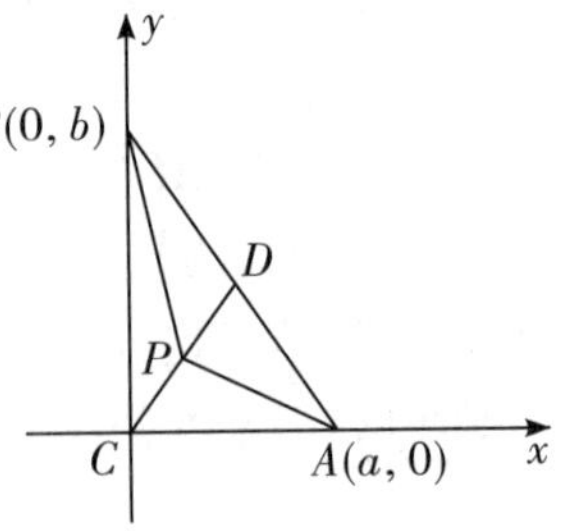

图3

故 $\overrightarrow{PB}=\left(-\frac{a}{4},\frac{3b}{4}\right)$，$\overrightarrow{PA}=\left(\frac{3a}{4},-\frac{b}{4}\right)$，

$\therefore PC^2=|\overrightarrow{CP}|^2=\left(\frac{a}{4}\right)^2+\left(\frac{b}{4}\right)^2=\frac{a^2}{16}+\frac{b^2}{16}$，

$PB^2=|\overrightarrow{BP}|^2=\left(-\frac{a}{4}\right)^2$，

$PA^2=|\overrightarrow{AP}|^2=\left(\frac{3a}{4}\right)^2+\left(-\frac{b}{4}\right)^2=\frac{9a^2}{16}+\frac{b^2}{16}$，

$\therefore PA^2+PB^2=\frac{9a^2}{16}+\frac{b^2}{16}+\frac{a^2}{16}+\frac{9b^2}{16}=10\left(\frac{a^2}{16}+\frac{b^2}{16}\right)=10PC^2$，

$\therefore \frac{PA^2+PB^2}{PC^2}=\frac{10PC^2}{PC^2}=10$。

解法2：由中线长定理有 $AC^2+AD^2=2(AP^2+CP^2)$，得 $AP^2=\frac{1}{2}AC^2+\frac{1}{2}AD^2-PC^2$。

同理，得：$BP^2=\frac{1}{2}BC^2+\frac{1}{2}BD^2-PC^2$，$CP^2=\frac{1}{8}AC^2+\frac{1}{8}BC^2-\frac{1}{4}AD^2$。

$$\therefore \frac{PA^2+PB^2}{PC^2}=\frac{\frac{1}{2}(AC^2+BC^2)+\frac{1}{2}AD^2+\frac{1}{2}BD^2-2PC^2}{\frac{1}{8}(AC^2+BC^2)-\frac{1}{4}\left(\frac{1}{2}AB\right)^2}=\frac{\frac{1}{2}AB^2+\frac{1}{4}AB^2-2\left(\frac{1}{4}AB\right)^2}{\frac{1}{8}AB^2-\frac{1}{16}AB^2}=10。$$

（二）师生共研，挖掘极化恒等式

思考2：如果将例1中的两式（1）（2）相减，能得到什么结论呢？

$$\left.\begin{aligned}|\overrightarrow{AC}|^2=(\vec{a}+\vec{b})^2=\vec{a}^2+2\vec{a}\,\vec{b}+\vec{b}^2\\ |\overrightarrow{BD}|^2=(\vec{a}-\vec{b})^2=\vec{a}^2-2\vec{a}\,\vec{b}+\vec{b}^2\end{aligned}\right\}\Rightarrow \vec{a}\,\vec{b}=\frac{1}{4}\left[(\vec{a}+\vec{b})^2-(\vec{a}-\vec{b})^2\right],$$

$\vec{a}\cdot\vec{b}=\frac{1}{4}\left[(\vec{a}+\vec{b})^2-(\vec{a}-\vec{b})^2\right]$ ………………极化恒等式

即例1在 $\triangle ABD$ 中有：$\overrightarrow{AB}\cdot\overrightarrow{AD}=\frac{1}{4}\left(|\overrightarrow{AC}|^2-|\overrightarrow{BD}|^2\right)=\frac{1}{4}(4AM^2-4MD^2)=AM^2-MD^2$。

师生一起归纳三角形中的极化恒等式：在 $\triangle ABC$ 中，D 是边 BC 的中点，则 $\overrightarrow{AB}\cdot\overrightarrow{AC}=AD^2-DC^2$（见图4）。还能用其他方法证明这个恒等式吗？

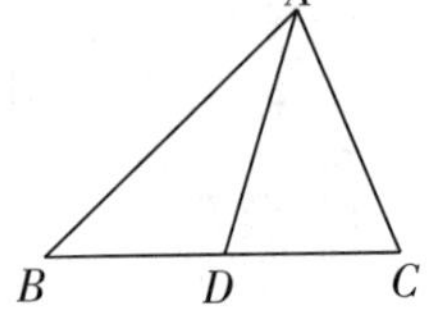

图4

极化恒等式的功能：同起点的向量数量积问题转化为线段长度的

平方差问题。

【设计意图】在整个探究过程中，教师引导学生主动参与，思考问题提炼形成“极化恒等式”，体现了知识的形成过程，而不是由教师将结论灌输给学生，并让学生用其他方法再次证明，更加深刻理解极化恒等式。

三、梳理通法，发现新法

【例2】 （2012年浙江文第15题）在$\triangle ABC$中，M是BC的中点，$AM=3$，$BC=10$，$\overrightarrow{AB}\cdot\overrightarrow{AC}$____________。

解法1：（定义法）由余弦定理可得，

$AB^2=AM^2+BM^2-2AM\cdot BM\cos\angle AMB=5^2+3^2-2\times5\times3\cos\angle AMB$，

$AC^2=AM^2+CM^2-2AM\cdot CM\cos\angle AMC=3^2+5^2-2\times5\times3\cos\angle AMC$，

$\angle AMB+\angle AMC=180°$，两式相加为$AC^2+AB^2=2AM^2+2CM^2=2\times(3^2+5^2)=68$，

$\cos\angle BAC=\dfrac{AB^2+AC^2-BC^2}{2\times AB\times AC}=\dfrac{AB^2+AC^2-10^2}{2\times AB\times AC}=\dfrac{68-100}{2\times AB\times AC}$，

$\overrightarrow{AB}\cdot\overrightarrow{AC}=|\overrightarrow{AB}||\overrightarrow{AC}|\cos\angle BAC=|\overrightarrow{AB}||\overrightarrow{AC}|\cdot\dfrac{68-100}{2\times AB\times AC}=-16$。

解法2：（极化恒等式法）由极化恒等式得，$\overrightarrow{AB}\cdot\overrightarrow{AC}=\dfrac{1}{4}(4\overrightarrow{AM}^2-4\overrightarrow{MC}^2)=|\overrightarrow{AM}|^2-|\overrightarrow{MC}|^2=3^2-5^2=-16$。

【设计意图】起始问题的作用是在唤醒学生已有认知的基础上，建立起与目标问题之间联系的桥梁，为后续的学习做好必要的思维铺垫。因此，在起始问题的设计上，要帮助学生让思维回到原点。

在微专题的设计中，比较关注以下方面：这类问题存在哪些通性通法？学生能够想到用什么方法来解决？这些方法与本节课要学习的“新”的方法之间存在怎样的联系？在感悟问题解决方法的多样性的基础上，又应怎样帮助学生经历比较、分析、归纳的思维过程自然地发现新的方法？

四、变式探究，内化提升

在例2的一题多解的交流探讨中，学生逐步了解了处理这类数量积的一般方法，但对其中的解题原理与思想方法的认识不一定深刻。因此，笔者安排了变式的探究，使新的思想方法的“根”更加扎实。

【例3】 （2017年全国卷理Ⅱ卷第12题）已知$\triangle ABC$是边长为2的等边三角形，P为平面ABC内一点，则$\overrightarrow{PA}\cdot(\overrightarrow{PB}+\overrightarrow{PC})$的最小值是____________。

解法1：（坐标法）以BC为x轴，BC的垂直平分线AD为y轴，D为坐标原点建立直角坐标系（见图5），则$A(0,\sqrt{3})$，$B(-1,0)$，$C(1,0)$。设$P(x,y)$，

$\therefore\overrightarrow{PA}=(-x,\sqrt{3}-y)$，$\overrightarrow{PB}=(-1-x,-y)$，$\overrightarrow{PC}=(1-x,-y)$，

$\therefore \overrightarrow{PA}=(-x,\sqrt{3}-y)$，$\overrightarrow{PB}=(-1-x,-y)$，$\overrightarrow{PC}=(1-x,-y)$，

$\therefore \overrightarrow{PB}+\overrightarrow{PC}=(-2x,-2y)$，$\overrightarrow{PA}\cdot(\overrightarrow{PB}+\overrightarrow{PC})=2x^2-2y(\sqrt{3}-y)=2x^2+2\left(y-\frac{\sqrt{3}}{2}\right)^2-\frac{3}{2}\geqslant-\frac{3}{2}$。

当 $P\left(0,\frac{\sqrt{3}}{2}\right)$ 时，所求的最小值为 $-\frac{3}{2}$。

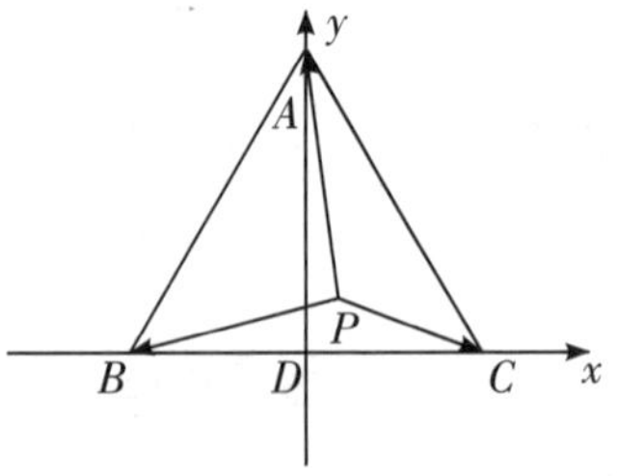

图 5

解法 2：（极化恒等式法）设 BC 的中点为 D，AD 的中点为 M，连接 PD，PM。

$\therefore \overrightarrow{PA}\cdot(\overrightarrow{PB}+\overrightarrow{PC})=2\overrightarrow{PD}\cdot\overrightarrow{PA}=2|\overrightarrow{PM}|^2-\frac{1}{2}|\overrightarrow{AD}|^2=2|\overrightarrow{PM}|^2-\frac{3}{2}\geqslant-\frac{3}{2}$，当且仅当 M 与 P 重合时取等号。

【例 4】　(2020—2021 学年度东莞期末考第 16 题) 已知一个棱长为 4 的正方体，P 点是该正方体表面的任意一点，AB 是该正方体内切球的直径，则 $\overrightarrow{PA}\cdot\overrightarrow{PB}$ 的最大值为________。

解：设 AB 的中点为 O，则 $\overrightarrow{PA}\cdot\overrightarrow{PB}=\overrightarrow{PO}^2-\overrightarrow{AO}^2=\overrightarrow{PO}^2-4$。于是，要使 $\overrightarrow{PA}\cdot\overrightarrow{PB}$ 有最大值，只需 $|\overrightarrow{PO}|$ 取最大值，而当 P 点位于该正方体的顶点时，$|\overrightarrow{PO}|=2\sqrt{3}$ 最大，所以 $|\overrightarrow{PA}|\cdot|\overrightarrow{PB}|$ 的最大值为 8。

【设计意图】以上 4 个例题、习题具有代表性、典型性，问题设计都是围绕核心知识进行的，难度适中，并且能体现各类问题的差异。先是从 2012 年浙江省数学高考理科第 15 题开始，在使用通性通法和极化恒等式 4 种方法的对比中让学生体会新知识的快捷方便。很多学生被简单的解法触动。在这样的背景下再由浅入深，逐层递进，拾级而上地安排后面的问题，从学生的“最近发展区”出发，符合认知规律。从处理三角形的雷同题到略有变化的立体几何、解析几何题，让学生训练巩固，领悟此类方法的价值，体会数学习题中的变式和迁移。

五、迁移应用，拓展思维

为了实现在微专题教学中“做一题，通一类；得一法，通一片”的学习效果，笔者提供了类型丰富、关注度高的高考题，以便学生能够把所学到的方法迁移到新的情境中，在体会方法普适性的同时，使得学生的思维得到进一步的拓展。

【练习 1】　(2016 年江苏) 如图 6，在 $\triangle ABC$ 中，D 为 BC 的中点，E，F 是 AD 上两个三等分点，$\overrightarrow{BA}\cdot\overrightarrow{CA}=4$，$\overrightarrow{BF}\cdot\overrightarrow{CF}=-1$，则 $\overrightarrow{BE}\cdot\overrightarrow{CE}$ 的值为________。

解：因为 $\overrightarrow{BA}\cdot\overrightarrow{CA}=\frac{4\overrightarrow{AD}^2-\overrightarrow{BC}^2}{4}=\frac{36\overrightarrow{FD}^2-\overrightarrow{BC}^2}{4}=4$，$\overrightarrow{BF}\cdot\overrightarrow{CF}=\frac{4\overrightarrow{FD}^2-\overrightarrow{BC}^2}{4}=-1$，因此 $\overrightarrow{FD}^2=\frac{5}{8}$，$\overrightarrow{BC}^2=\frac{13}{2}$，$\overrightarrow{BE}\cdot\overrightarrow{CE}=\frac{4\overrightarrow{ED}^2-\overrightarrow{BC}^2}{4}=\frac{16\overrightarrow{FD}^2-\overrightarrow{BC}^2}{4}=\frac{7}{8}$。

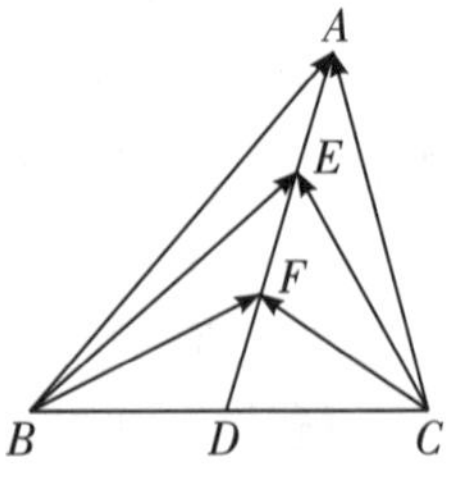

图 6

小结：在运用极化恒等式的三角形模式时，关键在于取第三边的中点，找到三角形的中线，再写出极化恒等式。

【练习2】 （2018年天津高考）如图7，在平面四边形 $ABCD$ 中，$AB\perp BC$，$AD\perp CD$，$\angle BAD=120°$，$AB=AD=1$，若点 E 为边 CD 上的动点，则 $\overrightarrow{AE}\cdot\overrightarrow{BE}$ 的最小值为（　　）

A. $\dfrac{21}{16}$　　B. $\dfrac{3}{2}$　　C. $\dfrac{25}{16}$　　D. 3

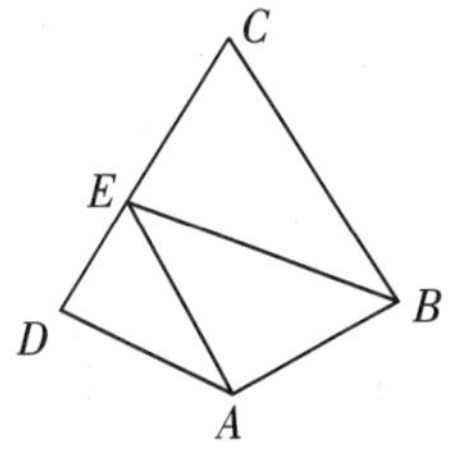

图7

解法1：建立如图8所示的平面直角坐标系，则 $A\left(0,\ -\dfrac{1}{2}\right)$，$B\left(\dfrac{\sqrt{3}}{2},\ 0\right)$，$C\left(0,\ \dfrac{3}{2}\right)$，$D\left(-\dfrac{\sqrt{3}}{2},\ 0\right)$。

点 E 在 CD 上，则 $\overrightarrow{DE}=\lambda\overrightarrow{DC}$（$0\leqslant\lambda\leqslant1$），设 $E(x,\ y)$，则

$$\left(x+\frac{\sqrt{3}}{2},\ y\right)=\lambda\left(\frac{\sqrt{3}}{2},\ \frac{3}{2}\right)，即\begin{cases}x+\dfrac{\sqrt{3}}{2}=\dfrac{\sqrt{3}}{2}\lambda,\\ y=\dfrac{3}{2}\lambda,\end{cases}$$

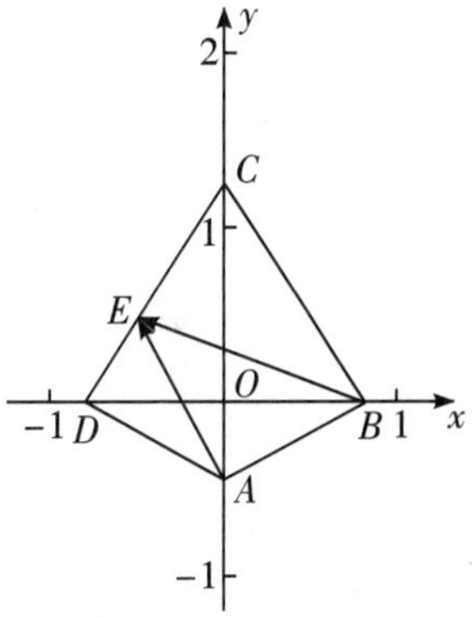

图8

据此可得 $E\left(\dfrac{\sqrt{3}}{2}\lambda-\dfrac{\sqrt{3}}{2},\ \dfrac{3}{2}\lambda\right)$，且 $\overrightarrow{AE}=\left(\dfrac{\sqrt{3}}{2}\lambda-\dfrac{\sqrt{3}}{2},\ \dfrac{3}{2}\lambda+\dfrac{1}{2}\right)$，$\overrightarrow{BE}=\left(\dfrac{\sqrt{3}}{2}\lambda-\sqrt{3},\ \dfrac{3}{2}\lambda\right)$，由数量积的坐标运算法则可得 $\overrightarrow{AE}\cdot\overrightarrow{BE}=\left(\dfrac{\sqrt{3}}{2}\lambda-\dfrac{\sqrt{3}}{2}\right)\left(\dfrac{\sqrt{3}}{2}\lambda-\sqrt{3}\right)+\dfrac{3}{2}\lambda\times\left(\dfrac{3}{2}\lambda+\dfrac{1}{2}\right)$，整理可得：$\overrightarrow{AE}\cdot\overrightarrow{BE}=\dfrac{3}{4}(4\lambda^2-2\lambda+2)(0\leqslant\lambda\leqslant1)$。结合二次函数的性质可知，当 $\lambda=\dfrac{1}{4}$ 时，$\overrightarrow{AE}\cdot\overrightarrow{BE}$ 取得最小值 $\dfrac{21}{16}$，故选A。

解法2：设 AB 的中点为 O，连接 EO（见图9），由极化恒等式有 $\overrightarrow{AE}\cdot\overrightarrow{BE}=\overrightarrow{EA}\cdot\overrightarrow{EB}=\overrightarrow{EO}^2-\overrightarrow{AO}^2$，由于 $AO=\dfrac{1}{2}$，当 $EO\perp CD$ 时，EO 的最小值为 $\dfrac{5}{4}$，此时，$\overrightarrow{AE}\cdot\overrightarrow{BE}=\overrightarrow{EO}^2-\overrightarrow{AO}^2=\dfrac{25}{16}-\dfrac{1}{4}=\dfrac{21}{16}$。

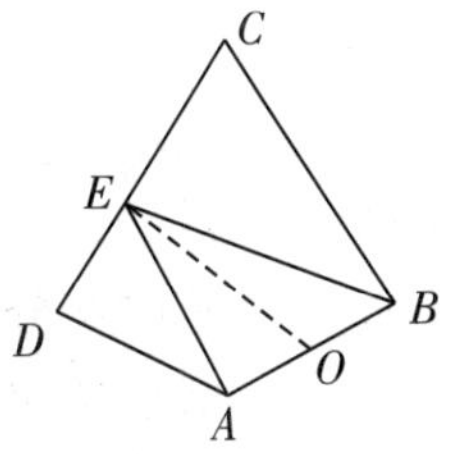

图9

【练习3】 （2020年湖北大联考）已知点 A，B 在双曲线 $\dfrac{x^2}{16}-\dfrac{y^2}{4}=1$ 上，且线段 AB 经过原点，点 M 为圆 $x^2+(y-2)^2=1$ 上的动点，则 $\overrightarrow{MA}\cdot\overrightarrow{MB}$ 的最大值为________。

解法1：设 $A(x,\ y)$，$B(-x,\ -y)$，$M(a,\ b)$，则

$\overrightarrow{MA}\cdot\overrightarrow{MB}=(x-a,\ y-b)\cdot(-x-a,\ -y-b)=a^2-x^2+b^2-y^2=(a^2+b^2)-(x^2+y^2)$。所以要求 $\overrightarrow{MA}\cdot\overrightarrow{MB}$ 有最大值，只需求出 a^2+b^2 最大值，x^2+y^2 有最小值。

$\because$ 点 M 在圆 $x^2+(y-2)^2=1$ 上，$\therefore$ $(a^2+b^2)_{\max}=(2+1)^2=9$，

$\because$ 点 A，B 在双曲线 $\frac{x^2}{16}-\frac{y^2}{4}=1$ 上，$(x^2+y^2)_{\min}=16$，

$\therefore \overrightarrow{MA}\cdot\overrightarrow{MB}$ 的最大值为：$9-16=-7$。

解法 2：由题意得，O 为线段 AB 的中点，由极化恒等式得，$\overrightarrow{MA}\cdot\overrightarrow{MB}=|\overrightarrow{MO}|^2-|\overrightarrow{AO}|^2$，由圆的性质知 $|\overrightarrow{MO}|$ 有最大值为 $d+r=\sqrt{0^2+2^2}+1=3$，$|\overrightarrow{AO}|_{\min}=a=4$。

$\therefore\ (\overrightarrow{MA}\cdot\overrightarrow{MB})_{\max}=9-16=-7$。

小结：涉及数量积的范围或最值时，可以利用极化恒等式将多变量转变为单变量，再用数形结合求出单变量的范围、最值即可。

六、 归纳小结， 形成解题框架

本案例的解题框架如图 10 所示。

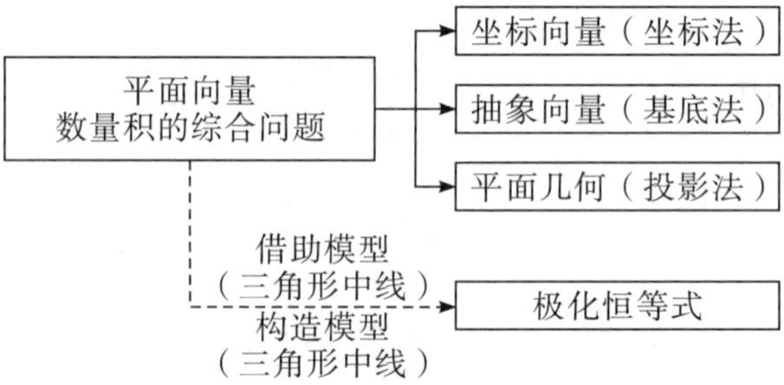

图 10

七、 教学反思

高考真题以及大部分的模拟试题都源于教材而高于教材，特别是中档难度以上的题目，它们的命题背景都是从教材经典例题、习题挖掘出来的经典小结论，适当地知道一些命题背景，对解题是有很大帮助的。因此，对于课本上的一些经典例题、习题，我们要多反思、多提炼、深度挖掘。对于挖掘出来的常见的、优雅的、规律的小结论要上升到熟记的程度，就像熟记课本上的基本公式、性质、定理一样，这样我们才能在考试中高观点、低运算，抢时夺分。但熟记这些经典小结论的前提是必须对基本方法、基本知识要非常熟练掌握，必须知道这些经典结论的来龙去脉，不能舍本逐末一味地强记而忽视解决问题的通性通法。要提炼、挖掘这些命题背景的经典小结论，就必须回归教材，回归教材不是简单地阅读教材，也不是简单地罗列知识，不是简单地梳理方法，不是对教学过程的简单的重现，而是对学科知识脉络的建构，对教材编者意图的领悟，对教材隐性知识的挖掘，对学科知识本质的掌握。

数学微专题先有凝练微专题主题的过程，紧扣针对性，凸显认知策略，再以“易于学生理解”的方式呈现出来，帮助学生将学习变成一种“再发现、再创造”的过程。这是数学微专题设计的核心所在。

一道高考数列题的解法探究及其推广

广州市铁一中学　张潘越

一、 问题的提出

笔者将2015年天津高考理科数学卷的一道数列解答题作为年级每周一练的题目，在批改过程中发现能够正确求解出此题数列通项公式的学生并不多。而数列是高中数学重要知识之一，其中通项公式更是研究数列性质的最佳载体，揭示数列问题本质的关键。因此，数列特别是数列的通项公式是历年高考的重点，也是学习该内容的难点之一。而求递推数列通项公式的方法灵活多变，能力要求高，值得我们全方位开发和多途径探究。

由此笔者萌生了研究下列问题的想法：学生在解这道看似不难的题目时遇到了什么障碍？这道题目本身有哪些解法和价值，能否推广？数列公式的教学需要注意哪些问题？

【题目】　（2015年天津高考理科数学）已知数列$\{a_n\}$满足$a_{n+2}=qa_n$（q为实数，且$q\neq1$），$n\in\mathbf{N}^*$，$a_1=1$，$a_2=2$，且a_2+a_3，a_3+a_4，a_4+a_5成等差数列，求q的值和$\{a_n\}$的通项公式。

二、 解法探究与思考

（一）观察、归纳法

由已知条件有$(a_3+a_4)-(a_2+a_3)=(a_4+a_5)-(a_3+a_4)$，即$a_4-a_2=a_5-a_3$，所以$a_2(q-1)=a_3(q-1)$，又因为$q\neq1$，故$a_2=a_3=2$。由$a_3=a_1q$，得$q=2$。即有$a_{n+2}=2a_n$（$n\in\mathbf{N}^*$）。经分析知此数列的奇数项、偶数项均成公比为2的等比数列，即有：

$$a_2=2^1\qquad a_4=2^2\qquad a_6=2^3\quad\cdots\quad ①$$

$$a_1=2^0\qquad a_3=2^1\qquad a_5=2^2\quad\cdots\quad ②$$

当n为偶数时，a_n落在①数列中，通过对前三项的观察，容易发现每一项的下标序号是2的幂指数的两倍，因此我们猜想此时$a_n=2^{\frac{n}{2}}$（n为偶数）；当n为奇数时，a_n落在②数列中，通过观察分析，发现每一项的下标序号是2的幂指数的两倍再加一，因此我们猜想此

时 $a_n=2^{\frac{n-1}{2}}$（n 为奇数）。综上，$a_n=\begin{cases}2^{\frac{n-1}{2}} & (n\text{ 为奇数})\\ 2^{\frac{n}{2}} & (n\text{ 为偶数})\end{cases}$。最后用数学归纳法证明猜想，当 n 为偶数时，$a_2=2^{\frac{2}{2}}=2$ 显然成立，假设当 $n=2k(k\in\mathbf{N}^*)$ 时 $a_n=a_{2k}=2^k$ 成立，考察当 $n=2(k+1)$ 时，由归纳假设及 $a_{n+2}=2a_n(n\in\mathbf{N}^*)$，可得 $a_n=a_{2k+2}=2a_{2k}=2^{k+1}$，显然 $2^{k+1}=2^{\frac{2(k+1)}{2}}$ 故得证；同理可证，当 n 为奇数时结论也成立。

评注：本解法体现了数学问题探究的观察、分析、归纳、猜想和验证等过程，掌握探究问题的过程与方法有助于提高学生发现数学问题和解决新问题的能力。笔者所带两个班的许多学生反馈说："因为从来没有遇到过这种题目，所以感觉无从下手。"从这可以反映出许多学生探究和解决新问题的能力比较薄弱，因此在教学过程中要注重数学思想方法的渗透，提高学生的探究和解决新问题的能力。

（二）公式法

由解法（一）知：$a_{n+2}=2a_n$。当 n 为偶数时，a_n 在原数列偶数项组成的数列中，即 a_2，a_4，a_6，…，a_n，…，由等比数列的通项公式知 $a_n=(\text{首项})\times(\text{公比})^{(\text{项数}-1)}$，又首项为 $a_2=2$，公比为 $q=2$，现在项数未知，即 a_n 在此数列的第几项，这个问题可以转化为求下标 n 是等差数列 2，4，6，… 中的第几项，令这个等差数列为 $\{b_k\}$，显然 $b_k=2+(k-1)\times2=2k$，当 $b_k=n$ 时得 $k=\frac{n}{2}$，即 n 是数列 $\{b_k\}$ 的第 $\frac{n}{2}$ 项，故所求项数为 $\frac{n}{2}$，于是得 $a_n=2\times2^{\frac{n}{2}-1}=2^{\frac{n}{2}}$（$n$ 为偶数）；当 n 为奇数时，根据以上的思路可以求得 a_n 是原数列奇数项组成的数列中的第 $\frac{n+1}{2}$ 项，首项为 $a_1=1$，公比为 $q=2$，故 $a_n=1\times2^{\frac{n+1}{2}-1}=2^{\frac{n-1}{2}}$（$n$ 为奇数）。综上：$a_n=\begin{cases}2^{\frac{n-1}{2}} & (n\text{ 为奇数})\\ 2^{\frac{n}{2}} & (n\text{ 为偶数})\end{cases}$。

评注：学生解这道题的一大障碍是在写等比数列通项公式中公比的指数时出现了符号混乱，大部分学生都没能将项数正确写出。而出现符号混乱的主要原因在于学生对公式的死记硬背，只知道等比数列的通项公式为 $a_n=a_1q^{n-1}(n\in\mathbf{N}^*)$，而没有真正理解公式中每一个符号的实质意义。另外，此解法提供了解决这类题的一种算法，即将数列下标序号看作一个新的等差数列 $\{b_k\}$，而要求 a_n 的项数即转化为求 n 在 $\{b_k\}$ 中的项数。

（三）累乘法

由解法（一）知：$a_{n+2}=2a_n$。当 n 为偶数时，$a_n=\frac{a_n}{a_{n-2}}\times\frac{a_{n-2}}{a_{n-4}}\times\cdots\times\frac{a_6}{a_4}\times\frac{a_4}{a_2}\times a_2$，因为 $a_2=2$，所以 $a_n=2\times2^{\frac{n}{2}-1}=2^{\frac{n}{2}}$；当 n 为奇数时，$a_n=\frac{a_n}{a_{n-2}}\times\frac{a_{n-2}}{a_{n-4}}\times\cdots\times\frac{a_5}{a_3}\times\frac{a_3}{a_1}\times a_1$，因为 $a_1=1$，所以 $a_n=1\times2^{\frac{n-1}{2}}=2^{\frac{n-1}{2}}$。综上：$a_n=\begin{cases}2^{\frac{n-1}{2}} & (n\text{ 为奇数})\\ 2^{\frac{n}{2}} & (n\text{ 为偶数})\end{cases}$。

（四）并项法（整体法）

由解法（一）知：$a_{n+2}=2a_n$。令 $b_n=a_{2n-1}+a_{2n}$（$n\in\mathbf{N}^*$），显然 $\{b_n\}$ 是一个以 2 为

公比的等比数列，$b_1=a_1+a_2=3$，所以 $b_n=3\times2^{n-1}(n\in\mathbf{N}^*)$。再令 $c_n=a_{2n}-a_{2n-1}$（$n\in\mathbf{N}^*$），同理 $\{c_n\}$ 也是以 2 为公比的等比数列，$c_1=a_2-a_1=1$，所以 $c_n=2^{n-1}$（$n\in\mathbf{N}^*$）。故 $2a_{2n}=b_n+c_n=4\times2^{n-1}$，即 $a_{2n}=2^n(n\in\mathbf{N}^*)$，也即当 $k=2n$ 时，$a_k=2^{\frac{k}{2}}$；$2a_{2n-1}=b_n-c_n=2^n$，即 $a_{2n-1}=2^{n-1}$（$n\in\mathbf{N}^*$），也即当 $k=2n-1$ 时，$a_k=2^{\frac{k-1}{2}}$。综上：$a_n=\begin{cases}2^{\frac{n-1}{2}}\ (n\text{ 为奇数})\\ 2^{\frac{n}{2}}\ (n\text{ 为偶数})\end{cases}$。

评注： 一开始考虑解决此题时，一般将原数列分成奇数项和偶数项单独的两部分来入手，而此解法首先是将数列的奇数项和偶数项结合起来整体考虑。数列是由众多的项组成的整体，在处理数列问题时，通过挖掘问题中整体与部分的关系进行整体消元、整体合并等工作可以达到简化难题，化难为易的目的。

（五）函数法

我们知道数列是一种定义在 $\mathbf{N}^*$ 上的特殊函数，因此在我们求解等差、等比数列通项公式及前 n 项和公式时，可以考虑从函数的角度来思考问题。

我们将数列 $\{a_n\}$ 看成一个函数，但是具体的函数解析式我们还没有找到，首先我们在直角坐标系中画出前 7 项的点，然后思考这些点能不能在一个解析式容易表示的函数图象上，通过尝试构造了分段函数：

$$f(x)=\begin{cases}2^0,\ x\in[0,\ 1]\\ 2^1,\ x\in[2,\ 3]\\ 2^2,\ x\in[4,\ 5]\\ \quad\vdots\\ 2^k,\ x\in[2k,\ 2k+1],\ k\in\mathbf{N}\\ \quad\vdots\end{cases}$$

其图象如图 1 所示，所以 $f(2k)=2^k(k\in\mathbf{N})$，即有 $f(n)=2^{\frac{n}{2}}$，n 为偶数；$f(2k+1)=2^k$，$k\in\mathbf{N}$，即有 $f(n)=2^{\frac{n-1}{2}}$，n 为奇数。故 $a_n=\begin{cases}2^{\frac{n-1}{2}}\ (n\text{ 为奇数})\\ 2^{\frac{n}{2}}\ (n\text{ 为偶数})\end{cases}$。

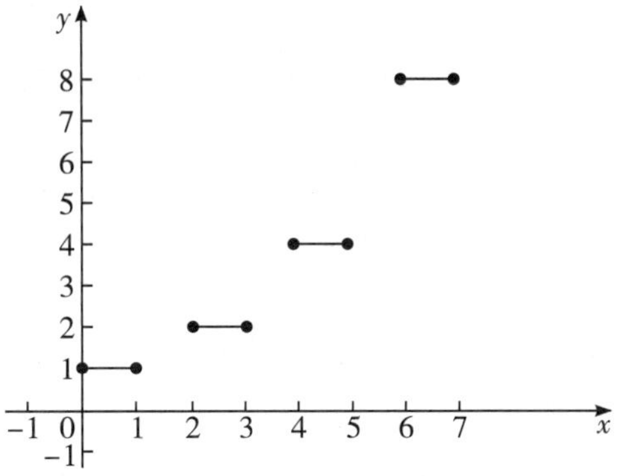

图 1

评注：以上的解法是将数列 $\{a_n\}$ 看成一个函数，然后构造函数，表达出函数的解析式，再令自变量 $x=2n(n\in\mathbf{N}^*)$ 和 $x=2n-1(n\in\mathbf{N}^*)$，可求得数列通项公式。上述方法体现了思维的创造性，同时也体现了各知识之间的内在联系。学习数学要从系统的高度出发，着眼于知识的联系和规律，发掘其本质，同时做题要经常总结，一题多解，多解归一，才能有所发现，有所创造，有所前进。

（六）特征方程法

由解法（一）知：$a_{n+2}=2a_n$。即有递推关系：$a_{n+2}-2a_n=0$（$n\in\mathbf{N}^*$）。于是可得其特征方程为 $x^2-2=0$，特征根为 $x_1=-\sqrt{2}$，$x_2=\sqrt{2}$。

故可设 $a_n=A(-\sqrt{2})^n+B(\sqrt{2})^n$，因为 $a_1=1$，$a_2=2$，所以有 $\begin{cases}\sqrt{2}(-A+B)=1\\2(A+B)=2\end{cases}$，解得 $A=\dfrac{1}{2}-\dfrac{\sqrt{2}}{4}$，$B=\dfrac{1}{2}+\dfrac{\sqrt{2}}{4}$，所以 $a_n=\left(\dfrac{1}{2}-\dfrac{\sqrt{2}}{4}\right)(-\sqrt{2})^n+\left(\dfrac{1}{2}+\dfrac{\sqrt{2}}{4}\right)(\sqrt{2})^n$，$n\in\mathbf{N}^*$。

评注：此方法运用了一些组合数学里的知识，从更高的角度来看这道题目，可知这道题的本质是求常系数的线性齐次递推关系的解。

三、 问题推广

我们可以看出，这道高考题是在等比数列的基础上的一个小推广，下面我们将这个问题进一步推广下去。

【推广 1】 已知数列 $\{a_n\}$ 满足 $a_{n+3}=2a_n(n\in\mathbf{N}^*)$，$a_1=1$，$a_2=2$，$a_3=3$，求数列 $\{a_n\}$ 的通项公式。

解：将数列 $\{a_n\}$（$n\in\mathbf{N}^*$）划分为 3 类：（1）$n\equiv0\pmod 3$；（2）$n\equiv1\pmod 3$；（3）$n\equiv2\pmod 3$。易知每一类数列均是以 2 为公比的等比数列。（1）当 a_n 属于第 1 类时，即 a_n 在数列 a_3，a_6，a_9，…，a_n，… 中，要求 a_n 在此数列的第几项，可转化为求 n 在 3，6，9，… 等差数列的第几项，令 $b_k=3+(k-1)\times3=3k$，$n=3k$ 时 $k=\dfrac{n}{3}$，即 a_n 的项数为 $\dfrac{n}{3}$，所以由公式法可得 $a_n=a_3\times q^{\frac{n}{3}-1}=3\cdot2^{\frac{n-3}{3}}$，$n\equiv0\pmod 3$；（2）当 a_n 属于第 2 类时，根据第 1 类的求法可求得 a_n 在第 2 类数列的第 $\dfrac{n+2}{3}$ 项，由公式法可得 $a_n=a_1\times q^{\frac{n+2}{3}-1}=2^{\frac{n-1}{3}}$，$n\equiv1\pmod 3$；（3）当 a_n 属于第 3 类时，可求得 a_n 在第 3 类数列的第 $\dfrac{n+1}{3}$ 项，由公式法可得 $a_n=a_2\times q^{\frac{n+1}{3}-1}=2^{\frac{n+1}{3}}$，$n\equiv2\pmod 3$。综上：$a_n=\begin{cases}3\cdot2^{\frac{n-3}{3}}, & n\equiv0\pmod 3\\2^{\frac{n-1}{3}}, & n\equiv1\pmod 3\\2^{\frac{n+1}{3}}, & n\equiv2\pmod 3\end{cases}$。

【推广 2】 现在考虑将问题推广到一般情形：已知数列 $\{a_n\}$ 的前 k 项 a_1，a_2，a_3，…，a_k，若 $a_{n+k}=qa_n$（$n\in\mathbf{N}^*$，k 为给定正整数，q 为常数且 $q\neq0$），求数列 $\{a_n\}$ 的通项公式。

解：将数列 $\{a_n\}$（$n\in\mathbf{N}^*$）划分为 k 类：(1) $n\equiv0(\bmod k)$；(2) $n\equiv1(\bmod k)$；…；$(k)\,n\equiv k-1(\bmod k)$。(1) 当 a_n 属于第 1 类时，a_n 在数列 a_k，a_{2k}，a_{3k}，…，a_{mk}，…中，求 a_n 在此数列的项数，令 $b_m=mk$（$m\in\mathbf{N}^*$）是这个数列的下标序号组成的数列，当 $b_m=n$ 时求得 $m=\dfrac{n}{k}$，即 a_n 在第 1 类数列的第$\dfrac{n}{k}$项，故 $a_n=a_kq^{\frac{n}{k}-1}=a_kq^{\frac{n-k}{k}}$，$n\equiv0$（mod k）；(2) 当 a_n 属于第 2 类时，由 (1) 的算法可求得 a_n 在第 2 类数列的第$\dfrac{n+k-1}{k}$项，所以 $a_n=a_1q^{\frac{n+k-1}{k}-1}=a_1q^{\frac{n-1}{k}}$，$n\equiv1$（mod k）；…；(k) 当 a_n 属于第 k 类时，同理可求得 a_n 在第 k 类数列的第$\dfrac{n+1}{k}$项，所以 $a_n=a_{k-1}q^{\frac{n+1}{k}-1}=a_{k-1}q^{\frac{n-(k-1)}{k}}$，$n\equiv k-1$（mod k）。综上：

$$a_n=\begin{cases}a_kq^{\frac{n-k}{k}},\ n\equiv0\ (\bmod k)\\ a_1q^{\frac{n-1}{k}},\ n\equiv1\ (\bmod k)\\ \vdots\\ a_{k-1}q^{\frac{n-(k-1)}{k}},\ n\equiv k-1\ (\bmod k)\end{cases}。$$

四、 问题启示与反思

本文针对这道题给出了六种不同角度的解题方法，那么这样的“一题多解”有什么教育价值与必要性呢？首先，根据加涅累积学习理论，问题解决的学习是最高层次的一种学习，而问题解决的过程更是学生建构知识的必要条件，那么如何才能最大限度地发挥出每道问题的最大教育价值呢？在此方面，“一题多解”作为变式教学的一类，具备着独有的数学教育功能：能调动起学生的学习兴趣，使不同层次学生的数学思维能力都得到提高，逐步培养起主动探究的精神和创新意识，有利于学生对数学知识的理解和运用，真正实现“让不同的人在数学中得到不同的发展”的个性教育目标。因此，想要最大限度地发挥出本文研究的数列问题的教育价值，研究其多种解法就显得很有必要了。

另外，通过学生的解答情况和反馈，可以发现学生存在两个问题：一是分析与解决新问题的能力还比较薄弱；二是对数列通项公式的理解还不够到位，大部分学生还停留在符号的形式记忆水平上。针对第一个问题，教师应转变“数学学习就是操作，操作就能掌握”的教学观念，避免搞题海战术；同时在教学过程中需加强对数学思想方法的渗透，注重揭示知识之间的内在联系。针对第二个问题，教师在数列公式的教学过程中，不仅要注重公式推导、记忆和应用，同时也应该使学生真正理解公式各个字母的含义以及它们之间的关系；为了使学生理解公式的本质，应让学生用不含字母的语言文字叙述公式的内容，掌握公式中关系的确定性和字母的可变性。对于一个公式，如果学生能用我们自己民族的语言将其描述出来，将公式的形式转化为公式的实质进行内化，学生对公式将有较深刻的理解。

参考文献

[1] 彭乃霞，吴现荣，宋军. 化归思想在递推数列中求通项的应用 [J]. 数学通报，2011，50 (7)：49－51.

[2] 郑一平. 数列教学要重视数学思想的挖掘与渗透 [J]. 数学通报，1996 (11)：10－12.

[3] 孙维刚. 孙维刚导学高中数学 [M]. 北京：教育科学出版社，1999：4.

[4] 曹汝成. 组合数学 [M]. 2 版. 广州：华南理工大学出版社，2012.

[5] 王千. 如何认识一题多解的教育功能 [J]. 数学通报，2004 (9)：10－12.

[6] 何小亚. 数学学与教的心理学 [M]. 广州：华南理工大学出版社，2011：185.

高三数学总结反思能力培养的研究

广州协和学校　朱禹兰

一、问题的提出

当数学学习进入到高三阶段的时候，题量会比较多，做题显得尤其重要，培养学生的分析总结能力也比高一、高二的时候要更为迫切。有些学生可以在两三次甚至一次同类型题目训练之后就总结出题目中的关键元素和对应的方法，但有些学生做很多的题目，结果所有的知识都是零散的，学得又累成绩又提高不了，长此以往会自我怀疑甚至放弃学习，这种现象在文科生中特别严重。如何在讲评课后通过习题集的作用有效地培养学生的总结反思能力是促进学生有效学习的关键因素之一。绝大多数的数学教师都知道习题集、错题集对数学学习的重要性，也有很多教师都有要求学生整理错题集，并指导学生如何整理以及如何使用错题集，还有一些教师指定了相应的建立原则，如按时间顺序或按知识模块整理错题等，但大部分教师的指导都是针对全体学生，没有重视学生之间的差异，另外多数的研究只是定性地说明习题集对数学学习很重要，并没有用具体的数据说明。在这种情况下，本实验在具体的教学过程中进行了总结策略的探讨与实践研究，对学生的学习成绩进行了具体的数据分析，希望能为学生的学习策略的培养提供现实的依据。

二、研究方法

（一）实验假设

在教学过程中加入具体的反思总结的技巧，在课堂中进行具体的训练，半个学期后，学生的解题能力及数学成绩要高于没有接受具体训练的学生。

（二）被试

在广州市协和中学高三年级选取了高三（1）班、高三（2）班两个相似班级进行比较，其中高三（1）班为实验班，50 人，高三（2）班为对照班，49 人。两个班人数差不多，且两个班都为文科班，经过高一与高二的两轮学习之后学生的平均水平非常接近，班级的平均成绩与几次大考的平均分都没有太大差别，前测结果表明，实验班与对照班的数学学业成绩相差无几。

（三）实验过程

1. 自变量和自变量的操作性定义。

自变量为习题的收集、整理等具体方法的实施。实验班在学习策略指导上采取如下措施：

（1）在习题讲评课中具体指导学生进行习题的收集和整理。例如分析完一道题目就让学生找寻同类型的题目，归类并记录，基础较好的学生要在过去的测验卷、复习书中找同类型题目，并做好知识点分类、考点分析等事宜，要求相对较高，基础相对薄弱的学生则将找寻范围变为高一、高二时使用的学案《做中学》与高三一轮复习用书《金榜》，因为其基本资料都是按照章节编写，知识点分类明确，题目难度相对较低，习题集制作要求相对较低。

（2）由于每天都有数学课，指导学生在课后进行习题集制订工作，都在午休与晚修时间完成，实验开始的第一个月保证一周有四个晚修在场指导学生，每天督促学生及时完成当天的习题订正，让学生养成习惯（对照班的教师答疑时间与实验班相当，只是对习题的订正工作不做特别要求与指导）。

（3）在前期的习惯培养之后，引导学生自觉对数学学习过程做出反思、补救和总结。

（4）规定学生每两周进行一次小结，对两周来的习题进行补充完善，同时对习题集进行简单的温习。教师每两周进行一次检查，并根据学生的具体情况进行相应调整。

对照班按原有的方式进行教学，不做特别要求。

2. 因变量和因变量的测查

（1）学生的考试成绩（以期中和期末考试成绩为依据）。

（2）学生掌握习题集制作等学习策略的情况（采取查看学生的习题整理情况并进行个别学生谈话等方式）。

3. 无关变量的控制

（1）选择实验班和对照班。实验班与对照班为年级中学生结构、学习水平非常接近的两个班级，在实验实施之前的几次考试成绩都非常接近，且在实验实施过程中其他的各项教学工作与方法等都不产生什么变化，通过以班级成绩与高二一个学年的期中和期末考试成绩为依据，确认两个班级的数学成绩与学生的学习能力等平均水平无显著差异的情况下，随机地选择高三（1）班为实验班，高三（2）班为对照班。高三（1）班的人数为50，男女比例为14∶36，高三（2）班的人数为49，男女比例为14∶35，两个班的人数与男女比例都无显著差别。

（2）控制影响实验效果的其他因素。两个班的所有任课教师几乎都是同一位教师或教学水平相当的教师。备课组统一备课，教学进度、教学内容、课堂作业和课后作业均统一安排，班级中接受课外培优等活动人数与任课教师也都相同。实验的内容只在备课组教师内部进行讨论与安排，在学生层面不制造实验对比的感觉，不人为制造竞争气氛，在学生完全不知情的情况下进行实验，实验过程中教师心态稳定，用客观科学的精神进行实验，得到客观稳定的实验结果。

三、测试结果

（一）实验前后两个班学生的数学平均成绩的差异性比较

实验前，两个班的考试成绩除了选择题与最后的20题的得分有点差距之外，其他的平均分均相差无几，高二一个学年下来两个班级的四次大考（两次期中考、两次期末考）平均分的差距都在1分左右。表1为高二下学期期末考的成绩，仅当例子。

表1　实验前两个班级的学生最后一次期末考试成绩的差异性比较

单位：分

比较项	选择题	填空题	15题	16题	17题	18题	19题	20题	总分
（1）班平均分	50.50	13.70	10.42	7.68	10.72	5.08	6.02	8.82	112.94
（2）班平均分	52.55	13.36	10.20	7.91	10.34	4.57	5.10	7.85	111.87

实验后，对照班（2）班选择题的得分被实验班（1）班反超，其他题目的得分差距扩大。如表2所示的22题在实验前为填空题形式，由于2016年广东高考由广东卷改为全国卷，选做题由原来的填空题变成解答题，所以题号等都有相应的变化，由此可见选择+填空的题型在实验前后差距明显。

表2　实验后两个班级的学生期中考试成绩的差异性比较

单位：分

比较项	选择题	填空题	17题	18题	19题	20题	21题	22题	总分
（1）班平均分	43.60	18.50	11.02	10.76	10.04	6.98	8.22	5.56	114.68
（2）班平均分	43.26	18.16	9.42	11.04	9.24	5.79	7.87	3.67	108.48

表1、表2说明了在班级平均分方面实验的效果比较明显，尤其是班级平均分由原来的1分左右拉大为6分，效果明显。

（二）实验后两个班学生成绩在每个题型上的差异性比较

独立样本t检验表明：实验后，实验班和对照班学生的数学成绩在解答题17题和解答题22题的平均分之间差异显著，实验班的成绩高于对照班，这两道解答题刚好题目的运算量并不是特别大，但对于题目思维的把握非常重要；而同样作为解答题的18题为概率统计题，题型常规，19题为立体几何，原本两个班级的训练量就已经挺大的，这次的实验对18题和19题的影响不大；解答题20题是解析几何，21题为函数导数，这两道大题一直都是学生学习的难点，加上运算量大，运算能力对解题有很大的影响，所以实验的结果在这两题上很难体现。实验后两个班学生第一次期中考试各题型成绩的差异性检验统计结果如表3所示。

表 3　实验后两个班学生第一次期中考试各题型成绩的差异性检验

比较项	班级	N	均值	标准差	比较项	班级	N	均值	标准差	比较项	班级	N	均值	标准差
选择题	(1)	50	43.60	5.718	填空题	(1)	50	18.50	3.072	17 题	(1)	50	11.02	1.900
	(2)	49	43.27	5.641		(2)	49	18.16	3.178		(2)	49	9.43	3.234
t		0.293			t		0.536			t		*2.992		
p		0.770			p		0.593			p		0.004		
比较项	班级	N	均值	标准差	比较项	班级	N	均值	标准差	比较项	班级	N	均值	标准差
18 题	(1)	50	10.76	2.544	19 题	(1)	50	10.04	3.493	20 题	(1)	50	6.98	0.395
	(2)	49	11.04	2.380		(2)	49	9.24	3.370		(2)	49	5.80	0.329
t		0.567			t		1.152			t		2.299		
p		0.572			p		0.252			p		0.024		
比较项	班级	N	均值	标准差	比较项	班级	N	均值	标准差					
21 题	(1)	50	8.22	0.383	22 题	(1)	50	5.56	2.779					
	(2)	49	7.88	0.402		(2)	49	3.67	2.593					
t		0.618			t		**3.491							
p		0.538			p		0.001							

注：* 表示 $p<0.05$，* * 表示 $p<0.01$，以下同。

（三）实验后两个班各类学生的数学成绩的差异性比较

独立样本 t 检验表明，实验后，实验班和对照班的优等生和后进生的成绩差异不显著，因为优等生的基础已经很扎实，另外实验中强调的习题集等他们在实验前都已经做得很充分，而后进生的基础较为薄弱，单纯的整理总结并不能解决学习的根本问题，所以实验对这两种类型的学生无太大影响。实验数据表明，实验对中等类型的学生影响显著，实验班的成绩高于对照班，后期再通过跟学生进行个别访谈等跟踪调查得知中等类型学生的基础知识、运算能力等都准备得较为充分，所以一旦通过训练掌握了不同题型的相应解题思路，他们的成绩自然就有很大的提高。实验后两个班各类学生数学总分的差异性检验如表 4 所示。

表4　实验后两个班各类学生数学总分的差异性检验

比较项	班级	优等生数	均值	标准差	比较项	班级	中等生数	均值	标准差	比较项	班级	后进生数	均值	标准差
总分	（1）	10	129.10	4.954	总分	（1）	30	115.67	6.019	总分	（1）	10	97.30	5.774
	（2）	10	126.30	8.994		（2）	29	109.34	5.002		（2）	10	88.20	15.612
t		0.862			t		**4.380			t		1.729		
p		0.400			p		0.000			p		0.101		

四、实验结果的分析与讨论

（一）总结反思能力的培养要在打好“双基”的基础上

通过对实验后实验班和对照班各种类型学生的数学成绩做差异性比较（见表4），结果表明，总结反思能力的培养训练对中等类型学生的成绩起到了明显的促进作用，而对比后进生的无显著差异的结果，说明基础知识、运算能力等在数学的学习中占据前提作用，只有打好基础，再加上解题思路的总结与反思能力的培养，才能真正地起到事半功倍的效果。另外从各题型成绩的差异性检验也同样得出这个结论（见表3），当运算难度并不大时思维的训练就能够起到很好的效果，而运算难度较大时，就算思维跟上来了，运算能力也直接导致成绩没办法有很大的提升。

（二）总结反思能力的培养也要因材施教

实验结果表明（见表3、表4），经过半个学期的训练，班级总体的成绩有比较大的提高。但这个提高在优等生中几乎体现不出来，因为优等生的各方面能力都已经达到一定的高度，在没有教师督促的情况下，他们已经在课外完成了对题目的订正整理工作，习题集等工作在实验前已经做得比较完备，那么在课堂上还让他们找题目、做归纳对他们来说反倒降低了课堂的学习效率。对优等生来说，想再提高成绩可能需要从其他的角度进行相关的训练，比如提升试题难度、扩大题型范围等。而对于后进生的培养可能要先注重基础知识的掌握和巩固，在打好基础之后再进行总结反思能力的培养才能有相应的效果。

（三）实验结果要进行及时巩固

实验结果表明（见表3、表4），虽然实验在一定程度上达到了效果，但这半个学期中，课堂40分钟的上课内容有很多时候并不能及时完成，这可能也是导致优等生没有进步的一个原因。在班级中大部分学生的这个能力都已经有一定提高的情况下，总结反思工作要让学生在课后完成，提高课堂的教学和学习效率是后期的教学重点。

五、 教学反思

根据以上实验结果和结论，结合学校的具体实际，笔者对自己的教学工作有以下反思：

（1）要重视课前的准备工作，课前的准备工作需要做得更细致，在引导学生之前，自己对题目的收集整理工作要比以前更认真。

（2）多跟学生交流，及时了解学生在学习过程中的各种问题，及时进行相应的训练。

（3）课堂的训练针对的是班级的大部分学生，但不同类型的学生有不同的问题，当课堂的训练不能满足小部分学生的需求时，要通过课后进行弥补。

（4）培养学生的自我学习意识，对课堂上的具体训练方法在课后进行及时的巩固。

（5）加强管理，如习题集的定期检查等，有效督促学生进行总结反思。

六、 实验的不足与反思

（1）对照结果单一，由于时间精力等的限制，只分析了高三第一学期期中考试的成绩，如若可以，将每次月考成绩都进行统计分析，则数据更有说服力。

（2）数据的收集整理不够细致，这里所有的选择题只提供了一个数据，在今后的分析中，可以将选择题每小题得分情况按知识点以及难易程度进行分类统计，与解答题的分析一起，这样习题集的制作对知识模块的影响分析能够更透彻，也可以为后期的学生指导提供参考依据。

（3）实验时间短，学生的实验结果不够稳定，之后的数据分析仍需进行，可继续探究习题集的制作对数学学习的长足影响到底有多大。

（4）实验参与班级太少，实验结果仍有偶然性，如果可以，分两组或三组班级进行实验对比，同时还可在这几组任课教师风格之间再进行对比，这个可与备课组教师进行可行性分析。

参考文献

[1] 吴增生. 在重复经历与反思总结中积累数学活动经验［J］. 中国数学教育，2015（17）：6－9.

[2] 屈广泽. 数学教学之我见：数学教学中培养学生的独立思考能力［J］. 新课程（教研），2010（3）：135.

[3] 于彩宁. 培养学生自我反思能力之我见［J］. 读写算（教师版），2014（29）：219.

[4] 文剑. 试论如何培养高中生的数学反思能力［J］. 语数外学习（数学教育），2010（10）：127.

[5] 陈燕. 问题导向式教学的模式构建：职前数学教师的培养研究［D］. 重庆：西南大学，2013.

[6] 向敏慎. 新课标下数学反思能力培养的实践研究［D］. 长沙：湖南师范大学，2013.

[7] 唐中华. 反思性数学日记在纠正高中生数学解题错误中的作用研究［D］. 长沙：湖南师范大学，2014.

英语篇

“新师范”建设丛书
XINSHIFAN JIANSHE CONGSHU

语篇衔接在高中英语读后续写教学中的应用

云浮市新兴县第一中学　陈洁敏

一、 前言

语篇的连贯性是衡量英语写作质量的重要标准之一，因此围绕语篇连贯性而开展的研究也一直是英语写作研究的热点。与以往的命题写作不同，在新高考改革的背景下提出的新题型——读后续写，强调的是学生创作的续文与所给原文共同组成的语篇的衔接与连贯。由此可见，这种新题型的出现对高中英语写作的连贯性提出了更高的要求。根据高中英语读后续写评分标准，内容的创造和语言的运用是其主要考查的两个方面。其中，在内容创造方面，要求续作“与所给原文情境融洽度高，内容丰富，情节发展合理，与所提供各个段落开头语衔接合理”；在语言运用方面，要求续作“在语法结构和词汇丰富、准确的基础上，能有效地使用段落间、语句间的衔接手段，使上下文连贯”。因此，如何提高学生创作的续文与所给原文共同组成的语篇的衔接与连贯，如何按照课程标准的要求进行有效教学，探索出能有效地提高学生英语读后续写连贯性的教学方法是十分必要的。

二、 理论基础

（一）语篇衔接理论

英国语言学家韩礼德和哈桑（Halliday & Hasan）把衔接界定为“存在于语篇内部的，使全文成为语篇的各种意义关系”。他们认为衔接是一种语义概念，是指句子内部或者句子之间通过某些方式组合成语义连贯的整体。因此，衔接是语篇连贯的重要基础。韩礼德和哈桑将衔接手段分为语法衔接和词汇衔接两种。前者包括照应（reference）、替代（substitution）、省略（ellipsis）、连接（conjunction），后者包括复现关系（reiteration）和同现关系（collocation）。

衔接对语篇的连贯起着重要作用，语篇衔接直接关系到写作的逻辑性和流畅性。在具体的衔接手段方面，戈德曼和拉克特罗（Goldman & Rakestraw，2000）认为显性衔接手段的使用有助于建立文本的连贯性。确实，笔者在写作教学中也发现很多学生的习作虽然没有明显的语法错误，但由于缺少具体的衔接手段，段落之间、句子之间衔接不合理，导致整个语篇上下文不连贯。但是，也有不少学生使用了过多的衔接手段，而导致语言表达啰嗦与重复，适得其反。上述两种情况都是由于没有恰当地使用衔接手段而造成的。因而有学者指出，衔接手段的有效使用才能提高书面语篇的连贯性。

在进行读后续写时，作者时常会回读所给的原文阅读材料，寻找自己需要的词语及模仿原文的语言风格，使用各种衔接手段来实现续作与原文的段落之间、句子之间的连贯。因此，通过对各种衔接手段的学习及其作用的理解，学会在续写创作时恰当地运用衔接手段，将会更有效地促进续作与原文连贯性的提升。本文将以 2021 年八省联考读后续写任务为例，将衔接理论应用于读后续写教学实践。

（二）语境理论

语境理论是由人类学家马林诺夫斯基（Malinowski）提出的，语境分为情景语境和文化语境两方面内容。他认为情景语境是文化语境现实化的表现，是在具体的语言交际事件中支配语义选择的因素。随着语用学和语义学的发展，韩礼德进一步对语境的概念加以扩展，指出除了语言本身的上下文，语言出现的环境中，人们所从事的活动之外，整个社会环境、文化、信仰、参加者的身份和历史、参加者的关系等，都构成了语境的一部分。韩礼德随后把决定语言特征的情景因素归纳为以下三种：话语范围（field）、话语基调（tenor）和话语方式（mode）。话语范围指实际发生的事：语言发生的环境，包括话题、讲话者及其他参与者所参加的整个活动。话语基调指参与者之间的关系，包括参与者的社会地位以及他们之间的角色关系。话语方式指语言交际的渠道或媒介。黄国文（1988）指出，语言的交际总是离不开交际的参与者，以及谈话的主题、时间、地点等情景，语篇的含义主要依赖于语境。

语境对于语篇理解的重要性不言而喻。然而，韩礼德也指出，由于语段中句子与句子之间在意义上有可能存在空隙，语篇内部的衔接还需要与情景语境结合起来才能确定语篇的连贯性。在欠缺一定的衔接手段的时候，我们更要借助语境来分析语篇，根据情景语境和文化语境来具体分析语篇意义的恰当性和逻辑性。读后续写除了要求语篇能有效地用衔接手段促进段落间、句子间的连贯，还强调续写的内容要与原文保持连贯。有学者指出，续写紧随读物，伴随语篇情景，可利用前文提供的语境，确保内容的逻辑发展。因此，结合原文提供的语篇情景，对所给原文进行深入的解读与分析，加强对内容的理解，把握故事情节的走向，充分调动学生的想象和创新思维尤为重要。然而，当前的高中英语读后续写教学中，仍有很多教师只注重分析原文的六要素等表层信息的提取，强调续作中语言表达的准确性，对原文故事情节的走向，续作的内容如何与原文情境融洽，与各段落衔接合理、意义连贯等文本深层含义的挖掘仍然缺乏有力的指导。不少学生由于对续写所提供的原文解读不到位，导致出现续作的情节、逻辑与原文脱节等问题。

根据对读后续写评分标准的解读以及《普通高中英语课程标准（2017 年版 2020 年修订）》的要求，如何有效地提高学生英语读后续写的连贯性是一个值得深入研究的问题。鉴于当前高中阶段的读后续写材料多以记叙文为主，根据原文所提供的情景语境，对所给原文情节脉络的发展进行分析，能为续写内容找到切入点和方向，创造出合理的结局，有助于提高读后续写内容的连贯性。

三、语篇衔接手段与叙事分析在读后续写教学实践中的应用——以2021年八省联考读后续写任务为例

第一步，在课堂引入环节，教师首先展示一幅停在路边的车的图，并提问学生在这种情况下他们该如何引入读写材料故事的话题，激发学生对读写材料的兴趣，以及激活故事话题的背景知识。接着，围绕图片，通过问题“What should we pay attention to when we are reading a story?”引导学生在读故事的过程中理清分析故事的六要素。接下来，继续提出问题“But if we want to know what will happen next in the continuation task, can they help us to form a coherent story?”提醒学生在阅读中要对所给原文的材料进行语篇分析，不但要关注故事的六要素，还要学会恰当使用各种衔接手段来提高续文与原文的衔接性与连贯性。

第二步，教师在引导学生对原文材料进行语篇分析时，主要采用拉波夫叙事模式进行文本分析，把故事分为点题、进展、指向、评议、结局与回应六个环节（见表1），以此来帮助学生把握故事的发展脉络，理清所给材料的情节、情感以及文章的主旨。

表1

Narrative Analysis	Detailed Information
Abstract（点题）： What is the story about?	I've had three instances of car trouble. Each time these things happened, I was sick of the way most people hadn't bothered to help.
Orientation（进展）： Who, When, Where, How	Who: I, the Mexican family (farther, mother, the girl). When: During this past year ... What: I had trouble with my Jeep on the road. Where: On the side of the road.
Complicating action（指向）： Then what happened?	A Mexican family pulled over and helped me fix the car, but they refused my money.
Evaluation（评议）： So what?	The author's emotions: sick—give up—no worries—happy. From cynical, happy to relaxed.
Result or resolution（结局）： What finally happened?	When I was about to say goodbye, the girl asked if I'd had lunch—What's my reply? Are there any connection between my reply and the paper bag in the following paragraph? After they left, I got into my Jeep and opened the paper bag. —What did I find in the paper bag?
Coda（回应）	How did I change the opinion towards strangers? What does the story intend to tell readers?

第三步，对原文的语言及衔接手段进行分析。衔接手段分为语法衔接与词汇衔接两种。通过文本衔接手段的分析，并结合具体的例子，让学生理解恰当地使用衔接手段能使文章过渡衔接自然、逻辑通顺、上下文连贯。鼓励学生在写作的过程中选择恰当的段落

间、语句间的衔接手段，使续作与段落开头语衔接合理，从而使全文结构清晰，构建意义连贯的语篇。具体的分析如下：

1. 语法衔接（grammatical cohesion）

（1）照应（reference）：用代词等语法手段来表示语义关系。

e. g. During this past year, I've had three instances of car trouble. Each time these things happened, …

句子中的 these 为指示照应，用来指代前句中的 three instances of car trouble，与前句产生照应关系。

（2）替代（sustitution）：用替代形式去替代上下文所出现的词语，既可以避免重复，又能连接上文。

e. g. One of those times, I was on the side of the road for close to three hours with my big Jeep.

句子中的 one 为名词性替代词，指代前文出现的 three instances of car trouble 当中的一次。

（3）省略（ellipsis）：在语篇中使用省略可以避免重复，突出主要信息，衔接上下文。

e. g. I put signs in the windows, big signs that said NEED A JACK（千斤顶）, and offered money. Nothing.

句中 nothing 是使用了省略，前句讲了“我做了一系列的事件来寻求帮助”，但 nothing happened。“nothing”一词的使用，言简意赅，既避免了重复讲述一遍我所做的事情，又凸显了作者所做的一切都是徒劳无功的，根本无人问津，也从侧面烘托了作者失望透顶的情绪。

（4）连接（conjunction）：连接语的功能是表示句子之间的某种逻辑关系，以及语篇中各个成分之间的语义联系，是行文连贯不可缺少的一部分。

e. g. Right as I was about to give up…, and, but, so, …

语篇中出现了很多连接词，表示列举、增补、转折或对比、解释、原因、结果、转折、让步等。

2. 词汇衔接（lexical cohesion）

（1）复现（reiteration）：某一词以原词、同义词、近义词、上义词、下义词、概括词或其他形式出现在语篇中，使句子通过复现关系达到相互衔接。

e. g. ①I've had three instances of car trouble…with my big Jeep. 在此处，“car”与“Jeep”为近义词。

②…a Mexican family in a small truck pulled over…Then he got a saw from the truck. “truck”一词的重复使用，使语篇出现了词汇复现的关系，使内容前后呼应、相互衔接。

（2）同现（collocation）：指词汇共同出现的倾向性，围绕某个话题，某些词汇往往会在这个话题中同时出现。

e. g. …car trouble, …big Jeep…A JACK…truck…a saw…take the wheel off…tire iron…

语篇中，出现了很多与“修车”这个话题相关的词汇，有些在意义上相互联系的词语同时出现在同一语篇，形成了词汇链。如“a truck pulled over”“take the wheel off”等。

这些词汇的同现关系有助于句子之间衔接自然。

第四步，对原文材料进行语篇分析后，结合文章所给的两个段首句，教师以问题链的方式引导学生合理地推测续写情节，理清写作思路，明确写作方向，使续写的内容更能紧扣主题，更有逻辑，更有助于达到上下文内容与语言连贯的目标。所提问题如下：

Para 1：When I was about to say goodbye，the girl asked if I'd had lunch.

Q1：What was my reply?（about lunch）Did I have lunch?

Q2：What did the girl do?（about the paper bag）

Q3：How did I feel?

Q4：How did they left?（after they left）

Para 2：After they left，I got into my Jeep and opened the paper bag.

Q1：What did I find in the paper bag?

Q2：How did I feel?

Q3：How did I change the opinion towards stranger?

Q4：What does the story intend to tell readers?

最后，根据高考读后续写评分标准，依据内容、语言、连贯这三方面的要求，学生在课堂上完成读后续写的初稿。第二节读后续写课时，分小组选出优秀的读后续写文章，以小组讨论的形式分享并学习优秀习作中的精彩内容与优美恰当的语言，并对其如何促进续文与原文的内容与语言方面的连贯进行学习，特别是对其所使用的语篇衔接手段如何能促进语篇的连贯来进行分析。分享完毕后，学生对个人的习作进行二次修改与润色，提交给教师后，教师对学生习作进行及时的批改并给予反馈。

四、 结束语

高中英语读后续写除了强调续作要有效地使用段落间、语句间的衔接手段，使上下文连贯，还要求续作与原文情境融洽度高、情节发展合理、与所提供的段落开头语衔接合理、意义连贯。结合当前高中阶段读后续写的体裁多以记叙文与夹叙夹议文为主这一情况，在实际教学中，教师应注重培养学生对叙事文本的分析能力，在叙事分析的基础上，以情节的发展推动内容的创造。同时，还要注重提高学生对写作连贯性的重视，引导学生合理地使用语篇衔接手段，用衔接手段来促进续作与原文段落间的上下衔接与连贯，从而促进学生写作能力的提升。

参考文献

[1] 中华人民共和国教育部．普通高中英语课程标准（2017 年版 2020 年修订）［M］．北京：人民教育出版社，2020.

[2] HALLIDAY M A K，HASAN R．Cohesion in English［M］．London：Longman，1976：10.

[3] 黄国文．语篇分析概要［M］．长沙：湖南教育出版社，1988.

[4] 金翠芝，张际海．语篇衔接与连贯理论在高中英语写作教学中的应用［J］．教学月刊・中学版

（教学参考），2010（3）：57－60.
［5］文秋芳. 文秋芳英语教育自选集［M］. 北京：外语教学与研究出版社，2008.
［6］王初明. 读后续写何以有效促学［J］. 外语教学与研究，2015，47（5）：753－762，801.
［9］张德禄，张爱杰. 情景语境与语篇的衔接与连贯［J］. 中国海洋大学学报（社会科学版），2006（1）：44－47.
［10］赵伟雯. 拉波夫叙事分析模式在英语读后续写中的运用［J］. 中小学外语教学（中学篇），2019，42（1）：39－43.
［11］周永鹏. 拉波夫叙事分析模式在英语读后续写中的运用［J］. 教学月刊·中学版（教学参考），2018（3）：40－44.

读后续写中语言能力渐进式培养教学策略初探

广东实验中学　韩东明

《普通高中英语课程标准（2017 年版 2020 年修订）》指出，教师要努力探究有效的教学方式，研究如何在教学中将语言知识教授给学生并引导学生将其转化为语言运用能力，努力实践以英语学科核心素养发展为重点的英语学习活动观，进行有效的深度教学，进而落实核心素养的培养目标。读后续写是培养学生英语核心素养的一种评价手段，旨在考查学生四个方面的能力：把握关键信息和语言特点的能力、语言运用的准确性和丰富性、对语篇结构的把控能力、创造性思维能力。《普通高等学校招生全国统一考试英语科考试说明》中读后续写的评分标准主要从上下文的衔接与连贯、词汇和语法的运用、内容的丰富性和合理性等三个方面对学生的写作进行评价。因此，在读后续写中最关键的还是学生的语言能力，其次才是追求其他能力的提升。

一、 现阶段读后续写教学中语言能力培养存在的一些问题和困难

（一）读后续写的训练目标和训练阶段不清晰

在日常的教学实践中，高一、高二阶段主要是按照教材按部就班地进行英语教学，完成基本的教学任务，完整的读后续写训练最早从高二下学期开始，部分学校甚至在进入高三后才开始。教师知晓该题型的重要性，也知道要在日常的教学实践中渗透该部分的知识和训练，但部分教师对读后续写的操作缺乏整体的规划，无法在不同的年级阶段确定切实可行的目标。目前，在低年级比较通行的做法就是印发给学生一些心理描写和情景描写的词组和句子，让学生背诵，进行积累；或者偶尔让学生进行读后续写的练笔。然而，大量较为独立的句子与语篇的关联度较低，增加了学生的记忆负担且教学效果不佳；非持续性的练笔只是让学生知道了该题型的难度，无法有效提高学生的续写水平。

（二）缺乏适当的有梯度的训练材料

现阶段的读后续写练习基本都是给出一篇原文要求续写两个段落，练习形式较为单

一。不论是刚接触高中英语写作的学生，还是正式踏入高三备考的学生，基本都是按照这种模式进行练习，为了保证题目质量，读后续写的练习采用的材料都是以高考题和地市模拟题为主，有原文有答案易于操作。这样的做法导致了不同年级间文本难度差异不大，忽视了不同年级学生之间的语言水平和认知能力的差异，对低年级学生语言能力和写作水平的提高并无太大益处，反而会削弱一些学生学习英语的积极性。

（三）过度追求角度的新颖和创新

在读后续写的前期训练阶段，部分教师过于强调续写文章的故事性和情节的新颖性，着力于分析故事的戏剧冲突，花了很多时间去培养学生的情节创造能力，忽视了对学生基础写作语言能力的培养，导致学生的思考重心过多地放在了情节创造上面，追求出新出奇。很多学生会运用过多的简单对话来传递人物强烈的情感，而忽略了整体的故事走向和语言运用，不利于写作水平的提高。

二、 读后续写中渐进式语言能力培养教学策略

语言能力是指在社会环境中，以听、说、读、看、写等方式理解和表达意义的能力，以及在学习和使用语言的过程中形成的语言意识和语感。英语语言能力构成学科核心素养的基础要素。《普通高中英语课程标准（2017 年版 2020 年修订）》指出，语言能力是英语语言学习的基本目标，是其他要素形成和发展的重要依托，体现在英语语言的认识与感知、理解与表达等行为特征中。因此在读后续写的训练中，尤其是高一、高二阶段的训练中，必须始终着眼于将语言知识转化为语言能力，综合运用听、说、读、看、写等方式不断提升学生的基础语言能力。

（一）读得懂：强化分级阅读和语料积累，让量变达成质变

“读得懂”主要指的是语言能力中的“看”和“读”。在实际的英语教学中，不同学校的学生水平参差不齐，相同学校学生的英文水平差异也很大，对于很多基础比较薄弱的晚熟生来说，读得懂读后续写给出的材料成了他们要跨越的第一步。在正式的考试环境下，还要求学生由“读得懂”向“读得透”转变。在日常的英语学习中，总体的阅读要求必须是“明白—理解—准确理解”的渐变过程。要做到这一点，必须强化分级阅读和积累大量语料的泛读，培养学生阅读兴趣的同时努力让量变达成质变。

在分级阅读的实践中，可以灵活运用 MEI 分级阅读指导框架，激发学生的阅读兴趣。MEI 指的是阅读能力测评（measurement）、学生自由泛读（extensive reading）和同读一本书精读（intensive reading），是学生在教师的指导下进行的分类阅读活动。通过专业的阅读能力评估软件（如美国蓝思英语阅读测试软件），评估量化出学生的实际英语能力阅读水平，让学生自由选择适合其能力和兴趣的书进行广泛阅读。在阅读过程中，教师要间断性地进行阅读策略和阅读计划的指导，通过开展阅读分享会、月度读书报告等小组活动以伴促读，通过帮助学生设定自己的年度阅读规划、阅读能力年度提升目标、班级成员阅读书目及进度等方式以评促读。

在教学实践中，因为是通用一本教材，教学任务和教学进度已经确定，教师要根据班

级学生的实际情况，灵活运用课堂教学策略。在精读教学中注意渗透阅读策略和各项阅读微技能，设计具有较强逻辑性、关联性和层次性的问题序列，对基础较为薄弱的学生进行理解型问题提问，着眼于对文章的理解；对基础较好的学生进行应用型问题和分析型问题提问，着眼于对文章的深入理解和思维品质的提升。

在高三复习阶段，要充分用好选修教材，精选精练好篇章，强化限时阅读训练。读后续写，首先是读，其次才是写；读是写的基础，写是读的延续。考试的压力环境和时间限制决定了学生不可能进行欣赏性阅读，必须要具备快速抓取信息的能力。选修教材中的一些篇章故事性强，逻辑严密，结构清晰，是限时阅读的好材料。教师可以重点围绕"purpose""main idea""reference"等三个方面进行提问，既可以消除学生阅读中普遍存在的弱点，提升学生的思维能力和阅读水平，又为读后续写的快速阅读打下坚实的基础。

（二）说得出：充分利用好听力材料，听说结合促写作

"说得出"指的是语言能力中的"听"和"说"。听是理解性技能，说和写是表达性技能，三者在语言学习和交际中相辅相成。听、说、写三者的有机结合能够让学生在接近真实语言的实践活动中，形成综合运用语言的能力。我国一些学者如田小玲、田建国、王欣等在大学中研究了利用听力教学与英语写作教学的整合，提高学生的写作水平，增强了学生的英语学习自信心。

在日常的英语教学中，教师通常会关注各项听力微技能的教学，侧重关键信息的读取，主要关注学生听清楚听明白没有；或者只是在听完之后讲解某几个生词或短语，未能在篇章上对学生进行指导，忽略了很多听力材料也是很好的写作素材。与阅读材料相比，听力的篇章素材用词相对简单却表意丰富，绝大多数用词是学生应该掌握的"四会"词，也是学生在写作中的常用词。正确熟练地使用"四会"词对学生写作水平的提高有巨大的帮助。

听说结合促写作是避免教师对学生的写作过程指导不足的一种有效方法，它重视对学生写作过程的指导，同时避免过于关注如语法是否正确、用法是否妥当等结果性评价。利用高质量的听力篇章进行训练可以有效提升听说能力和写作能力，其基本的训练形式可以概括为：听—练—讲—读—写。在完成初期的听力训练后，教师对重点词汇和语法现象进行讲解，要求学生熟读篇章，迅速提炼文章观点和结构，然后通过不同的形式（如shadowing、paraphrasing等）进行复述复写训练，对部分能力较强的学生可以要求在原文的基础上进行进一步的情节加工或续写创作。在此过程中教师要着眼于过程性评价，通过感知、体验、实践、参与和合作等多种不同的练习形式提高学生的参与度，调动他们的主观能动性，让学生体验到练习和创造的乐趣。

（三）写得像：由短向长渐延伸，从无到有细模仿

"写得像"指的是学生的作文语句和行文风格与原文接近，这是读后续写这一训练题型要达成的最高目标。具体来讲，该部分要分三个阶段来逐步推进：写得出—写得顺—写得像。"写得出"是最低要求，即基础较差的学生也能写出符合基本语法要求的正确的句子，不需要追求用词的高级和句法的复杂。"写得顺"是中高要求，要求学生具备运用较复杂的语法结构的能力，语句通顺，在行文中能够运用一些高级词汇或小词表达丰富的意

义。“写得像”是要求学生在“写得顺”的基础上能够运用一定的写作技巧，如“不管描写人物、景物还是事件，尽量做到‘展示而非讲述’”，避免写作内容单调、缺乏真实情感，使行文努力向原文靠拢。

英语和汉语的结构有着很大的差异：英语更像一种树状结构，重视句子结构，重心在前；汉语更像是一种竹状结构，注重语义，重心在后。王力先生曾经说过：“就句子的结构而论，西洋语言是法治的，中国语言是人治的。”让学生了解汉英语言的主要差异，对学生的造句和作文有事半功倍的作用。

在平常的课堂操练中，教师可以依据或创造情景来进行翻译训练，可以根据学生的实际英语水平灵活采用“简单句群—复合句—复杂结构复合句”的形式让学生进行翻译练习。

以下例子仅供参考。

简单句群：

（1）第二天汤姆以超人的形象出现了。

The next day Tom appeared as the powerful Superman.

（2）汤姆得意扬扬地穿过医院大厅，向人们酷酷地挥手。

Tom showed off through the hospital halls and coolly waved his hand to the people.

（3）沿路的人们向汤姆招呼致意。

People greeted him along the way.

复合句：

（1）第二天汤姆以超人的形象出现了，他得意扬扬地穿过医院大厅，向人们酷酷地挥手。

The next day Tom appeared as the powerful Superman, showing off through the hospital halls and coolly waving his hand to the people.

（2）汤姆向沿路跟他招呼致意的人们酷酷地挥手。

Tom coolly waved his hand to the people who were greeting him along the way.

结构复杂复合句：

第二天汤姆以超人的形象出现了，他得意扬扬地穿过医院大厅，向沿路跟他招呼致意的人们酷酷地挥手。

The next day Tom appeared as the powerful Superman, showing off through the hospital halls and coolly waving his hand to the people who were greeting him.

三、结语

在英语学科核心素养能力目标中，学生的语言能力作为核心能力，是学生认识、感知、理解和表达的基础。语言能力达标，其他能力的训练就可以水到渠成。培养学生的语言能力，与培养学生其他的核心素养目标并不矛盾，只是教学中的不同阶段重点不同，都是为了帮助学生进一步学习、运用英语基础知识和基本技能，在发展语言能力的过程中，培养思维方式、思维品质、文化意识和跨文化交流能力。“读得懂”“说得出”和“写得像”既可以作为一个渐进的语言能力训练过程，也可以根据文本材料的内容对这三个方面进行综合运用，通过不同的练习形式，激发学生英语语言学习的积极主动性，最后达成“写得像”的终极目标。

参考文献

[1] 中华人民共和国教育部. 普通高中英语课程标准（2017 年版 2020 年修订）[M]. 北京：人民教育出版社，2020.

[2] 教育部考试中心. 普通高等学校招生全国统一考试英语科考试说明 [M]. 北京：高等教育出版社，2015.

[3] 刘庆思，陈康. 关于一年两考高考英语试卷中读后续写设计的研究 [J]. 中小学外语教学（中学篇），2016，39（1）：1 – 5.

[4] 鲁周焕. 基于读后续写能力培养的练习设计 [J]. 中小学英语教学与研究，2021（4）：52 – 56，62.

[5] 田小玲，田建国. 大学生英语听力与写作技能的相关性研究 [J]. 外语教学，2010（5）：91 – 93.

[6] 徐昉. 中国学习者英语学术词块的使用及发展特征研究 [J]. 中国外语，2012，9（4）：51 – 56.

[7] 徐昉. 英语写作教学与研究 [M]. 北京：外语教学与研究出版社，2012.

[8] 王欣. 英语听力水平与独立写作水平对英语综合写作结果的影响：以某大学非英语专业大二学生为例 [J]. 海外英语，2015（14）：73 – 75.

[9] 张金秀. 运用分级阅读培养中学生英语阅读素养的实证研究与启示 [J]. 课程 · 教材 · 教法，2018，38（7）：73 – 80.

长周期作业在高中英语教学中的应用探究

韶关市曲江区曲江中学　邝立根

随着2021年义务教育阶段“双减”政策的落地，教育部对“双减”政策的出台背景和过程、总体思路、总体目标以及具体的落实政策进行了详细解答。其中值得关注的是，“一年内使学生过重作业负担和校外培训负担、家庭教育支出和家长相应精力负担有效减轻，三年内使各项负担显著减轻”这两个带有时间节点的目标，明确阐述了“双减”对于整个教育工作的意义。“双减”政策也为高中阶段的有效作业设计带来了一系列的变革和挑战。

教育部制定的英语课程标准指出“自主性学习方式”和“终身学习习惯”的养成与实践能力的培养，提到丰富多彩的课外活动对学生学习英语的促进作用。长周期作业作为新高考背景下创新作业形式的代表，一改传统的作业观，让学生有效地、自愿地完成作业，从而提高对英语的适应能力，养成良好的英语学习习惯，培养学生的创新能力，为学生的终身学习打好基础。

一、　长周期作业设计的理论基础

著名认知心理学家戴斯等人依据信息加工认知心理学以及鲁利亚的大脑机能学说提出了智力的PASS（Plan Attention Simultaneous Successive Processing Model，计划—注意—同时性加工—继时性加工）理论：在认知过程中，智力活动对应于人脑的三个机能单元，第一机能单元负责掌管人的注意，它是人类心理活动的基础；第二机能单元使用同时性与继时性编码接受、加工和储存信息；第三机能单元负责计划、调节和控制心理活动。这三个机能单元负责三类智能活动的理论，为我们构建有效作业设计中执行因素的具体内涵提供了支撑。

泰勒将教育目标重新分为两个维度：知识（knowledge）维度和认知过程（cognitive process）维度。知识维度共分为四类：事实性的、概念性的、程序性的和元认知的。认知过程维度主要分为六类：记忆、理解、应用、分析、评价和创造。这些目标分散地体现在课堂教学目标中。因此，作为课堂教学重要部分的作业也应该包括这些目标，而不仅仅只是记忆的再现。

作业作为积极学习的一个工具，应体现在其多元化的学习结果上，而不仅仅是作业。要让学生通过作业学会自我约束和积极地终身学习，以及发展思想和性格品质的习惯。从这个角度看，作业在广阔的教育哲学体系中扮演了一个重要的角色，是一种承认社会和文化背景学习的哲学。

基于上述理论，练习是要求学生做作业的一个主要的原因，但并不是唯一的原因，只有当学生实际做了作业的时候才是有效的。传统的作业仅仅是让学生进行练习来获得知识，而忽略了作业的其他目标。课程应该有清晰的学习目标，作业任务应该与这些目标相对应。为了加强学习，学生需要练习，而作业恰恰为这种练习提供了场所。但仅仅练习是不够的，要有正确的练习方法，练习方法可以因学生的不同而不同。这时，就需要教师对作业进行精心的设计。

二、长周期作业设计在高中英语教学中的应用

作业不是课堂学习的附属活动，而是引导学生开展自主学习、承载学习内容、体现学习方式、实施过程性评价的任务。作为一名教师，在备课前要吃透教材，力求备课准确到位，做好课堂教学预设。因此，教师必须明确编者意图，明确每节课所学的知识点在整个单元、整册教材、整个学段所处的地位、作用，对每节课的重点、难点、关键点都做到心中有数，并将相关的课外材料引入课堂，使现有的课本与课外的材料相互补充，使课堂更加形象生动，激发学生的学习兴趣，拓宽学生的知识面。

（一）以长周期作业为平台，搭建语法与写作的桥梁

著名语言学家邦文尼斯特认为："思维的可能性总是同语言能力不可分割的。"学生言语能力的发展是其思维能力赖以发展的重要前提，而思维能力的发展又是言语表达能力提高的重要条件，语言能力与思维能力是相辅相成、相得益彰的。在教学过程中，有时并不需要很费心地去寻找适合的材料，只要借助新教材，对材料进行简单的加工，就可以成为很好的教材。如人教版新教材必修第一册 Welcome Unit 中的 Basic sentence structure，就是通过句子合并学习语法规则，通过规则讲解提高句子写作能力。语法部分系统讲述了句子成分、短语、从句和句子等重要语法点的功能、形式、种类以及在句子中运用的位置与标点。写作部分又分改错与改写两块：改错包括残缺句、不间断句、杂乱句等常见的写作错误，各单元提供相关写作错误的描述、实例以及改正方法；改写部分介绍了句子合并策略、句子重心、句内句间关联等句子写作技巧，旨在通过技巧的讲解和操练，使学习者改变英语写作中的中文行文习惯，并将语法规则具体运用到语篇写作之中。

人教版新教材必修第一册 Welcome Unit 中的写作任务 Write a student profile 完美地诠释了长周期作业的合理使用。笔者在教授本单元写作时，根据句子的特点，采用扩展句子的形式让学生呈现内容，通过添加主语、形容词、副词或短语完整呈现了简单句的写作过程。内容展开如图 1 所示。

e.g. Run!
e.g. The policeman runs.
e.g. The policeman runs fast.
e.g. The policeman on duty runs fast towards the car.
e.g. Receiving an emergent call from his men, the policeman on duty runs fast towards the waiting car.

图 1　扩展句子的步骤

通过观察句子的一系列变化，学生不仅知道了简单句不是简单地按照句子的多少、长短来确定的，而是由一个主语和一个谓语构成，而且身临其境地体验到如何写长句子。故而这种教学方式有助于实现语言学习和生活教育的双重目的。长周期作业的形式使原本零散的语言知识组成了一段完整的话，这对学生来说意义可不一般，因为他们能写出这么长的句子，这会给他们带来很强的成就感，同时也为学生写作提供了一个很好的范例。

（二）以长周期作业为媒介，领略英语影视作品

哲人说："读史使人明智，读诗使人灵秀……逻辑修辞之学使人善辩。凡有所学，皆成性格。"智者说："一个人的阅读史或观影史就是其心灵成长史。"语言魅力结合电影艺术，谈吐之间，虚实之变，光影入眼，体悟入心，必有所得。苏州大学的"英语影视欣赏"课程，选择欧美经典影片和鲜活的语言素材，引导学生学习赏析电影作品中展现的英美历史文化，教学引人入胜，以"个性化、多样化、便捷化"为特色，为学习者提供线上线下、随时随地可以学习的课程资源和条件，并使文化学习与语言学习同步进行，提高学生听说读写综合技能和人文素养，使学习者成为具有国际视野和跨文化交际能力的新时代学生。

例如人教版新教材选择性必修第三册 Unit 1 Art 这一单元的阅读部分 A short history of western painting，在具体教学中，笔者根据学生的认知规律和自己的教学思路进行任务重组，创造性地使用教材激活学生的思维，布置探究型的主题为"艺术"的长周期作业，通过收集不同时代的西方绘画作品，归纳各自的特点，经过任务重组，使学生兴致勃勃地完成了这一单元的训练任务：阅读的第一个任务要求学生讨论图片中的绘画作品，借助 *Mona Lisa Smile* 并结合"互联网 +"的信息技术、线上线下的混合式教学模式，全面提高学习者的听、说、读、写综合语言能力；以英语国家的英文影片为主要媒介，以语言为载体，加深学生对西方文化、社会、生活、历史等诸多领域的了解，帮助学生认识中西文化差异，开拓国际视野，培养跨文化交际能力；通过电影展示的深层次人文问题探讨，促进学生探索、研究与思考，提高思辨能力；通过观影体验和赏析，熏陶艺术素养、培养审美情趣、提升学生的美学感受能力；通过观影过程中的投射和认同等心理体验，提升学生对社会和人的觉察能力。

（三）以长周期作业为渠道，传承中国传统文化

对于英语学习者而言，学会用通俗而不失优雅的方式，向世界讲述一个真实、美好、

前进中的中国，已成为一项迫切需要掌握的技能；对于中国青少年而言，掌握用国际最通用的语言有效传播中华文化和讲述中国故事的能力，也无疑是核心素养的“标配”，特别是有志于向国外友人传播中国文化，用英语讲述中国故事的学习者。笔者通过春节、元宵节、清明节、端午节、七夕节、中秋节和重阳节七个主要传统节日，以生动的故事、丰富的文字、精彩的图片和视频材料，借助现代技术，对中国传统节日文化的起源、演化、习俗和意义进行系统介绍，同时分析中国传统节日的现状、传承和发展。

笔者在教授人教版新教材必修第三册 Unit 1 Festivals and Celebrations 时以此为契机，适时对学生进行中国传统文化的教育，布置以传统文化为主题的长周期作业，让学生观看中国传统节日的视频，通过对中国传统节日相关古典诗词的赏析和对中国传统节日的渊源、演变、习俗和意义等内容的讲解，使学习者在感受古典诗词英译之魅力的同时，加强对中国传统节日文化的了解，有效帮助学习者提高文化素养，提升爱国情怀，从而培养其跨文化意识和跨文化沟通能力，成为中国文化“走出去”战略的有力推动者，如长周期作业“Make a poster about festival food recipes”，让学生了解腊八节喝腊八粥是中国的传统习俗，腊八粥由多种食材熬制而成，主要成分包括糯米（glutinous rice）、红豆（red beans）、薏米（millets）、大米（Chinese sorghum）、莲子（lotus seeds）、枣（dates）、栗子（chestnuts）、核桃（walnuts）、杏仁（almonds）、花生（peanuts）等。腊八粥制作流程见图 2。

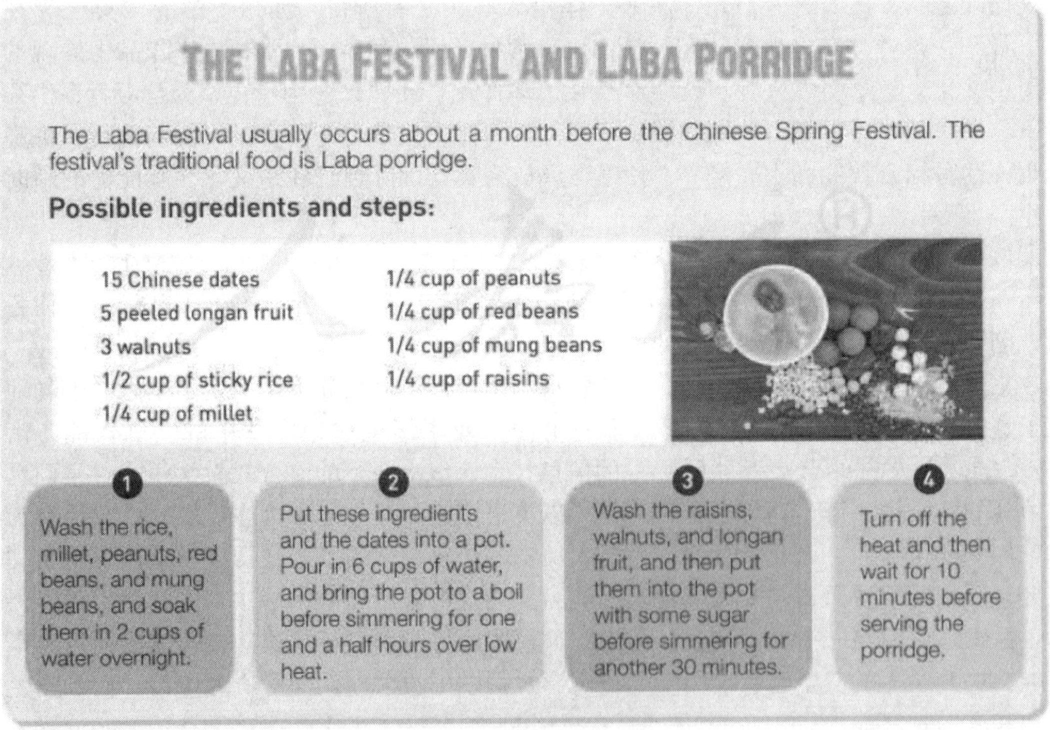

图 2　腊八粥制作流程

三、长周期作业在高中英语教学中的评价

学生完成长周期作业的过程往往不是系统的，只有具有清晰的目标和结构，才能提升实践质量和效率，才能帮助学生生成作品，使作品的生成过程聚焦于具体的项目目标。教师可以引导学生以设计思维导图的方法，把与长周期作业有关的联系用相互隶属与相关的层级图表现出来，这样就可以对作品的实践性、创新性、价值性以及项目的延展性都有所掌控，这些都是高质量作品生成的前提。

在长周期作业的评分与评价中，更应该关注学生完成作业的过程，对学生在作业过程中的情感、意志、问题解决、合作、想法予以发展性的评估。对长周期作业的评价不能用一般的纸笔测验的方法，而应该采用关注过程的真实评价，引导学生在实践中积累过程性的资料，综合考虑学生在长周期作业中的表现，采用档案袋、过程性关键事件的记录、表现性评价等多种评价方式。但是，不管采用哪种方法，都不可回避的一个问题就是“评什么”。在长周期作业的评价中，最困难的就是评价规则的设计。在进行作业评价时，一定要有这样的意识：评价实施主体不仅仅是教师，还可以是学生。让学生一起参与评价量表中的标准制定，也可以让学生一起来实施测评，更要引导学生对作业完成的过程进行积极的反思改进。让每一个作业小组成员都可以面向全体同学阐释作品的设计目的，表现作业完成的完整过程。

通过布置长周期作业，教师会逐渐倾向于以学生为中心的教学。当进行作业设计时，教师不只是传递知识，而是引导学生在丰富的专题中进行有意义的学习。教师能按照需要，迅速而又便捷地在线建立和管理多个分组专题，能观看并打印各组完成的详细作品，观看学生在思考、构想和研究等方面的进展。总之，英语新教材上那许许多多的令人赏心悦目的插图、幽默风趣的故事，用途广泛，教师在英语教学中，要充分挖掘教学资源，力争做到多用、妙用。这样，才可以对学生的听说读写进行全面的训练，变传授英语知识为运用英语知识。教师进行有效的引导，有利于发展学生的观察、注意、思维、判断和想象等智力因素，有利于激发学生学习英语的动机和兴趣，对教师的教和学生的学都有很大帮助，教师不能等闲视之。教师在教学中要巧用长周期作业，服务于我们的教学，从而提高英语教学质量。

参考文献

[1] 方臻，夏雪梅. 作业设计：基于学生心理机制的学习反馈 [M]. 北京：教育科学出版社，2014.

[2] 王月芬. 透析作业：基于 30 000 份数据的研究 [M]. 上海：华东师范大学出版社，2014.

[3] 李银芳. 浅谈新课程理念下高中英语作业改革 [J]. 课程·教材·教法，2007 (10)：47 – 50.

高中英语阅读教学渗透生涯规划教育的实践初探

——以 Book 4 Unit 1 Why not carry on her good work？为例

湛江市坡头区爱周中学　袁淑娴

一、引言

新高考实行“3＋1＋2”（语、英、数＋物/史＋2 门选科）的模式，即意味着高中生从高一开始就要考虑大学的专业，以专业为导向，选择接下来两年所要学习的科目。这种选科模式对高中生和教师都提出了新的要求，教师要向学生灌输生涯规划理念，指导学生科学规划自己高中三年的学习以及未来的职业生涯，学生要充分认识自我，认识社会，认识职业，选好科，为终身学习与职业发展做好铺垫。

高中阶段，学生的身心发展正处于从半成熟走向成熟的阶段，他们对未来充满探索的欲望，在此阶段他们开始思考自身发展以及自我价值，有着强烈的自我规划欲望以及独立自主的期望。但是高中生通常由于年龄小，缺乏一定的社会实践经验，他们无法正确并且科学地认识自我，对社会职业没有全面的了解，因此对自己的生涯规划显得迷茫又天真，在选科和选专业的问题上，总是随性而为或者听从家长的安排。因此，在高中阶段开展生涯规划教育，能够帮助学生更好地认识自我、了解自我，更早地为未来的升学与就业做好长远的规划。

《普通高中英语课程标准（2017 年版）》明确指出，普通高中的教育任务是促进学生全面而有个性地发展，为学生适应社会生活、高等教育和职业发展做准备，为学生的终身发展奠定基础。因此高中阶段的英语教学，不仅应该为学生提供学业的指导，也要为学生提供生涯规划的指导，助力学生正确认识自己的价值观念、兴趣爱好、性格与能力等，理性地进行生涯规划，为以后的学习和就业奠定基础，促进素质教育的发展。基于此，本文尝试通过阅读教学渗透生涯规划教育，探究在高中英语阅读教学中渗透生涯规划教育的策略和需要注意的事项。

二、 生涯规划教育

一般来说，生涯规划是指人对其一生成长过程中所经历的升学与就业等的整体规划。从学生的角度来看，生涯规划教育就是指通过对社会环境进行分析与解读，教师帮助学生在正确认识自己的基础上自主规划人生的一种教育。从广义上讲，生涯教育指的是学校开展的一切课程与教育教学活动，其目的是促进学生的终身发展。从狭义上讲，生涯教育包括帮助学生进行生涯设计、确立生涯目标、选定生涯职业、实施最佳生涯发展途径的专业性课程与教育教学活动。

所谓生涯规划，是指个体在自我认识和环境分析的基础上，对自己的兴趣、能力、特长、经历及不足等各方面进行综合分析与权衡，结合时代特点，根据自己的职业倾向，对各种可能的发展方向进行评估，并做出生涯决定，而后制定和实施相应的生涯行动方案，并在方案施行的过程中对各个环节进行实时评估和调整，以实现生涯目标的过程。

综上所述，生涯规划教育最主要的目标是促进高中生正确认识自己，指导他们思考未来，了解社会的各种职业，并且迎合新高考选科的要求，根据自己的兴趣爱好和能力等，选择适合自己的科目，为未来的升学与就业提前做出科学的规划。

三、 人教版高中英语教材的生涯教育渗透点

现行的人教版高中英语教材具有很强的人文性、历史性和科学性，含有丰富的文化、体育、艺术、人文、历史、地理等的知识，每个单元都是按主题语境进行划分，分为人与自我、人与社会、人与自然三大主题，主题语境又细分为生活与学习、做人与做事、社会服务与人际沟通、文化艺术与体育、历史社会与文化、科学与技术、自然生态、环境保护、灾害防范、宇宙探索等主题群。教材在阅读文本选材上话题丰富，注重社会、历史和文化知识的输入，体现了英语语言的工具性和人文性的统一，不仅有助于扩展学生的文化视野，增进对其他国家尤其是英语国家文化的理解，而且这些话题都能帮助高中生认识社会的各行各业，适合对学生进行未来升学与就业的指导。

人教版高中英语教材每单元的阅读文本都不乏丰富的生涯渗透知识，很适合与生涯规划教育相融合。其中有些单元的生涯渗透点比较隐晦，教师可通过解释阅读文本并且充分挖掘其中的生涯渗透点，设计教学情境，引导学生形成正确的人生观和价值观，培养学生正确的职业精神意识。例如 M1U5 Nelson Mandela—A Modern Hero，主要介绍了南非总统曼德拉的人物故事。教师可以鼓励学生主动将自己的人生规划与社会发展和人类文明精神融为一体，充分体现自身的价值与作用。也有一些单元的渗透点是非常明显的，例如 M4U1 介绍了动物学家简·古道尔和妇产科医生林巧稚两位伟大女性的非凡成就，其中第二篇阅读文章是从一个高中生选择大学专业的角度来介绍医生这个职业，非常贴近高中生的学习与生活，其生涯规划教育的渗透是很明确的。

因此，人教版高中英语教材很适合在课堂教学中通过阅读文本对学生进行生涯渗透。

四、 高中英语教学渗透生涯教育的意义

毋庸置疑，作为一种世界通用语言，学好英语有利于个人的终身发展。在英语教学中渗透生涯教育，使得生涯规划有了依托和借鉴，也能让学生感受到英语的实用性，提高他们学习英语的动力和信心。

（一）以生涯规划教育为素材的英语学科教学更有驱动力

高中英语是一门语言性的学科，是工具性和人文性的统一，旨在为学生的升学、就业和终身发展打下良好的基础，也为他们未来继续学习英语和选择就业提供更多机会。然而，长久以来学生忙于应付考试，将提高英语成绩作为学习的唯一目标和最终目标，并无法真正体会英语知识对未来生活和职业的价值，因此导致很多学生缺乏学习的积极性，学习懒散，没有热情，甚至出现厌烦的心理。英语教师挖掘教材中的生涯渗透点，在课堂教学中结合生涯规划教育，指导学生认识自我、认识社会、认识职业，提前规划自己的未来，使得英语教学鲜活有力，让学生领悟到英语的实用性，进而提高他们学习英语的信心和动力。我国有研究表明，职业生涯规划教育对提高学生的学习动机具有积极的作用。高中的生涯规划水平越高，其职业目标和奋斗目标越明确，其自我激励和信心越强，才能维持长久的英语学习动机。

因此，作为一名高中英语教师，在传授学生英语知识的同时，要能够给学生进行职业生涯规划的指导和渗透，这样可谓一举两得，不仅可以提高学生学习英语的兴趣，而且还可以提高学生的职业素质和竞争力。

（二）以高中英语教材为依托的生涯规划教育更有说服力

自从“3 +1 +2”的新高考政策出台，对高中生进行生涯规划教育便是时代对高中英语教师提出的新要求。从学科育人的角度看，人教版高中英语教材提供的都是精神领袖、英雄人物、优秀榜样、行业翘楚等的故事，所以以教材为依托的英语学科教学渗透生涯规划教育，才能满足学生个人发展的需要，引导学生向成功人物学习，树立正确的精神价值和职业理想，培养高尚的人文精神，为其终身发展打下坚实基础。

从生涯发展的角度来看，人教版高中英语教材主题语境丰富，能够培养高中生高尚的人文精神，帮助他们树立正确的人生观、价值观和职业理想，帮助他们科学认识自我和世界，适应不断发展的社会职业，创造出有价值的人生。例如，人教版必修五第四单元 Making the news，学生通过学习课文，认识记者这一职业，深刻领会记者求真务实的高尚职业素养，进而对新闻工作者产生一种崇敬且向往的情怀。必修四第二单元 Working the land 介绍伟大的科学家袁隆平刻苦求学、生活简朴、心系世界人民温饱问题、为农业奉献终身的高尚精神。学生在学习这篇文章后，感动于科学家的家国情怀，向优秀前辈学习，树立崇高的职业理想，产生努力奋斗终身的精神动力。

因此，学科教学是渗透生涯规划教育的有效途径，以教材为依托开展生涯规划教育，成功的例子摆在眼前，学生有可学习的榜样，令生涯规划不再缥缈虚幻，有据可依。因此，英语教师应充分挖掘教材的生涯渗透点，利用高中英语教材的阅读文本培养学生的人

文素养、精神价值和职业理想，指导学生正确认识自我、认识世界、认识职业，增进生涯规划教育的效果。

五、 教学案例探究

2019 年新型冠状病毒感染暴发后，钟南山、李兰娟、张文宏三位医生出现在公众的视野里，全社会由衷地佩服他们精湛的专业和奉献精神，也对人类命运共同体有了深刻的理解。在这样的时代背景下，用教材相关话题的课程资源，融合生涯规划教育，将对学生的生涯规划产生事半功倍的教育效果，而且能够增强学生的学习动力。作为一名英语教师，如何在英语阅读中渗透生涯规划教育，笔者将在 M4U1 Women of Achievement 的 Using Language 的教学中进行实践探究。

本单元的 Using Language 介绍妇产科医生林巧稚在旧社会的时代背景下，排除万难成为了第一位妇产科女医生，一生中接生了 5 万多名婴儿，为妇女儿童奉献终身的励志故事。笔者在教学活动中以抗击新冠的医疗工作者作为切入点引入课文，指导学生阅读语篇，分析作为医生所需要的性格品质以及林巧稚为什么会成为一个伟大的女性，引导学生思考自己的个人品质，思考自己的职业规划。

（一）生涯规划教育之职业认知

在新型冠状病毒感染暴发期间，学生已经了解了很多关于医护人员的故事，尤其是对钟南山、张文宏和李兰娟三位医生感到由衷佩服，教师可以播放一段三位医生抗击新冠的工作视频，创设情境，让学生了解医护人员工作的初心以及所做出的贡献，唤起他们对医护工作价值的思考。引导学生思考两个问题：What do you think of a doctor's work？Do you want to be a doctor in the future？启发学生思考，并让学生自由发言表达个人观点。大部分学生认为他们勇为人先，充满奉献精神，而且医术精湛，是人间翘楚、国之栋梁。同时，大部分学生都表示医生工作很忙碌，很辛苦，也很伟大。经过自由发言后，学生都逐渐明白医务工作者们是伟大且具有奉献精神的，要想成为他们中的一员，首先自己要足够优秀。在这一环节，教师通过阅读教学的导入引导学生认识医生这个职业、职业要求以及医生所需要的性格品质，让学生参照职业要求进行自我认识。

（二）生涯规划教育之专业认知

教师随后引导学生独立阅读课文，理解和分析课文，提炼信息，回答四个问题：What was her job？Who were the women Lin Qiaozhi thought needed the advice？What are the three achievements of Lin Qiaozhi？What did the writer decide to study at university？提出这几个问题的目的是锻炼学生分析、归纳和概括信息的阅读能力，让学生领悟林巧稚是一位杰出的医生，她突破了性别和时代的限制，救死扶伤，医者仁术，取得了非凡成就。学习了林巧稚的经历后，学生理解了医生是一个社会责任重、具有奉献精神、专业性强的职业，为学生的职业判断和生涯规划提供了参考。

1. 生涯规划教育之自我认知

在这个环节，学生分成小组进行第二次阅读，小组讨论了三个问题：Was it easy for a

woman to get medical training at the time Lin Qiaozhi lived? Why do you think the writer chose to study in medical college? What do you think are the important qualities that a doctor should have?

第一个问题的目的是让学生了解林巧稚在学医的过程中遇到了很多困难，但是因为她渴望改变当时的妇女和婴儿的高死亡率，也就是她这种救死扶伤的医者情怀和坚定的意志让她最终获得了成功。第二个问题是为了让学生了解“精神的传承”，当代青年把林巧稚当作榜样，追随她的脚步，传递奉献社会的情怀。第三个问题让学生总结医生所需要的品质，学生也能反思自己，把自我与他人做比较，有助于学生初步判断自己的优劣势以及未来可从事的职业，明确需增强的专业知识和职业技能。在这个环节教会学生进行自我分析，能够定位自我性格，对职业生涯做出初步判断。

（三）生涯规划教育之职业体验

经过前面两次的阅读，学生已经熟悉大意，了解了林巧稚学习与工作的经历，领悟了医生救死扶伤、医者仁心的精神。因此，在这个教学环节，教师组织“角色扮演”的教学活动。首先，教师准备 4 个情境——接生婴儿、车祸抢救、救治癌症病人、救治传染病患者。然后，把全班学生按照 10 人一组分成 4 组。4 个主题情境随意打乱让小组抽签。最后，每个小组自己分配角色，自由发挥，演一个 8 分钟的场景剧。

百家争鸣，百花齐放。教师只提供场景，而没有描述场景具体的内容，给了各个小组想象的空间，小组内成员对医疗工作的了解、认识以及看法都在他们的演出中体现出来。这样不仅锻炼了他们的沟通能力、合作精神，而且加深了他们对医护职业的理解，为他们的大学学习和职业生涯规划提供了有意义的参考。

（四）生涯规划教育之生涯规划

最后，教师发给每个学生一份自我审查表（见表 1），学生结合本课林巧稚的学医经历以及自身对医护工作的了解，根据自己的实际情况回答表格中的问题。这些简单的问题可以让学生反思自我，客观认识自己，帮助他们从自身的学习能力、性格品质、兴趣爱好等方面审视自我，客观认识个人未来的职业意愿和能力，初步规划高中阶段、大学阶段的学习方向，有计划、有目的地丰富个人的知识储备，为终身发展提高职业技能。

表 1　自我审查表

Table: Are you suitable to be a doctor?		
Questions	YES	NO
1. Are you patient and considerate at your patients?		
2. Do you have good hygiene habits?		
3. Are you interested in medical knowledge?		
4. Can you work overnight and always be on call?		
5. Are you willing to live a busy life?		
6. Can you keep studying medical knowledge all you life?		
7. Are you good at communicating with others?		
8. Are you willing to endure hardship?		
9. Do you have the spirit of cooperation?		
10. Are you willing to help the sick?		

六、 英语阅读教学渗透生涯规划教育需要注意的几点问题

经过初步的教学实践探索，笔者认为，在高中英语阅读教学中渗透生涯规划教育要关注以下几个方面：

（一）提问要精练

在教学过程中，教学活动的设计应该是环环相扣的。创设的情境、展示的内容以及提问的每一个问题，都应该要有它们的价值。它们应该是层层递进的，服务于同一个生涯规划的教学目标。这就要求教师要做到，精选和提炼问题时要把握展示的精确度，做到突出重点难点。在有限的时间内，围绕同一个话题精讲精练，更能让学生集中精力攻克重难点，实现教学目标，指导学生进行初步的生涯规划。

（二）氛围要轻松

职业没有高低贵贱之分。当学生在课堂上用英语分享其生涯规划时，教师与同学们要表现出包容心和耐心，只要是合法、有利于个人和社会发展的职业都可以从事。学生对未来的畅想，教师应该多加鼓励和支持，并且适当地提出指导意见。当学生的规划出现偏差时，不应对其进行直接的反驳和批判，教师可组织学生进行集体讨论、分析，利用优秀的同伴力量对其产生影响，也可引导学生用批判性思维和逻辑思维，从不同的角度去分析其想从事的职业对个人终身发展和社会发展是否具有价值，从而让学生养成分析和反思的习惯，有利于科学地规划生涯。

（三）素材生活化

教师平时要善于观察学生，了解学生的兴趣爱好，在英语教学过程中进行生涯规划渗透教育时不失时机地引出典型案例，介绍学生熟悉并且感兴趣的中外人物、事物以及职业，所举事例必须是积极向上的，能够带给学生榜样力量。英语教学结合生涯规划时，类似医生、记者、教师、警察、科学、艺术等这样的话题和人物是学生熟悉的，它们贴近实际，能给学生带来脚踏实地的感觉，让学生在进行生涯规划时更有方向和信心。而一些新兴职业，如说唱歌手、自由职业者、游戏运营、全球旅行博主、网红等，常带给人一种“投机取巧、时代红利”的感觉，容易让学生产生误会，教师在渗透生涯规划教育时应慎重。

七、 总结

高中阶段是人的一生发展中的重要阶段，学生在此阶段的选科选专业，与他们的终身发展有着密切的关系。英语是工具性和人文性兼具的学科，高中教材中的课文让学生通过英语看到更广阔的世界和认识更优秀的人物。每一个高中生都憧憬着美好的未来，他们拥有理想，渴望实现个人价值。因此教师在英语学科教学上，结合教材内容对高中生渗透生涯规划教育，有利于培养他们积极的人生观和价值观，正确认识职业和选择适合自己的职

业，树立职业理想，为终身发展提前做好规划。而且，渗透生涯规划的英语教学，让英语学习脱离了纯粹的考试，对学生的心理和学业产生深远的影响，有效提高英语学科的学习动力，为他们的终身发展提供了更多的机会。

参考文献

[1] 陈婷婷. 研究生涯规划教育在高中英语教学中的应用［J］. 科学咨询（教育科研），2020（12）：282.
[2] 邓璐. 生涯规划教育文献研究综述［J］. 中小学心理健康教育，2017（32）：4－7.
[3] 邓璐. 我的生涯兴趣地图：高中生涯规划教育课［J］. 中小学心理健康教育，2020（28）：54－56，59.
[4] 李卓. 在英语教学中渗透生涯规划教育初探［J］. 文教资料，2017（2）：230－231，223.
[5] 刘金财. 生涯教育与高中英语教学的结合策略探讨［J］. 语数外学习（英语教育），2012（9）：8.
[6] 刘文涛. 高中英语教学融合生涯教育的实践探索［J］. 英语教师，2020，20（19）：75－77.
[7] 刘永辉，庞月兰. 新高考背景下的高中生职业生涯规划教育研究［J］. 才智，2018（31）：151.
[8] 吕小裙. 生涯教育在高中英语学科教学中的渗透［J］. 中小学心理健康教育，2019（14）：65－67，71.
[9] 庞月兰，刘永辉. 从人教社教材编排上看职业生涯规划教育：职业生涯规划教育融入高中英语教学实践初探［J］. 教育，2018（26）：49－50.
[10] 肖春瑜. 了解自己，做好职业生涯规划：记一堂高中英语听说课的学生生涯规划的渗透教学案例分析［J］. 校园英语，2020（32）：217－218.
[11] 中华人民共和国教育部. 普通高中英语课程标准（2017年版）［M］. 北京：人民教育出版社，2018：1－6.

基于六要素整合的高中英语写作教学探究

中山市中山纪念中学　张　燕

广东省普通高考从2021年开始使用教育部考试中心统一命题的新高考Ⅰ卷试题，新高考Ⅰ卷依据《普通高中英语课程标准（2017年版）》的教育教学理念及目标，融合《中国高考评价体系（2019年版）》“一核四层四翼”的要求，调整了部分命题设置，其中写作部分有两节，由应用文写作和读后续写组成，赋分40分，相比于2021年以前写作部分的25分，增加了15分。此外，新高考英语卷写作难度也有所增加，写作部分更着重考查学生的应用性和创新性，尤其是读后续写的考查，既考查学生的语篇阅读能力，也考查学生的表达能力及批判创新能力。学生在进行阅读和故事创作的同时，发展思维品质、文化意识和学习能力等学科核心素养。鉴于此，写作作为一项产出技能在英语教学中的位置是毋庸置疑的，它是英语教学和语言训练的重要内容，也是语言学习评价的重要项目。

一、 当前高中英语写作教学中存在的问题

作为语言四大基本技能之一，写作在交际中起着重要的作用。作为一种综合运用英语知识的实践活动，“写”是英语学习中层次较高、难度较大、涉及面较广且较复杂的一项技能。可惜的是，目前高中英语写作教学状况却令人头疼。综合而言，按照《普通高中英语课程标准（2017年版）》关于六要素的描述，学生在实际写作中，有几大要素经常出现错误。一是语言知识中的词汇知识运用方面，问题包括拼写错误、大小写错误、词性错误、词汇量贫乏等。二是语言知识中语法知识运用出错，如句法错误、语句的使用以简单句为主、缺少句式的变化、语句拖沓冗长等现象。三是语言知识中语篇知识方面，如文章没有分段、段落缺少主题句、篇章结构不明显、语篇意识淡薄等情况。只有少数的学生注重词汇与语句的使用，会使用适当的过渡词进行语篇的衔接，运用精彩语句进行写作。四是文化知识薄弱，对一些社会规约、风俗习惯甚至是中国传统文化不熟悉。因此对相关话题的写作，学生都表达空洞，无话可写。五是学习策略方面，我国当前主要采用“成稿写作法”（Product Approach）进行教学，即“assignment—writing—correction—feedback”。这种教学方法，不但导致学生对写作缺乏兴趣，陷入被动状态，也增加了教师的写作教学压

力，疲于无用的作文批改。所以，学生在写作过程中更加不可能学习和运用《普通高中英语课程标准（2017 年版）》要求的认知策略、交际策略和情感策略等。总而言之，写得艰难和写得低效一直是高中英语写作教学过程中的一大问题，寻求提高学生写作能力的有效学习策略也一直是广大高中英语教师关注的焦点。

二、 六要素整合的基本概念与解读

《普通高中英语课程标准（2017 年版）》提出了“主题语境、语篇类型、语言知识、文化知识、语言技能和学习策略”六个要素构成的英语课程内容，以此为基础发展学生英语学科核心素养。课程内容的六个要素是一个相互关联的有机整体。“所有语言学习活动都应该在一定主题语境下进行，即学生围绕某一具体的主题语境，基于不同类型的语篇，在解决问题的过程中，运用语言技能获取、梳理、整合语言知识和文化知识，深化对语言的理解，重视对语篇的赏析，比较和探究文化内涵，汲取文化精华；同时，尝试运用所学语言创造性地表达个人意图、观点和态度，并通过运用各种学习策略，提高理解和表达的效果。”《普通高中英语课程标准（2017 年版）》在关于学生写作技能的要求中，更加强调综合性语言运用活动，要求学生能够“借助词语和句式形象地传递自己的情感和思想；根据需要创建出不同的语篇；使用衔接手段有效提高语篇的连贯性；使用特殊词汇、语法进行创造性的表达”。

在高中英语写作教学中应用六要素整合，就是在英语写作教学过程中，把主题语境、语篇类型、语言知识、文化知识、语言技能以及学习策略这六个教学要素联系起来，提高写作教学的效率和质量，让学生在六要素整合的环境中，丰富主题语境和语篇类型，掌握语言和文化知识，形成语言技能和学习策略，进而培育学生核心素养。

三、 基于六要素整合的高中英语写作教学探究

1. 创设情境，激发学生写作的兴趣

《普通高中英语课程标准（2017 年版）》在教学建议、地方和学校实施建议中均提出，在教学过程中，要学生主动参与语言实践活动。目前由于应试教育观念残存，写作教学方式不更新，教师直接把写作句式、写作模板填灌给学生，学生没有自主探讨、发挥的空间，从而导致师生对写作教学都采取应付的态度，对写作根本提不起兴趣。为了激发学生写作的兴趣，首先教师应该创设情境，让学生在写作教学中占主导地位。

创设情境不能生搬硬套，要符合班级学生的年龄特点和时代特征。随着新课改的深入、国家对教育的重视、科技的发展，新的教学模式、教学辅助设施和教学手段不断出现。此外，随着国家大国外交层面影响力的扩大，学校间的国际交流也日趋频繁和成熟。因此，教师要善于联系实际，在英语写作教学中创设有效的情境，激发学生的写作兴趣，让学生成为课堂的主体。

例如，人教版新教材必修 3 Unit 1 的写作主题是“Write about your festivals experience”，为了让学生对该话题写作感兴趣，笔者充分利用了学校国际交流的资源。在

教授该话题之前，班上学生有幸跟前来参观的美国学生进行过交流，并且留了通信方式。于是，笔者首先跟学生回忆起美国学生对我国社会迅猛发展的欣赏，潜移默化中增强学生的本土文化意识，激起学生跟美国朋友联系、介绍祖国文化特色的愿望，让他们向美国朋友介绍中国传统节日的庆祝方式，有机融入对中国传统文化的传播。这时应该允许学生选择自己最熟悉的节日进行介绍，这样他们写作的热情才会得到最大程度的激发。除此之外，教师也可以通过向学生展示“一带一路”建设成果等方式，激发学生用写作的方式向外国友人展示我国传统节日文化。

有效情境的创设，不但可以引导学生以主体身份参与到教学活动中，还可以让学生在完成写作任务的同时，体验成功的喜悦，加强情感交流，进而在师生互动过程中实现高效写作教学课堂。

2. 利用现代化设备，丰富写作主题语境与语篇类型

《普通高中英语课程标准（2017 年版）》在实施建议中明确提出：“利用现代信息技术，拓宽学习和运用英语的渠道。”现代信息技术不仅为英语教学提供了多模态的手段、平台和空间，还提供了丰富的资源、跨时空的语言学习机会和使用机会。如果在写作教学中，教师给学生提供的主体语境和语篇类型还仅仅局限于课文内容，显然是无法帮助学生积累足够的写作素材的。随着课改的进一步发展，教学方式与学习方式的变革，现代教育技术如一体机、智慧课堂、平板电脑、手机、电子词典、公众号、网站等已经逐渐进入课堂，对教学起到很好的辅助功能。鉴于此，教师要及时转变观念，及时学习现代教育技术，利用现代化设备引导学生丰富写作主题语境与语篇类型，当学生的输入达到足够的量后，才能有效地在写作中输出。

在人教版新教材必修 3 Unit 1 “Write about your festivals experience” 的主题写作教学中，笔者为了丰富该写作主题的语境与语篇类型，让学生利用平板电脑和手机，上 China Daily、Teens、BBC 等网站查找并下载与 festival 尤其是中国传统节日相关的英文介绍文章并分享到班级微信群。在学生分享的过程中，教师要引导学生对每篇文章的主题、内容、文体结构和语言特点等方面进行研读。通过这种方式，学生得以更深刻地理解语篇，有意义地输入更多与写作主题相关的文章，在接下来的写作输出中自然更加得心应手。

3. 组建学习共同体，探讨语言、文化知识

《普通高中英语课程标准（2017 年版）》在实施建议中指明“高中阶段是学生学习能力发展的重要时期，教师把培养学生的学习能力作为教学的重要目标，在教学过程中为学生发展学习能力创造有利条件，帮助学生在学习英语的过程中，学会如何进行自我选择、评判和监控，培养学生自主学习、合作学习和探究学习的能力”。组建学习共同体是合作学习和探究学习实施的重要途径。根据维果茨基的理论，学习者在与他人互动中可以达到的认知水平比其独自学习要高。英语学习作为实践性很强的一门学科，语言综合能力的提高需要学习者不断运用和实践。学习共同体为了完成共同的学习任务，达成共同的学习愿景，主要以交往、对话、探究、分享为主要手段进行学习。成员间有强烈的感情纽带，通过平等的互动完成一项项学习任务，使共同体成员在不断的挑战和反应中学习知识。鉴于英语写作中要运用的语言、文化知识内容很多，往往需要借助现代教学资源，学习并不断重复相关知识的学习，让语言、文化知识在大脑中不断被激活，在写作过程中才能快速有

效地提取，所以学习共同体成员间的互相学习探讨就显得特别重要。

人教版新教材选择性必修4 Unit 1 的主题语篇“Satisfaction guaranteed”是一篇科幻小说的节选，非常适合用于进行读后续写的训练。为了发挥学生的主体作用，笔者通过以下方式充分发挥学习共同体的作用，探讨学习语言、文化知识，同时引导学生批判性地思考科技发展的同时会带来的道德伦理等问题：①教师指导学生根据个人学习习惯、学习策略构建学习共同体小组，每个组尽量兼顾学习策略各异的学生以便进行“互惠”学习；②教师根据续写内容给学生分配不同的任务，如有些共同体小组负责进行故事原文文本分析，有些小组负责适合故事情节发展的动作、环境、心理描写等写作素材的收集；③教师指导共同体小组通过课本、报刊、网络等信息源共同查找、收集、分享搜索到的与续写相关的资源；④教师在课堂上引导各学习共同体如何有效利用收集到的资源续写故事；⑤各学习共同体进行互动、探究学习；⑥各个学习共同体通过网络平台整理、分析、展示、归纳共同体的写作成品，分享和体验共同体学习的文章，教师和各成员进行评价。

在学习共同体的合作和探究学习过程中，学生储备了语言的结构、句法、篇章、科技发展会带来的系列问题等内容，在接下来的续写中就能信心满满。

4. 评价写作成果，提高语言技能和学习策略

教、学、评构成完整的教学活动，缺一不可。当前大多数英语写作课堂，评价都由教师单一完成，学生只是被动地接受，很多时候错误还是一犯再犯，效率低下，更别说由此总结语言技能和学习策略。《普通高中英语课程标准（2017 年版）》在实施建议中指明：“突出学生在评价中的主体地位，关注学生的全面发展和进步。”因此，教师应该引导学生以主体身份参与写作成果的评价，让学生在评价过程中自行发现问题、解决问题，从而提升语言技能和学习策略。笔者认为评价方式还是以学习共同体为主要形式，共同体成员共同分析每一篇写作成品，不断反思，取长补短，总结经验，共同发展。

在人教版新教材必修 3 Unit 1 “Write about your festivals experience” 的主题写作教学中，笔者是这样引导学生进行写作成果评价的：

T：What's the topic of the writing?

Ss：Festivals.

T：What should you describe about the festival you choose?

Ss：The origin，the ways of celebration，the food，the meaning…

T：Can you share some essays talking about the festival you found on website and tell us what you've learnt from them?

Ss：Of course!（然后教师引导学生从语言、文化、篇章等方面进行分析和评价。）

T：Compared with the essays you found on website，what do you think of your classmates, essays and your own essay?

Ss：（教师引导学生从内容、连贯性、一致性、篇章结构、句法、句式变化等方面对学生写作成品进行评价。）

T：How can you write a better essay next time?（教师引导学生总结写作技巧、写作策略等。）

通过启发式提问引导各学习共同体参与写作成果评价，充分调动了学生的积极性，同

时掌握写作的各种技能和方法。教师也在此过程中渗透分享自己的写作策略，让学生的语言技能和学习策略进一步得到强化和提高。

四、 结束语

写作教学作为英语教学中一个重要的环节，不仅仅是高考试卷上的一道题型，更应该是一项交流和提高英语写作课堂效率的工具。在写作教学各个环节整合六要素，让学生不但可以在主题语境、语篇类型方面开阔眼界，在探讨中巩固和扩展语言知识、文化知识，也可以在自主评价中提高语言技能和学习策略。鉴于此，英语教师更应该注重六要素在英语写作课堂上的应用，让学生提高学习能力，更合理、有效地进行写作，最终达到学科核心素养发展的目标。

参考文献

［1］中华人民共和国教育部. 普通高中英语课程标准（2017 年版）［M］. 北京：人民教育出版社，2018.

［2］张薇. 六要素教学在高中英语教学中的应用［J］. 新课程（中学），2013（7）：45.

［3］薛焕玉. 对学习共同体理论与实践的初探［J］. 中国地质大学学报（社会科学版），2007（1）：1－10.

［4］王红艳，何泰伯. 学习共同体在课堂教学中的应用探究［J］. 渭南师范学院学报，2009，24（3）：66－68.

［5］万春香. 浅析六要素整合在高中英语教学中的应用［J］. 中学课程辅导（教学研究），2018，12（14）：43.

基于主题语境的高三英语复习课的模式探索

广东北江中学　陈图珊

一、 高三英语复习课的现状

高三总复习教学是备战高考的一个重要环节，也是高中英语教学的重要组成部分之一。有效的复习课教学不仅能够帮助学生发现并弥补学习过程中存在的问题，起到夯实基础的作用，还能进一步巩固和提高学生的语言运用能力。但笔者发现，现在大部分教师还在沿用传统的高三总复习模式（即分三轮走，一轮词汇、二轮专项、三轮提分技巧），因此在复习的过程中，往往会出现以下“一脱三忽”：脱离单元语篇主题语境，过度关注微观语言知识点；忽视单元各板块之间的联系，缺乏横向整合单元板块内容的意识；忽视单元主题语境，机械设计耗时低效的巩固练习；忽视学生高阶思维能力的训练和思维品质的培养，复习内容固步于语言知识的重复，且局限于课文内容单一、肤浅的再现。

因此，在新课标和核心素养的指引下，研究和探讨如何基于主题语境重构复习课模式，并开展高效的高中英语单元复习课教学，对改善高中英语复习课的效率和提高英语教学实效有着现实的意义。

二、 基于主题语境的高三英语复习课模式的依据与建构

《普通高中英语课程标准（2017 年版)》(简称《新课标》）明确指出，主题为语言学习提供主题范围或主题语境。学生对主题意义的探究应是学生学习语言的最重要内容，直接影响学生语篇理解的程度、思维发展的水平和语言学习的成效。主题语境不仅规约着语言知识和文化知识的学习范围，还为语言学习提供意义语境，并有机渗透情感、态度和价值观。

以此为依据，笔者建构基于主题语境的高中英语复习模式将会以“明、暗”两线呈现，即以创设贴合主题语境的情境为明线，以学习理解—应用实践—迁移创新的认知规律为暗线。一方面，教师在复习教学中以主题为抓手、语境为依托、语篇为载体、语用体验和产出为目标，设计紧密围绕单元主题并符合学情的学习任务，引导学生关注文本内在的

主题。同时，以语用体验和产出为导向，确保学习任务遵循学习理解—应用实践—迁移创新的认知规律，体现课程内容的层次性和思维含量，形成前后关联的任务链，最终达到不断提升学生综合语言运用能力和思维品质的目的。另一方面，学生能够在基于特定主题创设的语境或情境中，围绕主题高效掌握词汇、句型以及语法内容的形式和意义，同时还能进一步增强语用体验，深入理解这些内容具体的使用情景，避免只学习、掌握语言形式和规则的静态用法知识而缺乏结合特定的主题意义在语境中动态使用的体验过程。

笔者连续三年在高三年级任教，对英语科的总复习进行了长时间的对比教学尝试，探索建构出如图 1 所示的复习模式。

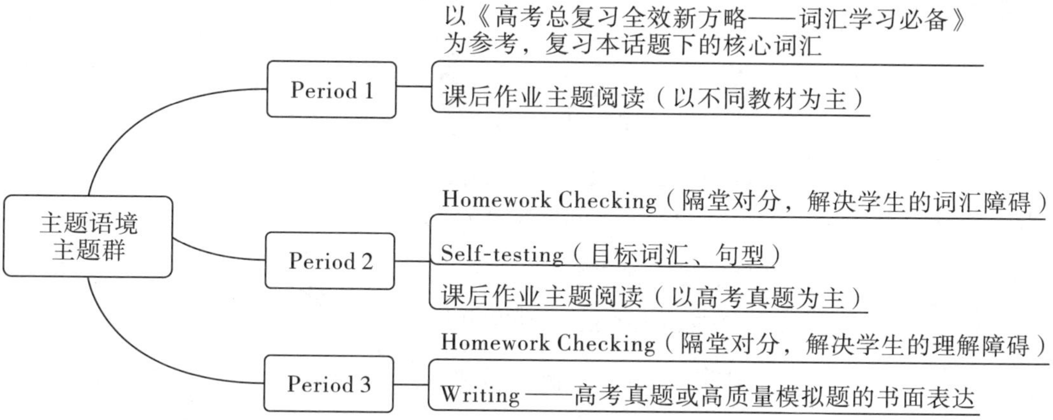

图 1　复习模式图

由图 1 可知，笔者所提出的高三英语总复习模式，是指基于主题语境，把课标词汇按主题语境、话题分类，并结合不同版本的教材，使用对分课堂中的隔堂对分模式教学展开复习。总复习共三大主题语境——人与自我（9 个主题群）、人与社会（16 个主题群）、人与自然（7 个主题群），每个主题群一般会分成三个课时完成复习教学。其中第一课时注重原教材（2007 年版）内容的复现和核心词汇的巩固，第二课时利用现行的不同出版社的新教材（2019 年版）进行基于主题语境的词汇拓展，并对此进行必要的检测，第三课时主要是处理高考真题中的难点，以及落实输出环节的检测。课时会视主题群的内容而有所增减。

三、 基于主题语境的英语复习课例

为了让该复习课模式更加清晰具体，笔者选取了本学期复习课的其中一节作为课例进行分析。授课内容的主题语境是人与社会，主题群是体育活动、大型体育赛事、体育与健康、体育精神。由于在旧的人教版教材中，只有一篇课文是与体育相关的，即 An Interview，故在本话题群的教学设计中，笔者添加了新人教版、新北师大版和新外研版教材中的课文。让学生阅读不同教材的三篇阅读文本，从不同的角度呈现了与体育有关的知识，互为补充，能较好地帮助学生补充旧人教版教材的词汇体系，加深对本话题语境的了解和学习。

图 2 为整个主题群（Sports）复习的教学流程图，笔者主要采用对分课堂中的隔堂对分及当堂对分两种模式，分三课时完成。（此文的课例为此流程图的第二课时）

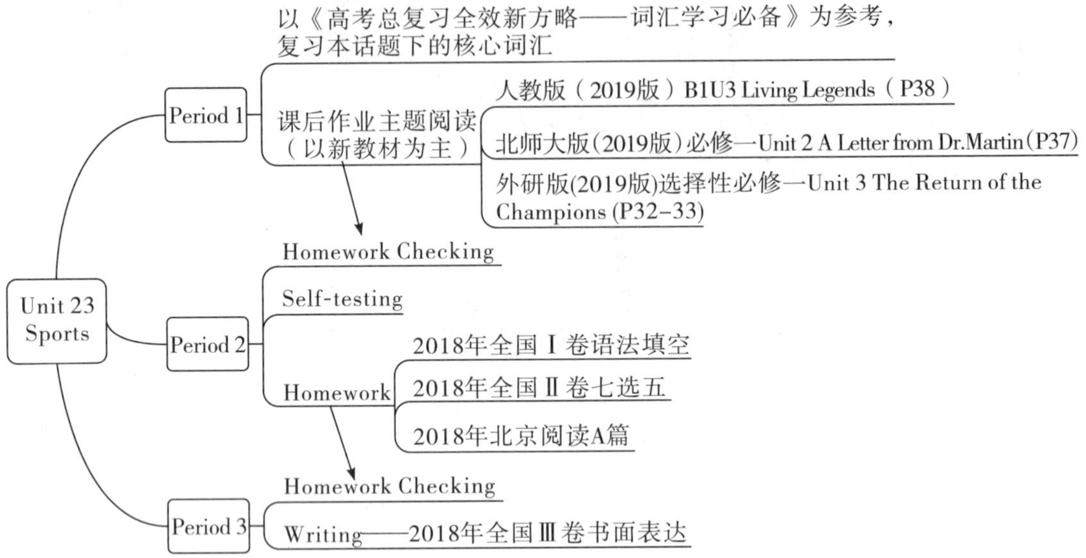

图 2　主题群（Sports）复习的教学流程图

整节课是使用对分课堂的教学法来展开教学的，具体的教学步骤如下：

Step 1 Presentation（Homework Checking）

（1）Teacher presents students' KWL charts according to the passages given the day before.

（设计意图：采用对分课堂中的隔堂对分模式进行作业的布置，展示学生课后独学内化的成效，如图 3 所示，即通过阅读不同的课文，理解文章内容，复现上节课中"与体育相关的词汇"，并列出阅读障碍。）

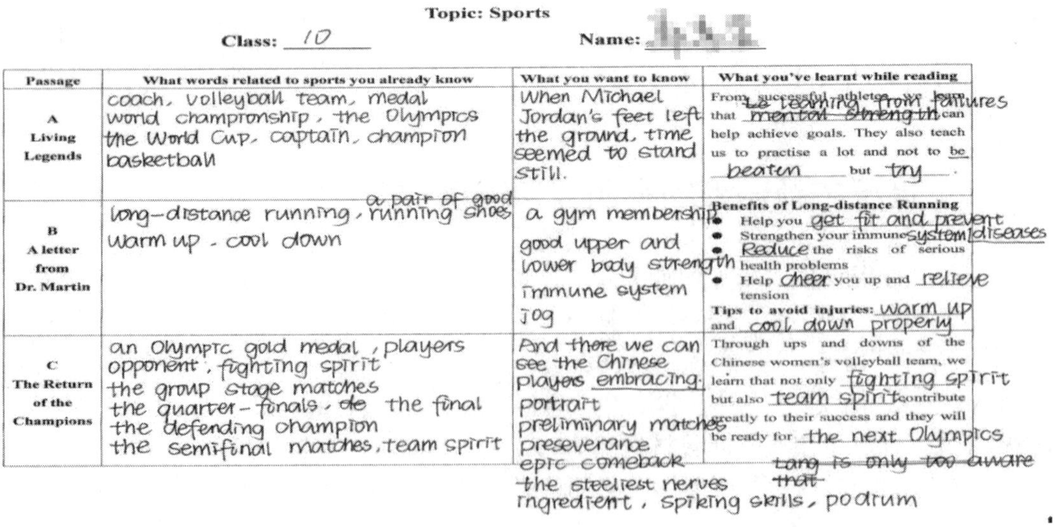

Topic: Sports

Class: 10　　Name: [redacted]

Passage	What words related to sports you already know	What you want to know	What you've learnt while reading
A Living Legends	coach, volleyball team, medal world championship, the Olympics the World Cup, captain, champion basketball	When Michael Jordan's feet left the ground, time seemed to stand still.	From ~~successful athletes, we learn~~ be learning from failures that ~~mental strength~~ can help achieve goals. They also teach us to practise a lot and not to be beaten but try.
B A letter from Dr. Martin	long-distance running, a pair of good running shoes warm up, cool down	a gym membership good upper and lower body strength immune system jog	Benefits of Long-distance Running • Help you get fit and prevent diseases • Strengthen your immune system • Reduce the risks of serious health problems • Help cheer you up and relieve tension Tips to avoid injuries: warm up and cool down properly
C The Return of the Champions	an Olympic gold medal, players opponent, fighting spirit the group stage matches the quarter-finals, ~~de~~ the final the defending champion the semifinal matches, team spirit	And there we can see the Chinese players embracing. portrait preliminary matches preseverance epic comeback the steeliest nerves ingredient, spiking skills, podium	Through ups and downs of the Chinese women's volleyball team, we learn that not only fighting spirit but also team spirit contribute greatly to their success and they will be ready for the next Olympics ~~Lang is only too aware that~~

图 3　学生作品

（2） Teacher assesses their tasks.

（设计意图：及时给予评价，不仅能让学生学习优秀作品，还可增强学生的被认同感。）

（3） Teacher helps the students to deal with the barriers they have met in the passage.

（设计意图：利用猜词义等阅读策略，引领学生共同解决他们的阅读障碍。）

（4） Teacher leads the students to draw the word family of "sports".

（设计意图：引导学生根据所复习的单词制作思维导图，梳理与"体育"相关的词汇网络，如图4所示。）

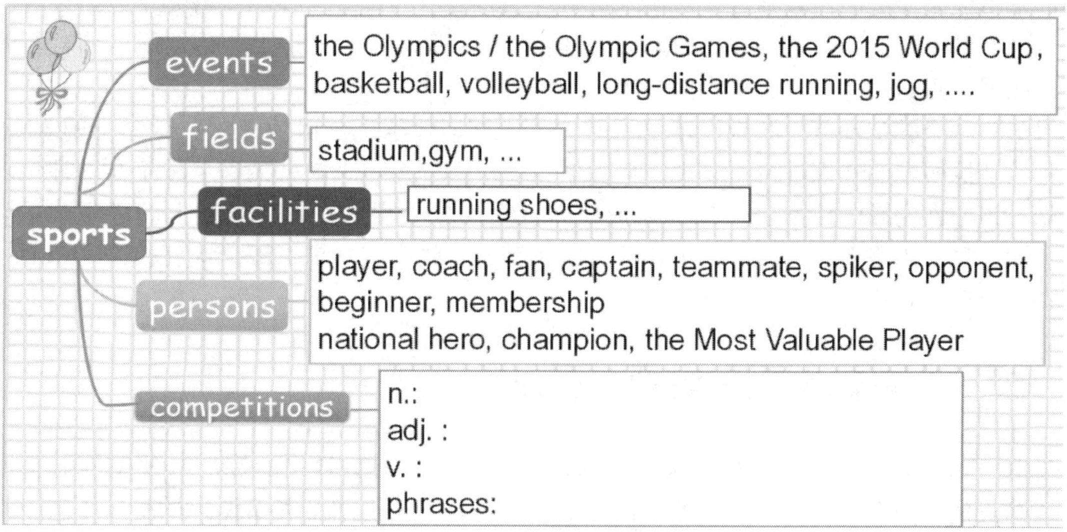

图4 Wordmap（Sports）

Step 2 Association & Discussion（Self-testing）

（1） Students are required to finish a self-test.

（设计意图：采用对分课堂中的当堂对分模式，检测学生对本课复习的重点内容内化的效果。个人完成题目，能够比较客观地体现学生对知识点的掌握程度。）

（2） Teacher presents the answers and does some explanations.

（设计意图：适当地对错误率较高的题目进行点拨，加深学生对此知识点的理解。）

Step 3 On-site evaluation

（1） Students are asked to finish the on-site evaluation.

（设计意图：堂上完成评价表格，让学生都能直观地了解本节课的上课效果，让课后的复习更有针对性。）

（2） Teacher gives some assistance if time permits.

Step 4 Homework

（1） Finish the Extended Reading on page 137－141.

（2） Review the words & expressions mentioned in class.

本案例的整体设计思路是以主题语境为基础，依托教材语篇，构建词汇体系及引导学生使用猜词的阅读策略，最终落实到语言输出的准确性和高效性。由词到句，由句到篇，分层操练，最终落实到语用中，从而达到高考的总体能力要求，也达到“提高语言能力，提升思维品质，培养学习能力”的英语学科核心目标。所有的教学活动皆围绕着主题语境展开，形成前后紧密相连、富有梯度的一条任务链（词—句—篇），旨在帮助学生梳理并归纳与主题相关的词汇。练习由浅入深，让学生尽可能地学以致用。

此外，该课例笔者主要采用的是对分课堂的模式检测学生独学内化的复习效果，即要求学生在课前独立完成作业—课堂上笔者对作业进行有针对性的重点评讲并及时给予评价—通过课堂测试检验学生内化效果。该上课模式以产出为导向，不仅让学生清晰明白自己的学习成果，更能让教师有针对性地进行高三总复习的设计。在随堂检测中，可以看出学生已经基本掌握与体育有关的词汇，并能灵活运用词块。因此，笔者无须逐词进行解释、拓展，只需对易错点进行补充和提醒即可。

最后一个教学环节，笔者设计了课堂评价表格，让学生全面地评价在课堂上的表现，并把该节课所学的知识进行再复现，确保学生能对所学知识查缺补漏。从学生写的评价表可知，该节课的教学任务已较好地完成，而且大部分学生对自己在课堂上的表现表示满意。课后根据表格上的内容，学生还可继续丰富自身的语言知识，锻炼语言技能，从而达到逐步提升语言运用能力的最终目的。

四、 反思和今后探索的方向

时下，课标的修订、词纲的调整、新高考的改革、新版教材的推广其实就在我们眼前。高三的复习课不应再一成不变，而是应该顺应时代的需求，在新课标的引领下，设计出符合学生学情，贴合新高考改革的教学模式，才是上上之策。通过近三年的摸索与实践，笔者认为在基于主题语境的高三复习课模式中，备课应遵循以下四个原则：

（一）围绕主题语境，以语篇为依托

《新课标》明确指出，在以主题意义为引领的课堂上，教师要通过创设与主题意义密切相关的语境，充分挖掘特定主题所承载的文化信息和发展学生思维品质的关键点。而在开展对主题意义探究的活动时，语篇不仅为学生发展语言技能和形成学习策略提供语言和文化素材，还为学生形成正确的价值观提供平台。因此，在基于主题语境引领的单元复习教学中，教师应确保学生接触到的复习文本材料以语篇的形式呈现，而不是零散的句子。学生在完整的语篇中复现、加工处理文本内容和语言，在创设的语境中加强练习和内化，并最终确保在完整真实的或模拟真实的主题语境中表达输出与主题相关的信息，“用英语做事”，以实现学生在学习语言知识和训练语言技能的同时不断提升语篇理解和语篇运用能力的目的。最近两年新教材的普及正好给我们一线教师带来了更好的资源，从不同的教材中选择同一主题群的文章，既可让学生在学习时充满新鲜感，又可减轻教师备课的压力。当然来自其他媒体的多模态的资源也可让主题语境的呈现更加多元化。

（二）基于核心主线的任务链

葛炳芳老师指出，教师应该通过文本的核心主线确定教学的核心任务，并围绕这个核心任务设计教学过程。在基于主题语境的高中英语单元复习课中，教师要在主题语境和文

本核心主线的引导下设计不同层次的活动和任务，并使这些紧密围绕主题语境的任务形成前后紧密相连、富有难度和梯度的一条任务链，通过引导学生学习理解单元语言知识和文本内容，应用实践所学知识，迁移所获得的语言技能。“为内容而读，为思维而教，为语言而学”和“体验阅读过程，感受策略运用”，只有坚持这一核心理念，才能让每一节复习课教学都是一个综合而又有侧重的阅读过程。以产出为导向，整节课的目标才能明确而具体，给学生搭建语言支架，用学过的语言做事，为学生高效输出提供支持。

（三）加强学习策略的引导性

《新课标》指出，发展学生运用学习策略的能力是提高学生学习能力的主要途径，是教学的重要内容，也是英语学科核心素养的重要组成部分。而形成有效运用策略的能力是一个循序渐进的过程。基于主题语境的高中英语复习课模式注重从话题复习的整体及各个阶段对学生进行学习策略的指导。这能使学生在不同板块的复习阶段，针对复习内容的特点，紧密围绕主题及特定的语境，运用有针对性的复习策略，不断优化复习效果。这不仅能提高学生的自主学习能力，还能为学生可持续发展和终身学习奠定良好的基础。

（四）评价的多元化

《新课标》明确指出，基于英语学科核心素养的教学评价应以形成性评价为主并辅以终结性评价，定量评价与定性评价相结合，注重评价主体的多元化、评价形式的多样化、评价内容的全面性和评价目标的多维化。发挥评价的激励作用和促学作用，对英语教学形成积极正面的反拨作用。在基于主题语境的高中英语复习课教学中，教师要紧密围绕单元主题，设计富有层次的检测练习并不断丰富评价检测练习的形式。这样既可充分调动学生的积极性和主动性，确保学生在形式多样化、难度梯度化的评价活动中查缺补漏，又可不断丰富语言知识，锻炼语言技能，逐步提升语言运用能力。同时，教师也要坚持让学生完成课堂评价表格，让教与学的行为可视化和可量化。通过评价使学生在英语学习过程中不断体验进步与成功，认识自我，建立自信，以此促进学生英语学科核心素养的全面发展。

综上所述，建构基于主题语境的高三复习课模式虽然是一个崭新的尝试，但有课标的指引和教师的精心设计，相信该模式一定能有效助力新高考备考。

参考文献

［1］中华人民共和国教育部．普通高中英语课程标准（2017 年版）［M］．北京：人民教育出版社，2018.

［2］葛炳芳．英语阅读教学的综合视野：理论与实践［M］．杭州：浙江大学出版社，2015.

［3］吕国征．基于主题语境的高中英语单元复习教学实践与思考［J］．基础外语教育，2019，21（5）：48－54，107.

［4］齐雪婷，王文娟，刘杨，等．核心素养理念下的主题单元教学实践［J］．中小学外语教学（小学篇），2017，40（9）：1－6.

［5］阮佳慧，叶建中．核心素养视角下的高中英语阅读教学探究［J］．中小学外语教学（中学篇），2018，41（11）：23－28.

［6］王生虎．基于英语学科核心素养之思维品质的文本解读［J］．中小学英语教学与研究，2017（9）：36－39.

不可小“看”，亦不可少“看”
——新课标、新教材背景下高中英语阅读教学“看”技能的提升

广东华侨中学　欧阳盈

一、引言

当今是信息技术日新月异和社交媒体蓬勃发展的时代，信息传递和信息交流不再局限于文字，而是越来越转向多模态符号：图形、表格、动画、符号、视频等。为了顺应时代的发展，《普通高中英语课程标准（2017 年版 2020 年修订）》（简称《新课标》）在原有的听、说、读、写四项语言技能的基础上，首次把“看”纳入语言能力的范畴。2020 年秋季，新的人教版高中英语教材正式在广州投入使用。与旧教材相比，新教材重视落实“看”技能，不仅提供了更多的多模态语篇，还增添了许多让思维和数据可视化的工具。因此，如何充分利用新教材，践行新课标中提出的“看”技能的提升，应该是新时代高中英语教学的热点与难点之一。

在以往的高中英语阅读教学中，“看”的教学实践一直是存在的。教师会把照片、图画、视频和表格等穿插在阅读教学活动中，但是在“为什么看、看什么、怎么看”等问题上并没有形成比较系统的、深入的研究。再者，在新课标、新教材背景下探讨“看”技能与核心素养相结合的研究还是相对较少。本文将结合新的人教版高中英语教材，探究如何在多模态语篇阅读教学中提升学生的“看”技能，进而培养学生的英语学科核心素养。

二、相关概念与研究

（一）“看”的内涵和要求

语言技能是语言运用能力的重要组成部分，包括听、说、读、看、写等方面的技能。其中，听、读、看是理解性技能，说和写是表达性技能。两者在语言学习过程中相辅相成、相互促进。

“看”技能通常指的是利用多模态语篇中的图形、表格、动画、符号以及视频等理解

意义的技能。理解多模态语篇除了需要使用传统的文本阅读技能之外，还需要观察图表中的信息，理解符号和动画的意义。

《新课标》在学生不同的学业阶段规定了不同的“看”的内容要求：理解插图的意义；在看的过程中有选择地记录所需信息；理解多模态语篇（如电影、电视、海报、歌曲、漫画）中的画面、图像、声音、符号、色彩等非文字资源传达的意义；理解多模态语篇中文字信息与非文字信息（图表、画面、声音、符号）在构建意义过程中的作用；根据图表信息推测语篇内容；理解电影、电视、画报、歌曲、报纸、杂志等媒介语篇中的文字、声音、画面和图像是如何共同构建意义的；识别语篇中的字体、字号等印刷特征传递的意义。

（二）多模态语篇

语篇类型是指记叙文、议论文、说明文、应用文等不同类型的文体，以及口头、书面等多模态形式的语篇，如文字、图示、歌曲、音频、视频等。语言教学中的语篇通常以多模态形式呈现，既包括口头的和书面的形式，也包括音频的和视频的形式，并以不同的文体形式出现。单一模态的语篇在日常交际中不是很普遍，多模态语篇才是人们日常交际时所使用的语篇交际模式。新教材顺应时代发展、体现新课标要求，涵盖了多模态语篇，其中包括新媒体语篇如博客网页、手机短信等。

（三）当前“看”技能在多模态语篇教学中的研究

金永建老师肯定了“看”技能对学生理解与表达能力提升的重要作用，指出教师在设计活动时要关注信息转换、重视模态多样以及创设真实情境。其中，关注信息转化指的是，教师可以利用流程图、思维导图、词汇云图、表格等可视化、结构化的方式，把语篇内容化难为易，化繁为简，从而使得语言从输入转变为输出。

桂华峰老师总结了培养学生“看”技能起到了加深理解、视觉表达和审美鉴赏的目的，并提出了在教学中如何更好地实施培养的建议。教师要在任务实施之前明确目的，并下达清晰指令。只有当学生明晰“看”目的的时候，才能更好地对语篇构建意义。在教学活动中教师还要注意以学生为中心，并使用元认知策略，有效指导学生朝着既定的目标发展。此外，“看”技能的培养离不开多学科参与和多样化评价。

李晓琪、冀小婷老师探讨了在高中英语教学中“看”技能提升与思维品质培养相结合的路径方法，激发学生的读图意识，培养学生辨析图像、获取信息的基础思维能力。对标“看”的微技能进行教学活动设计的过程中，培养学生逻辑思维能力。整合“看”技能与表达性技能，培养学生的批判性和创造性思维能力，增加学生课外“看”的技能训练，发展学生独立思考与解决问题的能力。

蒋孝臣老师认为，为了能够让学生语言能力的发展更加均衡，在阅读教学中融入“看”的活动设计是非常有必要的。“看”技能在阅读教学中的功能可以概括为：读前激趣与导入，读中提炼与促思以及读后提炼与深化。同时，他也指出在阅读教学中“看”的任务设计和技能培养要遵守的原则：要选择学生感兴趣的、与他们生活密切相关的素材；要关注学生思维参与的深度与广度；要兼顾统筹各项语言技能的均衡发展。

张佳琪老师探索了多模态语篇教学中“看”技能的提升策略：培养学生自主“看”

的兴趣；培养学生良好的“看”的习惯；教给学生高效率“看”的方法。他指出，在多模态语篇理解中，好的“看”的习惯体现在对非文字信息的细心关注和对多模态资源细节的关注中。而这种细心的好习惯有利于学生英语水平的提高，也有助于他们的全面发展。在指导学生高效地“看”时，他建议要注重整体性和选择性。整体性是指在利用图表分析语篇时，不仅要考虑从微观上分析图表所概括的文章内容，还应关注图表的结构特征以及编辑图表内容的逻辑顺序。选择性是指要有意识地引导学生学会区分关键信息和次要信息，培养学生“看”的选择能力。

三、 阅读教学中融入“看”技能提升的活动

“看”活动种类繁多，教师可以有选择性地把它们穿插在“读前—读中—读后”各个环节之中，使之与阅读教学融为一体，相互促进。下面以新的人教版高中英语教材必修一、必修二和必修三的部分阅读教学片段为例，谈谈“看”技能提升在阅读教学中如何渗透和落实。

（一）观看视频，激发兴趣

现代人的日常生活已经离不开各式各样的视频，外语学习也不例外。多媒体视频教学具有图文声像并茂的特点，能够从多角度调动学生的情绪、注意力和兴趣。因此，教师可以选择、设计或制作一些适合教学内容和教学对象的视频。要注意的是，在视频播放前，教师务必要让学生明晰“看”的目的，才能更好地提高教学的效果。

例如，必修一第二单元 Reading and Thinking 的板块主题是 Explore Peru。阅读文本有两篇，一篇是介绍秘鲁基本概况的百科全书词条，另外一篇是介绍秘鲁旅游的旅游小册子。教师可以利用教材配套的视频资源 *Welcome to Peru* 进行读前预热，激发探索秘鲁的学习兴趣，开阔文化视野。

上课伊始，教师以提问“How much do you know about Peru?”鼓励学生大胆地用英语交流。但秘鲁对于多数学生而言是一个遥远神秘的国家，因此学生的交流可能会很有限，甚至出现遇冷的情况。教师可顺势推出视频：“To help you know more about Peru, here is a video for you. It is *Welcome to Peru*.”播放前，教师明确任务要求：“In this video there are a lot of information about Peru. While watching, note down what interests you most.”教师要指导学生带着问题边看边记笔记。视频观看完毕，学生的分享发言变得积极了，那是因为视频让他们从一定程度上了解了秘鲁的地理位置和风土人情，激发了他们英语学习和表达的兴趣和欲望。

（二）聚焦地图，导入主题

地图是按照一定的法则，有选择地以二维或多维形式与手段在平面或球面上表示地球（或其他星球）若干现象的图形或图像。它具有严格的数学基础、符号系统、文字注记，科学地反映出自然和社会经济现象的分布特征及其相互关系。在阅读一个地方或国家的介绍语篇前，教师可以带领学生先通过观察地图，激活背景知识，引入主题。

例如，必修三第三单元 Reading and Thinking 的板块主题是 Learn to describe a city that has diverse cultures，阅读文本是一篇介绍美国三藩市多元文化的旅游日志。在阅读前，教师可以借助教材提供的地图，引领学生观察并描述地图信息，让学生了解三藩市临海的地理位置有助其吸引大量来自世界各地的移民者，从而形成文化多样的特点。

首先，教师指引学生在地图上分别找到三藩市和芝加哥，并提问："If you were an immigrant hundreds of years ago，which city do you think was easier to get to，San Francisco or Chicago?"学生根据地图信息和已学的地理知识会回答："It's San Francisco. Because San Francisco is a coastal city while Chicago an inland city."这时教师可以乘胜追击："Actually，San Francisco is a city of immigrants because of its convenient location. And it is the immigrants from all over the world that makes San Francisco a city of diverse cultures."就这样通过观察地图，激活相关知识，自然而然地就能过渡到本课的主题了。

（三）解码图标，判断文源

图标是具有指代意义的图形符号，具有高度浓缩和快捷传达信息、便于记忆的特性，其应用范围很广，软硬件、网页、社交场所、公共场合无所不在。图标也广泛使用于多模态语篇之中。教师应该注意指导学生关注这些非文字信息和细节，培养他们良好的"看"的习惯。

例如，必修一过渡单元 Reading and Thinking 的板块主题是 Describe your first senior high school day，阅读文本讲述了主人公 Han Jing 开学第一天的生活及感想。由语篇附带的各种图标可推断出，文本来源于学生喜闻乐见的新媒体——网络平台的个人主页。文源是构成文本特点的重要因素之一，因此教师要有意识地引导学生把图标解码和语篇知识结合起来。

教师带领学生找到文章大意后，可提问该语篇的来源出处。学生整体观察语篇后可能会得出答案："It's on a phone."这时教师可追问理由，学生结合 Wi-Fi 和电池图标会说："Because from the icons of Wi-Fi and battery，we can tell it is a phone."教师进一步引导学生观察评论的图标："What are these?"学生回答："They are icons for comments."教师再让学生推理判断出文源，学生会纷纷猜测是"a blog""a Wechat Moment""RED（小红书）"等。最后教师可总结："As the icons implies，the text is taken from a social networking website."在这个环节中，教师循循善诱，引导学生关注图标，解码图标，培养良好的观察和逻辑思维习惯，为后续的文本解读奠定基础。

（四）画时间线，梳理评价

时间线是我们的大脑对过去及未来所发生的事情有一个方向上的编码。面对按时间顺序记述的阅读语篇，教师可以利用时间线将碎片信息进行可视化处理。完成时间线后，还要注意引导学生观察并思考，促进他们对整个事件的评价。

例如，必修二第一单元 Reading and Thinking 的板块主题是 Understand how a problem was solved，阅读语篇以埃及修建阿斯旺大坝和迁移阿布辛贝神庙为例，说明国际合作可以成为平衡社会经济发展和文化遗产保护的解决办法。文章按时间顺序详细记录了这个伟大工程。时间线可以直观清晰地呈现各个重要时间节点，帮助学生梳理文本内容，领悟作者的写作意图，培养学生通过梳理时间线索掌握深度阅读的策略和能力。

在精读阶段，教师指引学生根据文本信息补全时间线（如图 1 所示）。时间线补全后，这个伟大工程的整个时间线索就呈现于眼前了。这时教师要充分利用学生刚完成的时间线，针对各个重要时间节点追问更多的细节信息，如“Why did the government ask the UN for help?”“What help did the UN offer?”“Who moved the first temple?”等。学生通过观察时间线和思考细节问题，才能深刻体会这个工程的时间跨度之大、任务之艰、意义之深。在这个环节，学生在完成时间线的过程中，实现了对文本内容的梳理；在思考教师提出的细节问题的过程中，再次阅读时间线，体现了逻辑思维和批判思维的发展。

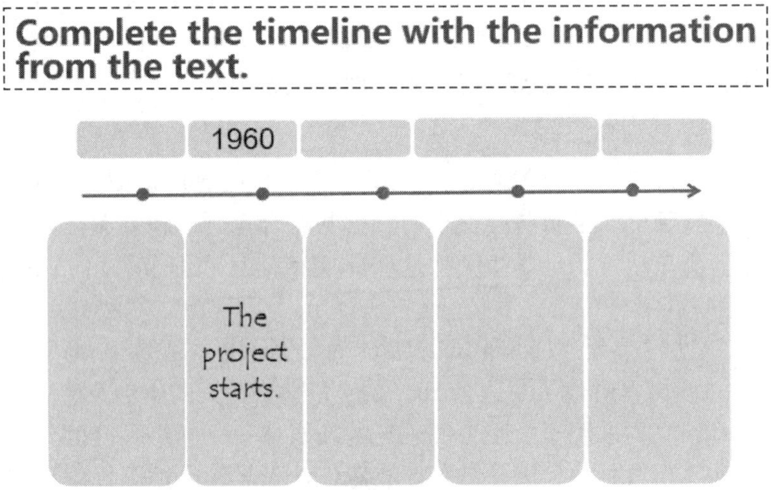

图 1　Timeline

（五）填写表格，解读重构

表格既是一种可视化交流模式，又是一种组织整理数据的手段。在阅读教学中，利用表格，不仅可以解读文本，还可以重构文本，促进学生思维品质的全面发展。

例如，必修三第二单元 Reading and Thinking 的板块主题是 Learn to make choices in life，阅读文本是关于林巧稚的人物传记，按时间顺序记述了她的一生，着重描写了她重国家轻个人、先他人后自我的人生抉择。文本提供了大量有关林巧稚生平经历的信息，学生理解这些表面细节并不难，难就难在透过现象看本质，领悟到她所面临的道德困境、艰难抉择以及牺牲，增强学生对林巧稚光辉人格的情感体验。

在梳理完主人公的生平经历后，教师可以使用表格（如图 2 所示），引导学生把文本信息转为可视化信息。在学生分享交流他们的答案后，教师可以让学生综合表格信息，让学生总结林巧稚每一次的人生抉择：“What kinds of hard life choice did Dr. Lin make? What did she choose over what else?”学生利用刚形成的可视化信息，讨论会变得非常的热烈，可能会回答：“She chose a new path over a traditional path.”“She chose her motherland over a more comfortable life.”“She chose her medical work over power.”等等。这时教师可进一步引导学生提炼出本质核心：“She chose others over herself.”由此可得出林巧稚为他人无私奉献自我的高尚品格这一结论。

Time	Moral dilemma	Hard choice	Sacrifice
1919	To get married or to study medicine		
1939		Returned to China to serve Chinese people	
During the war			Safety, wealth
From 1954 to next several decades		Tended patients, published medical research, and trained new doctors	
1983	To rescue her or to save the medicine		

图 2　Table

（六）对接表演，体验深化

阅读文本后，体验式的活动能加深学生对文本的体验，深化学生对主题的理解。体验式的读后活动可以是表演、配音、观影等，它们都是依托语言的综合应用，帮助学生在阅读文本后生成新的认知、新的感悟。

例如必修三第五单元 Reading and Thinking 的板块主题是 Read about a bet between two wealthy men，文本是《百万英镑》第一幕第三场的剧本，讲述两个富豪兄弟利用恰巧路过、身无分文的亨利打赌，看一个穷人能否仅凭一张百万英镑的钞票在伦敦度过一个月。

在解读文本后，教师可以组织剧本表演的读后活动。学生在轻松愉快的观演过程中，对情节发展、人物个性、戏剧主题会有更为直观和深刻的体验。

四、 总结

时代发展更新了课程标准和教材内容，英语教师也要跟上发展的步伐，更新调整自己的教学理念和教学方法。在多模态语篇教学中，教师不可小“看”，亦不可少“看”。应结合语篇内容和学生的实际情况，在阅读教学中设计如视频、地图、图标、时间线、表格和表演等适切的“看”的活动，以更直观的方式使学生更加积极、主动、愉快地投入英语学习，从而提升学生的英语学科核心素养。

参考文献

［1］刘晓斌，谢秋竹，邓家璇，等. 看视能力培养新亮点：从高中英语新教材语篇中的多模态类词切入［J］. 英语学习，2021（2）：52－58.

［2］中华人民共和国教育部. 普通高中英语课程标准（2017 年版 2020 年修订）［M］. 北京：人民教育出版社，2020：17－39.

[3] 金永建. 不可小“看”：全面理解英语新课标中“看”的技能 [J]. 江苏教育（中学教学），2018（75）：43－45.
[4] 桂华峰. 在媒介素养核心理念视角下探讨英语学科“看”技能的培养 [J]. 英语学习，2019（4）：59－62.
[5] 李晓琪，冀小婷. 高中英语教学中“看”的技能与思维品质的培养 [J]. 天津师范大学学报（基础教育版），2020，21（4）：44－47.
[6] 蒋孝臣. 阅读教学中“看”的技能的渗透与落实 [J]. 江苏教育（中学教学），2021（28）：43－46.
[7] 张佳琪. 多模态语篇教学中“看”的技能培养研究：以外研社《普通高中教科书（必修第三册）》为例 [J]. 海外英语，2021（16）：197－198.

物理篇

“新师范”建设丛书

新旧人教版高中物理教材的比较分析
——以“思考与讨论”栏目为例

揭阳市揭西县河婆中学　陈已琳

引　言

近年来许多国家、地区以及国际组织相继开展了“核心素养”研究及实践。为了适应新形势的要求，提高全体公民的教育质量，进一步落实党提出的“立德树人”根本任务，2017 年底教育部颁布了《普通高中物理课程标准（2017 年版）》。与《普通高中物理课程标准（实验）》相比较，新课标在目标、课程结构、内容、评价等部分发生了很大的变化。在目标方面，课程目标由三维教学目标更改为以物理学科核心素养为培养目标；在课程结构方面，由必修和选修变为必修、选择性必修和选修；在内容要求方面，从侧重知识要求向物理观念、物理思维、体验、探究等多方面要求转变；在学习要求及评价方面，由单一的“内容要求”向“内容要求”“学业要求”和“学业质量水平”组成的综合评价体系转换。

为了更好地落实物理课程的育人功能，提升学生的物理学科核心素养，培养学生独立思考、自主学习以及综合实践能力，《普通高中物理课程标准（2017 年版）》中对新教材的编写提出了建议。新一轮课改的物理教材在内容的组织方式和呈现方式上发生了较大变化，“思考与讨论”栏目尤为突出。新人教版在旧人教版原有内容的基础上，考虑目前学生的身心发展规律以及结合先进的科学内容，对“思考与讨论”栏目在数量版面、呈现方式和教学功能上进行修改，以使新教材科学内容更加严谨、更加与时俱进、更加符合学生的学习要求。因此，本文以 2017 年新人教版和 2004 年旧人教版高中物理教材中“思考与讨论”栏目为研究对象，从数量分布、呈现方式和教学功能方面对其进行比较分析。

一、“思考与讨论”栏目数量分布分析

从表 1 可以得知两版教材的“思考与试论”栏目数量分布。旧人教版 7 册教材中共分布 98 个“思考与讨论”栏目，新人教版 6 册教材中共分布 91 个“思考与讨论”栏目。由于新人教版将旧人教版原来的 7 册教材缩减为现在的 6 册教材，因而有些教材的“思考与

讨论”栏目在加入新的章节或删除原有章节之后在数量上会有所变化。因此，为了提高比较两版教材“思考与讨论”栏目数量分布的准确性，我们将对旧人教版的章节以新人教版为模板重新排版，再对两者进行比较。

表1 新旧人教版“思考与讨论”栏目数量分布统计表

<table>
<tr><th colspan="2">旧人教版</th><th>数量
（比例）</th><th colspan="2">新人教版</th><th>数量
（比例）</th><th>改排旧人教版数量
（比例）</th></tr>
<tr><td rowspan="3">必修系列</td><td>必修1</td><td>12
（12.2%）</td><td rowspan="3">必修系列</td><td>必修1</td><td>9
（9.9%）</td><td>12
（12.2%）</td></tr>
<tr><td rowspan="2">必修2</td><td rowspan="2">9
（9.2%）</td><td>必修2</td><td>18
（19.8%）</td><td>13
（13.3%）</td></tr>
<tr><td>必修3</td><td>14
（15.4%）</td><td>16
（16.3%）</td></tr>
<tr><td rowspan="7">选修系列</td><td>选修3－1</td><td>21
（21.4%）</td><td rowspan="7">选择性
必修系列</td><td rowspan="2">选择性必修1</td><td rowspan="2">12
（13.2%）</td><td rowspan="2">13
（13.3%）</td></tr>
<tr><td rowspan="2">选修3－2</td><td rowspan="2">11
（11.2%）</td></tr>
<tr><td rowspan="3">选择性必修2</td><td rowspan="3">19
（20.9%）</td><td rowspan="3">17
（17.3%）</td></tr>
<tr><td>选修3－3</td><td>13
（13.3%）</td></tr>
<tr><td rowspan="2">选修3－4</td><td rowspan="2">12
（12.2%）</td></tr>
<tr><td rowspan="2">选择性必修3</td><td rowspan="2">19
（20.9%）</td><td rowspan="2">27
（27.5%）</td></tr>
<tr><td>选修3－5</td><td>20
（20.4%）</td></tr>
</table>

通过表格我们可以看到，新人教版与重新排版后的旧人教版除了必修2，其他册的“思考与讨论”栏目数量相差不大。新人教版必修2的内容是由旧人教版必修2的全部内容和选修3－4的相对论单元组成。在“万有引力与航天”章节中，旧人教版并没有安排“思考与讨论”栏目，而是考虑到高中生的物理知识不够广阔，对于相对论的内容难以理解，将栏目全部设置在选修3－4相对论单元中以促使学生思考，帮助学生理解。然而新人教版却考虑到万有引力是高中阶段教学的重点，属于高考考查的内容，而相对论是属于拓展的知识，因此将整章相对论内容压缩成一节并归到“万有引力与宇宙航行”章节中，并且对“思考与讨论”栏目重新安排，均匀地分布到每一个章节中，更加适合学生学习。

纵观两版教材，选择性必修2、3的“思考与讨论”栏目都是最多的，这与教材的知识体系有关。选择性必修2是有关电与磁的内容，选择性必修3涉及热学、初等量子力学和原子物理学，这些内容，有的属于高中阶段的重点，也有一些对于缺乏感性认知以及生活阅历不足的学生来说过于抽象，难以理解。因此，“思考与讨论”栏目较多地分布在课程标准中学生必须掌握和比较抽象、难理解的内容当中，这样既可以让学生动脑思考，也可以让学生对知识点进行总结归纳，检测学生对理论知识运用的能力。

二、“思考与讨论”栏目内容呈现方式分析

教材呈现内容的形式也是课程指导思想和课程理念的表现形式之一。尽管各个版本教材的指导思想和课程理念相同，但是由于教材编写者对于课程标准的不同理解，各个版本教材的呈现方式都有其独特的风格。新旧人教版“思考与讨论”栏目内容的呈现方式大致可分为3种，分别是纯文字型、图文并茂型和表格文字型。

新旧人教版“思考与讨论”栏目的呈现方式基本上没有太大变化，各个呈现方式的比例变化也不大。该栏目超过一半都是通过纯文字型的形式进行呈现，其次是图文并茂型的形式，最后为表格文字型的呈现方式。教材编写者将超过一半的“思考与讨论”栏目设置成纯文字型，因为该呈现方式不会占据教材太大的版面，便于编写者合理安排其他的栏目。而且在选修教材中，学生经过一年的高中学习，其理解能力和自主学习能力都有所提升，加上选修部分内容抽象且不易找到合适的素材，因此纯文字型的呈现方式大多安排在选修部分的教材。图文并茂型的呈现方式适合刚踏入高中的学生，由于高中内容与初中内容相比更为抽象，学生对于知识的接受程度和理解程度还不是很高，所以图文并茂地呈现可以激发学习物理的兴趣，帮助学生理解知识。而且必修部分的内容比较接近生活，能从生活中找到较多素材，符合物理科学知识特点和学生的心理发展。表格文字型的呈现方式则是大多应用在填表类以及需要计算的“思考与讨论”，这样既可以考查学生从表格获取信息的能力，也考查了学生的计算能力。

三、“思考与讨论”栏目教学功能研究分析

教材中“思考与讨论”栏目分布的位置可以体现教材编写者编写意图，呈现“思考与讨论”栏目在教材中所发挥的功能。在对新旧人教版进行分析时发现，“思考与讨论”在每一册教材章节中分布的位置不尽相同，会随着教学内容变化而变化，不同的“思考与讨论”凸显不同的教学功能。结合位置分布和教学内容需要，教材中“思考与讨论”的功能可分为新课引入型、承上启下型、应用拓展型和归纳总结型4种类型，如表2所示。

表2　新旧人教版“思考与讨论”栏目教学功能统计表

功能		新课引入型	承上启下型	应用拓展型	归纳总结型
旧人教版	数量	12	21	49	16
	比例	12.2%	21.4%	50.0%	16.3%
新人教版	数量	3	32	43	13
	比例	3.3%	35.2%	47.2%	14.3%

通过表2我们可以得知，新旧人教版中承上启下型及应用拓展型的“思考与讨论”最多。下面以新人教版必修3第十二章第2节“闭合电路的欧姆定律”为例对4种不同教学功能的“思考与讨论”栏目进行分析。

（一）新课引入型之“思考与讨论”

新课引入型之“思考与讨论”，顾名思义，大多位于章节开篇处，由于其内容与实际生活相关，且丰富有趣，可以激发学生的学习兴趣，有些简单直接且直奔主题，可以方便教师上课时直接引入。在开篇处的“思考与讨论”（见图1），由于初中时学生学过在外电路中电源的正电荷是从正极流向负极，这时给学生提出一个问题：如果电路中只存在静电力，在静电力的作用下电源正极的正电荷与负极的负电荷很快就会中和，不能产生持续稳定的电流，但是现实中的电源却有持续稳定的电流。这时可以引发学生的思考：电源是如何将负极的正电荷在电源内部不断地搬运到正极的？进而引出电源是通过非静电力做功将其他形式的能转化为电势能装置的物理概念。这种新课引入型的“思考与讨论”，与学过的知识有密切的联系，学生可以利用学过的知识解答。而且提出的问题刚好可能触碰到学生的知识盲区，引起学生的求知欲望，对教师的教学工作提供了很大的帮助，使教学活动顺利进行。

思考与讨论

在外电路中，正电荷由电源正极流向负极。如果电路中只存在静电力的作用，电源正极的正电荷与负极的负电荷很快就会中和，电路中不能维持稳定的电流。电源之所以能维持外电路中稳定的电流，是因为它有能力把负极的正电荷经过电源内部不断地搬运至正极。

那么，电源的这种能力是怎么来的呢?

图1　新课引入型之“思考与讨论”

（二）承上启下型之“思考与讨论”

承上启下型之“思考与讨论”分布在知识点中间，既对上面的知识点进行承接也对下面的知识展开进行铺垫。如位于电动势知识点的“思考与讨论”（见图2），它提出电源可以将不同形式的能转化为电势能，那不同电源把不同形式的能转化为电势能的本领是否相同。它既是对上面电源本质知识点的承接，又引出下面电动势与非静电力做功的关系式。这种承上启下型的“思考与讨论”，一方面将教材中上下各部分的知识关联起来，构建完整的知识体系，便于学生形成核心素养中的物理观念，促进学生学习。另一方面也便于教师将教学中各个部分的知识进行串联和整理，形成连贯的教学逻辑，方便教学。

思考与讨论

在化学电池中，非静电力是化学作用，它使化学能转化为电势能；在发电机中，非静电力是电磁作用，它使机械能转化为电势能……

想一想，不同电源把其他形式的能转化为电势能的本领相同吗？

图2　承上启下型之“思考与讨论”

（三）归纳总结型之“思考与讨论”

归纳总结型“思考与讨论”大多分布在知识点中间，它引导学生总结归纳出某个知识点的物理概念、物理规律，从而培养学生独立分析思考以及归纳总结的能力，促进学生自主学习，响应物理课程标准中培养学生自主学习能力的要求。例如位于闭合电路欧姆定律及其能量分析内容里的“思考与讨论”（见图3），学生可以根据欧姆定律及其电路图，在与同学的讨论和教师的引导下归纳总结出闭合电路的欧姆定律。学生通过提示以及联系已学知识来理解并掌握欧姆定律的内涵和外延，提高学生的分析思考能力和归纳总结能力。

思考与讨论

对于闭合电路来说，内、外电路都会出现电势降低，电势能减少。那么，电流 I 跟电源的电动势 E 及内阻 r、外电路的电阻 R 之间会有怎样的关系呢？

图3　归纳总结型之“思考与讨论”

（四）应用拓展型之“思考与讨论”

应用拓展型“思考与讨论”位置比较灵活，大多分布在知识点之间或分布在章节结尾处。“闭合电路的欧姆定律”一节位于结尾处的“思考与讨论”是对路端电压与负载关系式的拓展应用（见图4）。由于该关系式是一次函数的表达式，所以教材将该关系式转换为图像，考查了学生从图像获取信息的能力，而且学生还可以从图像中总结出 U 与 I 的特点，理解 $U-I$ 图像中斜率和截距的物理意义。其作用就是对某一个知识的应用拓展，考查学生对该知识的理解运用。这种应用拓展型“思考与讨论”是学生在学习知识后对其知识迁移能力和扩展应用能力的培养，是学生运用物理知识解决问题或生活应用的途径之一，是学生进行实践应用的基地。

思考与讨论

（2）式表示的是 U 和 I 这两个变量之间的函数关系。把它改写为

$$U=-rI+E$$

然后和一次函数的标准形式

$$y=kx+b$$

对比就能知道它的 $U-I$ 图像是一条直线(图12.2-5)。

根据 $U-I$ 图像，当外电路断开时，路端电压是多少？当电源两端短路时，电流会是无穷大吗？

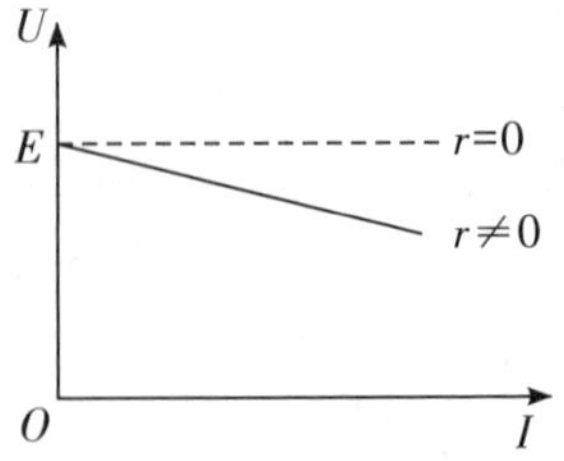

图12.5-5

图4　拓展应用型之“思考与讨论”

由此可知，不同类型的“思考与讨论”具有不同的教学功能，因此教材编写者根据学科知识特点和学生身心发展程度将“思考与讨论”栏目安排在合适的位置，让教师和学生重视“思考与讨论”，彻底发挥其教学作用。

四、对新旧人教版“思考与讨论”栏目变化的思考

新旧人教版教材的“思考与讨论”栏目以问题的呈现形式对学生提出相应的知识和思维的要求，这也对教师在物理课堂的教学有了更高的要求。本文通过对新旧人教版“思考与讨论”栏目的比较分析，研究了教材“思考与讨论”栏目的数量版面、呈现方式和教学功能，以期为教师和学生对新旧人教版“思考与讨论”栏目的使用提供一些参考。教师在教学中充分发挥“思考与讨论”栏目的教学功能，根据具体情况制定相应的教学策略，提高学生在该栏目的思维参与度，在学生在合作交流与独立思考的过程中提升学生的各项思维能力，培养学生的物理学科核心素养。

参考文献

[1] 彭前程.《普通高中物理课程标准（2017年版）》的变化［J］. 课程·教材·教法，2018，38（9）：99－106.

[2] 中华人民共和国教育部. 普通高中物理课程标准（2017年版）［M］. 北京：人民教育出版社，2018.

[3] 刘丽. 高中物理教材“思考与讨论”栏目的分析研究：以人教版为例［D］. 贵阳：贵州师范大学，2019.

基于思维可视化对突破学生思维障碍的策略教学微设计

——以“楞次定律”为例

东莞市东华高级中学　邹　芳

新教材人教版高中物理选择性必修第二册（2019 年版）第二章第 1 节“楞次定律”内容较为抽象难懂，常有学生表示物理内容难以明白，即使课上感觉懂了，课后自己写题时思维也常常卡壳，很是吃力，大大削弱了学习兴趣。若将思维可视化手段运用于这一内容的教学过程之中，不仅能将抽象思维形象化，使学生的听觉与视觉一起被调动起来共同发挥作用，让学生更容易理解，还能通过学生外显自己思维的过程让教师更好地了解学生的思维轨迹，进而突破思维障碍。

一、问题的提出

由于“楞次定律”所涉及的磁感线、磁通量、磁场方向等概念都比较抽象，既看不见也摸不着，原本学生在一、二次课内要接受这么多个概念已经有些吃力了，却还要根据磁通量的变化情况去找原磁场与感应磁场方向的关系，而其中的关系很复杂且规律也很隐蔽，即使教师提示可从磁通量的变化情况来找原磁场与感应磁场方向的关系，要能正确判断出各个磁场及感应电流方向以及磁通量变化情况也有些艰难，这就很容易凌乱了。而且最后总结出来的“楞次定律”既抽象又具有很强的概括性，好些学生连“阻碍”这种作用都难以理解清晰，整个定律也念不顺畅，又如何能够灵活运用呢？思维障碍可谓一重又一重，所以，“楞次定律”当仁不让地成了高中物理中的一大难点。

科学合理地将思维可视化手段运用于教学过程对降低学生的理解压力有很好的效果。“可视化”是指可以看得见的，而思维本是种内隐的认知活动，思维可视化指的是通过创造直观的图形、动画等技术手段将原本看不见摸不着的、在头脑中形成的隐性的思考过程显现出来，形成能够直接作用于人们感官的知识显性表征形式，从而促进人们思考与创新的一种方式。

思维可视化在促进知识的理解与记忆、扩充课堂思维容量、强化师生科学思维、强化问题解决能力、推动物理核心素养发展等方面有着积极作用，是目前教学过程可根据知识特点积极倡导的一种教学方法。

二、 思维可视化策略

将思维可视化手段应用于教学过程时既要注意教师思维轨迹的可视化，还要关注学生思维的可视化，就是在处理一些比较抽象难懂的知识点时，教师借助实验、多媒体、思维导图、板书等工具将自己的思维过程呈现出来，让学生能够看到直观的物理现象，看到教师教学过程中的思维轨迹，明确其中的逻辑关系，学生不仅知道如何做，还明白为何这样做，从而更好地理解知识点。

然后，学生通过写题整理自己的思维逻辑并显现出来，再将自己的思路与教师的进行对比，发现不足，遇到有障碍的地方可与同学或者教师讨论，发现问题并加以解决。教师也要注意去关注学生的思维轨迹，准确把握学生的理解情况，从而及时发现学生存在的思维障碍并加以解决。

（一）设计可视化情境教学，在抽象之处诠释创新

物理是一门以实验为基础的学科，借助实验重现物理情境，可将一些比较抽象的知识形象化，帮助学生更好地理解相应的内容。实验探究活动是培养学生创新思维、动手能力、解决问题能力、合作交流能力的重要手段。

为了帮助学生理解“阻碍”的含义，教师可制作如图 1 所示的教具作为引入。该教具是将漆包线首尾相连形成闭合回路固定在小车上，将强磁铁靠近线圈时，线圈向着远离磁铁的方向运动，即线圈阻碍磁铁的靠近；当磁铁远离线圈时，线圈向着靠近磁铁的方向运动，即线圈阻碍磁铁的远离。此实验中，线圈的靠近或者远离的运动可通过小车的运动很直观地呈现出来，将“阻碍”的作用很清楚地表现了出来，可为学生后面归纳理解楞次定律做好铺垫。在演示此实验时，教师还可以利用投屏功能，将实验现象投到电脑上，让全班同学都可以清晰地观察到实验现象。

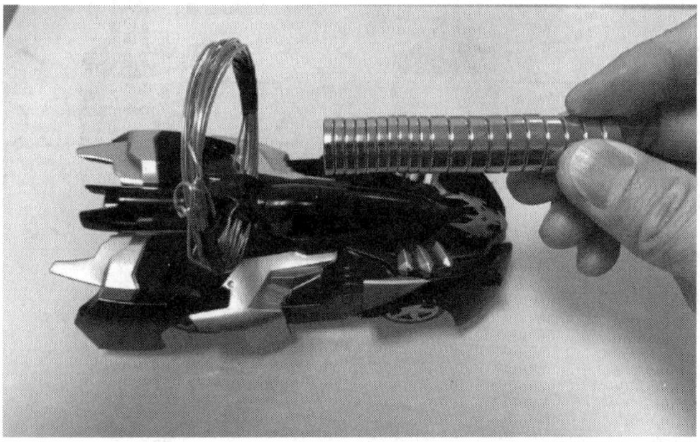

图 1　自制引入教具图

在探究“楞次定律”时，教师可通过演示实验，让学生发现电流表指针的偏转方向会根据线圈中的磁场方向的不同以及磁铁靠近或者远离而变化，但是，此实验不能直观地将磁场方向以及磁通量的变化情况呈现出来，学生较难想到磁铁靠近或者远离的过程其实就是磁通量变多或者变少的过程，所以，教师可在演示实验之后再利用 Flash 动画将实验呈现出来（如图 2 所示），学生便能更轻松地发现磁通量的变化情况。

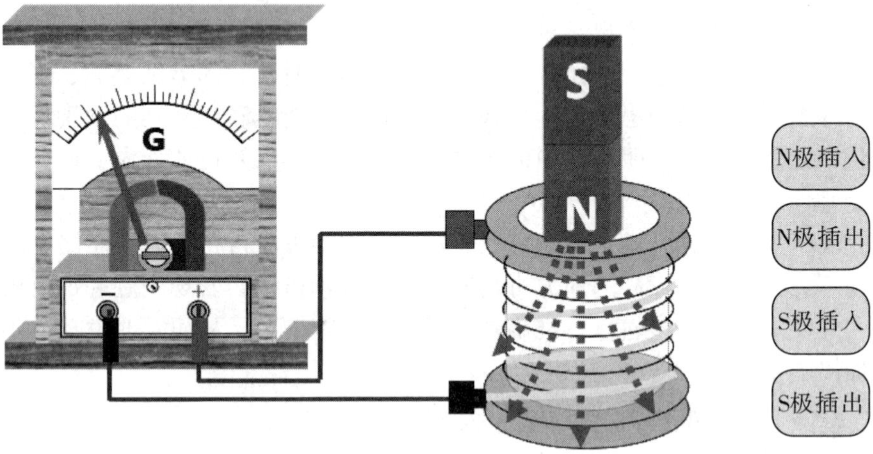

图 2　Flash 动画演示实验图

又由于产生的感应电流持续时间很短，灵敏电流计也无法记录与储存数据，为了更好地找出感应电流方向、感应磁场方向与原磁场方向以及磁通量变化情况的关系，我们则需要借助板书或者多媒体将实验结果图同时呈现出来（如图 3 所示），且利用表格将感应电流方向、原磁场方向、磁通量变化情况，以及根据感应电流方向判断出来的感应磁场方向记录下来（如表 1 所示）。有这些图表作为载体，可较大程度降低学生的理解压力与短时记忆负担。

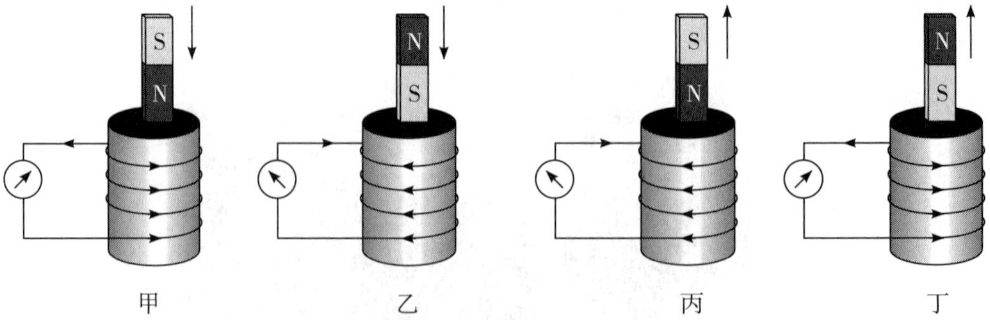

图 3　实验结果显示图

表1 实验记录表

填空内容	N		S		磁铁在管上静止不动时		磁铁在管中静止不动时	
	插入	拔出	插入	拔出	N 在下	S 在下	N 在下	S 在下
原来磁场的方向								
原来磁场的磁通量变化								
感应磁场的方向								
原磁场与感应磁场方向的关系								
感应电流的方向（螺线管上）								

（二）设计可视化思维过程，着力呈现思维轨迹

教师在传授知识的过程中，可通过板书、教案、思维导图、流程图等手段将自己的思维轨迹清晰地呈现出来，让学生能够看到教师的教学思路与思维过程，这样的话，学生在课上可以更好地理解教师所讲的内容，下课时纵观整个板书也能明确整节课所学的内容是什么以及知识点之间的联系，从而构建起自己的知识框架，若在自己写题时思路卡壳或者写错时，也能与教师的思维过程相对比，找出认知错误之处，并加以修正。可见，教师思维的可视化在突破学生思维障碍时也有相当积极的作用。

不过，要想发挥出如此积极的效果，对教师也有较高的要求：教师需在课前根据学情设计教学思路，然后在教案中将自己的思维轨迹呈现出来，并仔细检查、修正，以保证思维的清晰性以及科学性，之后根据知识的特点科学合理地设计板书，最后，教师需熟练、灵活地将自己的思维轨迹以学生能够更好接受的方式在课堂中呈现出来。笔者将结合一道例题来描述教师如何将自己的思维轨迹呈现出来以帮助学生顺利解题。

【例题】 如图4所示，在水平放置的条形磁铁的N极附近，一个闭合线圈竖直向下运动，由 A 到 B 再到 C，并始终保持水平。在位置 B，N极附近的磁感线正好与线圈平面平行。位置 A 和 C 均与 B 很靠近，试判断线圈在位置 A、B、C 时感应电流的方向，并说明你判断的理由。

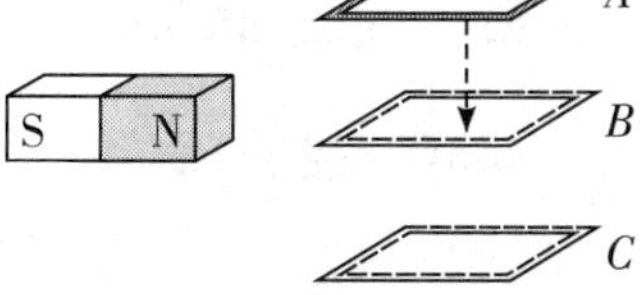

图4 例题插图

教师引导学生一起思考：在这道题中要想知道感应电流的方向，我们需要知道感应磁场的方向，而要知道感应磁场的方向，需要明确原磁场方向以及磁通量的变化情况，这就要求我们在题中将看不见的磁感线画出来，由此我们可以知道在不同位置时原磁场的方

向，以及 A、B、C 三个位置的磁通量情况，从而知道从 A 到 B，B 到 C 过程中磁通量的变化情况。此处，如果学生依据图片理解依旧比较吃力的话，教师还可做一个 Flash 动画来演示 $A \to B \to C$ 的过程。由于这里要考虑的物理量有点多，所以可以借助两个表格来帮助我们分别梳理 A 到 B，B 到 C 过程的情况，如表 2、表 3 所示。

表 2　A 位置到 B 位置情况记录表

A 到 B（从上往下看）	
原磁场方向	向上
磁通量变化情况	减少
感应磁场方向	向上
感应电流方向	逆时针

表 3　B 位置到 C 位置情况记录表

B 到 C（从上往下看）	
原磁场方向	向下
磁通量变化情况	增多
感应磁场方向	向上
感应电流方向	逆时针

从根据题意画出磁感线的情况，明确原磁场方向及磁通量的变化情况，到以表格为思维载体，根据楞次定律判断出感应磁场方向，再依据右手螺旋定则判断出感应电流方向，教师将自己的思维轨迹板书出来，可帮助学生更好地理解楞次定律的应用。同时，我们还可以根据整个思维过程总结出解这类题的流程图（如图 5 所示），以促进学生领悟方法，让学生从会一道题到会一类题，从而提升解题能力。课后，学生自己写题时也能依据流程图，将自己的思维可视化，便于自己及教师审视思维过程。

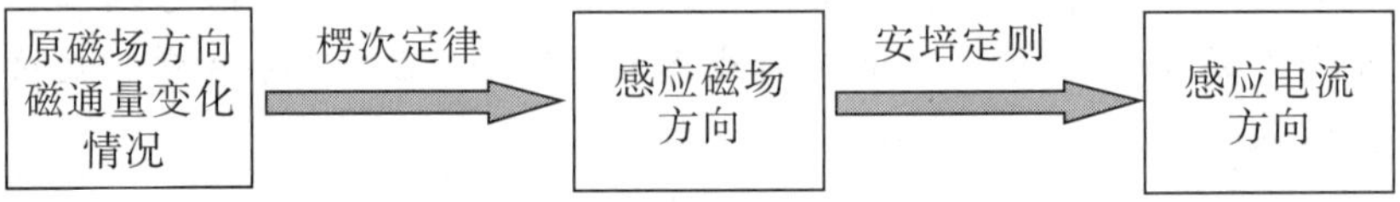

图 5　该题型流程图

（三）设计用图表表征题意，增强思维的流畅性

在解题时，审清题意是关键，教师要引导学生在审题的过程中一边审题，一边将题目所给的条件标在图上，若题目没有提供图或者提供的图比较复杂，可用简单的示意图来表示，涉及多个过程时，则分别将各个过程的解析图都画出来。这样的处理方式可将题目所给的条件同时呈现出来，帮助学生构建出清晰的物理情境，理清楚题目意思，明确已知量与待求量之间的联系，不容易遗漏条件的同时也增加了学生思维的流畅性，能够有效地提高学生解题的能力。在平时的教学过程中教师要注意培养学生用图表表征题意的能力与习惯。

楞次定律的题目，由于需要在解题过程中明确原磁场方向、磁通量的变化情况、感应磁场的方向、感应电流的方向等多个物理量，且常常涉及不同的过程，这就更要求学生要将已知的信息标到图中，让其思维能够以具体的图像为载体，减轻短时记忆的负担，让学生更加快速、准确地处理题意，顺利解题。

（四）使思维障碍可视化，提升对思维评价的重视程度

可视化观点提出以来，教学中更多的是关注如何利用知识可视化来加强学生的习得知识的技能、提升思维能力，对学生可视化思维轨迹的构建及相关的测量与评价却关注得较少，需要引起重视。

学生可通过写作业、黑板展示、画思维导图或流程图等方式将自己的思维轨迹呈现出来，这一过程可暴露出学生的思维障碍，有利于教师及时对学生的思维轨迹进行评价并修正，及时了解学生对相关内容的掌握情况，及时解决学生暴露出来的思维障碍，并分析出现思维障碍的原因，从而对教学进度与难度及时进行调整，有效地提高教学效率。此外，对一些优质习题的分析解答研究，可以有效地提高教师以及学生的解题能力，并培养思维能力。

另一方面来说，思维可视化过程是学生对自我思维轨迹的评价与修正，学生可将自己的思考过程，与同学、教师的进行对比，可及时发现存在的认知冲突，从而进行反思、讨论、修正，进而激活思维，优化认知过程。

三、 小结

在教学过程中合理地使用思维可视化手段可在突破学生思维障碍上发挥积极的作用。在培养学生理论应用于实践的能力的同时，也可以很好地提高学生的学习兴趣，活跃课堂气氛，甚至可以将这种兴致延伸到课外，可以较好地提升教学效果。教师在教学过程中，还需对比较抽象的内容充分地创设可视化情境，同时也要灵活地将自己的思维轨迹清晰地呈现出来，帮助学生理解掌握知识难点以及解题方法。最后，还要重视对学生的思维的评价，及时修正学生思维轨迹中的错误，从而突破学生的思维障碍，提升学生学习物理的信心与积极性。

参考文献

[1] 郭友波，张萱．思维可视化方法应用于高中物理教学的研究：以《功》教学为例［J］．湖南中学物理，2016，31（2）：6－8.

[2] 邹芳，周新雅，吕露，等．基于“重力”内容的各版本教材分析［J］．中学物理教学参考，2016，45（16）：2－3.

[3] 方红德．思维可视化对突破学生物理思维障碍的策略研究［J］．中学物理教学参考，2017，46（13）：10－13.

[4] 邹芳，周新雅，王嘉玮，等．对一道物理题的分析［J］．物理通报，2018（1）：40－41.

[5] 邹芳，周新雅，刘尧，等．五种版本教材“阿基米德原理”分析及教学建议［J］．实验教学与仪器，2018，35（4）：17－20.

科学思维视角下的物理情境化试题教学研究

广东实验中学　蔡　辉　吕黎洁

2019 年，《国务院办公厅关于新时代推进普通高中育人方式改革的指导意见》出台，提出要积极探索基于情境、问题导向的互动式、启发式、探究式、体验式等课堂教学。《普通高中物理课程标准（2017 年版 2020 年修订）》的教学建议第二条指出：在教学设计和教学实施中要重视情境的创设；创设情境进行教学，对培养学生的物理学科核心素养具有关键作用。物理学科核心素养是学科育人价值的集中体现，包含物理观念、科学思维、科学探究、科学态度与责任四个方面，其中科学思维是物理学科核心素养的核心内容，包含模型建构、科学推理、科学论证、质疑创新等要素。《中国高考评价体系》确立了符合考试评价规律的三个方面的关键能力群：第一方面是以认识世界为核心的知识能力获取能力群；第二方面是以解决实际问题为核心的实践操作能力群；第三方面是涵盖了各种关键思维能力的思维认知能力群。根据高考的特征，高考评价体系将这三个方面关键能力的发展水平作为主要考查内容，以区分学生综合能力水平的高低，引导基础教育对学生综合能力的培养。因此，开展科学思维视角下的物理情境化试题的教学研究，是非常必要且具有重要现实意义的。

近几年各种以自然现象、生产生活和科技前沿为背景知识的情境化试题在全国各地高考中出现的频率越来越高，仅在 2021 年的广东省物理高考试题中，情境化的试题就占到了全部试题的 70%。作为教师，我们在平时教学中应该注重情境化试题的训练和讲解，通过一定的情境化试题的教学流程（如图 1 所示），让学生从“解题”向“解决问题”过渡，这样在培养学生科学思维能力的同时也帮助学生适应新高考评价体系的要求。本文拟通过笔者自身的教学实践对情境化试题的教学过程进行分析研究。

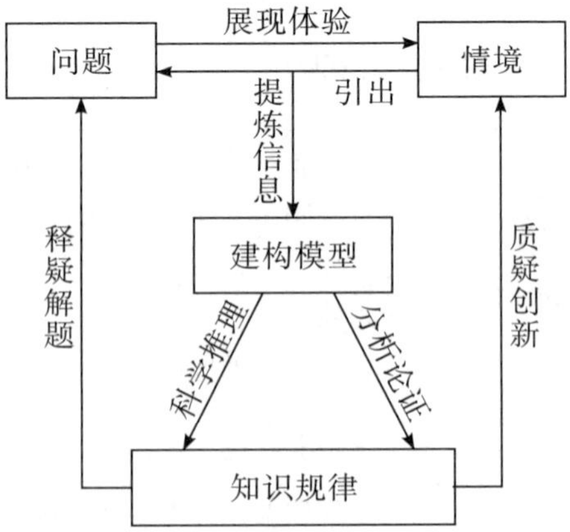

图 1　教学流程

一、 情境提炼，模型建构

情境化试题的难点在于形象描述的物（情境信息）与基于逻辑思维的理（物理规律）之间仿佛隔着一个“鸿沟”，从“具物化”的元认知阶段直接跃迁到“抽象化”的高阶思维，缺乏一定的过渡，所以寻找物与理直接的桥梁就变得至关重要。这座桥梁的搭建一般要以情境中的问题为引导，以情境信息的提炼为基石，以信息的推理建模为框架，基于物理模型的知识和规律为最终落脚点，进而完成从物到理的跨越。下面以 2021 年全国高考甲卷第 5 题为例分析。

【例 1】 2021 年 2 月，执行我国火星探测任务的“天问一号”探测器在成功实施三次近火制动后，进入运行周期约为 1.8×10^5 s 的椭圆形停泊轨道，轨道与火星表面的最近距离约为 2.8×10^5 m。已知火星半径约为 3.4×10^6 m，火星表面处自由落体的加速度大小约为 3.7 m/s^2，则“天问一号”的停泊轨道与火星表面的最远距离约为（　　）

A. 6×10^5 m　　B. 6×10^6 m　　C. 6×10^7 m　　D. 6×10^8 m

教师在本情境化试题中可以采用以下教学过程：

引出问题：从题目所给的信息中可以明确该试题所考查的物理知识和规律是什么？题目给出了哪些相关的物理信息？

提炼信息：从情境信息中可以确定本试题要考查的是行星做椭圆运动的规律和万有引力在天体运动中的应用。提炼出相关的物理信息有：①探测器环绕火星的运动信息，如近火点的轨道高度、运行周期；②被环绕的火星信息，如火星半径和表面的重力加速度。

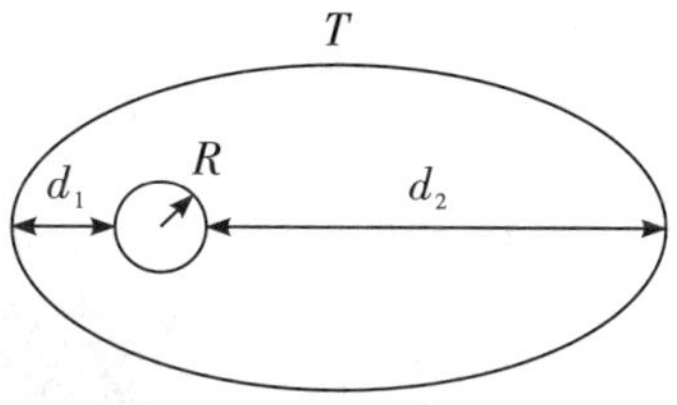

图 2　椭圆轨道模型

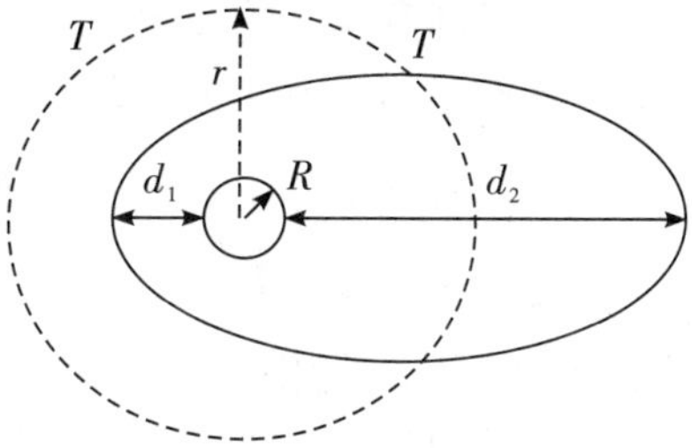

图 3　圆轨道模型

推理建模：①首先通过探测器环绕火星的信息建立椭圆轨道模型（如图 2 所示）；②探测器的椭圆轨道运动与火星表面的重力加速度和半径关联需要以火星为中心的圆轨道作为桥梁；③建立以火星为中心的等周期的圆轨道模型（如图 3 所示）。

物理规律：

椭圆模型：开普勒第三定律 $\dfrac{\left(\dfrac{d_1+d_2+2R}{2}\right)^3}{T^2}=K$；

圆轨道模型：万有引力定律 $G\dfrac{Mm}{r^2}=m\dfrac{4\pi^2}{T^2}r$，$G\dfrac{Mm}{R^2}=mg$；

联系：$\dfrac{\left(\dfrac{d_1+d_2+2R}{2}\right)^3}{T^2}=\dfrac{r^3}{T^2}$。

解得：$d_2\approx 6\times 10^7$ m。

通过这样的情境教学，既能加深学生对开普勒第三定律和万有引力定律的理解，又能通过情境提炼过程培养学生获取信息、分析信息、建构模型和结合模型应用物理规律的科学思维。

二、 情境体验，科学推理

情境化试题的优点在于试题中所描述的物理情境一般来源于生活，可以在生活中找到观察和体验的情境原型。在情境化试题的教学中对试题所描述的情境进行再现，让学生在“听、观、触、闻、思”的体验中经历发现问题、思考问题、探究规律和质疑拓展的思维过程。下面以动量守恒中的一道习题为例分析。

【例 2】 物理兴趣小组在研究竖直方向的碰撞问题时，将网球和篮球同时从某高度处自由释放（如图 4 所示），发现网球反弹的高度比单独释放时的高度高很多。若两球均为弹性球，释放时两球互相接触，且球心在同一竖直线，某同学将两球从离地高为 h 处自由落下，此高度远大于两球半径，已知网球质量为 m，篮球质量为 $7m$，重力加速度为 g，设所有碰撞均为弹性碰撞且只发生在竖直方向上。忽略空气阻力，则下列说法正确的是（　　）

图 4　例 2 题图

A. 两球下落过程中，网球对篮球有竖直向下的压力

B. 篮球与网球相碰后，篮球的速度为零

C. 落地弹起后，篮球上升的最大高度为 $\dfrac{h}{2}$

D. 篮球从地面反弹与网球相碰后网球上升的最大高度为 $6.25h$

教师在本情境化试题中可以采用以下教学过程：

提出问题：如何让一个小球在静止释放后，经过地面的反弹，使之上升的高度比原释放位置更高？

情境体验：让学生将一个网球和一个篮球叠放在一起，由静止释放（如图 5 所示），观察两个球的运动。

图 5　网球和篮球叠放图

引出问题：为什么这样的操作可以使网球上升的高度比原高度更高？在这个过程中两个球如何运动，如何作用？涉及哪些物理规律？

探究推理：①在忽略空气阻力后，两个球从初始高度自由下落，由于加速度相同，两个球之间没有相互作用力，在篮球落地时两球的速度相同；②在忽略碰撞能量损失后，篮球落地后以原速率反弹，与速度大小相同的网球发生弹性碰撞；③在忽略碰撞能量损失后，可以通过动量和能量的关系推出网球碰后的速度，进而得到网球上升的高度。

物理规律：

过程1 机械能守恒：$8mgh=\frac{1}{2}\times 8mv^2$；

过程2 动量守恒和能量守恒：

$7mv-mv=7mv_1+mv_2$，$\frac{1}{2}\times 7mv^2+\frac{1}{2}mv^2=\frac{1}{2}\times 7mv_1^2+\frac{1}{2}mv_2^2$；

过程3 机械能守恒：$7mgh'=\frac{1}{2}\times 7mv_1^2$，$mgh''=\frac{1}{2}mv_2^2$。

解得：$h'=0.25h$，$h''=6.25h$。

质疑创新：网球上升到比原来高度更高的能量是如何获得的？如果将网球和篮球的位置对调将会出现怎样的情况？

通过这样的情境教学，既能加深学生对两个物体在相互作用过程中动量守恒和能量守恒规律的理解，又能在情境体验中锻炼学生的观察力、实践动手能力，提升分析推理和质疑创新的科学思维。

三、 情境展现， 科学论证

情境化试题的亮点在于通过情境素材对试题情境进行展现，引导学生交流，帮助学生提炼模型，利用所学物理知识去解释其中的规律，通过科学论证加深对理论知识的应用，提升学生的科学推理能力。库恩认为，可以将学生活动指导的认知过程看作内隐的论证过程，因此“论证”提供了一条能够将内隐思维策略外显化的有效途径，可以促进学生更高层次思维能力的发展。下面以圆周运动中的一道习题为例分析。

【例3】 在电影《星际穿越》中，宇航员处于零重力状态。为缓解这种状态带来的不适，在航行中采取使飞船旋转（如图6所示）的办法，当飞船绕其轴线匀速旋转时，宇航员站在旋转舱内侧壁上，可以受到与他站在地球表面时相同大小的支持力。为达到上述目的，下列说法正确的是 （　　）

A. 转动的角速度的大小取决于宇航员的质量

B. 转动的角速度的大小取决于飞船侧壁到轴线的距离

C. 宇航员之所以能站在内壁上，是因为受到了离心力

D. 宇航员站在旋转舱内侧壁上时受力平衡

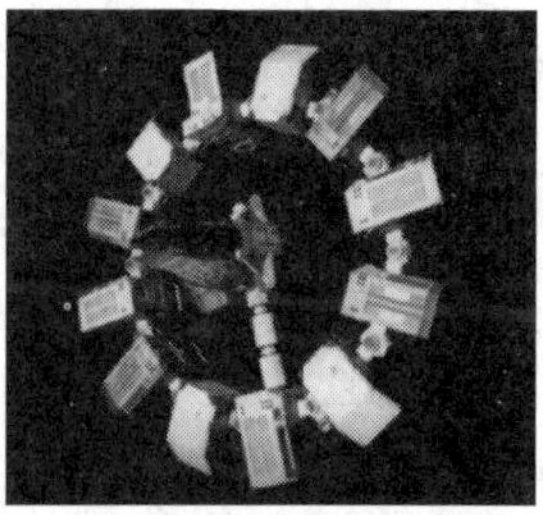

图6　飞船旋转图

教师在本情境化试题中可以采用以下教学过程：

引出问题：为什么通过飞船的自旋能模拟地球上的重力环境？

情境展现：播放电影《星际穿越》片段，重现宇航员从完全失重状态到固定在座椅上、通过反冲装置喷气使飞行器旋转、宇航员从眩晕到逐渐适应的过程，了解飞行器如何模拟出地球重力环境的过程。

模型建构：宇航员随飞行器一起旋转的向心力从何而来？来自飞行舱地板对人的支持力，即 $F_N=m\omega^2r$，这与人在地球表面上受到地板的支持力的感觉相类似，以此来模拟重

力。只要设计和调整适当的半径和角速度，使其 $m\omega^2 r = mg$，即可实现模拟地球重力环境的目的。

科学论证：在《星际穿越》中，永恒号环形母舰转速为每分钟 5 转，以在外围舱中产生 1g 的加速度。根据公式 $T = t/n$ 得出周期 $T = 12$ s，通过 $\omega = \frac{2\pi}{T}$ 算出角速度 $\omega = \frac{\pi}{6}$ rad/s。设永恒号自转轴到外舱地板的距离为 r，倘若要在外舱形成 1g 的重力加速度，则应满足 $\omega^2 r = g$，可以得出该航天器的半径约为 35.75 m。这个半径相当于十几层楼的高度，也就意味着直径有二十几层摩天大楼的高度，这在现阶段是不可能实现的事情。

通过这样的情境教学，既让学生对圆周运动的规律知识有了更清晰的认识和理解，又能在情境展现中提升学生的综合应用、分析论证和创造设计的科学思维。

四、情境探究，质疑创新

情境化试题的缺点在于某些情境试题所描述的物理情境有些过于理想化，未结合生活中的实际情况，容易产生“境”不符“实”的情况。然而教师可以利用这类试题，鼓励学生利用现有的仪器建构试题中的情境，对实际情况进行探究，并基于事实证据和科学推理对不同观点和结论提出疑问和批判，进行检验和修正，进而提出创造性见解，在加深学生对知识规律理解应用的同时，提升高阶的科学思维。下面以电磁感应中的一道习题为例分析。

【例 4】 在如图 7 所示的电路中，L 是一个自感系数很大、直流电阻为 R 的线圈，D_1 和 D_2 是两个完全相同的灯泡，E 是内阻不计的电源。在 $t=0$ 时刻，闭合开关 S，电路稳定后在 t_1 时刻断开开关 S。规定以电路稳定时流过 D_1、D_2 的电流方向为正方向，分别用 i_1、i_2 表示流过 D_1、D_2 的电流，则下列图像中能定性描述电流随时间变化关系的是 （　　）

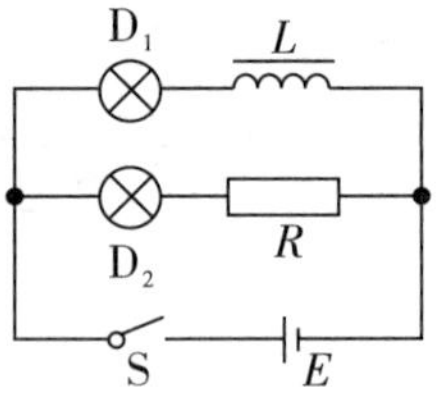

图 7　例 4 电路图

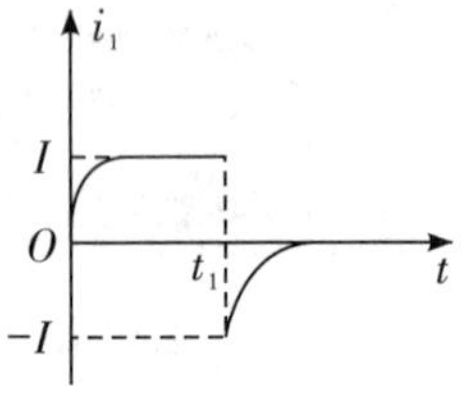

A.

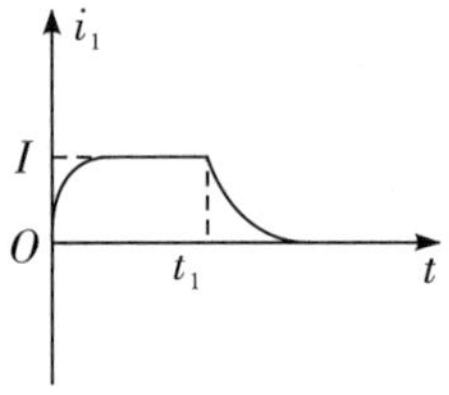

B.

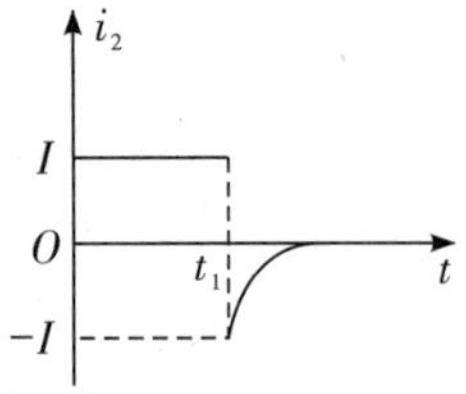

C.

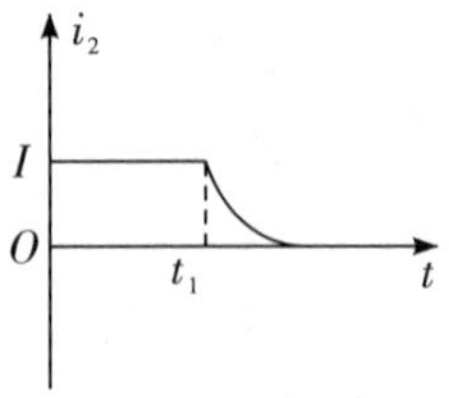

D.

教师在本情境化试题中可以采用以下教学过程：

引出问题：通过对自感规律的分析应用，我们可以选出此题的答案为 B 和 C，但是在实际的电路中，电流的变化情况真的是这样吗？

情境建构：按电路图（如图 8 所示）将恒压输出电源、电感线圈 L（电阻为 2.2 Ω）、电阻箱 R（电阻调为 2.2 Ω）、2 只相同小灯泡、3 个电流传感器构建电路（如图 9 所示）。

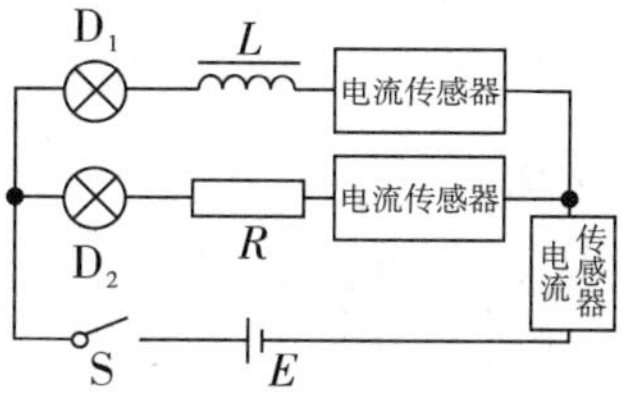

图 8　加电流传感器的电路图

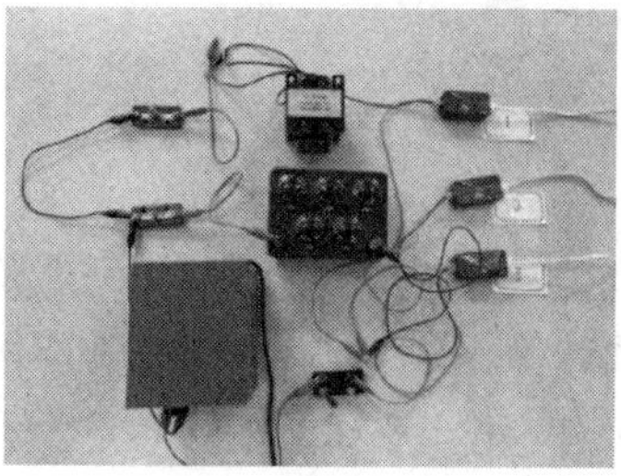

图 9　电路实物图

事实证据：3 个电流传感器中的电流变化如图 10 所示。在闭合开关时，电感线圈支路的电流 i_1 到达稳定的时间要比电阻支路的电流 i_2 到达稳定的时间延迟。在稳定时，两个支路电流之和等于干路电流 i_3。在断开开关时，干路电流 i_3 先减小到零，i_2 反向和 i_1 同时减到零。但无路是闭合开关还是断开开关时，i_1 和 i_2 的变化并不是平滑的曲线，类似折线图。另外在闭合开关后观察无论 i_1、i_2 还是干路电流 i_3 都出现了先增加再减小的现象。

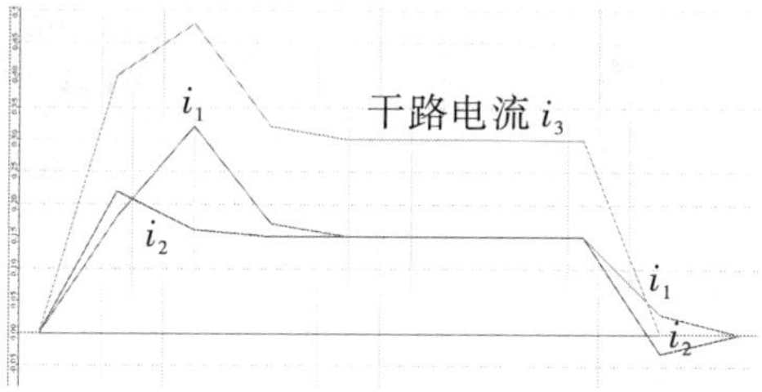

图 10　3 个传感器的变化 1

推理质疑：在通电和断电过程中，小灯泡的电阻都在发生显著的变化，所以导致电流未按曲线变化。由于冷、热电阻的变化较大，所以在小灯泡发光时，电阻增加会造成支路和干路电流减小。

检验修正：①通过多用电表测量小灯泡的冷电阻约为 8 Ω，利用伏安法测量小灯泡在电路发光后的电阻约为 38 Ω，电阻变化很大。②在电路中移除小灯泡 D_1 和 D_2，将恒压输出电源、电感线圈 L（电阻为 2.2 Ω）、电阻箱 R（电阻调为 2.2 Ω）、3 个电流传感器构建电路（如图 11 所示）。

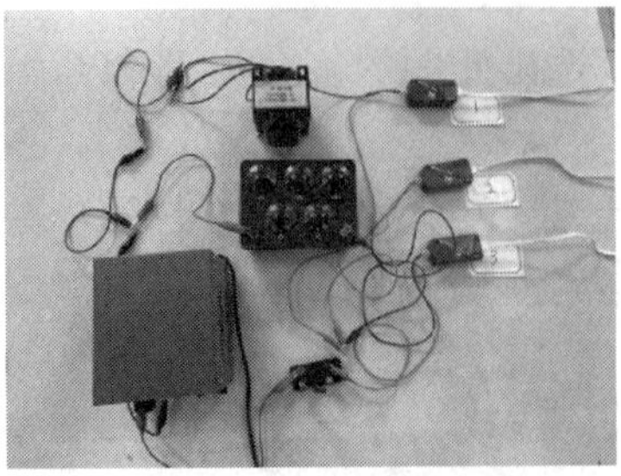

图 11　移除小灯泡后的电路实物图

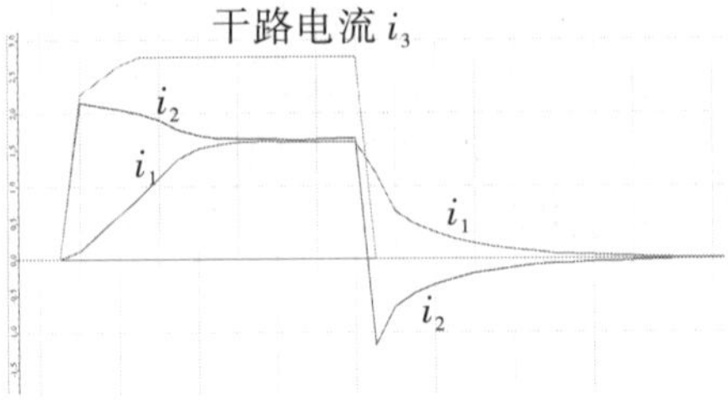

图 12　3 个传感器的变化 2

事实证据：3 个电流传感器中的电流变化如图 12 所示。相对于移除灯泡前的图 10，在开关闭合和断开时，电流的变化更近接近曲线，在闭合时电流 i_1 的延缓现象更加显著。这个证据表明灯泡电阻变化对于电流变化影响的推理质疑是正确的。然而在闭合开关时，i_2 在上升后仍然出现下降的现象，这又是什么原因造成的？

推理创新：线圈支路稳定后，对电流的阻碍作用减小，使并联电路两端的电压下降，导致电阻支路的 i_2 在达到稳定前出现下降现象。可以在电阻两端并联电压传感器验证电压的变化，电路图和实物图分别如图 13 和图 14 所示，观察电阻两端电压 u 和通过的电流 i_2 的变化（如图 15 所示）。

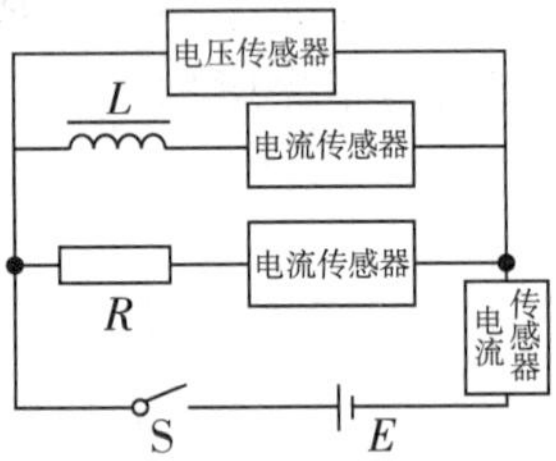

图 13　加电压传感器的电路图

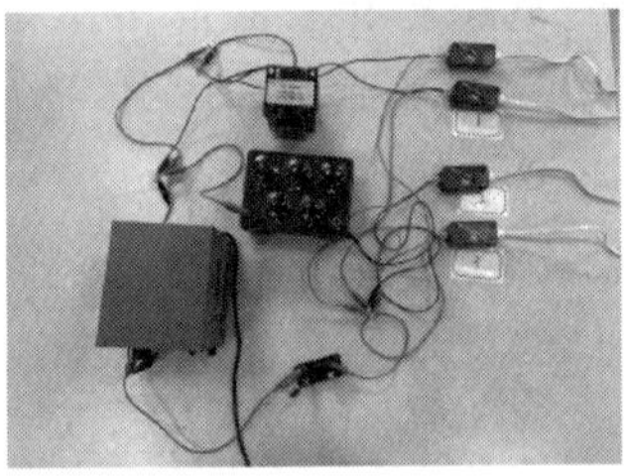

图 14　加电压传感器的电路实物图

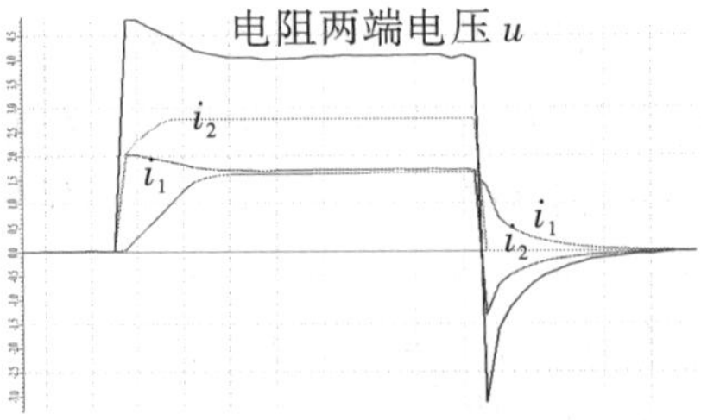

图 15　3 个传感器的变化 3

思考讨论：电阻两端电压的下降从另一个角度说明稳压电源和并联部分之间的电阻对于电流的变化的影响不能忽略。根据图 15 中的电流和电压变化，如何求出稳压电源和并联部分之间的电阻？

通过这样的情境教学，既深化拓展了学生对电磁感应和闭合电路欧姆定律的理解与应用，又在情境探究中锻炼学生的观察力、实验操作能力，提升实验探究、分析推理和质疑创新的科学思维。

“从生活走向物理，从物理走向社会”是物理课程的理念，情境化试题将原本枯燥的、机械化套用公式的解题过程转变为从情境中发现问题，再解决情境中的问题，立足于全面考查学生的物理学科素养。在新高考评价体系下，试题情境的设置会越来越多，情境的素材也会越来越丰富。因此，在物理教学实践中，我们要减少让学生机械地套用物理公式，死记硬背规律结论，要多研究情境化试题的教学方法，注重培养学生科学思维，提升将知识规律应用于解决实际问题的意识和手段，从而实现学生学科素养的有效提升。

参考文献

[1] 中华人民共和国教育部. 普通高中物理课程标准（2017 年版 2020 年修订）[M]. 北京：人民教育出版社，2020：1－89.

[2] 教育部考试中心. 中国高考评价体系说明 [M]. 北京：人民教育出版社，2019.

[3] 罗培雄，陈森林. 基于情境为载体的高中物理试题研究 [J]. 考试周刊，2020（71）：127－128.

[4] 谷海跃，耿宜宏，吴钦. 基于学生科学思维培养的物理规律教学探索：以“交变电流”一课为例 [J]. 物理教师，2021（8）：21－24.

[5] 张艳香，魏昕. 促进学生物理论证能力发展的策略研究 [J]. 课程·教材·教法，2016（3）：122－127.

高中物理实验教学中促进学生深度学习的策略

华南师范大学附属惠阳学校　江敏丽

一、引言

《普通高中物理课程标准（2017 年版）》指出要培养学生物理科学思维，要求学生能基于事实证据和科学推理对不同观点和结论提出质疑和批判，进行检验和修正，进而提出创造性见解的能力和品格。而在高中物理实验教学中发现，学生常常机械地完成实验，没有将实验操作过程中所获得的知识内化为自己的认知，形成自己的科学思维。对此，依据课程标准所提出的要求，教师在实验教学中可以采取一些策略引导学生对物理知识深度学习，提高物理学习的有效性。

二、深度学习

《普通高中物理课程标准（2017 年版）》提出，要求学生变“被动接受”为“主动学习”，变“浅层学习”为“深度学习”。深度学习的概念源于人工神经网络的研究，深度学习要求能够运用批判性的学习思想，并融入原有的认知结构中，将知识迁移到新的情境，从而解决新的问题这一目标。

现在将其迁移到高中学生的学习活动中来则是指学生在教师的引领下，围绕具有挑战性的学习主题，全身心积极参与、体验成功、获得发展的有意义的学习过程。在高中物理实验教学中，教师可以通过指导学生深度学习，更好地培养学生的“物理观念、科学思维、科学探究、科学态度与责任”的物理核心素养。

三、在高中物理实验教学中促进学生深度学习的策略

（一）观察质疑，引领学生进入深度学习的情境

演示实验是物理教学中必不可少的一个环节，如果实验现象明显，通过教师的引导设

疑，学生能够从所观察的实验现象中归纳整合出隐含的物理知识，理解其本质特征。例如，在人教版新教材高中物理必修第三册关于电容器相关教学内容的描述中，新增了观察电容器的充、放电现象的要求，如果利用传统的使用电流表和灯泡来观察电容器的充、放电现象，过程比较短暂，学生无法有效地观察，从而无法实现课标的要求。

通过 DISLab 实验的微电流传感器可以采集充、放电过程的电流随时间动态变化的情况。根据图 1 的实验原理图连接实验电路，得到电容器充电与放电的 $I-t$ 图像（见图 2），学生很容易理解电容器充电和放电时电流随时间的增大按指数规律增减的规律。通过调节变阻箱可以调节放电时间，增加了实验的可视性，帮助学生通过现象归纳总结出电容器充、放电的特点。

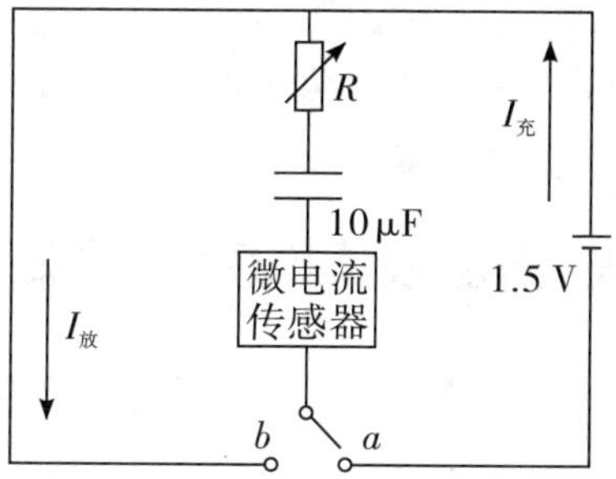

图 1　电容充、放电实验原理图

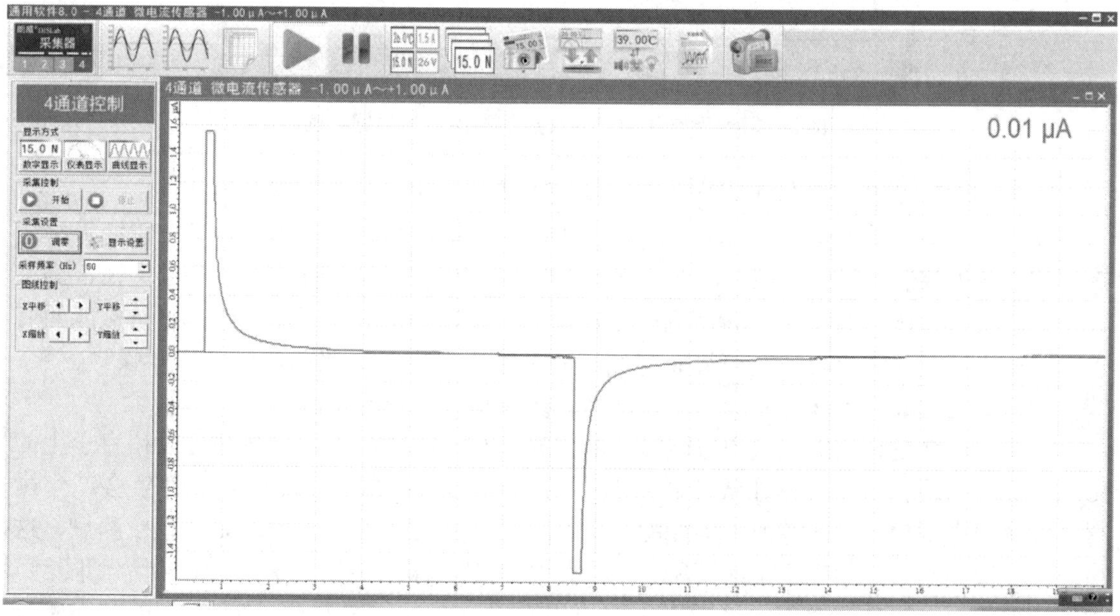

图 2　$R=20\ \Omega$ 时电容器充电与放电的 $I-t$ 图

（二）探究解惑，调动学生深度学习的主动性

在物理教学中，学生基于观察提出物理问题，形成猜想，并将理论应用到实践中，是科学探究的必经之路。教师在实验教学中，积极寻找与学生体验相关的物理问题，并启发学生主动探究，通过科学的物理方法设计物理实验，得出结论，充分调动学生学习的主动性，提高深度学习的参与度。例如，在“探究弹簧弹力和伸长量的关系”教学中，首先让学生切身体验，动手感受弹簧的弹力，进而提出弹簧弹力的大小与哪些因素有关的猜想，激发学生探究的欲望。通过教师与学生的互动引导学生用控制变量法来设计实验方案，并进一步动手探究。

DISLab 实验可以迅速收集数据，并形象直观地将数据呈现出来，得出胡克定律，如图3 所示。本实验还可以进一步拓展几个角度进行探究，例如可以探究不同性质弹簧的弹力大小，可以探究水平和竖直放置的弹簧弹力和伸长量的关系，引导学生提出疑问，再借助实验帮学生解惑，拓宽学生的知识面，实现深度学习。

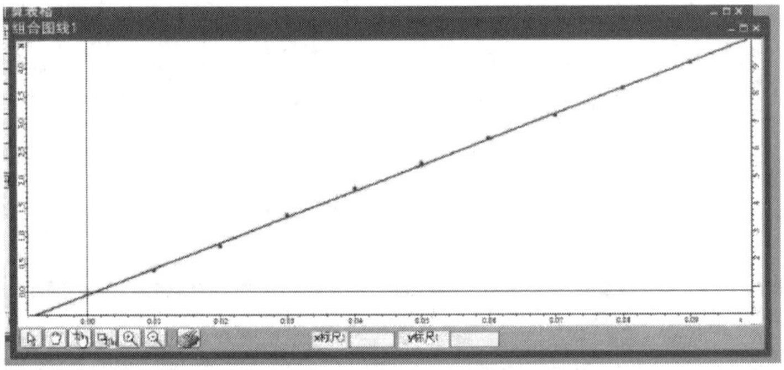

图 3　探究弹簧弹力和伸长量的关系实验数据处理

（三）联系对比，激发学生深度学习的创造性

深度学习强调学生在知识体系上能够在新知识和原有知识之间建立联系，掌握复杂概念、深层知识等非结构化知识。因此，教师在教学的过程中应当引导学生对相关知识进行有效的联系和对比。例如在“验证机械能守恒定律”这个实验中，学生学过了机械能的概念，知道机械能的转化与动能和势能有关，这时鼓励学生联系以前所学的实验设计方案，获得物体运动过程中动能与势能的变化数据，从而验证机械能守恒。

很多学生会设计动能与重力势能转化的实验方案，如图 4 所示。教师可以拓宽学生的思维，提出问题：动能与弹性势能转化是否也能验证机械能守恒定律呢？学生会产生疑惑：弹簧弹力做功可以知道弹性势能的变化，但是弹簧的弹力是变力，无法直接测量，这该怎么解决呢？引导学生联系前面所学变力做功知识，如果能画出 $F-S$ 图像，无论是恒力抑或变力都能通过图像与位移所围成的面积，求出变力所做的功。结合 DISLab 实验设计方案，如图 5 所示，可以把变化的力读取出来，并求出对应的弹性势能，如图 6 所示，从而验证机械能守恒定律。

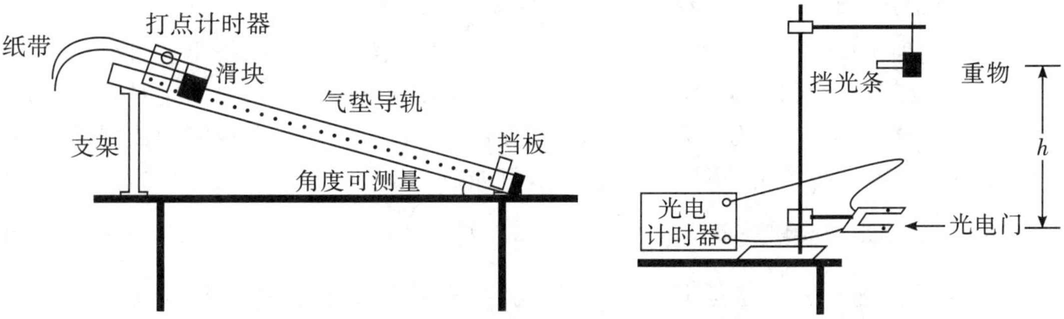

图 4　动能与重力势能转化过程机械能守恒

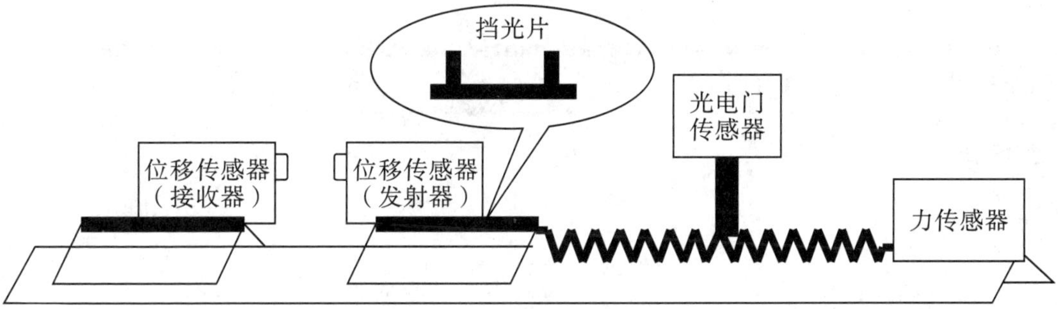

图 5　动能与弹性势能转化过程机械能守恒

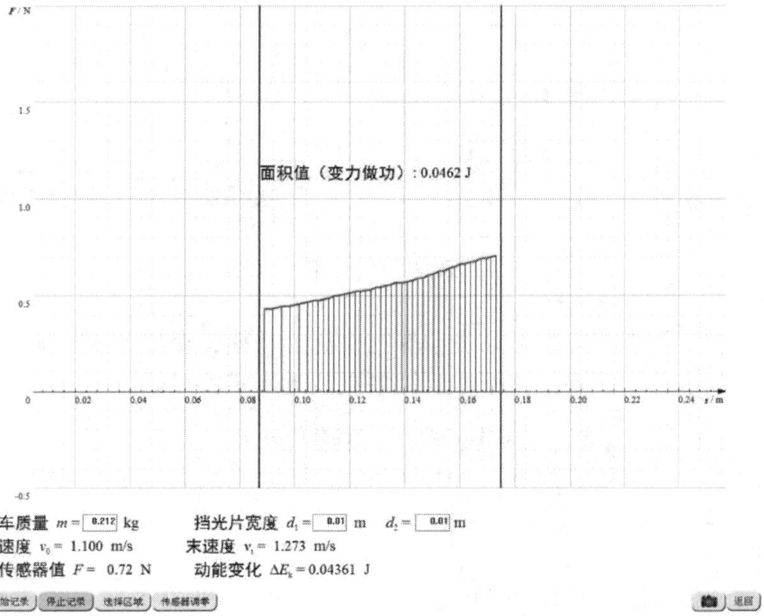

图 6　动能与弹性势能转化过程 $F-S$ 图

（四）深度挖掘，培养学生深度学习的思维

在高中物理实验教学中笔者发现，学生常常仓促完成实验，草率得出实验结论，忽略误差分析，思维没有达到相应的水平，没有进一步深度学习。教师可以通过对学生实验数据的质疑，引导学生结合实际问题深度思考，促进学生深度挖掘所获取实验数据背后的物理意义，从而培养学生严密的逻辑思维能力。例如在“研究气体压强与体积的关系”实验中，通过 DISLab 实验采集数据，绘出压强与体积的关系 $P-\frac{1}{V}$图像，如图 7 所示。分析图像可知，等温情况下，一定质量气体压强与体积的关系图像为一次函数关系“$y=1\ 898.197\ 8x+6.813\ 51$”，与玻意耳定律中的 $P-\frac{1}{V}$关系不符，引起学生认知冲突，进而挖掘深层原因。

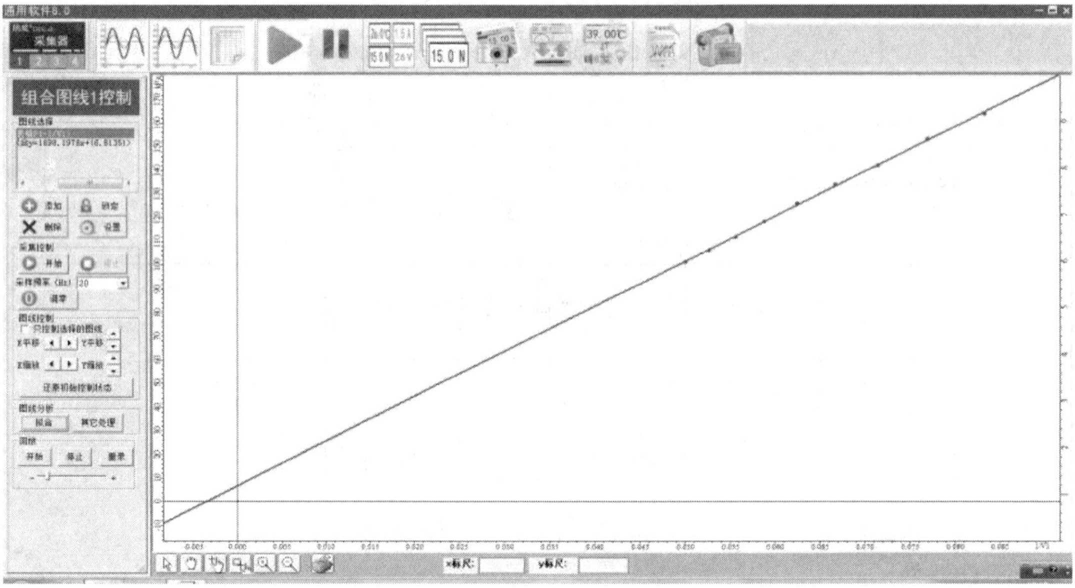

图 7　$P-\frac{1}{V}$图

在教师引导下，学生积极思考，主动探究，深入迁移，提出如表 1 所示的四种实验方法来减少连管体积引起的误差，使得实验结果更趋近于实验规律。

表 1　减少实验误差的方法

减小实验误差方法	具体操作	$P-\frac{1}{V}$关系式
估测连管体积	借助游标卡尺测量连管内径 $D=4.0$ mm，连管长度有部分无法准确测量，因此估测管长为 $L=55.0$ mm，计算可得连管体积为：$V_{连}=0.69\ cm^3$。将估测体积输入 DISLab 实验系统“通用软件”进行数据处理	$y=2\ 073.651\ 1x+1.355\ 61$

续上表

减小实验误差方法	具体操作	$P-\frac{1}{V}$关系式
理论推导连管体积	根据气体实验定律，$P(V_{注}+V_{连})=C$ 变形可得 $V_{注}=\frac{1}{P}C-V_{连}$，利用 DISLab 实验通用软件，做出 $V-\frac{1}{P}$图像，图像截距即为连管体积 $V_{连}=0.678\ 3\ cm^3$。将所得体积输入 DISLab 实验系统通用软件进行数据处理	$y=2\ 070.866\ 0x+1.388\ 5$
补偿法消除连管体积	在注射器活塞上贴一块和连管相同体积的橡皮泥，这样补偿了连管体积后，只需重复实验步骤即可	$y=1\ 977.552\ 7x+3.407\ 8$
扩大注射器量程	更换更大量程（100 mL）的注射器进行实验，使得实验测量数据分布更广，以减弱连管体积所带来的影响，减小误差	$y=9\ 668.609\ 4x+3.856\ 4$

通过上述四种误差分析方法探究发现，无论哪种方法，均有效减小了连管体积带来的误差，其中估测法和理论法修正连管体积的 $P-\frac{1}{V}$图像截距更小，更接近原点，使实验数据与理论结果更贴近。

四、 结语

在新课程背景下，高中物理学习对学生科学思维和科学探究等核心素养更加重视。而深度学习高中物理知识可以促进核心素养的培养。教师通过不同的教学策略在实验教学中逐步引导，深入挖掘，激发学生深度学习的欲望，培养学生深度学习的能力，提升学生的学习能力，实现学生的思维发展，这才是深度学习的最终目的。

参考文献

[1] 中华人民共和国教育部. 普通高中物理课程标准（2017 年版）[M]. 北京：人民教育出版社，2018：4.

[2] 解凤英. 高中物理深度学习中的教与学 [M]. 长春：东北师范大学出版社，2021.

[3] 傅竹伟. 在高中物理教学中促进学生深度学习的策略探究 [J]. 物理教师，2014 (4)：6 – 7，15.

新高考走班制下物理分层作业的有效实施研究

广东广雅中学　陈一鸣　高远静

一、走班制下物理分层作业的研究现状及探索路径

走班制下的物理分层教学是立足于学生的全面发展，尊重个体学习差异的有效教学形式。作业是课程教学的一个重要环节，笔者在进行走班制下分层教学的实践过程中发现，走班制下的分层作业不只是“分层”那么简单，走班制的教学组织形式对具体的教学活动和作业管理都有一定影响，行政班教师和走班任课教师在布置作业、收缴作业、了解作业完成情况和评价方面都遇到一些困难，例如：各个层次的作业各不相同；同一班别内有3个层次的学生作业需要收缴和分发，传统方法比较麻烦；班级物理教师和任教层次的物理教师对学生的作业评价信息不通；等等。为了提高走班制下实施物理分层作业的效果，笔者除了做好题目题量的分层设计以外，还借助“平板智慧课堂”进行物理分层走班作业的管理和实施，在实践教学中形成符合我校走班制课程特点的物理分层作业模式，增强有效性。

二、走班制下物理分层作业有效实施的基本原则

为了保证走班制下分层作业的有效实施，笔者在设计作业模式时遵循了4个基本原则。

（一）实践性

走班制下的分层教学模式对作业的实施和管理有较大的挑战，以往实践者在对走班制分层教学的研究过程中发现了很多操作困难和问题，例如：部分教师认为“会让学生产生等级差别歧视，容易使一部分学生产生优越感，而另一部分学生产生失落感，存在差生自我定位的心理暗示”；还有部分教师认为“作业设计无形中增加了教师的工作负担，而在管理上得不到有效落实，体现不了价值”；等等。所以，分层作业一定要充分考虑实际教学情况和潜在困难，设计操作性较强的可行方案。

（二）创造性

走班制下的分层作业与传统作业模式有非常大的差异，在设计和实施分层作业的过程中需要有创造性。走班制下分层作业的创造性体现在融合信息技术服务教学，体现在选册选题、作业管理、作业评价、作业题目设计、作业内容和形式等方方面面。此外，要借助备课组、科组的团队力量，发挥创新作用，进行创造性的工作。

（三）目标性

分层作业是分层教学课堂的延伸，需要体现各个分层教学的目标。不同层次的学生的物理认知水平是不一样的，知识学习、能力培养和素养形成的目标也不一样，在设计分层物理教学的课堂目标的同时，作业也应该体现分层的理念，所以，设计与教学目标一致的分层物理作业是最基本原则。

（四）提高性

虽然分层作业是为适应各层次学生的物理水平设计的，但是我们教育的理想是令人人都达到学习目标，不需要再分层。所以，分层作业同时要考虑各层次学生的发展需求，需要设计一些有一点点挑战性，能够促进学生巩固提升的物理作业，以帮助学生通过自己的努力进入更高的层次，真正做到启发学生思维，引导学生掌握基本物理原理和分析物理问题的方法，为进一步深入学习物理奠定坚实的基础。根据维果茨基的最近发展区理论，分层作业在符合学生的当前水平的基础上遵循提高性原则，学生会在落实作业的过程中走出物理学习的困境，更加乐学、好学。

三、 关于物理分层作业有效设计的 4 个维度

（一）关于命题立意方面

笔者在设计和命制作业检测题时，首先需要考虑不同层次的作业的命题立意是不同的。基础层次的作业题，对学生的要求最低，需要以陈述性知识为载体，主要是基于知识立意去进行命题。其次，提高层次的作业题，是基于能力立意去命题，考查学生的程序性知识掌握情况，落实物理方法与解题的技能。最后，还需要有一部分题目是基于素养立意来命题，新课标下对学生的核心素养提出了明确的教学要求，所以需要以策略性知识为载体考查学生的掌握情况，尤其是对于较高层次的学生，作业要以较高的素养立意为主。

（二）关于核心素养方面

《普通高中物理课程标准（2017 年版）》明确了物理学科核心素养包含 4 个方面和 14 个要素，如表 1 所示。

表 1　新课标物理学科核心素养

4 个方面	14 个要素
物理观念	物质观念、运动与相互作用观念、能量观念
科学思维	模型构建、科学推理、科学论证、质疑创新
科学探究	问题、证据、解释、交流
科学态度与责任	科学本质、科学态度、社会责任

走班制下的分层教学是在新课程标准出台和新高考方案颁布的大背景下进行的，所以分层作业的设置也应该符合新课程标准的课程目标，通过学科核心素养来集中体现学科育人价值。以上 14 个核心素养的要素都可以在教学过程中一一落实，但是，考虑到纸笔作业的局限性，物理分层作业主要是通过试题设计来落实物理观念和科学思维的核心素养，科学探究的核心素养更多地需要学生在实验探究和实践过程中进行落实，对于层次较高的学生，可以通过设计拓展性的作业来实现。此外，需要在命题时以情境为载体，渗透科学态度与责任的价值培养。

（三）关于难度水平方面

普通高中课程标准中的学业质量水平为设计不同难度的分层作业提供了命题依据和标准。基于学业质量水平的等级划分，我们确定了 3 个层次的分层作业的命题难度标准：基础层次的作业难度主要体现水平 2 至水平 3 的学业质量要求，提高层次的作业难度主要体现水平 3 至水平 4 的学业质量要求，较高层次的作业难度主要体现水平 4 至水平 5 的学业质量要求。对于基础层次的学生，在设计作业内容时，重点考查学生物理学科的必备知识，渗透一点关键能力的训练，作业的考查要求应该以基础性为主，加强对基本概念、基本规律的考查，引导学生重视对基本概念、基本规律的理解和掌握，引导学生夯实物理基础。对于提高层次的学生，在设计作业内容时，以关键能力的巩固训练为主，更多地从基础性、综合性角度去命题，引导学生综合运用物理概念和规律去分析问题、解决问题，促进学生形成更加全面、完整的认知结构。对于较高层次的学生，在设计作业内容时，要在学科素养引领下适当拔高其解决问题的关键能力，多从综合性、应用性的角度命题，同时命题需具备一定的创新性，引导学生从整体上分析各种现象的本质和规律，引导学生灵活运用物理方法解决实际问题，实现从“解题”向“解决问题”转变；可以增加开放性和探究性的作业，加强对学生创新能力的考查。

（四）关于形式多样方面

走班制下分层物理作业的设计以纸质版作业为主，同时为了满足不同层次学生的学习需求，以及激发学生物理学习的兴趣，作业形式可以更加多样化，其他作业形式有探究型、实践型、实证型、综合型等等。例如，在布置“探究感应电流的产生条件”这一节课的作业时，对提高层次的学生可以在课后布置探究型的拓展作业，对于较高层次的学生则可以在上课前布置探究型的预习作业，开放实验室和提供器材给学生自由探究感应电流的产生条件。又如在布置“超重和失重”这一节课的作业时，可以给学生介绍 Phyphox 手机物理工坊软件，布置一些实践型的作业。鼓励基础层次的学生课后利用软件调用手机的速度传感器和加速度传感器，模仿教师的课堂实验，在电梯里测量超重和失重的情况。对于提高层次和较高层次的学生，则鼓励他们利用软件更多内置的功能和手机传感器，在生活实践中发现物理问题，研究物理现象，总结物理规律。

四、基于“平板智慧课堂平台”实施走班制下的分层作业有效管理

分层走班教学组织的难点是：平时学生由行政班的教师进行管理，在实施分层走班时学生由任教分层教学的教师进行授课，课后作业由分层教学的教师布置，不利于原行政班教师对走班学生的宏观把控。为了在原行政班级的教师与负责走班教学的教师之间建造一条信息共享的桥梁，笔者通过平板智慧课堂平台的应用，发现其在管理分层作业和实现学生信息共享方面具有相当突出的优势，解决了传统的分层走班作业模式的诸多不便与不足，为教师实施教育教学管理活动提供便捷。

（一）组建分层走班作业组

首先，任课教师根据参加分层上课的学生在平板智慧课堂平台上组建走班班级。教师在智慧课堂平台上链接智学网，添加分组信息，把对应的学生选上，就可以将其作为一个分组进行作业布置。

（二）布置分层走班作业

笔者所在学校的物理分层走班教学是分了 A、B、C 3 个层次，如果按照传统的线下作业管理方式，则意味着每个行政班有 3 个教学班的学生，需要安排 3 位科代表。“A 层基础班”的科代表需要每天收 A 层同学的物理作业给教师批改；“B 层提高班”的科代表则根据教师的要求收加练作业给教师批改；“C 层卓越班”的学生普遍比较自觉，教师不需要过多地督促学生完成作业，但是需要布置作业给学生去落实。如果利用平板智慧课堂平台的信息技术，任教教师可以要求各层次的学生在平板界面上拍照上传自己的作业，教师也可以直接在平台上批阅，免去了传统科代表收发作业方式的很多烦琐复杂工作，避免在收发过程中的混乱，同时效率也大大提高。

（三）管理和共享分层走班作业

走班教师通过平板布置作业后，学生可在平板端完成并按时上交作业，走班教师可以在平板智慧课堂平台上批改作业并做出评语，不符合要求的作业则被立即打回给学生重做。待走班教师批改后，可将作业情况在平台上进行共享。共享后，原行政班教师即可了解学生课后作业的完成情况与完成质量，以及走班教师对学生作业的评语。

（四）统计分层走班作业数据

平板智慧课堂平台还有完成作业时长、完成效率、作业分数以及相关知识的掌握情况等数据反馈功能，教师可以充分利用信息技术手段挖掘学生的作业完成情况的数据，量化对学生作业及学习的评价，还可以利用智能组卷中的学情组建功能，针对走班班级学生平时作业中的错题情况，布置相关错题训练和薄弱项训练。最后，可将这些作业情况在平台

上进行共享，原行政班教师也可以了解学生课后作业的完成情况与完成质量。

教育面向全体学生，意味着应该尊重每一个学生，关注个体差异，着眼于学生的全面发展和终身发展的需要，满足不同学生的学习需求。走班分层让学生可以根据自己对知识的掌握程度、知识体系和学习能力，有针对性地选择适合的层级班级上课；而分层作业是实现该分层教学目标的重要途径，是分层教学课程的重要组成部分，增加了学生选择的兴趣和学习主动性，有效地做到因材施教、因层而变。

参考文献

[1] 中华人民共和国教育部. 普通高中物理课程标准（2017 年版）[M]. 北京：人民教育出版社，2018.

[2] 程力. 增强基础性和综合性　深化高考物理内容改革 [J]. 物理教师，2016，37（5）：74－77，79.

[3] 程力，李勇. 恢复高考 40 年物理考试内容改革述评 [J]. 中国考试，2017（9）：1－10.

化学篇

“新师范”建设丛书

基于“微课+美篇二维码+学习任务清单”多元结合的山区高中化学课后辅导模式的研究

汕尾市陆河县陆河中学　彭　津

一、微课的内涵

微课，是信息化时代教育的产物，其核心部分是以某一知识点或技能展开教学的10分钟以内的情景化短视频。作为在传统的课件、教案等资源的基础上发展的新型教学资源，在与新教材、新课标、新高考深度融合下，微课能够将教学内容进行碎片化、情景化、重组整合，其类别包括重点难点易错点类微课、专题类微课、实验操作类微课、科普类微课、趣味化学实验类微课等，教学主题突出，具有短小精悍的特点。

二、在山区高中化学课后辅导中应用“微课+美篇二维码+学习任务清单”多元结合模式的必要性

在山区高中学校，学生学习化学的热情不高，缺乏学好化学的信心。面对基础薄弱的学生，受教育资源落后等条件的制约，仅靠一周3个课时、每课时40分钟的课堂时间，教师要全面地指导学生理解化学的内涵，牢固掌握知识，非常困难。课后辅导作为课堂教学的延伸与补充，是提升教学质量的重要环节，然而教师执教多个班级，学生存在个体差异、阶段性的发展差异，在课后辅导中教师总有分身乏术、难以兼顾每个个体的无力感。面对这种困境，笔者尝试引入微课这种创新的课后辅导方式，利用放学后、周末或节假日时间组织学生进行“隔空”远程教学。经过初步试验，笔者发现，如果将微课通过微信直接发给学生学习，学生须具备顺畅的网络条件，但这在山区地区，特别是偏远落后的农村难以满足。为了解决微课的存储和传输慢、难的问题，借助美篇代替微信直接发送视频的形式发布微课是个不错的选择。将微课上传至美篇，并生成相应的美篇二维码，辅以配套的包含微课二维码的学习任务清单，印发给学生课后学习，学生扫码就能打开获取资源，对照学习，发展进阶思维。具体的“微课+美篇二维码+学习任务清单”模式的流程如图1所示。

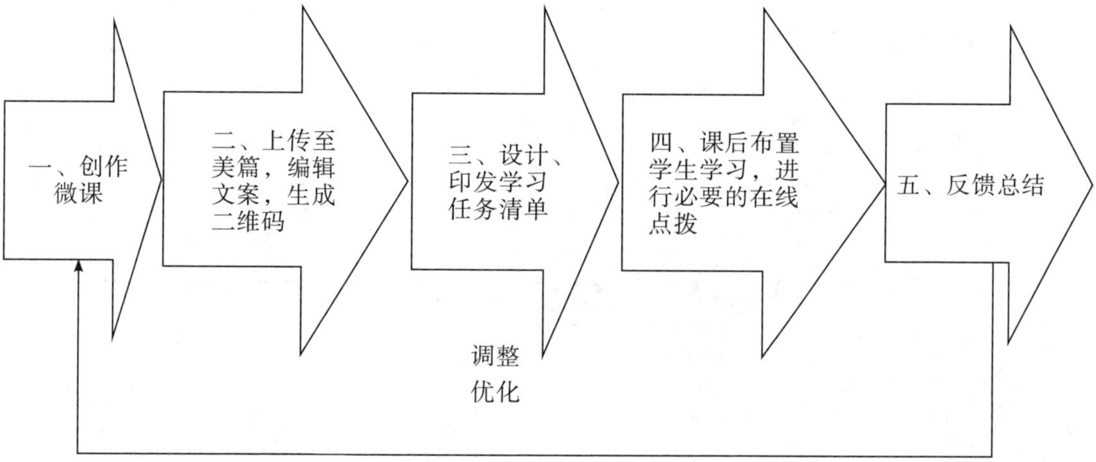

图 1　“微课 + 美篇二维码 + 学习任务清单”模式流程

下面，笔者结合自身的实践研究，以三个应用案例为例，就这种多元结合的课后辅导模式展开探讨。

三、 案例 1——适用于各层次学生的趣味化学实验类微课 “如何制作苹果电池”①

趣味化学实验微课取材于生活中常见的普通物品进行创作，实验内容能以调慢速、放大、注释、高亮显示等方式加以强调，适合各层次的学生学习。相较于传统的课堂演示实验教学，它不会因学生人数多而无法兼顾全员，能使每一位学生获取更深刻的学习体验，清晰地理解要点。

（一）创作微课的工具

硬件：电脑、麦克风、耳机、手机。

软件：Camtasia Studio 9、Microsoft PowerPoint 2010、Microsoft Word 2010。

实验用品：苹果、导线、锌片、铜片、发光二极管。

（二）创作的过程

创作微课，教师兼具编剧、摄影、道具组、导演、配音、剪辑师的多重角色于一身，不仅需要具备专业的学科知识与技能，还要能够自如切换各个角色，这对教师的信息技术能力也有一定的要求。

笔者以 2019 人教版高中化学必修第二册教材第六章第一节“化学反应与能量变化”为依托，以核心素养为导向进行设计，对教材上的知识进行整合，联系教学进度、学情，做到横向有联系、纵向有延伸，营造一对一的教学氛围，实验的过程穿插互动提问，课程

① 由笔者创作的该微课视频（删减版）于 2019 年 5 月 20 日发表在“化学教育期刊”微信公众号；曾撰写论文《基于趣味化学实验微课的实验教学研究——以〈如何制作苹果电池〉的创作和应用为例》。

尾声鼓励学生自主制作原电池，并完成学习任务清单，最终实现知识和实验技能的跨越。创作该微课的步骤如图 2 所示。

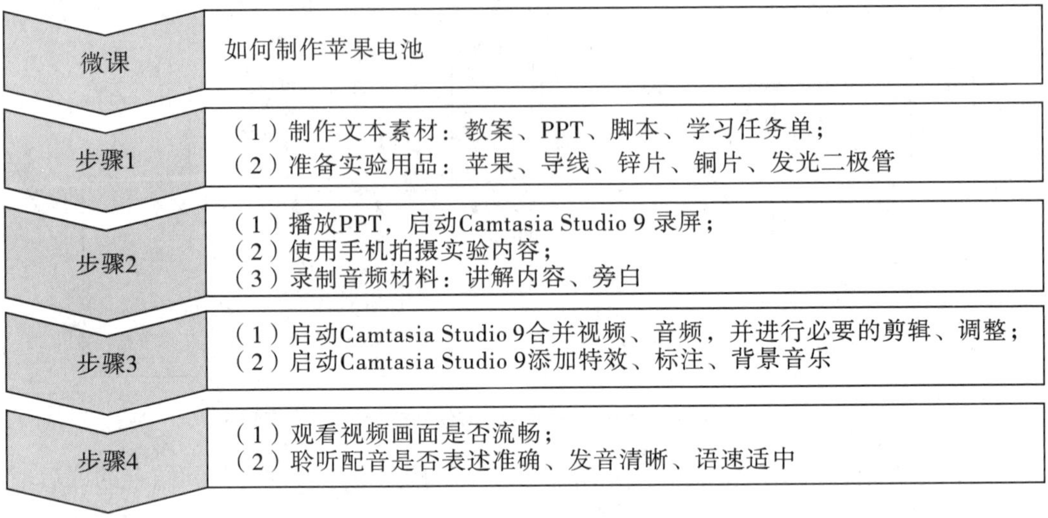

图 2　创作微课“如何制作苹果电池”步骤

对拍摄所得的十多个视频、音频进行加工与完善，呈现实验原理、用品、步骤、流程、细节特写，且辅以旁白、标注，力求作品凸显微课的趣味性，更要强调知识性与技能性——展示操作的规范、现象的真实、原理的准确。视频围绕如何用苹果点亮一个发光二极管展开教学，视频仅 44.3 MB，时长合计 3′35″，微课虽“微”，但却完整，可达到见微知著的效果。

（三）应用微课

将微课视频上传至美篇平台，同时生成二维码，粘贴到学习任务清单，印发给学生，让他们周末在家扫码获取微课资源，学习课程内容。微课的结构如表 1 所示。

表 1　微课的结构

教学环节	一	二	三	四	五	六
内容	导入语，激发好奇心	构成原电池的四个条件	介绍实验用品	演示实验操作，突出细节，展示现象	探究实验原理	结束语，鼓励学生自行制作原电池
时长	22″	20″	12″	1′42″	40″	19″

学生的注意力始终集中在微课中，代入趣味化学实验之中，亲历验证实验理论知识的过程，既巩固课堂所学的理论知识——构成原电池的四个条件、原电池工作原理，又学会将理论应用于实践，并从中得到了启发，利用日常生活中常见的物品例如铁钉、铜线、硬币、水果、醋、浓盐水、音乐生日贺卡、锡纸、定时器等动手实验。

学生返校后提交已完成的学习任务清单，教师通过批改，把握学生的学习动态，收集学生的学习体会，为实验教学与下一次实验微课的创作、应用做参考。

四、案例 2——适用于分层次辅导的重点难点易错点类微课“电解池电极反应式的书写”

重点难点易错点类微课针对性强，内容设置层次分明。笔者结合不同层次的学情制作了同主题、不同难度的两个微课用于分层次教学。

（一）创作的过程

笔者以 2019 人教版高中化学选择性必修 1 教材的第四章第二节“电解池”为依托进行设计。针对一些基础薄弱的学生，笔者设计了注重基础积累的微课“电解池电极反应式的书写（一）”；针对一些基础相对较好，但是不懂如何对题目信息进行提炼、推导的学生，笔者设计了侧重思维进阶的微课“电解池电极反应式的书写（二）”。创作过程中，笔者从汕尾市统考的化学试卷中选取电化学题目进行整合，并搜集大量的近几年各省、各地市试题中电解池电极反应式的书写题型，建立素材库，精选代表题型，由浅入深，逐一研究各个选项所考查的知识细节以及解题的突破口，制作出课件，力求图文并茂，精练地呈现知识点。

这两个微课均采取录屏式的方法创作，播放课件进行讲解，做到言简意赅、针对性强。最后将录屏所得的视频、音频进行加工与完善，重视学习情境、活动的设计，在确保教学内容的完整性、导向性的前提下，使微课时长尽可能短，教学环节详略得当，时间分配合理。

（二）应用微课

根据不同的学情，分别印发学习任务清单布置学生周末回家对照任务学习，并关注学生与学生的在线互动、交流，进行答疑。应用微课学习过程如图 3 所示。

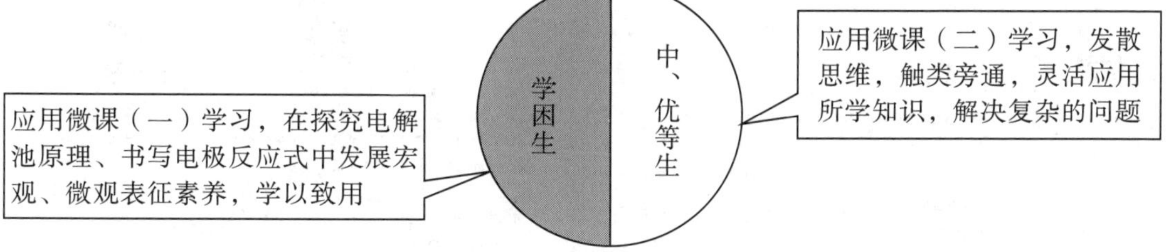

图 3　应用微课情况

两份学习任务清单均包括：（1）课程主题、二维码、简介；（2）微课中的相关例题；（3）微课的归纳小结；（4）课后习题。具体内容如图 4 所示。

电解池电极反应式的书写（一）

——几种常见的电极反应式的书写

班级：________姓名：________

微课时长：9 分 39 秒　难度：中等　适用：初学预习；备考复习

一、扫码进入微课《电解池电极反应式（一）》自主学习，对照下列题目认真思考并完成。

【微课教学内容】

基础知识讲解

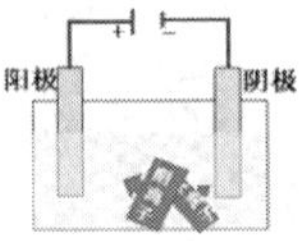

电解池：把电能转化为化学能的装置。

★构成条件：（1）外加直流电源

（2）与电源相连的两个电极：

接正极的为阳极，发生氧化反应；接负极的为阴极，发生还原反应

（3）电解质溶液或熔融的电解质

（4）闭合回路

电解池离子放电顺序：

阳极：失去电子，化合价升高——活性电极 $>S^{2-}>SO_3^{2-}>I^->Br^->Cl^->OH^->$含氧酸根$>F^-$

阴极：得到电子，化合价降低——电极本身不反应

$Ag^+>Fe^{3+}>Cu^{2+}>H^+>Pb^{2+}>Sn^{2+}>Fe^{2+}>Zn^{2+}>(H^+)>Al^{3+}>Mg^{2+}>Na^+>Ca^{2+}>K^+$

例 1：电解溶质型

以电解氯化铜溶液为例

阳极：　　阴极：　　总：

例 2：电解水型

以电解硫酸钠溶液为例

阳极：　　阴极：　　总：

例 3：放氢生碱型

以电解氯化钠溶液为例

阳极：　　阴极：　　总：

例 4：放氧生酸型

以电解硫酸铜溶液为例

阳极：　　阴极：　　总：

例 5：电解熔融 NaCl

例 6：精炼铜

【微课小结】

一、思路：

1. 判断阴阳极

2. 了解阳极材料

3. 分析分别移向两极的离子

4. 按放电顺序写出电极反应式

二、电解池离子放电顺序

三、常见类型

二、课后习题

写出下列装置的电极反应式，并判断 A、B、C 溶液 PH 值的变化。

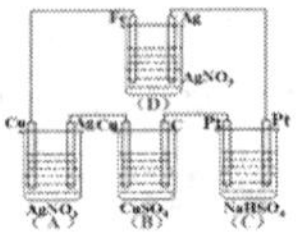

电解池电极反应式的书写（二）

——根据题目信息推导电极反应式的书写

班级：________姓名：________

微课时长：4 分 44 秒　难度：较难　适用：巩固进阶；备考复习

一、扫码进入微课《电解池电极反应式（二）》自主学习，对照下列题目认真思考并完成。

【微课教学内容】

例 1：（2020 汕尾市高二教学质量监测·23（3））

高铁酸钠（Na_2FeO_4）具有很强的氧化性，溶于水能释放大量的原子氧，从而非常有效地杀灭水中的病菌。用右图所示的电解装置制取少量高铁酸根，阳极电极反应式为________________________________。

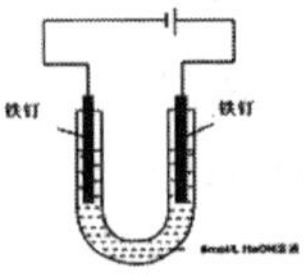

例 2：在碱性条件下，在阴极上电解 $NaBO_2$ 也可制得硼氢化钠（$NaBH_4$），写出阴极室的电极反应式______________。

练习 1、（2014 茂名一模）32（5）工业上还可以在水浸过滤后的溶液 Na2CrO4 加入适量 H2SO4，用石墨做电极电解生产金属铬，写出生成铬的电极反应方程式______________。

练习 2、（2014 四川卷·11）（4）MnO_2 可作超级电容材料。用惰性电极电解 MnSO4 溶液可制得 MnO2，其阳极的电极反应式________________________。

例 3：（2013 新课标 I 卷·27 改编）…充电时，该锂离子电池负极发生的反应为 $6C+xLi^++xe^-=Li_xC_6$ …

（5）充放电过程中，发生 $LiCoO_2$ 与 $Li_{1-x}CoO_2$ 之间的转化，写出充电时电池反应方程式为________________________。

【微课小结】

✓ 根据题目信息写出反应物以及对应的产物

✓ 根据化合价的变化标出得或失的电子数目

✓ 根据电荷守恒，结合题目信息利用溶液中的离子平衡等式两边电荷

✓ 根据原子守恒，配平

二、课后习题

1、我国科学家研发了一种室温下"可呼吸"的 Na－CO_2 二次电池。将 $NaClO_4$ 溶于有机溶剂作为电解液，钠和负载碳纳米管的镍网分别作为电极材料，电池的总反应为

$3CO_2+4Na \rightleftharpoons 2Na_2CO_3+C$，下列说法正确的是

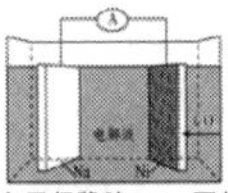

A．放电时，ClO_4^- 向正极移动　B．可将电解液换成 $NaClO_4$ 水溶液

C．充电时吸收 CO_2，放电时释放 CO_2

D．放电时，正极反应为：$3CO_2+4e^-=2CO_3^{2-}+C$

2、以铅蓄电池为电源可将 CO_2 转化为乙烯，其原理如图所示，电解所用电极材料均为惰性电极。阴极上的电极反应式为________________________；每生成 0.5mol 乙烯，理论上需消耗铅蓄电池中__________mol 硫酸。

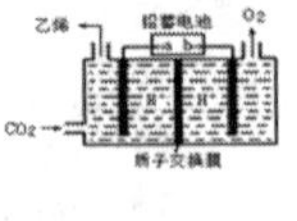

图 4　该案例用于分层次教学的不同的学习任务清单截图

五、案例3——适用于引导学生知识、能力、素养融会贯通的专题微课“电解质溶液图像专题探究”①

专题微课，是指围绕某一专题的知识主干，由多个包含不同重点知识点的微课组建而成，各个组成微课紧扣专题，不断螺旋提升，是强调重点、分解难点、突破易错点的一个重要手段，各个子微课有明确的教学目标，重点突出，内容充实，各自独立又密切相连。

（一）创作的过程

以2019人教版高中化学选择性必修1教材的第三章“水溶液中的离子反应与平衡”为依托，笔者确定主干知识为“电解质溶液图像专题探究”。它以图像为载体，承载本章大量的化学知识，综合性强，考查了学生多方面的素质和能力。笔者搜集了近年来的全国卷、广东高考化学真题及模拟题进行信息整合，将本专题设计为3个微课：滴定曲线图、分布分数曲线图、lg－直线图（见表2），力求让学生全方位探析题型内涵，攻克难题。课件基于学科核心素养设计，注重由浅入深、环环相扣，引导学生联系“水溶液中的离子平衡”知识对图像进行“轴—线—点”层层剖析，合理规划教学内容的难度梯度，确保课程符合学生的认知规律。

笔者采用录屏的方式进行创作，播放课件，紧扣主题，开始讲解。确保声音清晰，发音准确，语速均匀，言简意赅。为了让视频的感官效果更加理想，笔者对微课视频进行加工，确保学生在观看微课时获得最佳的学习体验。

表2　专题微课的主干知识及各微课主题

主干知识	微课主题	图例	一般横纵坐标表示的含义
电解质溶液图像专题探究	第1讲 滴定曲线图	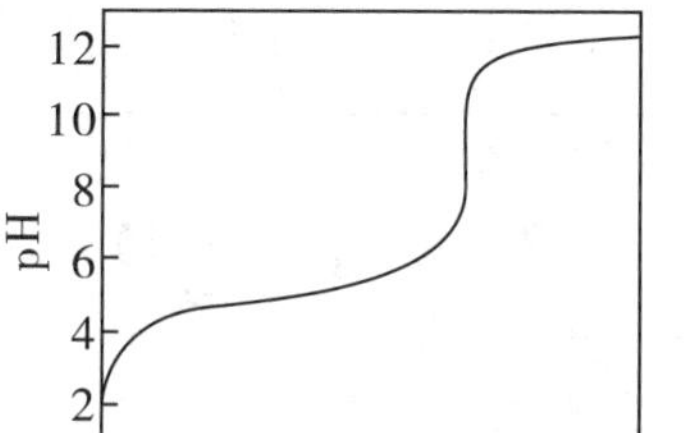	纵轴：pH； 横轴：溶液的滴入量

① 曾撰写论文《专题微课在化学高考备考中的实践探究》，收录在2020年6月出版的《十年磨一剑：陆河中学教育探索与实践》。

续上表

主干知识	微课主题	图例	一般横纵坐标表示的含义
电解质溶液图像专题探究	第 2 讲 分布分数曲线图	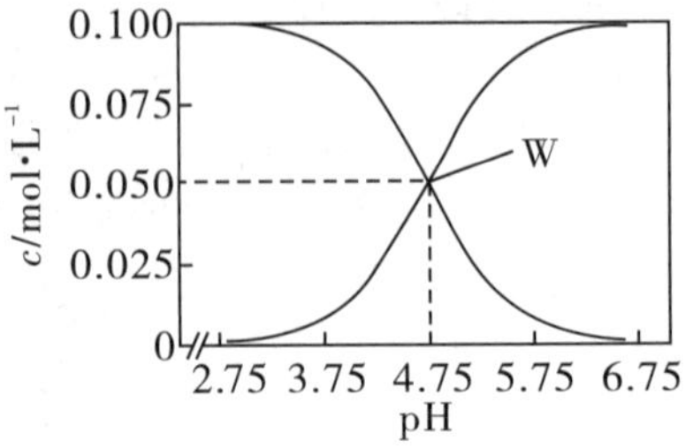	纵轴：微粒的组成百分率或浓度； 横轴：pH
	第 3 讲 lg－直线图	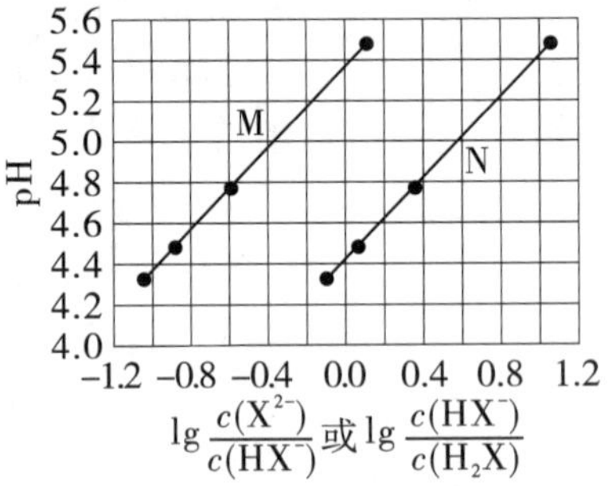	纵轴：pH； 横轴：包含微粒浓度或浓度之比的对数

（二）应用微课

笔者将 3 个子微课均发布到同一篇美篇，生成二维码，根据各微课内容分别制作出 3 份学习任务清单，印发给学生周末回家自主学习，并在线点拨。3 个子微课的视频结构如表 3 所示。

表 3　3 个子微课的视频结构

子微课	片头	教学环节一 例题讲解	教学环节二 高考真题拓展	教学环节三 归纳解题模型	教学环节四 同类题型训练	片尾
滴定曲线图	5″	22″	3′17″	2′24″	1′14″	3″
分布分数曲线图	5″	25″	4′02″	2′46″	1′35″	3″
lg－直线图	5″	20″	4′11″	2′53″	1′16″	3″

六、　实践体会

在近四年里，笔者独立创作了 82 个微课，其中结合自己的教学进度上传至美篇的微课目前达 29 个（含两组专题微课），有效提升了教学质量，教学相长。

（一）该模式下不同类型微课均达到理想的教学效果

“微课＋美篇二维码＋学习任务清单”的课后辅导模式以新的高考评价体系“一体”

"四层""四翼"为指导，以教材为依托进行教学，落实新课标要求，遵循学生的思维特点，有助于学生获得更聚焦的学习体验，达到了理想的教学效果。

实验操作类微课为学生提供直观的学习实验的视听素材，展示规范的实验操作、严谨的科学态度，它帮助学生代入实验情境之中深刻把握实验，有效地突出实验操作细节，放大实验现象，使实验教学事半功倍。

趣味化学实验类微课，具有操作简单、过程安全、现象明显、迁移应用价值大、趣味性强等特点，使实验在山区高中生印象中去掉了"高冷的标签"，驱使学生积极思考，发散思维，加深对化学原理的认识，获取新知识与深层次的情感体验。

重点难点易错点类微课，主题脉络清晰，课程容量小，内容精细，针对性强，能够有效地指导学生清理知识盲点、触类旁通，大幅度提高教学效率。

专题类微课，各个子微课各自独立又相互联通，化零散细碎为聚集规整，变无序散乱为有序统一，训练学生发散思维，构建系统的知识网络，形成科学的化学思维方式，提高综合运用水平。

（二）促进了学生的发展

"微课+美篇二维码+学习任务清单"的课后辅导模式这一新型的一对一"隔空"、简洁清晰、有的放矢的课后辅导方式，可以有效激起学生的好奇心、求知欲、学习积极性，促使学生充分利用好碎片化的时间专注学习、按需学习，节奏全由自己把控，学科素养、关键能力、必备知识、综合素质得到同步发展。这一模式特别是在自主学习、终身学习意识方面有明显的成效，让不同层次的学生都取得进步，帮助学生在解决问题中走向创新性、个性化学习之路，从被动学习走向主动，开发自身的学习潜能，建立新型的学习途径和方式，最终为自己的终身学习、发展奠定良好的基础。

（三）促进了教师的发展

"微课+美篇二维码+学习任务清单"的课后辅导模式，一方面使教师更新了教育观念，进一步丰富了解读教材、重构知识系统、提炼重点、精选题型、提炼技能的经验，提高了课程信息整合能力、讲解技能、现代信息技术应用技能；通过回看自己创作的微课，可直观地发现亮点与不足，并将从中受到的启发用以改进自己的教育教学，开阔思路，促进专业化成长，使教学与教研水平双双提升。另一方面，这一模式也为教学提供了便利，对于一些疑难点的教学，教师不必一再重复讲解，只需将学习任务清单发放给学生课后扫码自主观看、让其按需学习，假如仍有疑问再进一步探讨，这节约了教师的时间、精力，从而可以倾注更多的能量备课、批改作业、进行教学研究。

今后笔者将做更多这方面的实践研究，注重课堂教学与应用微课课后辅导的互补，不断结合实际进一步优化山区高中化学课后辅导的策略。

参考文献

吴巧玲．新高考背景下利用"网上走班"实现个性化学习的实践研究：以"铁及其化合物的复习"为例［J］．化学教学，2018（3）：37－41.

基于“证据推理与模型认知”视角下的教学实践

——以“铁盐和亚铁盐”为例

揭阳市揭西县河婆中学　肖佳秀

一、 课题背景

《普通高中化学课程标准（2017 年版 2020 年修订）》所主张培育的 5 个必备的化学核心素养之一“证据推理与模型认知”，其内涵包括以下 5 个方面：（1）具有证据意识，能基于证据对物质组成、结构及其变化提出可能的假设；（2）通过分析推理加以证实或证伪；（3）建立观点、结论和证据之间的逻辑关系；（4）知道可以通过分析、推理等方法认识研究对象的本质特征、构成要素及其相互关系，建立认知模型；（5）能运用模型解释化学现象，揭示现象的本质和规律。

对“证据推理与模型认知”核心素养表述进行分析，教学目标指向培养 5 个方面的能力：（1）提出假设；（2）搜集证据；（3）证实结论、运用学科知识解释证据与结论的关系，建立观点、证据和结论之间的逻辑关系；（4）建立模型；（5）解决问题。

根据内涵和教学目标的指向，结合问题情境和探究活动中符合学生认知的教学环节，寻找到一般的、有普遍意义的，且能体现内涵的课堂教学实践活动的流程，如图 1 所示。

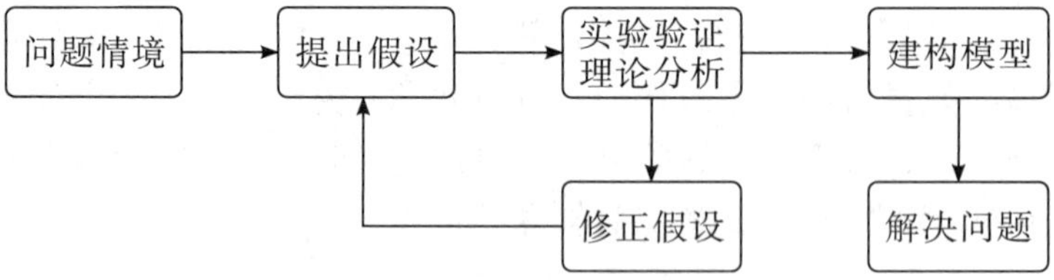

图 1　证据推理与模型认知素养的教学流程

二、 教学设计

（一）教材分析

“铁盐和亚铁盐”选自人教版化学必修第一册第三章第一节，主要涉及 Fe^{2+}、Fe^{3+} 的检验和 Fe^{2+}、Fe^{3+} 的相互转化这两部分内容，属于元素化合物知识体系，是学生在学习了钠、铝、铁等金属的化学性质及钠和铝的重要化合物知识的基础上，进一步开展的含铁化合物的学习。“铝三角”转化模型的建立为学习铁盐和亚铁盐的相互转化奠定方法基础，氧化还原模型为学习铁盐和亚铁盐的相互转化奠定了理论基础。同时，本节课也有很高的社会价值，如补铁剂、印刷铜电路板、暖宝宝、打印墨粉等物品的制作及使用均涉及该节的相关原理，通过在真实情境中体会铁盐和亚铁盐在生活中的重要应用，培养学生解决实际问题的能力。

（二）学情分析

本节课衔接了前两章学过的氧化还原反应、离子反应以及钠、氯及其化合物的学习，也为接下来分析、检验离子的性质做好铺垫。学生对实验探究活动有浓厚的兴趣，学习积极性高。不过学生对氧化还原模型可能不熟悉，对常见的氧化剂、还原剂及其强弱也不熟悉，所以需要在教师引导下开展探究活动。

（三）教学目标

（1）通过预测补铁剂中可能含有的微粒，培养学生联系生活实际的能力。

（2）通过理论分析和实验探究，学会 Fe^{2+}、Fe^{3+} 的检验方法，归纳离子检验的一般思路，培养学生科学研究的能力，以及通过证据不断修正假设，进而建构模型的能力。

（3）通过分析推理及实验验证学会 Fe^{2+}、Fe^{3+} 的相互转化，建构低价态离子和高价态离子相互转化的模型，并结合实际生产生活，发展学生解决问题的能力，培养学生的社会责任感。

（4）通过建立价类二维图，完善知识体系，建构学习元素及其化合物的新视角。

（四）教学流程

本节课分为 3 个教学环节，每个环节的教学流程如图 2 至图 4 所示。

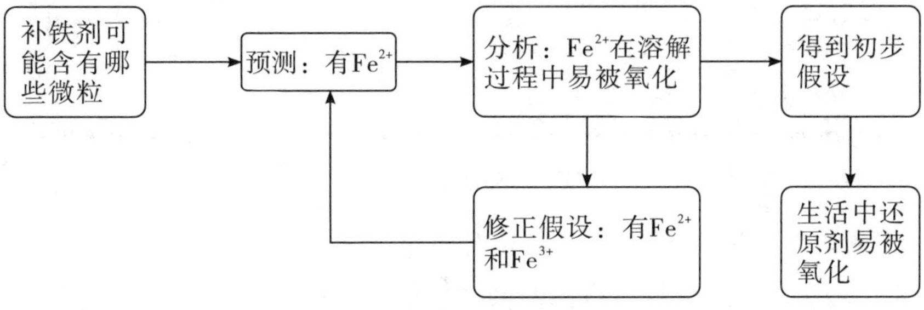

图 2 环节一“补铁剂可能含有哪些微粒”教学流程图

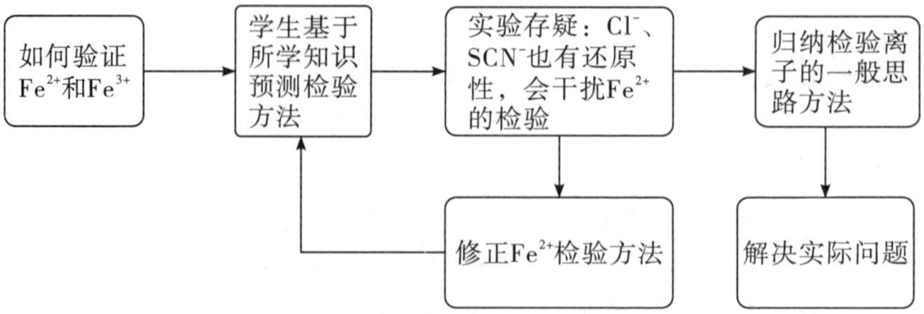

图3　环节二“如何验证Fe^{2+}、Fe^{3+}”教学流程图

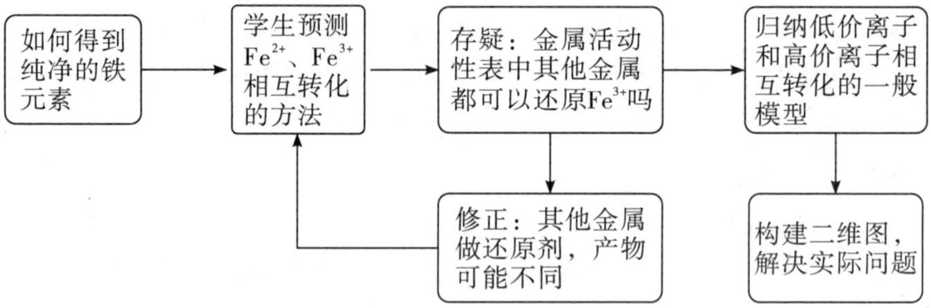

图4　环节三“如何得到纯净的铁元素”教学流程图

三、 教学过程

（一）环节一：补铁剂可能含有哪些微粒？

【投影】贫血的症状：请同学们自查是否会贫血（学生饶有兴趣）。

【说明】铁元素是人体所必需的一种微量元素，人体长期缺铁会引起缺铁性贫血。目前，缺铁性贫血已经成为仅次于结核病的全球患病率最高、耗资最大的公共卫生问题。

【展示】补铁剂：硫酸亚铁缓解片（见图5）。

说明书	
主要成分	本品含硫酸亚铁、硬脂酸镁、二氧化硅等
性状	本品为薄膜包衣片，除去包衣后显淡蓝绿色
功能主治	用于缺铁性贫血

图5　补铁剂说明书

问题：大家认为补铁剂中可能含有什么微粒？

学生：主要成分是硫酸亚铁，样品溶液中应该是Fe^{2+}。

学生补充：亚铁离子被氧气氧化，所以铁元素可能以Fe^{3+}形式存在。

学生：假设1，样品溶液中只含有Fe^{2+}；假设2，样品溶液中只含有Fe^{3+}；假设3，

样品溶液中含有 Fe^{2+} 和 Fe^{3+}。

教师：我们生活中有没有类似的例子，物质在空气中被氧化了?

学生：有啊，苹果放在空气中，一下子就变黄了。

教师：实验验证前应该做什么?

学生 1：用水溶解补铁剂。

学生 2：胃酸的主要成分是盐酸，用盐酸溶解更符合体内环境。

学生 3：溶解前还要把包衣除去。

教师评价与总结：大家的想法都很好。综上，我们先除去包衣，然后再模拟胃酸用盐酸溶解补铁剂。

【设计意图】基于真实情境引起学生的兴趣，引导学生发散思维，考虑生活实际情况。

（二）环节二：如何验证 Fe^{2+}、Fe^{3+}？

【提供试剂及仪器】补铁剂溶液，$FeCl_2$ 溶液，$FeSO_4$ 溶液，$FeCl_3$ 溶液，NaOH 溶液，酸性 $KMnO_4$ 溶液，双氧水，氯水，KSCN 溶液，KI 溶液，淀粉溶液，铁粉，锌粉，铜片，浓盐酸，稀盐酸，NaCl；试管，胶头滴管，镊子，药匙。

问题：根据以上试剂，设计实验分别验证 $FeCl_2$、$FeCl_3$。

学生：观察两种溶液的颜色，或者取两种溶液少量，加入 NaOH 溶液，观察沉淀的颜色。

教师：由于浓度较小，直接观察颜色或者加碱，现象都不明显，还有哪些方法可以鉴别?

【设计意图】复习铁的氢氧化物相关知识点，同时为 Fe^{2+}、Fe^{3+} 的检验做铺垫，引起学生的思考。

【演示实验】往 $FeCl_3$ 中加入 KSCN 溶液，溶液变红色；往 $FeCl_2$ 中加入 KSCN 溶液，溶液无明显现象。

教师引导：如何验证 Fe^{2+}？从化合价的角度，应该有什么性质？请设计实验方案并预测实验现象。

【学生方案展示】

方案 1：$FeCl_2$ 加 KSCN 溶液（无明显现象），再加氯水（溶液变红色）。

方案 2：$FeCl_2$ 加 KSCN 溶液（无明显现象），再加双氧水（溶液变红色）。

方案 3：$FeCl_2$ 加 KSCN 溶液（无明显现象），再加酸性 $KMnO_4$ 溶液（溶液变红色）。

方案 4：$FeCl_2$ 加氯水再加 KSCN 溶液（溶液变红色）。

【实验方案讨论】

学生 1：方案 4 中若原溶液中就有 Fe^{3+} 而没有 Fe^{2+}，也会有同样的现象。

学生 2：方案 3 中 Cl^- 也有还原性，也会氧化酸性 $KMnO_4$ 溶液。

教师评价：很棒，考虑得很全面，药品的添加顺序不能颠倒。

教师引导学生继续探究：当 Cl^- 存在时，可以用酸性 $KMnO_4$ 溶液检验 Fe^{2+} 吗？与什么因素有关？请通过讨论设计实验并验证。

【实验及现象】往同浓度同体积的酸性 $KMnO_4$ 溶液中分别加入浓盐酸、稀盐酸、氯化钠溶液，记录10秒后与2分钟后现象，如图6（a）（b）所示。

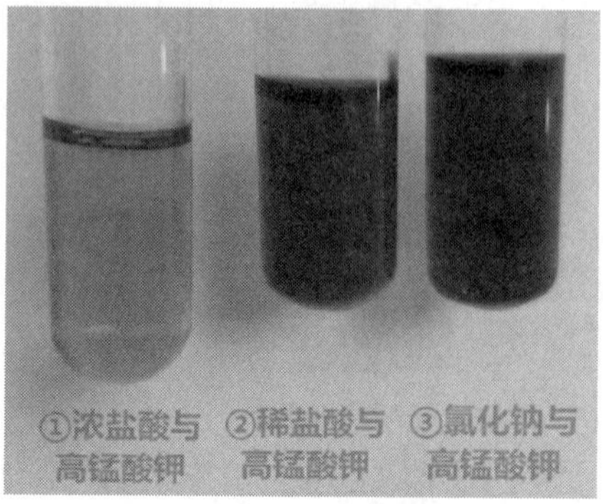

（a）10秒后实验现象

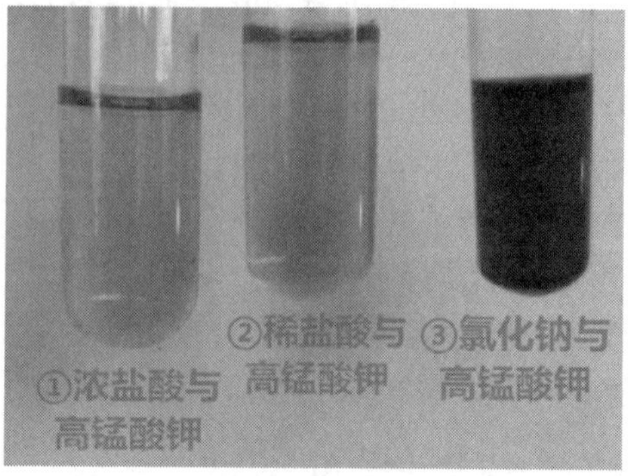

（b）　2分钟后实验现象

图6　实验试剂酸性对实验的影响

【结论】实验证明，酸性越强，Cl^-的还原性越强，酸性$KMnO_4$溶液褪色越快。

教师：方案3要怎么改呢？

【修正后方案展示】

方案5：$FeSO_4$加KSCN溶液（无明显现象），再加酸性$KMnO_4$溶液（溶液变红色）。

【设计意图】通过开放性的实验设计，不断发现问题，以任务驱动开展探究活动，培养学生分析、推理、得出结论的能力。在对$FeCl_2$溶液使$KMnO_4$溶液褪色的质疑中，深度学习，深度理解，设计实验探究，发展学生的科学探究和证据推理等学科核心素养。

教师：请大家对方案1、方案2、方案5进行实验并记录实验现象。

【实验异常现象】方案5中溶液没有变红。

学生分析可能原因：SCN^-中S是－2价，也有还原性，$KMnO_4$溶液量太少，先跟SCN^-反应了，应该加多点$KMnO_4$溶液。

学生再度质疑：$KMnO_4$溶液本身是紫红色，若加太多无法分清是配合物的颜色还是$KMnO_4$溶液的颜色，$KMnO_4$溶液的量不好把握。

【实验检验】往$FeSO_4$与KSCN的混合溶液中依次加入$KMnO_4$溶液1滴、5滴、10滴，现象如图7所示。

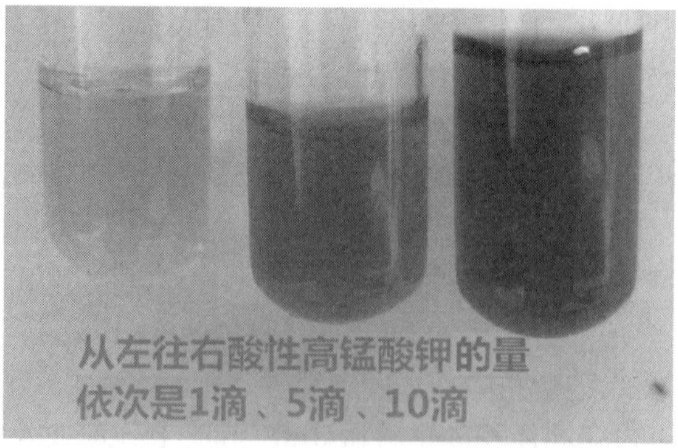

图7　$KMnO_4$溶液的量对实验的影响

【再次修正后方案展示】

方案6：$FeSO_4$直接加酸性 $KMnO_4$溶液（溶液褪色）。

【建构模型】离子检验的一般方法：分析离子的不同性质，根据性质选择试剂，在检验离子的时候，要排除微粒间的干扰，也要排除颜色相近等实验现象引起的干扰。

【解决实际问题】验证补铁剂中存在的微粒：取少量补铁剂溶液于两种试管中，分别加入酸性 $KMnO_4$溶液和 KSCN 溶液，实验证明补铁剂溶液中既有 Fe^{2+} 又有 Fe^{3+}。

【设计意图】"基于证据提出假设—实验证实—修正假设—分析推理模型的建构—认知模型的应用"的教学流程，让科学探究和证据推理得到内化，尤其是 Cl^-、SCN^- 以及 $KMnO_4$溶液颜色的干扰，让课堂的探究氛围达到高潮，培养了学生发现问题、解决问题的能力。

（三）环节三：如何得到纯净的铁元素？

问题：已知补铁剂溶液中既有 Fe^{2+} 又有 Fe^{3+}，如何得到纯净的铁元素？

教师：根据以上实验，已知加入氧化剂可以将 Fe^{2+} 转化为 Fe^{3+}，请大家写出离子方程式，并比较不同氧化剂的优缺点，可以从环保、经济成本、杂质等角度分析。

【学生成果展示】如表 1 所示。

表 1　方程式及氧化剂优缺点

方程式	优缺点
$2Fe^{2+} + Cl_2 = 2Fe^{3+} + 2Cl^-$	氯水有毒、贵，产物有其他离子
$2Fe^{2+} + 2H^+ + H_2O_2 = 2Fe^{3+} + 2H_2O$	H_2O_2无毒、便宜，产物纯净
$5Fe^{2+} + MnO_4^- + 8H^+ = 5Fe^{3+} + Mn^{2+} + 4H_2O$	$KMnO_4$无毒、贵，产物有其他离子

【应用】在工业生产中，Fe^{2+}、Fe^{3+} 如果作为杂质离子，一般通过调节 pH 转化为沉淀除去，但是 Fe^{2+}完全沉淀的 pH 较高，一般先用过氧化氢将 Fe^{2+}转化为 Fe^{3+}。

教师：人体所需的铁元素为 Fe^{2+}，若 Fe^{3+} 过多，则血液中去氧血红蛋白增多使皮肤和黏膜呈青紫色，影响人体健康。如何把 Fe^{3+} 转化为 Fe^{2+} 呢？请思考以下几个问题。

①从氧化还原的角度，把 Fe^{3+}转化为 Fe^{2+} 可以实现吗？

②如何证明 Fe^{3+}已转化为 Fe^{2+}？

③有哪些常见还原剂，请根据所提供的试剂进行实验设计并验证，写出离子方程式。

【学生成果展示】如图 8、表 2 所示。

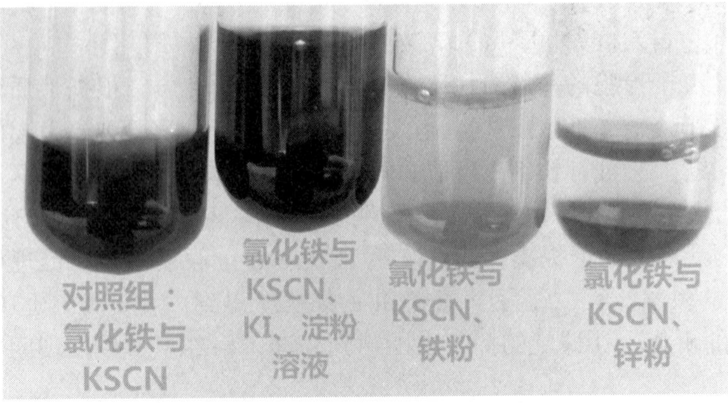

图 8　Fe^{3+}转化为 Fe^{2+}的实验现象

表 2　Fe^{3+}转化为 Fe^{2+}的方程式及转化的验证

方程式	证明 Fe^{3+}已转化为 Fe^{2+}
①$2Fe^{3+} + 2I^- = 2Fe^{2+} + I_2$ ②$2Fe^{3+} + Fe = 3Fe^{2+}$ ③$2Fe^{3+} + Cu = 2Fe^{2+} + Cu^{2+}$ ④$2Fe^{3+} + Zn = 2Fe^{2+} + Zn^{2+}$	①中淀粉溶液由无色变蓝； 其他实验往 $FeCl_3$ 中加入还原剂之前都先加入了 KSCN 溶液，加入还原剂后溶液红色都褪去了

学生存疑：④中 Zn 的金属活动性比 Fe 强，且加入铁粉与锌粉后溶液的颜色不同，Zn 是否把 Fe^{3+}直接转化为 Fe?

学生 1：可以用磁铁检验是否有铁单质存在。

学生 2：可以用酸性 $KMnO_4$溶液检验是否有 Fe^{2+}。

教师：这几位同学都说得很好！实际 Fe^{3+}与 Zn 的反应是比较复杂的，存在多个反应且分先后阶段，第一阶段是 Fe^{3+}转化为 Fe^{2+}，而且后续阶段如果 Fe 的量比较少，则无法用磁铁检验出来。

教师提问：我们已经知道铁粉、铜、锌可以把 Fe^{3+}转化为 Fe^{2+}，根据金属活动性顺序表，是否在铜前面的金属都可以把 Fe^{3+}转化为 Fe^{2+}？

学生思考讨论：钠投入溶液中先与水反应生成氢氧化钠和氢气，不能把 Fe^{3+}转化为 Fe^{2+}。

学生：同理，在钠前面的金属也不可以。

教师：总结得很好。根据前面的实验，我们能否归纳出同一元素低价态离子和高价态离子之间相互转化的方法呢?

【建构模型】如图 9 所示。

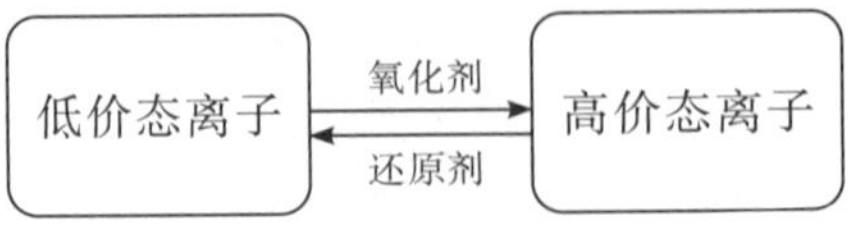

图 9　低价态离子和高价态离子之间的转化关系

教师总结：请大家类比钠的价类二维图，构建出铁的二维图，并基于二维图设计可以得到 $FeSO_4$ 的方法。

【展示】如图 10 所示。

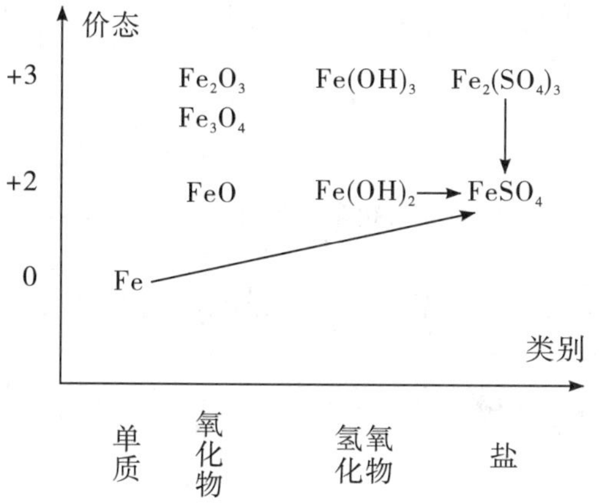

图 10　铁的“价类二维图”

【设计意图】本环节以金属活动性顺序表串联 Fe^{3+}、Fe^{2+} 的相互转化，形成知识体系，将零散的元素化合物知识系统化，培养学生的模型思维。Zn 对 Fe^{3+} 的转化加深了学生的理解，在分析推理中发展了学生的“变化观念与平衡思想”的核心素养。同时，将 Fe^{3+}、Fe^{2+} 的相互转化方法迁移到其他元素的低价态离子和高价态离子的相互转化，培养了学生知识迁移与应用的能力。

四、 教学反思

证据推理与模型认知视角下的教学目标是帮助学生通过实验探究活动提高设计能力、实验操作能力、分析推理能力，进而提升建构模型并应用模型解决实际问题的能力，由此实现“从化学的视角认识事物和解决问题的思想、方法、观点”的化学学科价值。

（一）创设真实情境，引发学生感知化学核心素养中的科学探究

将情境引入化学课堂进而驱动学生科学探究可以将抽象的知识形象化，对学生的学习效率提高起着非常重要的作用。本文用补铁剂作为情境素材，激发学生探究配合物的兴趣。

（二）证据推理逻辑性较强，引导学生进行科学有序的思考

在 Fe^{2+} 的检验过程中，学生设计了用 $KMnO_4$ 检验 $FeCl_2$，而通过分析 Cl^- 的还原性会干扰 Fe^{2+} 的检验，从而修正方案，把 $FeCl_2$ 换成 $FeSO_4$，而在实际操作中又发现 SCN^- 的还原性也会干扰实验，再次修正方案，整个过程一环扣一环，逻辑严密，学生思维过程由简到难，具有科学有序性，充分提升学生提出假设的能力、分析推理的能力和用实验证实证伪的能力。

（三）模型认知的建构，促进学生思维模式系统化

从证据推理出发，引导学生建构了离子检验的一般方法、同一元素的低价态离子和高价态离子的相互转化模型，进而用模型解决实际问题，从思维层面集中凸显了化学学科特质的思想和方法，更完整体现了化学学科的价值所在。

参考文献

[1] 中华人民共和国教育部. 普通高中化学课程标准（2017 年版）［M］. 北京：人民教育出版社，2018.
[2] 沈国强. 基于“证据推理与模型认知”的化学教学策略探究［J］. 教育实践与研究（B），2021（Z1）：103－106.
[3] 蒋红年，李惠勇. 锌与氯化铁溶液反应的再探究及思考［J］. 化学教学，2016（10）：42－44.

基于学科能力发展的化学深度学习实践研究

——以主题式复习为例

佛山市第一中学　吴健华

一、深度学习的含义与意义

深度学习的概念在20世纪70年代被引入到教育领域，随着“三新”的落地，深度学习被赋予更丰富层次的教学内涵。深度学习是以学生为主体，在教师的引领下围绕着具有挑战性、在真实情境下的学习项目进行深度加工、研究；在此过程中，学生掌握学科核心知识，理解学习过程，把握学科本质观念与思维方法，落实发展核心素养的最终目标；同时形成内在的学习动机、培养积极正确的价值观、满足高级的社会性情感的教学需求。

深度学习丰富各阶段学习的层次，关注知识学习的广度、深度及充分度，其提出及广泛实践具有深刻意义。第一，深度学习是信息时代教学变革的迫切需求，对于“信息爆炸”的新时代，需要整合多元化、多层次的信息，通过自主解决蕴含在真实而复杂的情境问题，深入地获取并应用知识，发挥化学教学的社会价值，才能真正将知识转化为素养。第二，面对新课标、新教材、新高考，深度学习是新一轮课程改革在实践层面的推进助力，是促进师生教学相长、提高教学质量、提升区域教研氛围的重要保障，也作为高考评价体系中学生评价的核心指标。本文以工业脱硫为教学主题，基于化学反应原理的高三二轮复习研究，并通过学生学科能力认识水平的进阶发展过程，浅谈化学深度学习的实践研究。

二、深度学习教学案例分析

（一）学科能力认识水平

王磊等研制出关于化学反应原理的能力认识水平，学生需要能够达到基于多认识角度或多变量关系进行逻辑推理、解决综合复杂问题的能力水平。

学生的认识水平为进阶式发展的。高二授课阶段，学生对教材中所呈现的问题情境，能基于某认识角度进行思考，对问题进行分析预测、解释推论，其认识发展水平处于2～

3；经过高三系统性复习，学生的认识水平需发展至4～5，在真实而陌生的情境中，能基于多角度、多变量运用学科知识、实验技能等解决复杂问题，并进一步发展问题解决、迁移创新能力。

《普通高中化学课程标准（2017年版2020年修订）》提出，可利用调控化学反应的成功案例（如石油开采中H_2S的处理）等情境素材进行教学设计，基于真实情境实现化学反应原理的进阶式复习，落实化学学科的核心素养的培养。

（二）学情分析

该课例授课对象为某重点高中的学生。在高二阶段时，学生对化学原理概念能基本达到理解、熟悉的认识水平，但难以建立起逻辑性更强的知识体系；高三二轮复习以前，学生对抽象复杂的化学原理已具有进一步的认识，正处于知识体系的建构过程中，但对陌生的真实情境，仍未形成主动地基于多认识角度或多变量关系进行逻辑推理的能力等。因此在二轮教学中通过创设真实陌生的问题情境、设计问题链等教学策略，帮助学生培养问题解决能力。

（三）教学策略与教学评目标

表1　教学策略与教学目标及评价目标

序号	教学目标	评价目标	教学策略
1	结合硫的价类二维图，设计H_2S的转化路线，建立基于物质类别、元素价态、平衡常数等方面的物质认识角度，发展证据推理与认知模型素养能力	基于真实情境，熟悉常见物质的性质与转化关系，能建立利用多角度认识化学问题并进行预测和解释的思考方法	（1）创设真实问题情境：解决工业脱硫的真实问题链，感受科学态度与社会责任。 （2）运用价类二维图工具：形成物质性质及转化关系的研究方法，落实证据推理的素养建构。 （3）利用图表、数据及平衡常数解释问题：培养信息获取、分析及综合应用能力，加深变化观念的认识
2	绘制脱硫反应历程与能量变化图，交流讨论脱硫反应中条件的选择与优化，通过定性、定量角度论证问题，培养变化观念与平衡思想、宏观辨析与微观探析的核心素养	能够基于定性、定量的认知角度，充分认识、理解、推测、论证工业脱硫中条件的选择，形成、发展并运用变化观、平衡观等化学观念，诊断并发展关于反应速率、化学平衡的理解掌握水平	
3	解决工业脱硫的真实情境问题，建构化学反应原理问题解决的认知模型，感受化学物质及其变化的价值，进一步形成正确的科学态度及社会责任的核心素养	建构理论模型，进行理论探究，能够进行远迁移、发现新知识，能进行创新设计解决真实情境中的问题	

（四）教学重难点

教学重点：构建多角度认识物质性质并设计转化路线的思路；基于多变量关系，综合运用化学反应原理解决工业脱硫的相关问题。

教学难点：基于陌生情境，能主动利用化学原理分析情境，解决实际工业问题。

（五）主题教学思维框架

根据主题内容的结构性、进阶性及问题设计的梯度，本课例教学安排为 2 课时；基于课堂学习活动的层层推进及教学目标与评价的实施，结合学科核心素养的落实，设计本课例教学思维框架，如图 1、图 2 所示。

教学环节	课堂活动	知识结构	教学策略	价值观念
情境导入硫化氢处理	教师展示硫元素的价类二维图；学生设计硫化氢的转化方案	物质性质与转化关系；平衡常数的应用	创设情境教学；搭建价类二维图工具；利用平衡常数解决实际问题	基于多角度认识物质的认知模型；物质变化观念；科学论证思想
克劳斯法脱硫反应历程研究	根据克劳斯法脱硫反应机理，绘制反应历程与能量变化图	化学反应历程与能量变化	利用符号表征反应过程中的物质转化及能量变化	多重表征理解化学反应；变化观念与平衡思想
脱硫工艺反应条件的选择与优化	结合图像、数据分析，优化脱硫工艺中反应条件的选择与控制	反应速率、化学平衡原理	图像、数据的处理、加工，加深学生对真实情境中的问题研究理解	科学探究与创新意识；变化观念与平衡思想；绿色化学观念与社会责任感
课堂总结	回顾本节课知识内容，归纳总结脱硫反应中条件选择与优化	化学反应原理的综合运用	引导基于多角度、多变量综合解决实际情境问题	强化理论与实际生产的应用联系；形成问题解决能力

图 1 “基于工业脱硫的化学反应原理研究”第一课时设计思路

教学环节	课堂活动	知识结构	教学策略	价值观念
知识回顾模型归纳	回顾第一课时内容：脱硫反应历程研究、脱硫条件的选择，归纳问题解决思路	多角度、多变量分析工业生产中条件选择的方法模型	形成对工业脱硫条件选择的全局认识，提高归纳理解、全面考虑问题意识	基于多角度认识物质的认知模型；物质变化观念；构建科学本质观
脱硫反应限度的计算	脱硫反应中平衡常数的计算与比较	化学平衡常数的应用	从定量计算角度分析并解决问题	平衡思想；科学论证思想
电解法脱硫工艺的研究	结合电化学模型，理解两种电解法处理硫化氢的原理，评价并改进该脱硫工艺	电化学知识的理解与运用	呈现化学装置图，加深电化学知识模型认知的理解记忆	模型认知素养；科学态度及社会责任

图 2 “基于工业脱硫的化学反应原理研究”第二课时设计思路

三、 教学实施过程分析

第一课时 走进工业脱硫研究之路

活动环节一：设计 H_2S 的转化方案

（诊断水平：无机化合物认识水平 3、化学反应原理能力水平 3）

【问题情境】绘制硫的价类二维图，搭建元素化合物知识的复习工具，设计 H_2S 的转化路线，为工业脱硫提出合理的转化方案。

【师生活动】

教师：展示硫元素的价类二维图，引导学生从不同角度认识 H_2S 性质，设计转化路线。

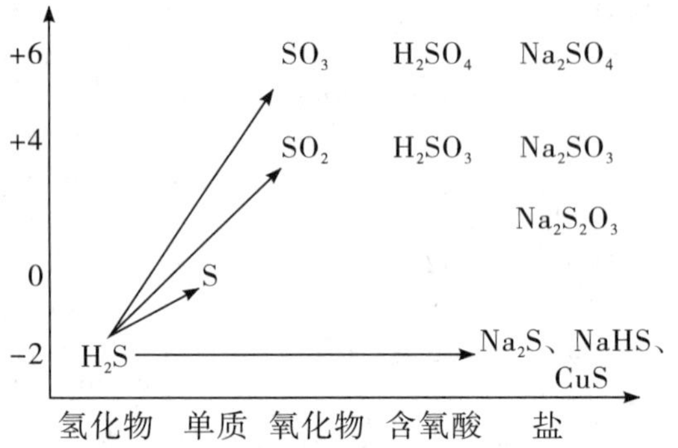

图 3 硫元素的价类二维图

学生：从物质类别、元素价态两个角度看，H_2S 属于酸性气体、具有较强的还原性。根据硫化氢的性质，小组讨论并提出其转化方案，如表 2 所示。

表 2 学生提出 H_2S 的转化方案

方案		转化关系	转化依据
非氧化还原转化	碱性溶液将 H_2S 中和为可溶性盐	$H_2S \xrightarrow[\text{NaOH、氨水、}Na_2CO_3\text{ 等}]{\text{中和成盐}} S^{2-}$、$HS^-$ 等	H_2S 为酸性气体
	金属盐溶液将 H_2S 转化为难溶的金属硫化物	$H_2S \xrightarrow[CuSO_4\text{ 溶液等}]{\text{形成难溶物}} CuS$	大部分金属硫化物 K_{sp} 较小
氧化还原转化	通过常见氧化剂将 H_2S 氧化处理	$H_2S \xrightarrow[\text{氧化剂 }O_2\text{ 等}]{\text{氧化为较高价态}} S$、$SO_2$、$SO_3$ 等	H_2S 具有较强的还原性

【问题情境】应用平衡常数（见表3），从定量计算角度论证脱硫方案可行性，提出问题：

①能否利用 Na_2CO_3溶液吸收 H_2S 废气；

②$CuSO_4$、$FeSO_4$溶液能否用作 H_2S 的吸收液，请计算说明。

表3　常温下部分物质的平衡常数

酸	电离常数 K_{a1}	电离常数 K_{a2}	硫化物	溶度积 K_{sp}
H_2S	1.1×10^{-7}	1.3×10^{-13}	CuS	6.3×10^{-36}
H_2CO_3	4.5×10^{-7}	4.69×10^{-11}	FeS	6.3×10^{-18}

学生独立思考，小组交流讨论，共同得出结论：

解答①：通过各级电离常数的大小比较，可判断酸性强弱为 $H_2CO_3>H_2S>H_2CO_3$（第二步电离）$>H_2S$（第二步电离），因此可用足量 Na_2CO_3 溶液吸收 H_2S 气体，反应的离子方程式为 $CO_3^{2-}+H_2S=HCO_3^-+HS^-$。

解答②：$CuSO_4$吸收 H_2S 转化为 CuS 所发生的反应为 $Cu^{2+}+H_2S=CuS\downarrow+2H^+$。通过计算平衡常数 K，判断反应的进行程度：$K_1=K_{a1}(H_2S)\cdot K_{a2}(H_2S)/K_{sp}(CuS)=2.27\times10^{15}>1.0\times10^5$，该反应正向进行程度很大，因此 $CuSO_4$ 溶液可用于吸收 H_2S；同理，对于 $FeSO_4$ 溶液，反应 $Fe^{2+}+H_2S=FeS\downarrow+2H^+$　$K'=K_{a1}(H_2S)\cdot K_{a2}(H_2S)/K_{sp}(FeS)=2.27\times10^{-3}<1.0\times10^5$，该反应正向进行程度很小，因此难以用于吸收 H_2S。逆反应进行程度较大，因此实验室中常用 FeS 固体与硫酸的反应来制备少量 H_2S：$FeS+H_2SO_4=FeSO_4+H_2S\uparrow$。

【设计意图】搭建元素化合物的学习工具——价类二维图，基于多角度认识物质性质，发展并诊断学生认识无机化合物性质及转化关系的水平（达到无机化合物认识水平3），培养证据推理与模型认知素养。基于平衡常数的计算与应用的认识角度，判断反应可行性（达到化学反应原理能力水平3），发展学生的变化观念与平衡思想，提高逻辑分析能力。

活动环节二：克劳斯法脱硫反应历程研究

（诊断水平：化学反应原理能力水平3）

【学习任务】绘制反应历程与能量变化图。

【情境问题】工业上常利用克劳斯法处理 H_2S 废气，据给出的两步反应，请写出克劳斯法脱硫的总反应的热化学方程式，并画出其反应历程与能量的变化图，并说明作图的依据。

反应①：$\frac{2}{3}H_2S(g)+O_2(g)\rightleftharpoons\frac{2}{3}SO_2(g)+\frac{2}{3}H_2O(g)$　$\Delta H=-345.3\ kJ\cdot mol^{-1}$

快速平衡

反应②：$\frac{4}{3}H_2S(g)+\frac{2}{3}SO_2(g)\rightleftharpoons S_2(g)+\frac{4}{3}H_2O(g)$　$\Delta H=-64.1\ kJ\cdot mol^{-1}$

缓慢平衡

【师生活动】

教师：根据情境素材，分析克劳斯法脱硫反应的特点，画出其反应历程与能量变化图。

学生：依据“盖斯定律”，易判断热反应方程式为$2H_2S(g)+O_2(g) \rightleftharpoons S_2(g)+2H_2O(g)$ $\Delta H=-409.4\ kJ\cdot mol^{-1}$。两步反应①、②及总反应均放热；反应①快速达到平衡，反应②缓慢平衡，两步反应的活化能 $E_{a1}<E_{a2}$。根据上述分析，绘制出反应历程与能量的变化图如图4所示。

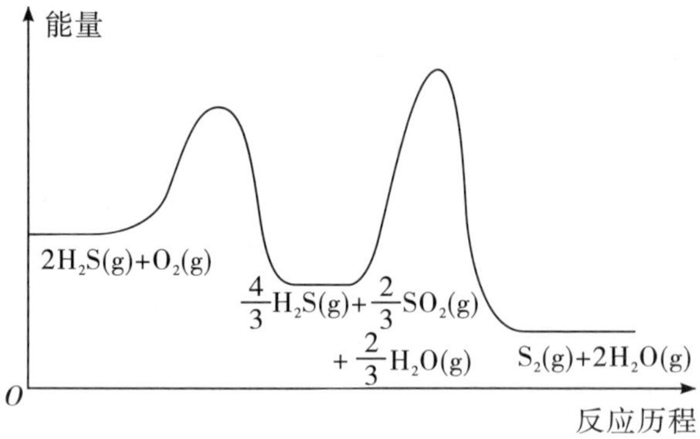

图4　克劳斯法脱硫的反应历程与能量变化图

学生依据问题情境，分析反应特点，绘制反应历程与能量变化图（见图4）并说明作图依据。教师基于反应历程图像进一步提问，加深学生对反应活化能、中间产物、速控步等概念的认识（达到化学反应原理能力水平3）。

【设计意图】通过克劳斯法脱硫反应研究，发展学生对化学反应历程的深层认识，强化变化观念与平衡思想的培养。学生通过动手绘制反应历程与能量变化图，化抽象概念为具体图像，有利于从不同维度加深对化学反应原理的认识与理解。

活动环节三：克劳斯法脱硫条件的选择与优化

（诊断水平：化学反应原理能力水平4~5）

【学习任务】脱硫条件的选择与优化。

【问题提出】利用克劳斯法脱硫反应，可将H_2S废气转化为$S_2(g)$，分离$S_2(g)$从而获取产品硫黄。工业生产中，通过控制不同的工艺条件，以实现“多、快、好、省”的工业生产目标。

【师生讨论】结合化学原理知识，可从反应速率、化学平衡两个角度进行思考，从反应物浓度、温度、压强、催化剂等因素考虑，寻找适宜的脱硫反应条件，实现工业生产最大效益，具体问题还需根据具体的情境进行分析。

子任务1：脱硫条件的选择——投料比对反应的影响

【问题情境1】结合图像分析（见图5），研究不同投料比$c(H_2S):c(O_2)$对工业脱硫平衡转化率影响。

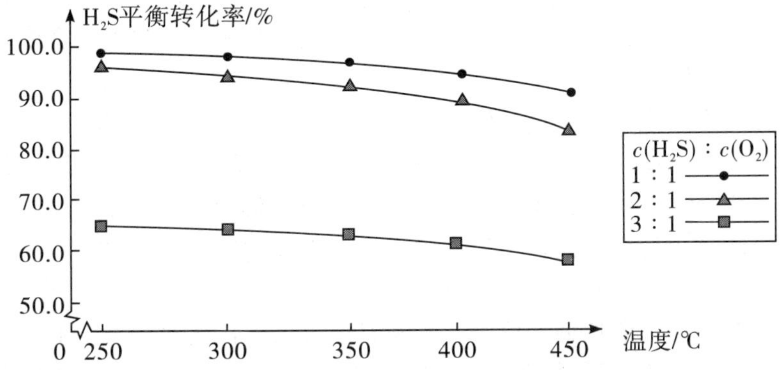

图 5　不同投料比 $c(H_2S)$ ∶ $c(O_2)$ 对 H_2S 的平衡转化率的影响

【师生活动】

教师：引导学生结合脱硫反应的特点及图像含义，分析问题。

学生：若浓度比 $c(H_2S)$ ∶ $c(O_2)$ 过高，H_2S 未能够充分转化，平衡转化率降低。若浓度比 $c(H_2S)$ ∶ $c(O_2)$ 过低，则可能出现以下情况：

①H_2S 的转化率变化不大，但 O_2的利用率低；

②过量的 O_2在较高温度下可与 S_2发生副反应生成 SO_2，消耗产物。

综合分析可知，若浓度比 $c(H_2S)$ ∶ $c(O_2)$ 过低，导致 O_2的利用率低，且过量的 O_2 在较高温度下可与 S_2蒸气发生副反应，消耗产物。因此需要优化气体投料比，提高 H_2S 转化效率。

师生小结：当某化学反应的反应物不止一种时，其他条件不变，改变反应物之间的投料比（投料量）可改变反应物的转化率。考虑实现工业效益与环境防护，优化气体合适的投料比，可有效提高物质的转化效率，对工业生产中的选择调控具有重要意义。

子任务 2：脱硫条件的选择——温度

【问题情境】根据图 6、图 7，分析在催化剂的作用下，H_2S 转化率随温度的变化曲线特点，并分析该图像变化的主要原因。

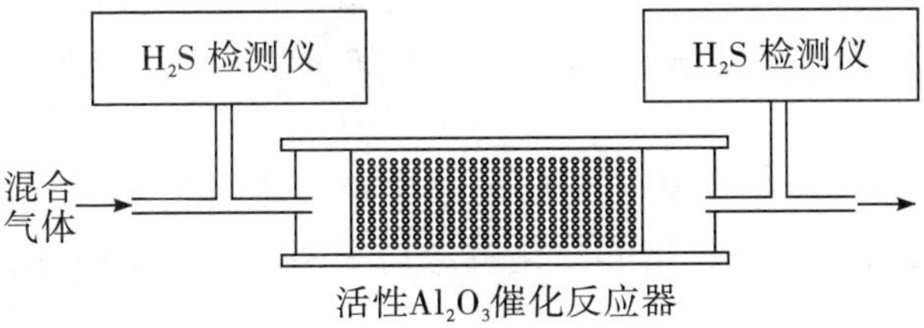

图 6　活性氧化铝催化剂反应器

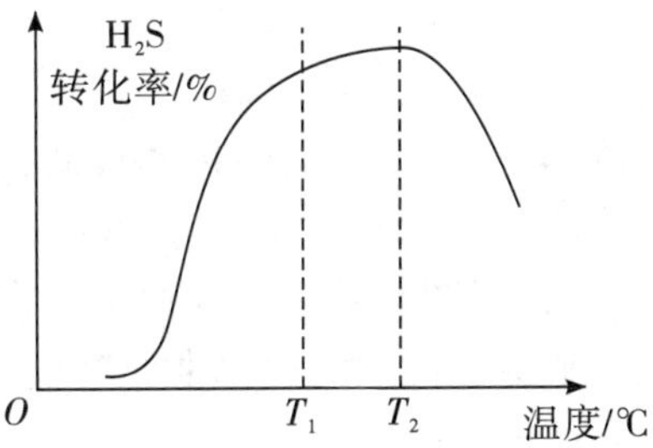

图 7　H_2S 转化率随温度的变化曲线

【师生活动】

教师引导分析：加入催化剂的化学反应中，需考虑温度对催化剂的影响。注意温度对化学反应的影响要从反应速率、平衡移动两个角度考虑。

学生交流讨论：分析该反应过程，“在催化剂作用下，反应物匀速通过反应器反应一段时间”，可判断该反应并未达平衡状态，问题情境应从温度、催化剂多变量的共同作用来考虑对反应速率的影响。

学生：升高温度，化学速率会加快；且需要考虑到加入催化剂进行反应，催化剂在不同温度范围呈现不同的催化活性。$0 \sim T_1$℃时，温度升高和催化剂的高活性共同作用使得反应速率加快，H_2S 的转化率迅速上升；$T_1 \sim T_2$℃时，催化剂已到达适宜温度范围，H_2S 转化率因为反应温度升高而增大；当温度高于 T_2℃时，催化剂高温失活，反应速率降低，H_2S 转化率迅速下降。

师生小结：对于加入催化剂的反应，判断温度对反应转化率的影响时，要注意图像中“转化率”所指代的意义，并根据图像变化趋势，综合合理的化学原理知识分析变化的原因。

子任务3：脱硫条件的选择——气体流速

【问题情境】结合实际工业生产效益及 H_2S 的转化率随着混合气流速的变化图像（见图8），选择混合气流速适宜范围，并研究混合气流速过低或过高对生产的影响。

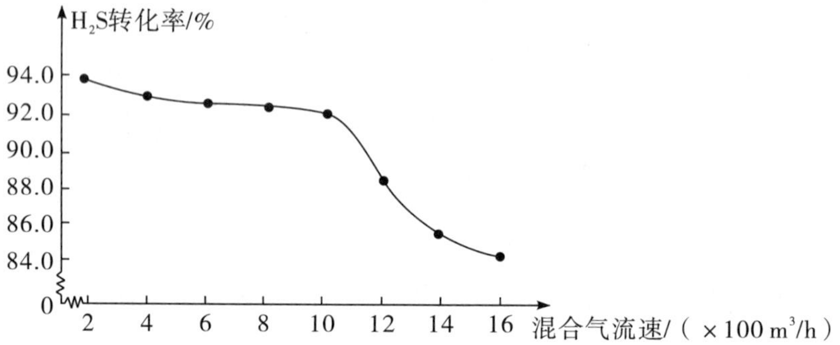

图8　H_2S 的转化率随着混合气流速的变化曲线

【师生活动】

学生：根据图像判断，在 $2 \times 100\ m^3/h \sim 10 \times 100\ m^3/h$ 的气体流速范围内，H_2S 能保持在较高的转化率；而当混合气流速大于 $10 \times 100\ m^3/h$ 时，H_2S 转化率明显降低。

得出结论：流速过慢，H_2S 转化率较高，但单位时间内反应总量较低，不符合生产效益；流速过快，H_2S的转化率较低，未能够完全脱硫。因此在 $8 \times 100\ m^3/h \sim 10 \times 100\ m^3/h$ 的气体流速下，能有效提高工业生产效益。

【设计意图】结合反应原理，发展学生基于多认识角度或多变量关系对化学问题进行预测、解释、推理的逻辑素养（能力水平4～5），培养变化观念与平衡思想，提高综合复杂问题的解决能力。

第二课时　工业脱硫的再认识

活动环节一：知识回顾

（诊断水平：建构问题解决的思路模型）

【学习任务】归纳工业脱硫条件的优化的概念模型（见图9）。

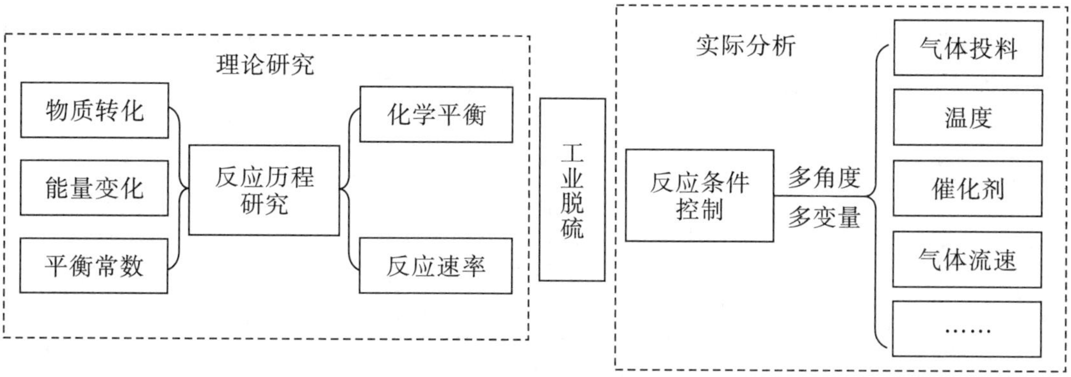

图 9　工业脱硫条件的优化的概念模型

【设计意图】通过回顾上节课的知识，基于多角度、多变量归纳工业脱硫条件的优化的概念模型，加深学生对工业脱硫的全局认识，构建科学本质观。

活动环节二：脱硫反应限度的计算

（诊断水平：化学反应原理能力水平 3）

【学习任务】平衡常数的计算与应用。

【问题情境】平衡常数可衡量反应限度的大小，可用平衡常数的大小衡量克劳斯法脱硫的效率。对于反应 $2H_2S(g) + O_2(g) \rightleftharpoons S_2(g) + 2H_2O(g)$，定义标准平衡常数 K^θ 可表示为：

$$K^\theta = \frac{\frac{p(S_2)}{p^\theta} \cdot \left[\frac{p(H_2O)}{p^\theta}\right]^2}{\left[\frac{p(H_2S)}{p^\theta}\right]^2 \cdot \frac{p(O_2)}{p^\theta}}$$

其中 p^θ 为标准压强，$p(S_2)$、$p(H_2O)$ 等为各组分的平衡分压。

【问题任务】给定情境下，计算克劳斯法脱硫反应平衡常数 K_p、K^θ 并比较论证。

【师生活动】

教师：引导学生理解平衡常数的意义，掌握平衡常数的计算方法。

学生：计算给定情境下克劳斯法脱硫反应的标准平衡常数；小组交流讨论并理解标准平衡常数 K^θ 与平衡常数 K_c、K_p 的意义：K^θ 可消除气体压强采用不同单位时由于数值的变化所引起的变化，可更科学、直观地比较反应的进行程度。

【设计意图】通过平衡常数的计算，引导学生理解各种平衡常数的意义，从定量计算角度认识化学平衡（能力水平 3 ~5），发展学生的计算能力、迁移应用能力，落实变化观念与平衡思想的核心素养、定量计算观念。

活动环节三：电解法脱硫的工艺研究

［诊断水平：能力水平 4 ~5（问题解决能力、迁移创新能力）］

【学习任务】理解、评价电化学脱硫方案。

【问题情境】可通过直接电解法或间接电解法处理 H_2S。

方法1：直接电解法。

将烧碱吸收 H_2S 后的溶液加入电解池的阳极区进行电解（见图10）。电解过程中阳极区发生如下反应：$S^{2-}-2e^- \xlongequal{} S$；$(x-1)S+S^{2-} \rightleftharpoons S_x^{2-}$。

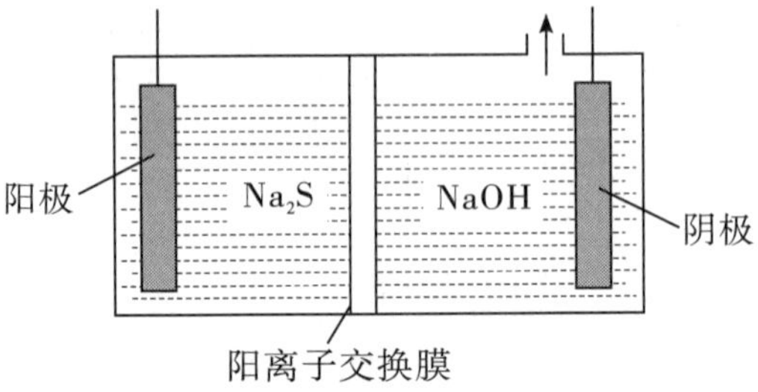

图10　直接电解法处理 H_2S 电解装置

方法2：间接电解法。

间接电解法也可进行 H_2S 的转化处理（见图11），其中 H_2S 的吸收液为 $FeCl_3$ 溶液，可通过电解装置实现循环再生。

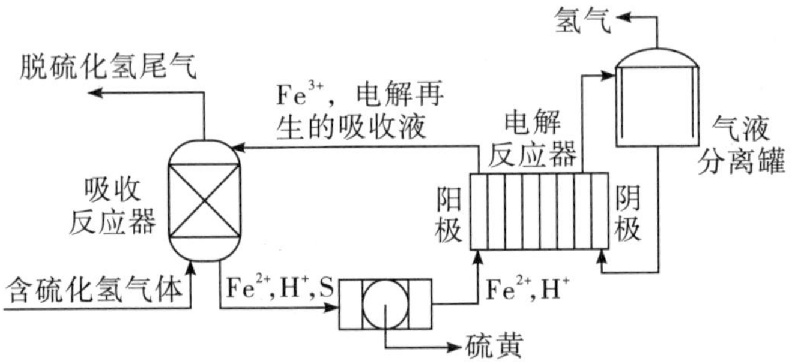

图11　间接电解法处理 H_2S 电解装置

【问题任务】理解电解法脱硫的工作原理，书写相应的化学方程式。比较两种电解法的优缺点并提出改进方案。

【师生活动】

教师引导：电化学装置在工业生产中应用广泛、效率显著。需要建构电化学的认知模型，理解真实脱硫装置的原理，解决综合性问题。

学生交流：直接电解法中，H_2S 通过碱液吸收后在电解池阳极放电生成S，进一步转化为多硫化物 S_x^{2-}，从而实现 H_2S 的脱除。往电解后的吸收液中加入硫酸，可将部分含硫物质转化为化工产品硫黄回收利用。而在间接电解法中，H_2S 气体在吸收反应器中通过氧化剂 $FeCl_3$ 溶液反应吸收；在电解反应器阳极实现 $FeCl_3$ 溶液再生，利用再生 $FeCl_3$ 溶液循环吸收 H_2S 气体。这体现化学的社会价值和责任意义。

师生讨论：间接电解法中，除了通过电解实现 $FeCl_3$ 溶液的再生以外，也可以考虑直接往吸收液中通入空气，将 Fe^{2+} 氧化为 Fe^{3+} 实现再生。此法不需要消耗过多电能，但需注意通入空气的速率、环境温度、溶液酸碱性等控制条件，提高转化效率。

直接电解法、间接电解法均能有效吸收硫化氢气体，但需注意废气的转化效率，避免一次吸收后仍有较高浓度的 H_2S 直接排放于大气、水体中，实现“吸收—转化—循环吸收—再转化”的处理手段。在生产过程中落实绿色化学观念，实现物质的循环再生利用。

【设计意图】结合情境素材，加深学生对电化学知识的理解，落实电化学装置的模型认知，培养迁移创新能力（能力水平4～5）。从转化效率、能源利用、环境保护等角度评价并改进化工方案，科学辩证审视化学事物对人类生产生活的影响，培养科学态度及社会责任的核心素养。

四、 教学反思

新高考改革要求发展学生的学科能力认识水平，通过深度学习的重要途径，落实核心素养的培养，实现立德树人的根本任务。在高三专题复习阶段，并不是对旧知识重复性地机械复习，而是依据不同阶段学生的能力发展水平，对专题内容知识进行重整、建构，采用多样的教学活动设计，让学生深层次、全面地参与到深度学习活动中，以达到学科知识的进阶式复习、关键能力的进一步培养。本主题式复习案例在不同的问题情境下，逐步发展学生对化学反应原理的不同能力水平。教师需要发挥积极性、创新性，以课程标准、新教材及高考评价体系为基本指导深入研究，基于学生的基础知识、逻辑思维及问题解决关键能力“三到位”，融入真实且富有启发性的问题情境进行创造性教学，为深度学习提供情境载体，激发学生的自主、合作探究的学科兴趣，主动形成知识体系的逻辑建构，在真实问题的解决过程中，实现深度学习的重要意义。

参考文献

[1] 王磊．基于学生核心素养的化学学科能力研究［M］．北京：北京师范大学出版社，2018：277.
[2] 江合佩．基于真实情境的项目式化学教学［M］．济南：山东科学技术出版社，2019.
[3] 宋天佑，程鹏，徐家宁，等．无机化学：上册［M］．4版．北京：高等教育出版社，2019.
[4] 陈赓良．克劳斯法硫磺回收工艺技术发展评述［J］．天然气与石油，2013，31（4）：23－28，7.
[5] 李海燕，宋增红，刘爱华，等．电解硫化氢制氢气和硫磺的影响因素研究［J］．硫酸工业，2018（4）：40－43.

基于项目式学习的氧化还原反应复习教学研究

——探秘新型灭菌消毒剂二氧化氯

惠州中学　梁莉琼

一、 问题的提出

氧化还原反应是学生学习化学理论的基石，同时也是高考考查的重点，但从平时课堂表现及测试情况来看，学生对于氧化还原反应的认知偏向孤立化和静态化，缺乏对知识的动态性、整合性以及应用性的认识。

项目式学习在国内又被翻译为“基于项目的学习”“项目化学习”等。项目式学习是一种新型的探究教学模式，是以学生为主体，以学科的概念和原理为着手点，让学生以真实的问题情境作为学习项目，通过分解项目、解决问题的方式获得一个完全沉浸式的学习探究从而完成知识的建构。本案例“探秘新型灭菌消毒剂二氧化氯”就是采取项目式学习模式，以真实情境下的素材为线索贯穿全文，以氧化还原反应作为理论基础，采用合作探究的方式深入强化氧化还原反应规律，从而实现相关知识概念、规律、应用的一体化，进而落实课标要求、实现氧化还原知识的深加工。

二、 项目教学目标

结合新课标的要求以及学情，设计出本项目的教学目标：（1）通过对核心氯元素的化合价的探究，结合价类二维图与热力学卡片信息的处理，初步构建无机物质制备原理的一般思路，提高学生对信息的获取、分析与应用能力。（2）通过结合氧化还原知识和离子反应知识来设计实验并优化实验装置，合理选择仪器、试剂，建立实验室制取气体的一般模型，提高实验设计与分析评价能力。（3）通过对新型灭菌消毒剂二氧化氯的消毒原理与优势进行分析，提高学生对生产和生活中化学情境的分析能力，构建用化学方法将真实情境下的复杂问题转化为简单化学问题的模型。（4）通过对二氧化氯消毒后副产物来源与处理的探究，培养学生结合化学理论知识提出具体建议或措施的能力，增强学生的社会责任

感。通过本节课螺旋式上升的子项目的实施和探究，学生能从新课中的前成就水平达到复习后的后成就水平。(如表1所示)

表1　氧化还原反应复习前后的成就水平

前成就水平	后成就水平
1. 认识有化合价变化的反应是氧化还原反应，了解氧化还原反应的本质是电子的转移。 2. 知道常见的氧化剂和还原剂	1. 能从物质类别、元素价态的角度说明或预测物质的性质，评估所做说明或预测的合理性；能利用价类二维图设计无机物转化的一般方法。 2. 能根据预测设计实验，选择合适的实验试剂和仪器装置，控制实验条件，安全、顺利地完成实验；能收集实验证据，基于现象和数据进行分析推理得出结论。 3. 能运用氧化还原知识解释或解决生产、生活中与化学相关的一些实际问题。 4. 能结合生产和生活实际问题情境说明氧化还原反应在生活中的重要应用，认识氧化还原反应在社会经济可持续发展、提高生活质量等方面的重要贡献

三、项目流程设计

本案例项目流程设计如图1所示。

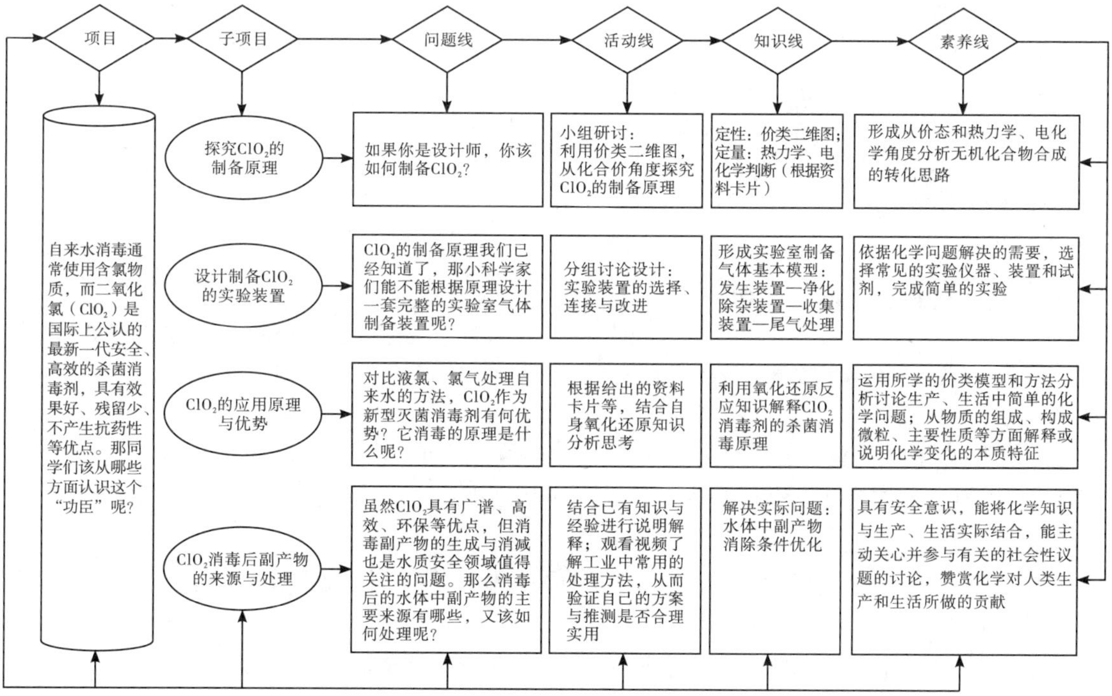

图1　项目流程设计

四、 项目实施过程

学生课前调查：学生课前通过查阅资料，获取关于自来水消毒的情况，发现自来水厂所用消毒剂大多数是含氯的化学产品，其中最新型的灭菌消毒剂正是二氧化氯。

教师提出项目驱动性任务：自来水消毒通常使用含氯物质，而二氧化氯（ClO_2）是国际上公认的最新一代安全、高效的杀菌消毒剂，具有效果好、残留少、不产生抗药性等优点。那同学们该从哪些方面认识这个“功臣”呢？

学生拆解成子项目：二氧化氯（ClO_2）的制备原理；如何利用实验室装置进行制备；二氧化氯（ClO_2）的消毒原理是什么，与传统的液氯、氯气消毒剂相比存在着哪些优势；ClO_2 消毒后是否存在副产物；等等。

子项目 1：探究二氧化氯（ClO_2）的制备原理

【师生活动】

教师提问：常见的较稳定含氯化合物有 HCl、NaCl、Cl_2、亚氯酸盐、氯酸盐等。请同学们以上述含氯物质为原料，利用价类二维图讨论 ClO_2的制备方案，并尝试写出相应的反应方程式。

学生活动：绘制价类二维图（见图 2），并且分组讨论。

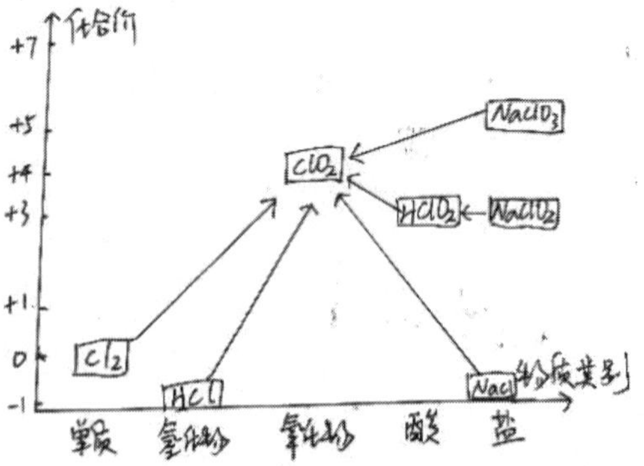

图 2　学生绘制的含氯物质的价类二维图

强氧化剂电对	E^θ/V	强还原剂电对	E^θ/V
H_2O_2/H_2O	+1.78	ClO_3^-/ClO_2	+1.15
MnO_4^-/Mn^{2+}	+1.51	Fe^{3+}/Fe^{2+}	+0.771
ClO_2/Cl^-	+1.51	O/H_2O_2	+0.695
$Cr_2O_7^{2-}/Cr^{3+}$	+1.36	$CO_2/H_2C_2O_4$	-0.49
NO_3^-/NO	+0.957	……	
ClO_2/ClO_2^-	+1.27	……	

图 3　资料卡片：常见的氧化剂和还原剂的标准电极电动势

学生观点 1：由于并未学习过其类别通性，故无法从类别角度转化。从价态角度分析，ClO_2中 Cl 原子价态为 +4 价，是中间价态，可以寻找较强的氧化剂，将低价态的含氯化合物转化为 ClO_2。

学生观点 2：结合价类二维图与氧化还原原理分析可得，也可以寻找合适的还原剂，将高价态的含氯化合物还原为 ClO_2。

教师追问，提出分析型问题：上述价类二维图中物质的转化均能实现吗？

学生观点：还要看氧化性和还原性强弱。

教师追问，提出分析型问题：从热力学角度，可以根据电极电动势的大小判断氧化剂、还原剂的相对强弱和氧化还原反应的方向（课堂举例说明根据电极电动势的大小判断的方法）。最后，老师给大家提供一个资料卡片（见图3），请大家从热力学角度分析可能发生的制备 ClO_2 的思路。

学生观点：根据卡片分析，ClO_2/Cl^- 标准电极电动势较高，很难找到比它更强的氧化剂将低价态 Cl^- 氧化为 ClO_2，但 ClO_2/ClO_2^- 标准电极电动势较低，故可以使用常见的氧化剂将 ClO_2^- 氧化为 ClO_2，故转化思路可以将低价 ClO_2^- 氧化为 ClO_2；同理，也可以使用常见的还原剂 SO_2 等将 ClO_3^- 还原为 ClO_2。

子项目 2：设计制备 ClO_2 的实验装置

【师生活动】

教师追问，提出设计型任务：ClO_2 的制备原理我们已经知道了，那小科学家们能不能根据原理设计一套完整的实验室气体制备装置呢？由于时间问题，我们就用常见的还原剂 SO_2 将 ClO_3^- 还原为 ClO_2 来设计一套实验装置吧。

学生分组设计与汇报：学生设计的两套实验装置如图 4、图 5 所示。

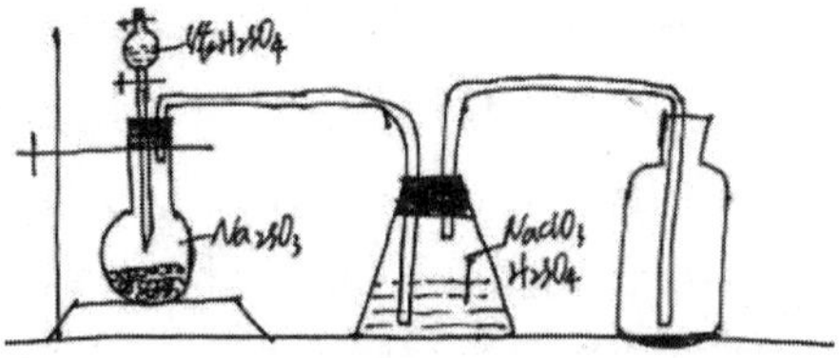

图 4　第一组学生设计的实验装置

图 5　第二组学生设计的实验装置

教师追问：大家观察第一组和第二组的实验装置，评价一下。

学生观点：第一组没有尾气处理，会污染大气；选择第二组装置。

教师提示：当空气中的 ClO_2 浓度大的时候，可能会发生爆炸，但是其水溶液较稳定。

学生观点：所以 ClO_2 不能用排空气法收集，应该用水溶液进行吸收，根据以往经验，使用冰水效果更好。（见图 6）

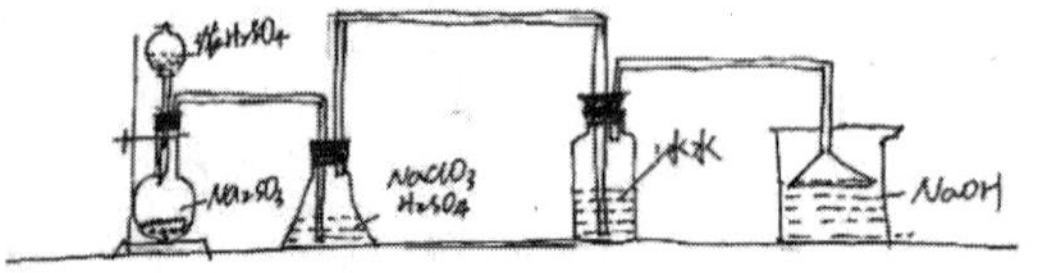

图6　改进后的实验装置

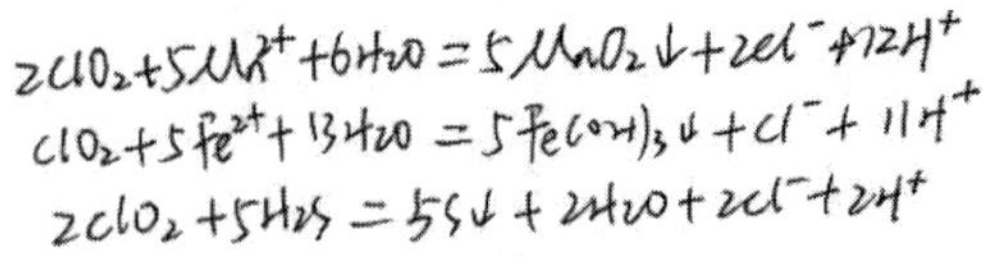

图7　学生汇报书写的反应方程式

教师活动：课堂演示实验，用学生改进后的实验装置（见图6）进行演示。

子项目3：ClO_2的应用原理与优势

【师生活动】

教师提问：对比液氯、氯气处理自来水，ClO_2作为新型灭菌消毒剂存在着哪些优势？

学生活动：课前查阅资料，得知用传统的液氯和氯气处理自来水会产生三氯甲烷、氯酚、氯胺等致畸致癌物质，而ClO_2不会与水中的有机化合物发生取代反应产生这类有毒物质。

教师追问：那ClO_2消毒的原理是什么呢？已知未消毒的水里面有硫离子、金属离子（如Fe^{2+}、Mn^{2+}）等，请同学们利用氧化还原知识分析，并写出反应方程式。

学生完成任务：分组书写（见图7）与汇报，二氧化氯具有很强的氧化性，能够与硫离子反应，生成沉淀硫单质，降低硫离子对水体的污染，并且能够与水中的金属离子（如Fe^{2+}、Mn^{2+}等）迅速反应生成不溶性的沉淀，高效去除金属离子。

子项目4：ClO_2消毒后副产物的来源与处理

【师生活动】

教师提问：虽然ClO_2具有广谱、高效、环保等优点，但消毒副产物的生成与消减也是水质安全领域值得关注的问题，ClO_2^-具有一般毒性、遗传毒性、细胞毒性和致癌性。已知消毒后的水体中存在ClO_2^-、ClO_3^-，那么消毒后的水体中副产物的主要来源有哪些？

学生观点1：二氧化氯制备过程中，原料反应不充分，氯酸盐随同二氧化氯一起被投加到待处理水体。

学生观点2：根据价类二维图，二氧化氯有可能发生歧化反应生成亚氯酸盐和氯酸盐。

学生观点3：二氧化氯不稳定，暴露在阳光下、高温或者其他条件下自身分解产生亚氯酸盐和氯酸盐。

教师追问：那副产物ClO_2^-如何处理呢？从价类二维图角度分析。

学生讨论得出解决方案：

①“类”维：ClO_2^-难转化为其他盐或酸，易分离体系。

②“价”维：ClO_2^-中Cl原子为+3价，处于Cl元素的中间价态，可被强氧化剂氧化，也可被还原剂还原为无毒的Cl^-。

教师视频展示：工业上常用的副产物处理方法——还原法（$SO_2-SO_3^{2-}$还原法、亚铁还原法、活性炭还原法）、氧化法（臭氧和氯气氧化法）。

学生活动：认真观看并与自己的思路进行对比分析。

教师提问本节课感想：本节课你有何感想？

学生观点1：从物质类别和化合价两个角度去研究陌生物质的制备、性质等，是无机化合物的一个重要的研究思路。

学生观点2：这节课任务一个接一个，让我深刻感受到价类二维图的重要性，通过价类二维图我们可以获取很多信息。我也深刻体会到氧化还原知识并不是像表面那么简单，它虽然复杂但是又有方法可以分析，从这节课中我体会到了化学的有趣性，在每个任务解决的时候成就感满满，希望老师多上这类型的课。

五、 反思与评价

以项目式学习的方式对氧化还原复习进行设计，从贴近生活实际的情境出发，设计4个学习子项目，极大地调动了学生学习的积极性，有助于学生建立动态化、情境化、系统化的氧化还原反应知识体系。通过将氧化还原的理论知识与实际相结合，这种方式提高学生在课堂中的参与度，让学生在真实情境下完成氧化还原知识的复习，反映出化学知识与生产生活之间存在着紧密联系，激发学生对化学知识的兴趣以及对所学知识的认同感，达成了预设的后成就水平目标（见表1）。对于学生与教师来说，项目式学习既是一种新的学习方式，也是一种新的挑战。项目式学习将知识点教学转化为真实情境下的应用教学，是形成化学核心素养的有效途径，有利于推动化学学科建设的发展，对于未来化学教育的转型与创新具有重要意义。

参考文献

[1] 谭铁斌．语文项目学习的实践取向与设计要点［J］．语文学习，2019（7）：4－8．

[2] 曾璐，邹映波．人工合成肉桂酸：基于项目式学习的有机复习［J］．化学教学，2019（6）：57－60．

[3] 中华人民共和国教育部．普通高中化学课程标准（2017年版）［M］．北京：人民教育出版社，2018：14－17．

[4] 董娴．二氧化氯制备过程残液的资源化研究［D］．南京：南京工业大学，2009．

[5] 蒋丹丹．饮用水二氧化氯消毒副产物亚氯酸盐的去除方法研究［D］．南京：南京理工大学，2012．

基于学科大概念的逆向教学设计实践探索

东莞市第六高级中学　尹霈仪

一、 指导思想

《普通高中化学课程标准（2017 年版）》（以下简称《课程标准》）明确指出，重视以学科大概念为核心，使课程内容结构化，以主题为引领，使课程内容情景化，促使学科核心素养的落实。学科大概念是指居于学科中心地位，指向学科核心内容和教学核心任务，能统摄或包含大量的学科知识，能反映学科的本质和主要观点，能将学科关键思想和学科关键内容联系起来构成学科框架的重要概念。

逆向教学设计最早由美国著名教育专家格兰特·威金斯和杰伊·麦克泰提出，逆向设计与传统的课时设计不同，它从目标出发（见图 1），先设计评价工具，最后确定教学活动，形成教学目标决定教学评价、教学评价引导教学活动的因果回归关联，真正为促进学生理解而教。追求理解的逆向教学设计理论重视课程内容大概念的理解，强调学生只有把获得的知识和技能、原理和态度迁移到其他新的情境问题中，才能够有真正的持久的理解，而持久的理解是教学的最终目标。

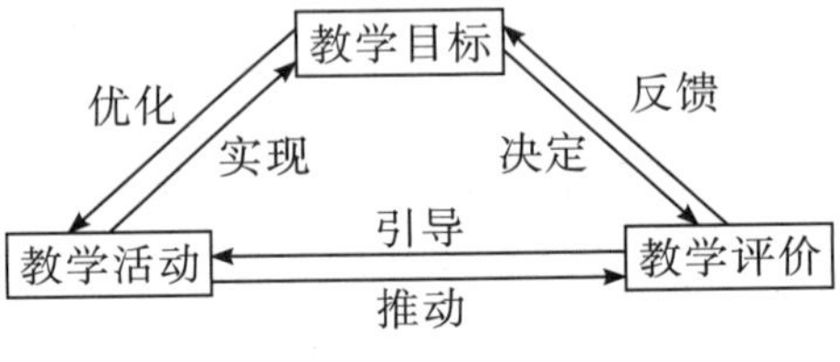

图 1　逆向教学设计过程图

二、 基于化学学科理解的教学分析

本课例“揭秘解酒药——乙醛的化学性质”选自 2019 年人教版高中化学选修性必修 3 第三章第三节，隶属《课程标准》中“有机化合物的组成与结构”“烃及其衍生物的性质与应用”有机化学基础模块的两大主题。《课程标准》的学业水平指出，学生能描述和分析乙醛的加成和氧化反应，能书写相应的反应式；能判断醛酮分子中化学键的类型，分析键的极性；能基于醛基化学键的特点与反应规律分析和推断醛类物质的化学性质，并根据相关信息书写相应的反应式；能参与环境保护等与醛类物质性质应用相关的社会性议题的讨论，并做出有科学依据的判断、评价和决策。其主题概念的层级图如图 2 所示。

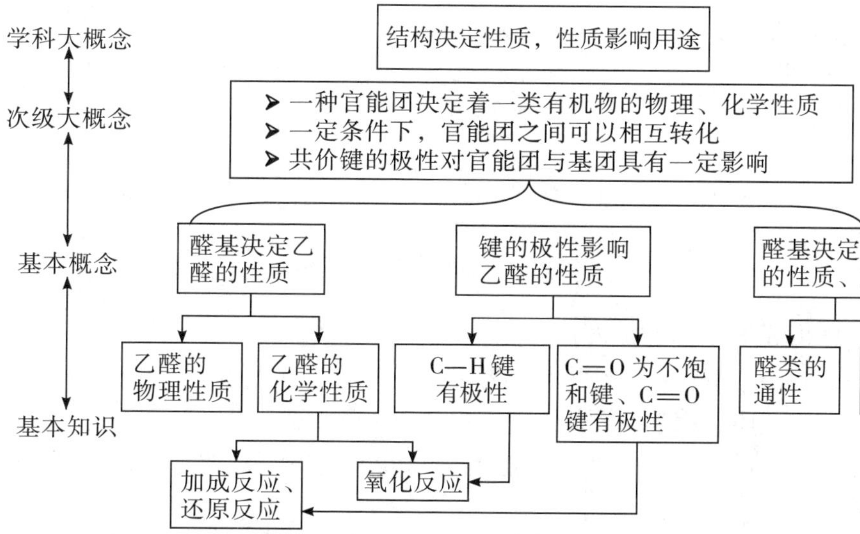

图 2　“乙醛的化学性质”主题概念的层级图

立足于学科理解，进行本课例设计与实施的过程中，要引导学生基于官能团及化学键极性视角认识有机物性质与转化，初步认识官能团与有机化合物特征性质的关系，继而建立结构与性质的联系，形成从化学键视角分析结构的思路，建立“结构分析—预测性质—实验验证—性质确认”一般思路。

三、基于化学学科理解的逆向教学设计探索

（一）确定预期的学习结果

通过分析知识层级，确定大概念和核心任务（见图 3），确定预期的学习结果为：掌握醛类的组成、结构特点、性质、转化关系与应用；能够从结构出发预测醛类的性质，能够基于性质实现醛类物质与其他类别有机物间的转化；掌握研究有机物的一般思路，即“结构分析—性质预测—实验验证—性质确定”。

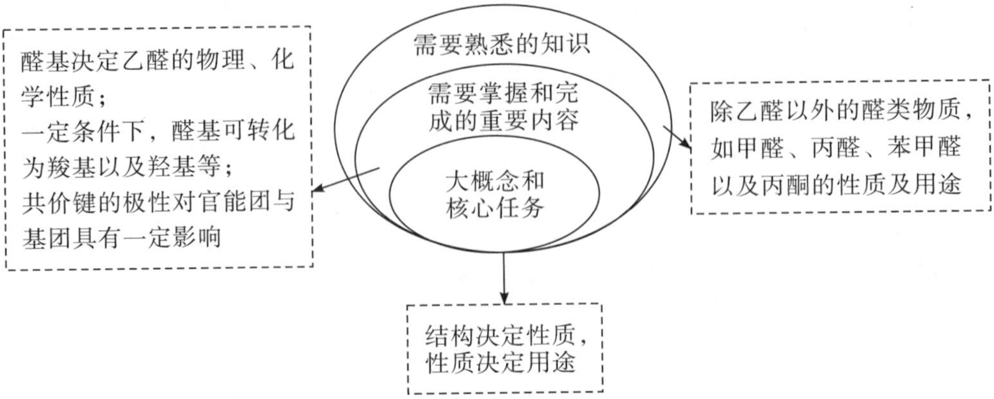

图 3 “乙醛的化学性质”知识层级图

（二）设计评价学习结果的证据

通过对学生填写的“分析乙醛结构预测乙醛性质”表格（见表 1）内容进行分析，诊断并发展学生基于官能团、化学键极性认识有机化合物的水平。

通过对乙醛的氧化反应实验设计方案的交流与点评，发展学生物质性质的实验探究设计的水平。

通过对乙醛不对称加成反应机理的讨论与分析，诊断并发展学生对加成反应的认识进阶和认识思路的结构化水平。

通过对解酒药是否有效的讨论和点评，诊断并发展学生对化学价值的认识水平。

表 1 分析乙醛结构预测乙醛性质

分析结构		预测性质	
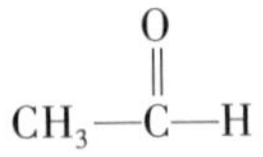	官能团： 是否含不饱和键： 键的极性：	断键部位	反应类型

表现性任务与评分量规如表 2 所示。

表2　“乙醛的化学性质”表现性任务与评分量规

超出成功标准	满足成功标准	接近成功标准	未达到成功标准
符合所有成功标准，再加上：知道可以通过分析推理的方法认识研究对象的本质特征、构成要素及其相互关系，建立认知模型，并能运用模型解释化学现象，揭示现象的本质和规律	（1）能写出醛酮的官能团，乙醛、甲醛、丙酮的结构简式和名称，能列举乙醛、甲醛、丙酮的主要物理性质。 （2）能描述和分析乙醛的氧化反应和加成反应，能书写相应的反应式。 （3）能基于醛基中化学键的特点分析和推断醛类物质的化学性质。 （4）能参与解酒药是否有效等与醛类性质相关的问题讨论，并做出有科学依据的判断、评价和决策	达到满足成功标准的4条	达到满足成功标准的2条及以下

（三）设计学习经验和教学活动

教学设计的思路如图4所示。

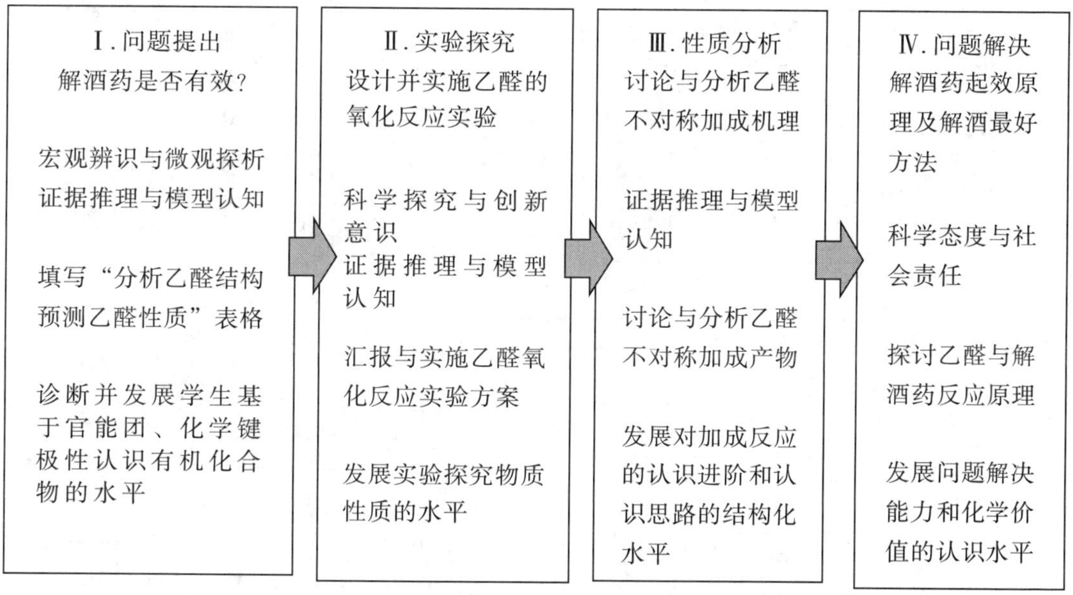

图4　“乙醛的化学性质”教学设计思路

认识的起点、终点及从起点到终点的认识路径如图5所示。

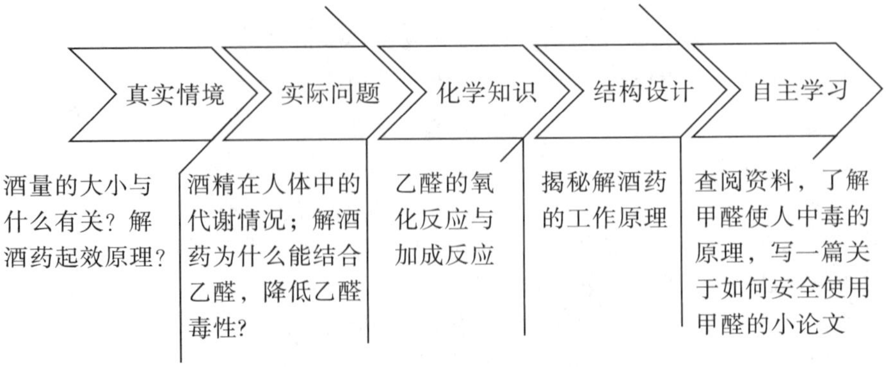

图5 “乙醛的化学性质”认识路径图

（四）设计“揭秘解酒药——乙醛的化学性质”具体教学流程

教学流程设计如图6所示。

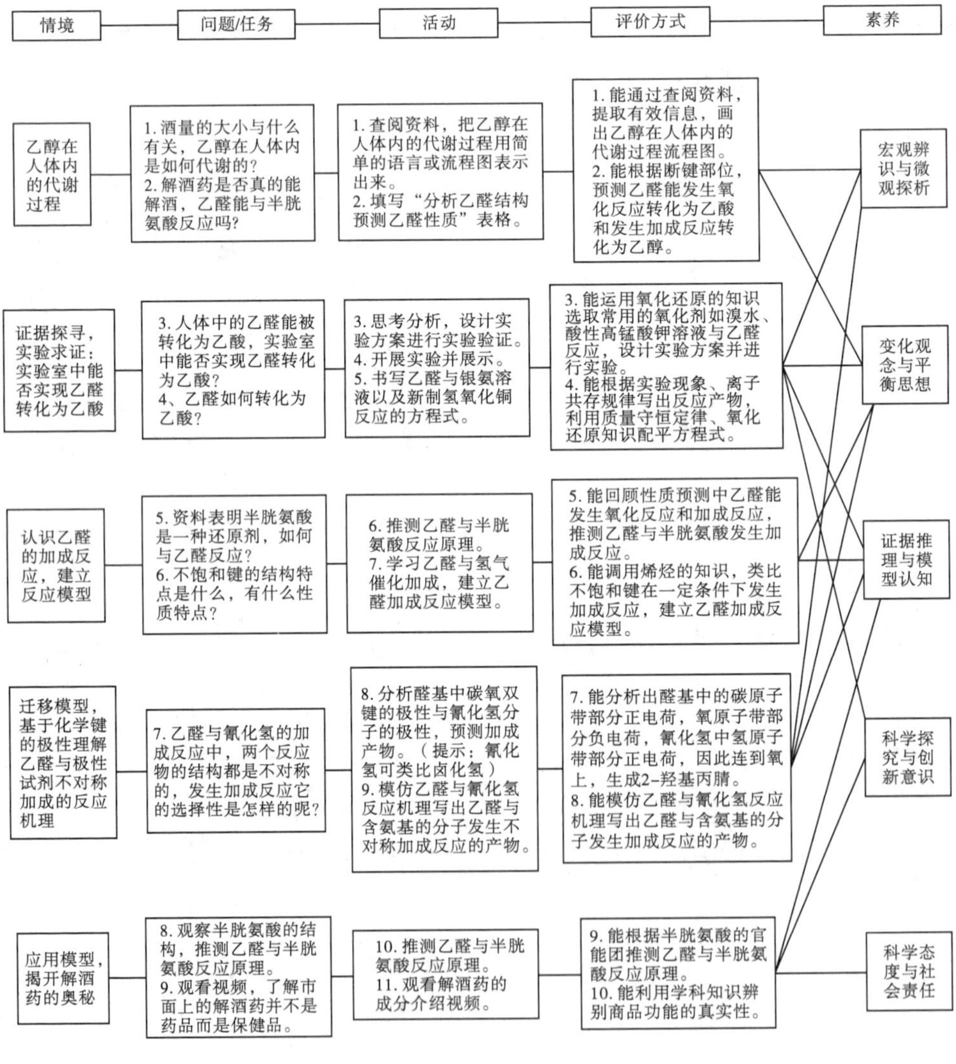

图6 教学流程设计

四、基于学科大概念的逆向教学设计意义

（一）以学科大概念为核心，促进思维发展，让学科素养真正落地

在认知线上，本课例坚持以学科大概念“结构决定性质，性质决定用途”为核心。在教学设计上，围绕一个本原问题展开：如何基于官能团、化学键极性视角预测并验证醛类物质的主要性质？在实践探索上，主要培养学生以“结构分析—性质预测—实验验证—性质确定”为主线的结构化认识思路，发展学生的“宏观辨识与微观探析”“证据推理与模型认知”“科学探究与创新意识”等学科核心素养。同时，学生在获取并利用知识解释问题的过程中，让学科素养真正落地。

（二）以真实情境为线，创设问题，激发学习动机

中国酒文化源远流长，逢年过节家长们几乎顿顿不离酒，这也催生了另一个热卖商品——解酒药。商家称此药既能解酒还能护肝，其背后的原理到底是什么？本教学设计围绕着“揭秘解酒药”创设真实情境问题，让学生在了解乙醇在人体中的代谢过程后，将问题集中在乙醇的代谢产物乙醛上，开展乙醛性质的学习，让学生在学习的过程中应用知识解释问题。实践证明，采用情境化的教学模式，避免将知识直接简单地重复呈现，更能激发学生的学习动机，促使学生自主思考，提高学习兴趣。

（三）追求理解的教学设计，推动学科观念的形成与理解

本教学设计通过以教师为主导的项目式学习，让学生体会如何通过项目式学习学会从实际生产生活中典型物质性质的研究中，提炼出完整的结构分析模型和性质预测模型，然后利用思维模型解决陌生有机物的分析问题，从而提升学生的学科关键能力。“揭秘解酒药”这一真实问题解决线索与“结构分析—性质预测—实验验证—性质确定”这一认识发展线索能较好地整合，驱动性和认识价值兼顾。经过本单元的学习，学生对有机物的认识角度从原来的官能团深入到化学键极性的水平，从散点认识双键的加成、碳氧键的极性、羟基对临近基团的影响到系统和自主地形成研究有机物的一般思路，即“结构分析—性质预测—实验验证—性质确定”，并不断地应用模型分析陌生的有机物分子，达到学生能力上的一个质变。知识获取路径方面，从原来的被动接受知识到以问题解决为驱动，从有机物结构分析开始进行一步步的推理，在这个过程中，不仅完成了教学任务，增强了化学课堂的实用性和趣味性，还潜移默化地培养了学生的学科素养。

参考文献

[1] 中华人民共和国教育部．普通高中化学课程标准（2017 年版 2020 年修订）[M]．北京：人民教育出版社，2020：2－6.

[2] 季洪旭．单元教学探索：基于理解的逆向教学设计案例 [M]．上海：华东师范大学出版社，2019.

生物学篇

“新师范”建设丛书

基于深度学习的高中生物学 TISA 课堂教学模式实践探索

广东广雅中学　苏科庚

深度学习是当前新一轮课程改革培养学生科学思维能力的目标导向，其特征主要体现为三个转变：从学科中心向学生中心转变，从教师的教向学生的学转变，从知识技能的获得向核心素养的发展转变。深度学习旨在通过课堂教学，引导学生参与自己的学习进程和学习关系的建构，帮助学生掌握核心知识内容、培养科学思维以及解决复杂问题的能力。构建基于深度学习的高中生物学 TISA 课堂教学模式，正是引导学生成为深度思考的自主学习者而开展的教学实践探索。

一、 TISA 课堂教学模式概述

TISA 课堂教学模式是指通过学习任务群（task group of learning）、情境化设置（immersion of situational learning）、问题链策略（strategy of chain questions）、发展性评价（assessment based on sustainable growth）等教学策略开展的课堂教学模式（见图 1）。

图 1　基于深度学习的 TISA 课堂教学模式

TISA 课堂教学模式包含四个组成要素：

第一，学习任务群。以任务为导向，以学习项目为载体，整合学习情境、学习内容、学习方法和学习资源，引导学生实现学习与生活的结合、内容与方法的结合、过程与素养形成的结合。

第二，情境化设置。情境是知识的载体，也是问题的起源。教学中的情境化设置既能有效吸引学生学习的兴趣，又能激发学生的探究欲望，合理的情境设置还能为问题的提出与解决搭建脚手架，为学生进行科学探究奠定基础。

第三，问题链策略。科学以问题为起点，并以进一步的问题为转折，教学以问题为起点，并用进一步的问题来推进，好的课堂往往与好的问题相关联，问题链策略强调教学中通过环环相扣、层层递进的问题链，引导学生不断进行深度思考。

第四，发展性评价。教学要改变单一的纸笔测试和过度量化的评价方式，运用多元方式进行综合性评价，进而促进学生的认识发展，提升学生的思维水平和素养能力。

TISA 课堂教学模式并不是一个固定的教学模式，学习任务群、情境化设置、问题链策略以及发展性评价等四个基本要素也并非指课堂教学中的四个环节流程，而是课堂教学中应体现的教学策略。可见 TISA 课堂教学模式，就是通过课堂教学中相关教学策略的综合运用，构建师生多元互动的深度学习范式。

二、 TISA 课堂教学模式在生物学教学中的应用

（一）“学习任务群”在生物学教学中的应用

在教学中构建学习任务群，需要教师整合教材内容，通过设置不同的任务群，引导学生开展以主题任务为驱动的跨章节甚至是跨模块的综合性和系统化学习。

例如在进行“基因突变”教学时，教师可引导学生从五个学习任务群展开学习。

学习任务群 1：分析归纳基因突变的概念、特点、影响、意义以及在生产实践中的应用；

学习任务群 2：分析基因突变与基因重组的区别与联系；

学习任务群 3：比较基因突变与染色体变异的区别；

学习任务群 4：分析基因突变对细胞分裂和分化的影响；

学习任务群 5：讨论基因突变对遗传规律的影响。

通过上述学习任务群的设置，引导学生以“基因突变”的知识为切入点，延伸到与之相关的其他章节内容的整合理解和综合学习，大大丰富了学生对“基因突变”概念的全面理解。

又如在学习“分子与细胞”模块时，教师以“种子萌发过程的探究”为主题，引导学生围绕三大任务群——“认识种子的基本结构”“分析种子萌发过程中的生理活动”“分析种子萌发过程中的成分变化”展开深度学习，帮助学生从生命观念、科学思维和科学探究等核心素养维度认识“分子与细胞”相关章节的知识内容（见图 2）。

种子萌发过程的探究

- 任务1：认识种子的基本结构
  1. 单子叶植物的种子结构
  2. 双子叶植物的种子结构
- 任务2：分析种子萌发过程中的生理活动
  1. 水分的吸收
  2. 水解作用
  3. 细胞呼吸
  4. 细胞分裂和分化
- 任务3：分析种子萌发过程中的成分变化
  1. 水分的变化
  2. 无机盐的变化
  3. 糖类和脂肪的转变
  4. 蛋白质的变化
  5. 激素的变化
  6. 有机物总量的变化（光合作用/细胞呼吸）
  7. 有机物种类的变化（细胞呼吸/细胞分化）

图 2　“种子萌发过程的探究”学习任务群

（二）“情境化设置”在生物学教学中的应用

生物学教学中进行情境化设置的策略包括：结合科学史创设情境；结合学生的活动创设情境；通过教师的演示实验创设情境；通过列举有待解释的生活现象创设情境；利用趣闻轶事和虚构故事创设情境；结合知识实际应用的实例创设情境；由旧知识的扩展引出新问题创设情境。

例如，在进行“光合作用的原理和应用”教学时，为了帮助学生理解光合作用暗反应的过程，教师利用卡尔文的有关科学史设置情境。

情境一：卡尔文最初的实验，是发现 CO_2 固定后首先形成 C_3（一种三碳化合物）。那么，到底是哪类物质与 CO_2 结合形成 C_3 呢？按照一般的思路考虑，要寻找的是一种二碳化合物。但是，大家都没有找到这样的二碳化合物。卡尔文继续设计新的实验进行探索。他用 $^{14}CO_2$ 标记的小球藻做了这样的实验：突然停止供应 CO_2，小球藻内含量大为增加的是一种五碳化合物。据此推测，这种五碳化合物应该就是与 CO_2 结合的化合物。

讨论：卡尔文通过停止供应 CO_2 检测小球藻内含量升高的物质来推测 CO_2 的受体，是基于什么样的假设？

又如在进行“染色体变异”教学时，教师以“21 三体综合征”相关的医学资料作为情境引导学生分析。

情境二：医学资料表明，很多胎儿在未出生以前就已死亡，其中有部分胎儿在母体发育时就因自然流产而夭折，这与染色体数目变异有关——一种情况是染色体以染色体组的形式成倍增加，另一种情况是个别染色体的增加或减少。母亲的年龄与染色体数目的变异也有关，如果母亲怀孕时的年龄超过 35 岁，建议进行产前诊断，如羊水检查或者基因诊断，以确定胎儿是否患有染色体异常或其他类型的遗传病。

讨论：为什么母亲的年龄与 21 三体综合征的患病率有很大关系？有关调查还表明，近年来大多数 21 三体综合征婴儿是由年轻母亲生产的，试分析其中可能的原因。

情境化设置容易让学生产生代入感，拉近学生与问题的距离，有利于激发学生的探究欲望并积极探讨分析和解决问题的方法，进而达到理解和迁移运用知识的目的。

（三）“问题链策略”在生物学教学中的应用

问题链设计首先应具有情境性或冲突性，以激发学生探究的欲望；其次要有适度的综合性，增加思维含量，以引导学生进行深度思考；最后还应具备良好的梯度，让学生“跳一跳摘得到”。

例如，在进行“细胞的物质输入和输出”教学时，教师援引某道试题的示意图设置相关的问题链引导学生进行讨论（见图3）。

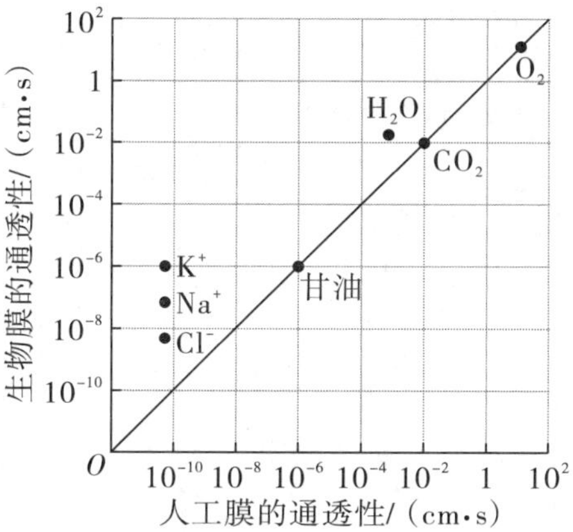

图3　部分物质在人工膜和生物膜中的通透性比较

问题：(1) 请推测甘油、CO_2和O_2是如何通过生物膜的？其影响因素是什么？(2) 水分子是如何进行跨膜运输的？其影响因素是什么？如果要验证水分子的跨膜运输方式，应该如何设计实验？(3) K^+、Na^+、Cl^-的跨膜运输方式是什么？其影响因素又有哪些？(4) 逆浓度运输（主动运输）所需要的能量都来自ATP吗？

教师结合图示设置不同思维深度的问题链，进而引导学生对物质的跨膜运输方式进行深度分析和主动建构，有效促进学生对所学知识的深刻理解。

又如在进行“细胞的增殖”时，为了帮助学生更好地理解有丝分裂过程的变化特点，教师设置问题链引导学生展开讨论：①细胞进入分裂期时染色质为何要转变为染色体状态？②分裂前期核膜解体、核仁消失有何意义？③分裂前期为什么要出现纺锤体？④分裂末期为什么染色体又变成染色质状态？……这些问题已不仅仅是对分裂过程的简单识记，更是对细胞分裂相关变化过程的背后原因和生理意义进行深度挖掘和分析理解。

（四）“发展性评价”在生物学教学中的应用

发展性评价关注被评价者的主体性与评价对个体发展的建构作用，重视学生综合素养的发展，尤其是创新、探究、合作与实践等能力的发展，因此需要将量化评价方法与质性评价方法相结合，以丰富评价的方式与内容。

例如，教师在引导学生开展生物学探究实验时，设计过程性评价表对学生的实验探究能力进行评价（见表1）。

表1　生物学探究性实验过程性评价表

评价环节	评价内容	评价情况
小组评价	实验需要解决的问题	
	小组提出的解决方案	
	问题解决的情况（实验结果或结论）	
	存在的问题和下一步拟探究的问题	
教师评价	学生实验设计的科学性、可行性及创新点	
	学生实验操作过程中问题解决的能力	
	学生实验探究能力及小组合作能力	
综合评价		

又如在进行“细胞器”作业的设计时，教师改变单纯以解题为核心的评价形式，创造性地引导学生以改编歌曲、说唱作品、诗歌创作等方式，发挥学生的自主创造性和发散性思维，进行自主建构式的学习，进而评价学生的思维发展情况。

学生作品1：《细胞中的内质网》（改编自《外婆的澎湖湾》）——今天老师把课讲/已是第三章/没有难点可以讲/只是一片内质网/坐在课室的椅子上/一遍遍回想/也是细胞的核膜上/有着两片内质网/那是质膜拄着杖/将我手轻轻挽/踏着薄膜走向溶胶/片片的内质网/一个小泡是多肽一串/消磨许多能量/直到基体消融我俩/在合成的路上/细胞的内质网/有我许多的分泌幻想/合成，运输，蛋白，内质网/含有一个加工厂。

学生作品2：《溶酶体记》——溶酶体，形小球，母系高尔基体人氏也。行年四岁，母逐离室，即此飘零。及成立，有勇功，帝嘉其才，赐溶酶。溶者，戮也，酶者，速也。即目之利刃，拥近百水解酶，外摄蛮夷，内荡圣朝，往往军未至，敌已溃……

三、 TISA课堂教学模式在教学中的挑战与反思

当前，TISA课堂教学模式在教学实践中也面临一些挑战，例如，设置学习任务群时，常常涉及跨章节、跨模块甚至是跨学科内容的学习，需要打破现有教材已有的内容体系和逻辑框架，对教师提出较高的要求，同时任务群的学习往往需要多个连续性的课时才能完成教学，也对当前生物学课时的安排带来挑战；在进行问题链的设计时，如何减少低质量、低思维的问题，避免由“满堂灌”走向“满堂问”的现象也值得反思研究；在开展发展性评价时，如何建立科学合理的多元评价体系，通过评价促进学生的全面发展也是需要学校和教师进一步深入探索实践的重大课题。

为思维而教，为未来而教，这是高中生物学新一轮课程改革的重要方向，而学生科学思维能力的发展，离不开课堂教学中情境的创设，离不开学习任务群的有效解决，离不开高质量问题的设计，更离不开发展性评价的激励引导，唯有如此，学习才会真正发生，思

维才会真正深刻，素养才能真正提升。从这个角度来说，基于深度学习的高中生物学TISA课堂教学模式的构建，不失为一种有益的探索实践。

参考文献

［1］中华人民共和国教育部．普通高中生物学课程标准（2017年版2020年修订）［M］．北京：人民教育出版社，2020：2.
［2］陈金财，林颖韬．例析高中生物学试题情境创设的适切性［J］．生物学教学，2021，46（5）：53－55.
［3］黄丽娜．基于深度学习的高中生物学大单元主题教学实践分析［J］．教学管理与教育研究，2021，6（24）：99－101.

建立减数分裂中染色体变化模型的实践与思考

肇庆市第一中学　梁　滢

一、 模型构建在生物教学中的体现

模型构建教学就是借助数学、物理、概念思想，对抽象的知识体系进行转化，使其成为具体的、直观的事物，进而帮助学生更好地完成知识建构，不断提升课堂教学有效性的一种教学方式。由于生物学科以生命活动、自然规律为主要研究对象，在具体的教学中，引导学生揭示生物规律是课堂教学的重难点，传统的“讲述式”教学模式很难实现这一教学目标。基于此，教师应充分借助物理模型这一途径，引导学生借助等比的实物或图形等，将物理模型的三维立体结构呈现出来。在物理模型的帮助下，学生对物体的结构特点进行了深刻的认识，并在制作模型的过程中对知识形成深刻的印象，最终得以更好地发现生物规律，实现核心素养视域下的生物教学目标。

二、 “减数分裂” 的教材分析

“减数分裂和受精作用”一节选自人教版高中生物学必修 2 的第 2 章，生物的有性生殖是高中生物教学中极为重要的模块之一，配子是能够直接串联亲代与子代的桥梁，而减数分裂中所包含的染色体数量运动规律变化，使其能够直观地在生物遗传性与变异性中发挥作用。因此，在进行这部分知识教学的过程中，由于知识点的抽象性、琐碎性与复杂性，学生往往难以掌握相关理论知识。笔者在实际教学过程中将其与模型构建相结合，以染色体行为变化规律为基础进行有效模拟，尝试了不同的模型材料和课堂设计，以期在实际教学过程中突破重难点，使学生真正掌握相关知识。

三、 针对同一重难点突破尝试不同模型材料

在“减数分裂和受精作用”第一课时中，通常安排的内容是“精子细胞的形成过程”，学生需要通过课堂学习，理解减数分裂过程中染色体行为和数目的规律性变化，并说出同源染色体、四分体、联会、交叉互换等概念。在课堂教学中，笔者尝试了橡皮圈、扭扭棒、扑克牌、手指这四种模型材料，并在准备难易程度、操作难易程度和课堂效果三个维度对不同材料进行对比分析。

（一）活动准备

活动以4人小组为单位进行，每个小组准备可制作2对同源染色体的材料。如图1所示，如选用橡胶圈，每小组需准备8段橡皮圈，其中4段长、4段短，分别代表大小不一的染色单体，长短都有两种颜色，分别代表来自父方和母方，再准备8段长短一样的棉线代表纺锤丝。棉线1.8元/捆，3捆可够全班使用，橡皮筋约0.25元/段，全班以12个4人小组来算，需花费29.4元。如选用扭扭棒，购买200根约需6.5元，可够全班使用，模拟染色体的方法与橡皮圈类似。

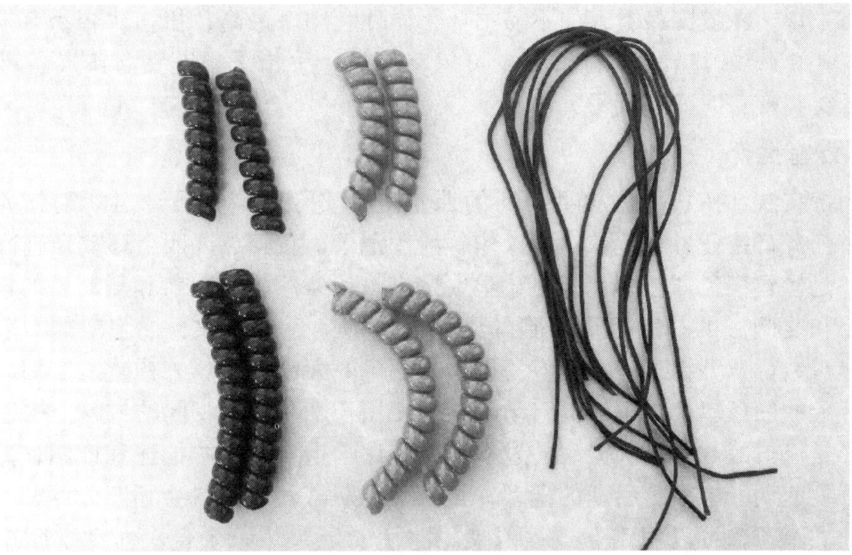

图1　每个小组所需的橡皮圈和棉线

如图2所示，如用扑克牌，一副全新的扑克牌约2.5元，需要提前将每张扑克牌拦腰对半剪开，分别表示复制得到的姐妹染色单体，剪开处剪一个错位口模拟着丝粒，方便连接2个单体，模拟2对同源染色体需要4张扑克牌，其中两两成一对，数字相同但花色不同的代表同源染色体，一副扑克牌可够全班使用，一个小组的扑克牌材料要用回形针分好，便于发放。

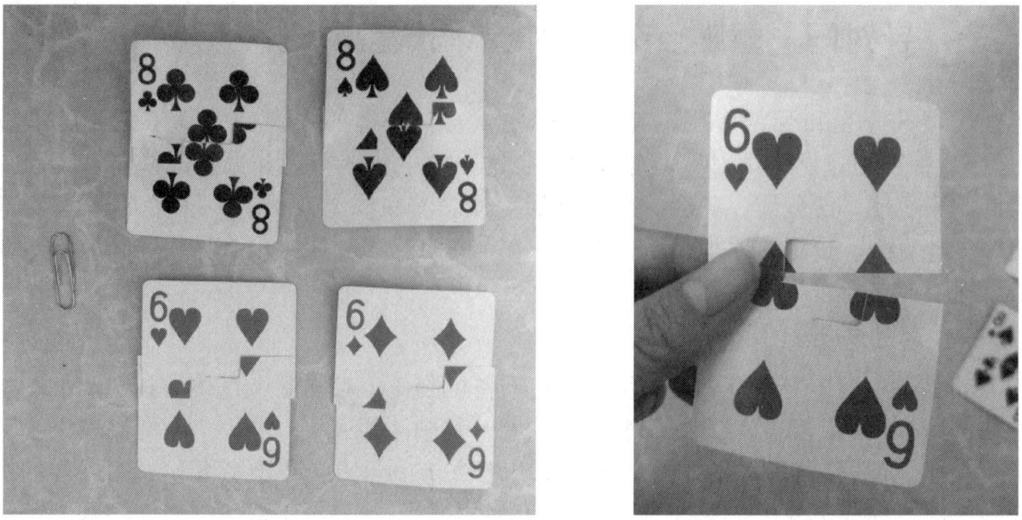

（a）　　（b）

图 2　每个小组所需的扑克牌材料

按价格来说，橡皮圈最贵，但不易损坏，循环利用率最高；扭扭棒容易有损耗，但性价比较高；扑克牌约 2.5 元，花费较少可忽略不计，手指无须花费。按准备难易程度来说，前三个材料准备时间差别不大。

（二）课堂操作

在使用橡皮圈和扭扭棒做模型材料的课堂上，实际的课堂设计对活动任务进行了细分，每个小任务都按任务布置、学生操作、活动记录、教师点评四个环节来进行。

任务一是构建染色体模型，需要让学生摆出 4 条染色体复制前和复制后的模型，并记录精原细胞和复制后的初级精母细胞的染色体数、染色单体数、细胞中的 DNA 分子数、同源染色体对数。典型错误为学生容易用不同颜色或大小的材料来构建复制后的一条染色体，复制形成的两条单体是一样的，学生应该使用长度和颜色相同的材料来构建。

任务二是模拟减数第一次分裂的过程，需要让学生参考课本描述和插图，分别摆出减数第一次分裂前期、中期、后期的模型，其中，前期需表现出联会和四分体，后期用棉线模拟纺锤丝做牵拉，可以用动态过程来展示。活动记录是记录各个时期细胞中的染色体数、染色单体数、细胞中的 DNA 分子数、同源染色体对数。学生在操作过程中容易犯错的是在中期把同源染色体都摆在一侧，应该是把同源染色体摆在赤道板两侧（如图 3 所示）。

图 3　扭扭棒制作减数第一次分裂中期模型时的典型错误

任务三是模拟减数第二次分裂的过程，如图 4 所示，学生接着摆放模型模拟减数第二次分裂前期、中期、后期的染色体活动，活动记录是记录各个时期细胞中的染色体数、染色单体数、细胞中的 DNA 分子数、同源染色体对数，还有生成的 4 个子细胞的颜色和大小。学生在操作过程中易犯的错误是将着丝粒分裂得到的两条单体移向细胞的同一极。

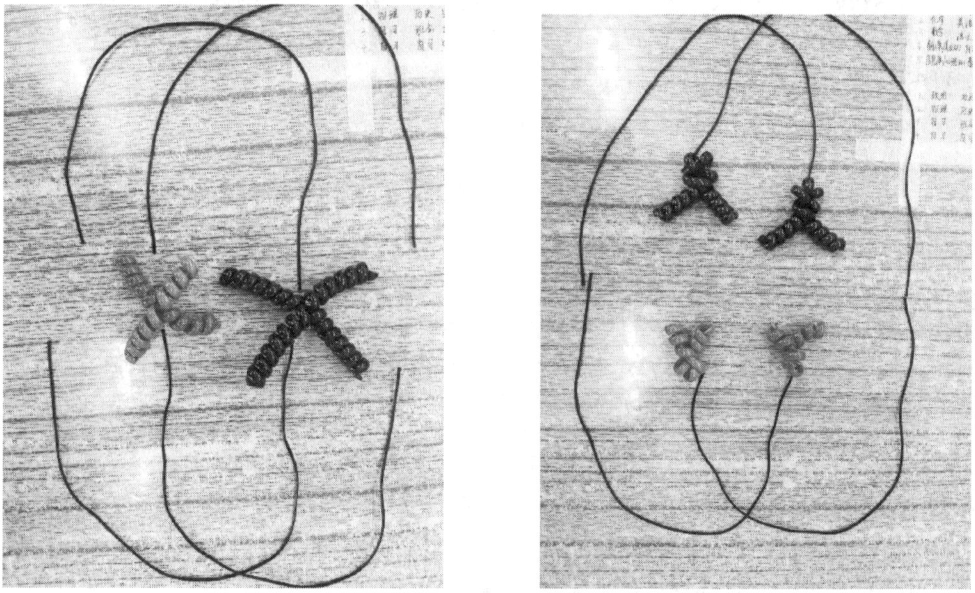

（a）正确的中期　　　　（b）错误的后期

图 4　学生制作的减数第二次分裂扭扭棒模型

学生在进行操作时，教师巡查指导，并将优秀模型和典型错误拍摄下来上传到班级一体机上，便于当堂进行点评讲解。如果需要缩短学生的操作时间，可以不发放棉线模拟纺锤丝，改成每个小组发放 3 张 A4 纸，让学生画细胞轮廓和纺锤丝进行模拟，将重点放在染色体变化上。

在使用扑克牌做模型材料的课堂中，需要借助 PPT 或投影实物展示，让学生理解清楚以下规则：剪开的一张扑克牌代表复制后的一条染色体，剪开的接口代表着丝粒，在具体操作时怎么分开和接回，两张大小相同但花色不同的扑克牌代表同源染色体，最后在记录子细胞种类时需要同时记录花色和数字。学生理解规则和任务之后，才能发放模型材料。由于扑克牌在操作时花费时间短，所以教师可以在课堂上按常规讲授的方式先讲授完整的精子细胞形成过程，再让学生进行完整的减数分裂的模拟，最后在黑板上或者投影上进行展示。

手指模型是指学生利用自己的手指来模拟染色体的变化过程，需要两人一组，具体操作参考教学参考书。这种模型操作简单，但由于不够形象，所以需要花较长时间在讲解手指如何代表染色体和染色单体上，学生自由发挥和试错的空间小。所以这种模型比较适合教师在知识点讲授时配合进行展示，没有前三种那么适合作为学生活动。

（三）课堂效果及反思

扭扭棒或橡皮圈作为实验材料的操作效果相差不大，均能很好地模拟染色体形态和变化，大小适中，操作简便，丰富的颜色也有助于学生理解和记录。对于纺锤丝的模拟，棉线操作相较于在 A4 纸上画画而言，更能让学生理解知识点的细节，如纺锤丝是牵引染色体的着丝粒，而不是染色体臂；子细胞中染色体模型的颜色和大小也很便于观察和记录。

因为扑克牌模型不形象，所以学生在进行模型模拟时需要先将扑克牌的形象和染色体的形象进行转换，这就给新课讲授时学生对任务的理解带来了困难；但扑克牌由于有具体的花色和数字，会更便于记录分裂结果，对于后续自由组合、产生配子种类、交叉互换增加配子种类等知识点的讲授有更好的连续性。

手指模型更适合作为常规课堂讲授的辅助模型。

四、 针对不同知识点突破尝试不同模型材料

在第一课时结束了“精子细胞的形成过程”的教学后，后续还有其他知识点内容与其关系密切，作为系列课程，模型的使用也能沿用下来。下面将结合“染色体的自由组合”“四分体交叉互换”“同源染色体对数与配子种类的关系”“卵子细胞的形成”4 个知识点的讲授，选出各自最合适的模型材料。

（一）染色体的自由组合

让学生观察上一课时记录的减数分裂产生的 4 个精子种类，小组之间可以相互交流，再模拟减数第一次分裂后期看是否可以产生不同的精子类型。这个知识点的模型操作使用橡皮圈、扭扭棒和扑克牌的效果类似，均能明显观察并记录。结束后进一步引导学生思考：一个精原细胞能产生几种精细胞？一个雄性个体能产生几种精细胞？从而使学生深化对该知识点的理解。

（二）四分体交叉互换

让学生利用模型材料摆出减数第一次分裂后期的染色体状态，在四分体中的非姐妹染色单体上做标记，表示进行过交叉互换，继续模拟后续的分裂过程，记录产生的精子种类，并思考：一个初级精母细胞如果发生交叉互换，能产生几种精细胞？交叉互换的意义是什么？橡皮圈可以用标签纸或者记号笔做标记，标签纸标记后可以撕掉恢复原状，便于材料循环利用。扭扭棒则可以用剪刀剪下交换的片段，直接在非姐妹染色单体上进行互换，过程更加直观，也更能让学生理解交叉互换换的是染色体片段，而不是整条染色单体。

使用扑克牌则最好用标签纸写上 Y、y、R、r 粘在牌面上，模拟一个基因型为 YyRr 的初级精母细胞，如果其发生交叉互换，能产生几种精细胞，并在黑板上展示，而不是直接记录花色和数字，避免学生混淆，以为互换的是整条单体。教师还可以进一步引导学生自制模型，模拟两对基因位于一对同源染色体上，并思考：如果 Yy、Rr 两对基因位于同一对同源染色体上，则一个 YyRr 基因型的雄性个体（不考虑基因突变和交叉互换），能产生几种精细胞？

综合来说，在该知识点的讲授上，扑克牌作为模型材料更清晰，不仅不会局限于形象，还能细致模拟到基因层面，能深化模拟的内容更多。

（三）同源染色体对数与配子种类的关系

给学生多发一对同源染色体的材料，要求记录其减数分裂后可能产生的配子种类，比较一对、两对、三对同源染色体产生的配子种类数，并试着归纳同源染色体对数和所能产生的配子种类之间的关系。该知识点的落实，三种模型材料均可获得相同的效果。

（四）卵子细胞的形成

“卵子细胞的形成”的教学建立在学生已经了解“精子细胞的形成过程”的基础上，两者的染色体变化没有区别，所以如果上一课时学生已经使用模型模拟过精子的形成过程，不建议再重复模拟。但如果上一课时学生没有操作过，则可以通过本节课的模型制作达到两个目的，一是连贯地复习回顾减数分裂的染色体变化过程，二是对比精卵细胞在减数分裂中的异同点。为了更好地落实异同点的对比，建议用扭扭棒或橡皮圈作为模型材料，不发放棉线而是让学生在 A4 纸上画出细胞轮廓，更好地突出不均等分裂。在具体的操作过程中，无须再将任务细化，而是直接让学生模拟完整的卵子细胞形成过程，最后请学生代表到黑板或者实物投影处进行展示，展示过程中即可强调细胞名称的区别（如图 5 所示）。

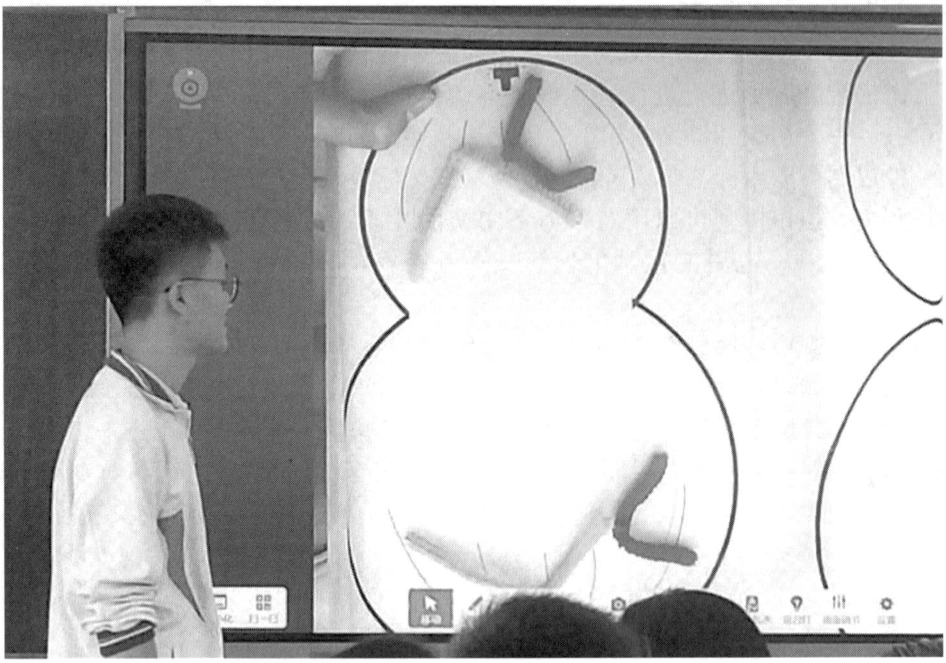

图 5　学生在实物投影上对卵子细胞的形成过程进行扭扭棒模型展示

五、 教学反思

新课程标准和新教材对模型构建提出了更高的要求，这意味着模型构建作为高中生物教学的一种重要手段，需要纳入教学的基础性内容当中，教师需要在实际教学中充分借助图画、表格等图文并茂的形式，对教材上那些抽象、难以理解的知识进行直观的表述，进而使学生更好地理解知识、记忆知识等。

在进行教学设计时，笔者参考教学参考书并查阅了很多论文资料，反复对实验材料进行考量，但仍然无法选出最优材料。在课堂试验过程中，笔者最大的感受是无论采用何种材料，进行模型构建的教学效果都要比常规教学好，但备课时间会较长，另外，模型材料准备难易程度、是否能循环利用、开销这三方面是进行课程设计时必须要考量的。

虽说不同的知识点适用于不同的模型类型或模型材料，但按本次教学实践来说，物理模型的形象性非常重要，能降低学生的理解难度，真正帮助学生突破重难点。

课堂中一旦加入模型构建，课堂时间必定会比常规课堂更紧，且学生难以预测的反应会为课堂带来诸多不确定性，所以有效的课堂组织对课时内容的顺利完成至关重要。备课不仅为了一时，更是作为有用的教学资源保存并沿用，所以每次上课后，教师要记录并思考如何做好任务布置，学生容易犯哪些错误需要提前提醒，力求课堂一次比一次更精巧。

课堂中学生进行模型操作，必定需要教师反馈和点评，方式可结合具体学校的信息设备来选择，但需要授课教师善于发现，敢于尝试，保持积极学习的心态，一切并没有那么难。

参考文献

［1］潘家英. 新课程背景下高中生物教学中生物模型的构建策略［J］. 新智慧，2021（11）：5-6.
［2］魏雪莲. 核心素养下模型构建在高中生物教学中的尝试运用：以减数分裂和有丝分裂的模块复习为例［J］. 新课程，2020（46）：29.

教育大数据在高中生物教学中的运用

江门市新会陈经纶中学　张寿雄

大数据具有容量大、实时性、多样性、真实性等特点。大数据分析是对数据的分析和挖掘，科学总结与发现其中蕴藏的规律和模式，并结合源源不断的动态流式数据去预测事物未来的发展趋势。教育大数据是教育中大数据的具体表现，教育大数据分析可在教学质量评价基础上，通过一定的组织机构，按照一定的程序，进行规划、检测、评价、反馈，以达到顺利开展教育教学的目的，提升教育教学水平。生物教学介入大数据分析，利用现代化的多媒体教学，对学生、教学行为、教学效果进行全方位、多角度、横纵向的分析，为生物学核心素养培养提供精准支持，创设实时的、动态的高中生物课堂教学情境，激发学生兴趣，寓教于乐，为高考复习注入新鲜血液。同时加强学生个性化的学习，达到差异化教学的目的，使得高中生物教学突出教学重难点，优化课堂结构，让生物课堂“活”起来，真正做到教学和管理的有效结合。

一、 大数据应用于教育教学的现状

传统生物教学，虽汇聚了大量教学基础数据，但数据来源多样化，多是简单的数据汇总，并未达到理性分析的层面，且在时间上缺少可比性，对数据的深度挖掘也不够，特别是一些隐性信息。面对五花八门的数据，教师无法做到客观诊断分析，无法真正全面掌握学情和持续性地了解学生，容易导致生物教学失去方向性。

随着大数据产业逐步向电信、交通、金融、医疗、教育等领域广泛渗透，教育大数据已转变为教育改革的战略资源和科学力量，成为促进各国教育系统改革的重要信息基础。发达国家在教育大数据布局上走在了前沿，取得了较多研究成果。美国政府通过“公共教育大数据计划”项目，对教育体系进行完善和改革，该项目兴起一股在线教育的潮流并收集了大量的数据，研究世界各地的教学模式和教学行为，打造出适合不同国家学生学习的在线教育平台。大数据在我国教育领域落地生根，之后三年是教育大数据发展的黄金期；新冠病毒病毒的流行，加速了教育大数据的发展，进一步强调和发展大数据战略，并上升到国家发展战略，加上在线教育、远程教育等新型教育模式的盛行，促进了教育领域对于大数据的需求和依赖。同时，我国发布了相关政策支持教育大数据的发展，如《中国教育现代化2035》《中共中央 国务院关于深化教育教学改革全面提高义务教育质量的意见》《关于引导规范教育移动互联网应用有序健康发展的意见》等，从技术发展、产品研发、战略方向等层面给予支持，并加快人工智能、大数据、5G等新技术在教育领域的应用。

二、 教育大数据在高中生物教学中的实际应用

在教学过程中，课前、课中、课后，每一次单元测试、月考、期中考试、期末考试等，都会产生大量的数据。教师通过收集的相关数据进行横向和纵向比较，实时评估和监测；通过教育大数据的支撑，对学生个体特征进行精准分析，对学生学习层次进行精准区分，对学生学情进行精准定位，实现个性化、科学化教学，提升教学的有效性，促进学生核心素养的良好发展和综合能力的提升；基于教育大数据的支撑，完善学业评价体系，实现课堂教学评价从模糊宏观的质量评价转变为量化精准的评价，从每学期之间互不关联的评价转变为常态持续的关联分析，从部分课堂的抽查式评价转变为全面覆盖所有课堂的评价，从事后评价转变为实时动态评价；通过教育大数据的理性分析，优化课堂教学模式，调整教学策略，用数据发现学生兴趣，实现正面激励、精准督导，以提升课堂教学质量；基于教育大数据的采集，建构涵盖课堂大数据、教学模式和方法、学习环境、育人环境等要素的综合评价模型。

（一）应用教育大数据对生物课堂进行自我诊断，提升教学质量

在日常教学活动中，教师可进行教育教学理论数据的分析，归纳总结出具有前瞻性的内容，打破多媒体教学的禁锢，使得数据能及时分析、及时反馈，有针对性地开展工作，比如：用什么方式巩固和提高知识更有效果，什么样的生物教学方法更适合学生的学情，通过什么教学方式学生更能接受，等等。特别是借助教学过程中产生的理性数据分析，归纳和总结出学生最近的学习、思想等倾向，有效预防生物教学中的不当行为出现。

1. 应用教育大数据，研究教学现象、提升教学效果

当前高中教育中，教师一般担任多个班级的教育教学，每一个班级的学生组成、学习能力、学习习惯、学习方法、接受程度具有一定的差距，因此学生阅读课本的时长、对生物学概念理解的时长、完成学业的平均时长等数据就组成了教育大数据的一部分。教学现象泛指教学过程中的各个方面，随着教学情况的变化而变化，具有不确定性、多样性、实践性、即时性和历时性的特征。教师需要在分散和特定的教学现象中找到规律，也需要客观地描述其变异性的研究方法。在运用教育大数据研究教学现象时，可以验证教学效果及分析学生学习行为习惯。

应用教育大数据，可以帮助教师在教学过程中改变发现问题和解决问题的方式，及时监测学生的学习过程和追踪学生的学习状态，对学习效果较差的学生有针对性地分析其原因，实施针对性的学习指导和教学干预。这既适应当前新教材、新高考的要求，也激发了学生涉猎新知识的求知欲，提高学生面对陌生情境时的信息切入能力。例如，在学习高中生物学必修2《遗传与进化》的“减数分裂”内容时，采用大数据分析，利用翻转课堂的

优势，教师课前提供微视频、预习案等学习资源，学生通过阅读教材、查阅资料、与同学交流等方式进行自主学习，教师通过了解、分析学生自主学习过程，采集相关数据，如对减数分裂相关概念的理解、分裂过程图像判断、分裂过程染色体行为形态和数目变化，通过大数据的分析，掌握学生对“减数分裂”知识和技能的掌握情况，了解每个学生的课前学习行为，准确把握学生的预习学案的完成情况，有针对性地进行教学设计和教学安排，有针对性地进行个体辅导，而不再是在课堂中凭经验和直觉去判断学生学习进度，这就提高了学情分析的准确性，对于教师把握课堂进度、难度，研究教学现象有很大的帮助。

2. 应用教育大数据，精准了解学生、研究学习行为

在大数据环境下，学生的学习行为过程考查和个性化发展均成为可能。通过采集学生在学习行为过程中产生的各类状态信息，形成反映学习行为的数据源，在高度实践性、复杂性的教学现象中进行全方位的数据分析，真正了解学生状态和课堂中的各方反馈，从课堂中显性的、隐性的教学信息中探寻出客观的教学规律。例如，在学习“减数分裂”内容时，课堂可以利用小组评比、上台展示、教学设备平台的使用，通过图表来说明分裂过程中数量的变化、构建分裂模型来区分各个分裂时期的细胞图像、进行课堂即时测评等，收集各种数据反馈，这种基于大数据的课堂，可以直观、真实、精准地了解学生的学习进度和知识掌握的准确性，甚至将特别优秀的学生的解答过程进行广播来开展示范教学，从而实现了师生之间、生生之间的多向互动、多元交流。同时通过相关的数据分析，可以了解学生的听课状态和效率及影响学生课堂接受力的因素，如知识的难度、自身的积极性、同学的干扰、室外的噪音、教师的语言表达等，教师根据相关数据的层级性、时序性和情境性的相关特点，灵活主动地将课堂中的一些消极因素转化为积极因素，积极地研究学生课前、课中、课后的学习行为，提高教学有效性。

3. 应用教育大数据，因地制宜实施个性化教学，促进多元发展

传统的生物学习模式，学生把注意力集中在授课教师身上，由教师带着学，学生处于被动接受状态。教育大数据的到来，改变了学生学习知识和获取知识的方式，大量知识需要学生自主学习，让学生“学会学习，学会创造，学会合作，学会生存”，才能激发学生的生物学习兴趣，使学生树立正确的生物学习观念，可持续、和谐地学习。

虽然“因材施教”提出多年了，但当前学校教育普遍是群体教育，每个学生的个性、智慧程度、理解能力和学习兴趣点不同，这给高中生物的教学带来很多困难。运用教育大数据技术分析每个学生的学习过程、学习行为和学习问题，可为教师教学提供依据，根据学生个性提供学习服务。例如，在讲授“变异与育种”内容时，涉及的概念较多也较为抽象，教师可以利用大数据精心选择与教学内容、目标关联度较高的内容，尤其是结合本地的“新会柑”和“新会陈皮”的相关知识，一步步地对育种原理、育种过程及各种育种方法的优缺点进行比较，引起学生的兴趣和关注，培养学生正确的价值观，提升学生对本土文化的自信。

（二）应用教育大数据推进生物教学的信息化，提高教师工作效率

教育大数据能促进以学生为本的学习，应用教育大数据分析，尤其是在一些大型的测评中，可了解到每一个学生的成绩在全校、全区、全市生物学科的发展情况，为教师提供

最直接的教学参考，及时、准确地评估学生的当前学业情况，发现学生存在的潜在问题，进而预测学生未来可能的表现。如一位学生某次生物考试成绩为90分，利用大数据分析，可以得到分数背后的信息：每一道大题的得分、每一个小题的得分、每一个选择题选了什么、每一题花了多久时间、某一个知识点的掌握程度、应试的技巧和心理、答题顺序是怎样的、是否有时间检查等，这些数据远远比90分重要，它揭示了学生构成最佳学习环境的因素。教师还可以纵向比较学生的各次成绩，通过内在模型诊断学生在课堂学习、考场上的各种行为，全方位地将教育教学与大数据深度结合，提高工作效率。同时，教师还可将对教育大数据的综合分析，渗透到考试、课堂、课程编排、师生之间、生生之间的各个环节，挖掘出教学、学习的实际情况，从而制定出符合学情的教育教学策略。

（三）综合运用大数据分析，提高学校教学管理水平

从学校整体来看，大数据在教育方面的研究和应用，给课堂教学评价和质量监测带来变革，对提升整体教育品质、促进教育公平、提高教育质量、优化教育治理都具有重要的作用，是实现教育现代化的重要支撑。基于大数据的教学评价和质量监测平台建设是学校教育发展到注重内涵建设的必然之路，通过教学评价和质量监测的大数据分析，可保证学校各个学科教学的统一性和科学性，为学科的长效发展提供帮助。大数据与现代教育的结合是大势所趋，在教育大数据背景下，教师应清晰地认识教育的功能，把关注人的成长提升到重要地位。

总之，在新教材、新高考、新时代的背景下，在高中生物教学中应用教学大数据是非常必要的。教师在大数据教学监测平台的辅助下，可不断更新知识储备，掌握学生动态发展过程，提出新要求，改善学生的学习态度、学习方法、学习行为等，从而使得教学质量可调可控，向着教师期待的方向发展。学校对教学基本数据进行常态化监测管理，在深入分析和挖掘的基础上，多角度、多层面地对学生和教师进行评价，促进师生全面发展，能帮助学校实现自我诊断和提升，充分调动每个教师、每个部门的积极性，最终达到自我管理、自我完善的效果。

参考文献

[1] 李金昌. 从政治算术到大数据分析 [J]. 统计研究，2014，31 (11)：3－14.
[2] 罗德志. 基于大数据精准教学模式在高中生物教学中的运用 [J]. 科学咨询，2019 (44)：70.
[3] 王陆，李瑶. 课堂教学行为大数据透视下的教学现象探析 [J]. 电化教育研究，2017 (4)：77－85.
[4] 沈学珺. 大数据对教育意味着什么 [J]. 上海教育科研，2013 (9)：9－13.
[5] 杨现民，王榴卉，唐斯斯. 教育大数据的应用模式与政策建议 [J]. 电化教育研究，2015 (9)：54－61，69.
[6] 方秀琳. 大数据时代下的有效教育教学 [J]. 北京教育（普教版），2015 (7)：40－41.
[7] 张丽娟. 基于大数据分析下的数学课堂教学研究 [J]. 教育教学论坛，2016 (6)：271－272.
[8] 王鑫. 基于教育大数据的教学改革研究 [J]. 教育理论与实践，2019 (25)：54－58.
[9] 张燕南. 大数据的教育领域应用之研究：基于美国的应用实践 [D]. 上海：华东师范大学，2016.

新课标理念下对高中生物课后作业有效性的思考

广州市第六十五中学　黄焕燕

在高中阶段，对于高考的九门文化学科，教师几乎都会在开学初就根据实际情况统一让学生订购相应的配套练习册，所以很多教师可能会一上完课就直接让学生做配套的练习题，但是配套的练习题往往题量比较大，里面的题目也不一定都适合学生，所以如果教师不加选择就让所有学生都统一做整套练习题，很容易导致学生的作业量过大，使学生疲于应付，一些学生因不够时间完成甚至会直接抄答案或抄其他同学的，既浪费时间又起不到学习的效果。生物学科作为九个科目中的小科目，学生每天晚自习能留给生物作业的时间也就只有 20 分钟到半小时，让学生盲目做题不仅增加学生的负担，还导致学生往往没时间看书和自我消化知识点。而对于生物学科来说，学生如果只刷题而不看书、不进行知识点梳理的话，那么学习效果将是事倍功半，所以作业设计是否有效成为影响教学质量的重要因素。

一、 精选题目， 控制作业量

教师应该用好配套练习册，而不是被练习册牵着走。练习册里面可能有些题目难度过大，不适合学生，有些题目可能没什么训练的意义，还有些题目可能重复多次出现，所以教师在给学生布置作业之前应该自己先做一遍题目，然后挑选出有代表性的、适合学生的题目给学生做，而不是不加选择就让学生去完成整套练习题。例如我们在高一第二学期讲授必修 2 这本书的内容，其中第 1 章学习的是孟德尔的遗传规律，我们配套使用的练习册里面的题目量多，而且有些题目难度也很大，可能教师做完一节的题目都需要花一个多小时的时间，而对于高一刚接触这部分知识的学生来说，想要完成一节的作业不仅要花更长的时间，而且可能会受挫，从而失去学习的信心。所以笔者在讲授完“孟德尔的豌豆杂交实验（一）”这节内容后，没有让学生直接做练习册上的题目，而是让学生先尝试写遗传图解，在写遗传图解的过程中去领会分离定律的本质和核心内容，从而把该知识点梳理清楚，在打好基础的前提下，再从练习册中挑选适量、有代表性的题目给学生完成，让学生能学以致用，同时也能培养思维能力。另外，笔者在以往的教学过程中往往只布置练习册的习题却忽视了教材本身的课后习题，而我们现在使用的新教材在课后习题方面进行了更新，精心设计了许多考查和培养学生生物核心素养发展的习题。课后习题分层，既重视概念的检测，也关注拓展应用，因此教师在教学过程中可根据学生的层次和需要，充分利用好教材的课后习题，来帮助学生梳理基础知识，同时也培养学生的科学思维和核心素养。例如，在必修1第3章“细胞的基本结构”讲授完之后，教材在章末设计的下面几道题目都非常好（如图1、图2所示），既能帮助学生巩固所学的重要概念和重要知识点，又注重对科学思维和应用能力的考查。

二、非选择题

1. 请将下列动物细胞的结构和功能概念图补充完整。

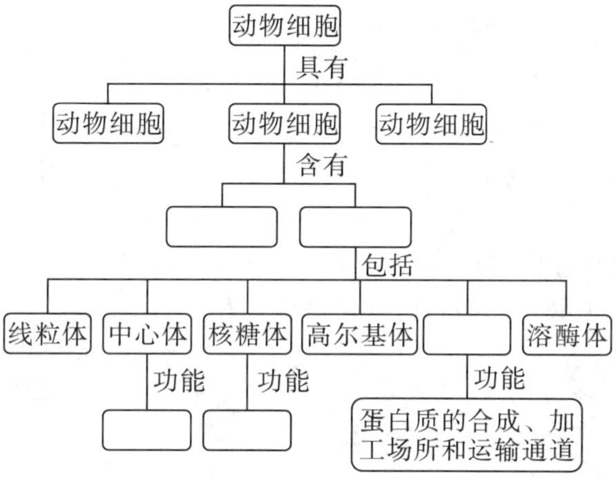

图1

2. 细胞内的各种生物膜在结构上既有明确的分工，又有紧密的联系。结合下面关于溶酶体发生过程和“消化”功能的示意图，回答下列问题。

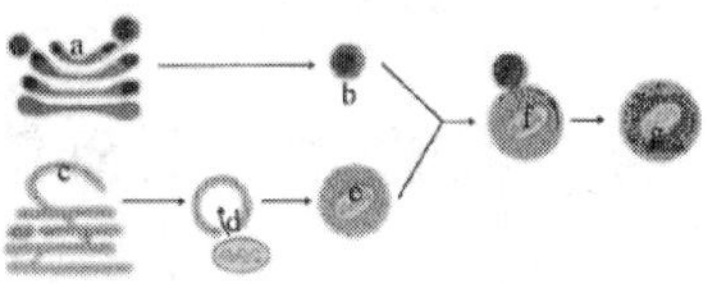

（1）b是刚形成的溶酶体，它来源于细胞器a；e是包裹着衰老细胞器d的小泡，而e的膜来源于细胞器c。由图示可判断：a、c、d分别是__________。

（2）f表示b与e正在融合，这种融合过程反映了生物膜在结构上具有______特点。

（3）细胞器a、b、c、d膜结构的主要成分是________等。

（4）细胞器膜、______等结构，共同构成细胞的生物膜系统。生物膜的研究具有广泛的应用价值，如可以模拟细胞膜的____功能对……

图2

二、 分层次布置作业

作业设计要有层次性，这是贯彻因材施教原则的具体表现。同个班级的学生，素质和水平仍然存在较大的差异，对所学内容的掌握也自然会存在差异。在布置作业时，可以根据学生的不同层次，布置不同内容和难度的作业，解决的问题要落在学生的“最近发展区”内，让不同的学生都有所收获，不然会出现“吃不饱、吃不了”的现象，特别是会造成缺交作业或是抄袭作业的情况，这样作业的反馈作用就大大地消减了。教师在布置作业的时候可根据具体情况明确哪些题是基础题，要求全部学生都要完成，哪些题目是比较有难度的，学生可根据自己的情况选择性完成。另外，对于教材的课后拓展应用题，可以让那些对生物学科比较有兴趣的学生利用周末时间去查阅相关的资料完成，既可以拓展学生的知识面又可以培养学生解决实际问题的能力。

三、 改变单一的习题作业，采用多种方式的作业形式

除了常规的习题作业之外，生物教师还可以结合生物学科的特点设计其他形式的作业，充分发挥生物学科的趣味性、实用性和实践性，激发学生学习的兴趣，培养学生的综合实践能力。例如，在学习了细胞的基本结构之后，可以布置学生完成细胞结构模型或生物膜模型的制作，让学生在制作模型的过程中加深对细胞各结构的理解和记忆；又如，在学习植物细胞的吸水和失水之前可以布置学生尝试进行青瓜或白萝卜的腌渍实验，在学习完细胞的呼吸作用之后可以布置学生在家里进行酿制葡萄酒或制作泡菜等实践活动；再如，在讲解伴性遗传之前可以布置学生进行色盲在人群中发病率的相关调查；等等。通过更加丰富的作业形式来促进学生学习方式的转变，让学生在探究实践的过程中体验学习的乐趣，培养自主探究的科学素养。

四、 作业批改要到位，并及时反馈给学生

教师有时为了节约时间，批改作业的时候只是粗略地看一下学生有没有做，然后打个等级就算了，这样往往就使作业的反馈功效大打折扣。为了让作业更好地发挥其反馈作用，教师在批改作业的过程中要更加细致和到位。首先要对学生的作业做好标记，通过作业情况，发现学生存在的主要问题，然后在课堂上进行有针对性的讲评。其次，对于学生的一些典型错误可以及时拍下来然后在课堂上展示并加以讲解，例如，在学习了减数分裂的过程之后笔者会布置学生画减数分裂各时期的图像，在批改学生的作业时随即就把学生的一些典型错误都拍了下来（如图 3、图 4 所示），然后在课堂上展示出来让学生一起发现错误找出问题，通过这样一个纠错过程可以更有针对性地解决学生认知上的主要问题，也让学生加深了对知识的理解和记忆。再次，教师还可以利用晚自习到班值班的时间对学生的作业进行面批，作业面批面改可以使教师在准确了解学生学习及运用学习方法中存在问题的基础上，针对学生个体差异，运用谈话法或讨论法，有目的地给予辅导，帮助学生清除概念理解或解题方法上的障碍，特别是对于一些基础比较薄弱的学生，他们可能在课堂上教师讲解的时候跟不上，导致其作业也存在比较大的问题，对于这些学生可通过面批作业的过程解答疑惑以及提供学法的指导，同时也能让学生感受到教师的关怀和鼓励，帮助其树立学习的信心。最后，对于一些没能及时完成作业或马虎应付作业的学生要把名字登记下来，然后找时间对该部分学生进行思想教育和进一步了解学习情况，不能让学生觉得“我随便应付作业就行，反正老师也不知道”，从而出现懈怠的学习态度。

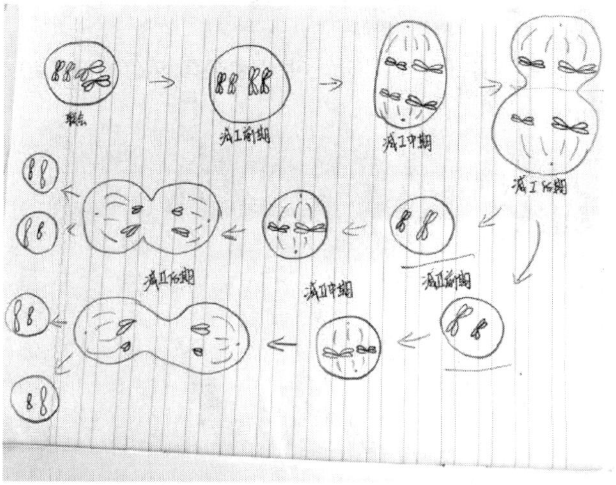

图 3

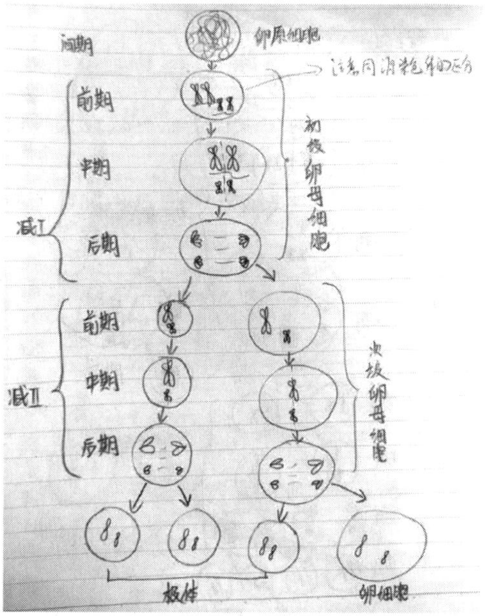

图 4

五、 利用慧学君平台发布作业， 使作业的反馈更加精准、 高效

近几年很多学校都在进行智慧课堂教学的尝试和研讨以提高课堂教学的效率。本校使用的是慧学君云平台，教师除了可以利用慧学君平台开展智慧课堂教学之外，还可以利用慧学君平台来发布预习任务或小测等课后作业，学生在慧学君平台上完成作答之后，平台上就会直观地呈现出每道题的正答率以及每个学生选了哪个选项等数据，这样就可以让教师非常清楚班上的学生对知识点的掌握情况以及主要存在的问题，从而做到更加有针对性地讲评。另外，现在的网络资源很丰富，我们可以在网上找到许多好的微课或视频，对于课本上的一些重难点知识，教师在课堂上讲完之后有些学生还不能很好地掌握，这时教师就可以在网上找一些相关的视频发布到慧学君平台让有需要的学生课后再进一步学习。例如，笔者在讲完减数分裂的过程之后就找了相关的视频发到慧学君平台让有需要的学生利用课后时间自主观看学习，看完视频还有疑问可以再找教师解答。

六、 结语

综上所述，想要提高作业的有效性，教师就应该改变传统单一的作业模式，要在新课程标准、新教学理念的指引下不断地探索和实践。有效的作业不仅是对课堂教学内容的反馈和巩固，还应该是培养学生思维能力和核心素养的重要途径。

参考文献

[1] 张魁. 高中生物作业有效性布置的思考 [J/OL]. 中国科技经济新闻数据库（教育），2017（3）：171，173.

[2] 张兴娴. 生物学作业创新设计的特点、形式及评价方式 [J]. 中学生物教学，2013（4）：31－32.

思想政治篇

“新师范”建设丛书

基于新结构教学评框架理论指导的命题测评检测修复表构建

——以 2021 年广东省高考政治第 17 题第一问分析为例

广州市铁一中学　曾雪刚

一线教师在现实逻辑中遵循“评什么就教什么”的教育观念，那么在教育实践中要想真正落实学科核心素养，就必须加强对它的评价。事实上，要落实以学科核心素养为本位、以新课程标准为引领的试题命制评价设计，就不应该只考虑学科知识的单一要素，应综合考量知识维度、认知维度、核心素养维度、试题情境维度等主要质量指标，这样才能引领教学实践以及考试评价改革。同时，为方便试题命制评价实践中具有可操作性、可解释性，基于新结构教学评框架理论指导，结合教育目标分类学、高考评价体系说明、《普通高中思想政治课程标准（2017 年版 2020 年修订）》的要求，笔者对学习结果的结构化质量要素进行具化和细化，构建了“新结构命题测评检测修复表”，同时运用新结构命题测评检测修复表对 2021 年广东省高考政治第 17 题第一问进行检测，解构其中的奥秘。

一、 基于单个高考试题分析映射新结构命题测评检测修复表

（一）2021 年广东省高考政治第 17 题第一问试题分析（见表 1）

表 1　2021 年广东省高考政治第 17 题第一问试题分析

碳排放权交易（试点做法）	什么是符合标准的企业	理性判断	逻辑依据	对企业的直接影响	企业决策	实现途径
1. 分配免费碳排放配额	配额量	无				

续上表

碳排放权交易（试点做法）	什么是符合标准的企业	理性判断	逻辑依据	对企业的直接影响	企业决策	实现途径
2. 排放量 > 配额量	可以购买超额部分	不购买	减排成本 ≤ 购买配额成本	利润相对增加	减排	设备、技术、创新等
		购买	减排成本 > 购买配额成本	成本增加利润减少	转型升级	管理、技术、创新等
3. 排放量 ≤ 配额量	可以出售配额量	出售	减排成本 ≤ 购买配额成本	利润增加	正向强化绿色发展	管理、技术、创新等
			绿色发展企业本身排放量低			
4. 配额价格由市场决定，价格波动影响企业成本收入，从而影响企业的经营决策（关键信息）						

（二）试题分析映射新结构试题命制测评检测修复表分析

基于试题分析，笔者采用新结构试题命制测评检测修复表，检测高考评价体系精神、新课程标准在该题中是如何细致入微地展现的。（见表 2）

表 2　新结构试题命制测评检测修复表

知识维度/品格价值观维度/试题情境维度/测评水平维度/核心素养维度/试题类型				认知过程维度																		
				习得性学习（获取→接受，理解→反应）									应用性学习（执行→支持，实施→依从）		拓展性学习（分析→价值化，评价→信奉）					适应性学习（实践→自动化，创造→个性化）		
				记忆回忆		理解							应用		分析			评价		创造		
				识别	提取	解释	举例	分类	总结	推断	比较	说明	执行	实施	区别	组织	归因	检查	评论	产生	计划	生成
知识维度	陈述性知识	事实性知识	术语知识	√	√	√		√			√											
			具体细节和要素知识																			
		概念性知识	分类和类别知识			√				√												
			原理和通则知识			√				√				√		√			√			
			理论、模型和结构的知识	√	√					√	√	√		√					√	√		

续上表

知识维度/品格价值观维度/试题情境维度/测评水平维度/核心素养维度/试题类型			认知过程维度																		
			习得性学习（获取→接受，理解→反应）									应用性学习（执行→支持，实施→依从）		拓展性学习（分析→价值化，评价→信奉）					适应性学习（实践→自动化，创造→个性化）		
			记忆回忆		理解							应用		分析			评价		创造		
			识别	提取	解释	举例	分类	总结	推断	比较	说明	执行	实施	区别	组织	归因	检查	评论	产生	计划	生成
知识维度	程序性知识	技能和算法知识																			
		技术和方法知识	√	√	√				√				√	√	√		√	√	√		
		确定何时使用适当程序的准则知识	√	√	√				√				√	√	√		√	√	√		
	元认知知识	策略性知识																			
		认知任务知识							√				√				√				
		关于自我的知识																			
品格价值观维度	政治立场和思想观念	理想信念													√			√			
		爱国主义情怀																√			
		以人民为中心																√			
		法治意识																			
	世界观和方法论	马克思主义世界观和方法论							√				√		√			√	√		
	道德品质和综合素质	品德修养							√									√			
		奋斗精神																			
		责任担当																			
		健康情感							√			√						√			
		劳动精神																			

续上表

<table>
<tr><td rowspan="4" colspan="3">知识维度/品格价值观维度/试题情境维度/测评水平维度/核心素养维度/试题类型</td><td colspan="19">认知过程维度</td></tr>
<tr><td colspan="9">习得性学习（获取→接受，理解→反应）</td><td colspan="2">应用性学习（执行→支持，实施→依从）</td><td colspan="5">拓展性学习（分析→价值化，评价→信奉）</td><td colspan="3">适应性学习（实践→自动化，创造→个性化）</td></tr>
<tr><td colspan="2">记忆回忆</td><td colspan="7">理解</td><td colspan="2">应用</td><td colspan="3">分析</td><td colspan="2">评价</td><td colspan="3">创造</td></tr>
<tr><td>识别</td><td>提取</td><td>解释</td><td>举例</td><td>分类</td><td>总结</td><td>推断</td><td>比较</td><td>说明</td><td>执行</td><td>实施</td><td>区别</td><td>组织</td><td>归因</td><td>检查</td><td>评论</td><td>产生</td><td>计划</td><td>生成</td></tr>
<tr><td rowspan="8">试题情境维度</td><td rowspan="6">基于情境的复杂程度进行情境类型划分</td><td>简单良构（学科内教学）</td><td colspan="9"></td><td colspan="2"></td><td colspan="5"></td><td colspan="3"></td></tr>
<tr><td>一般良构（学科内应用）</td><td colspan="9"></td><td colspan="2"></td><td colspan="5"></td><td colspan="3"></td></tr>
<tr><td>复杂良构（学科内综合应用）</td><td colspan="9">√</td><td colspan="2">√</td><td colspan="5">√</td><td colspan="3"></td></tr>
<tr><td>复杂良构（跨学科应用）</td><td colspan="9"></td><td colspan="2"></td><td colspan="5"></td><td colspan="3"></td></tr>
<tr><td>挑战性开放性劣构（真实世界可预测情境中应用）</td><td colspan="9"></td><td colspan="2"></td><td colspan="5"></td><td colspan="3"></td></tr>
<tr><td>挑战性开放性劣构（不可预测情境中应用）</td><td colspan="9"></td><td colspan="2"></td><td colspan="5"></td><td colspan="3"></td></tr>
<tr><td rowspan="2">基于知识应用和产生方式的不同进行情境类型划分</td><td>生活实践情境</td><td colspan="9">√</td><td colspan="2">√</td><td colspan="5">√</td><td colspan="3"></td></tr>
<tr><td>学习探索情境</td><td colspan="9"></td><td colspan="2"></td><td colspan="5"></td><td colspan="3"></td></tr>
</table>

续上表

<table>
<tr><td rowspan="4" colspan="2">知识维度/品格价值观维度/试题情境维度/测评水平维度/核心素养维度/试题类型</td><td colspan="19">认知过程维度</td></tr>
<tr><td colspan="9">习得性学习（获取→接受，理解→反应）</td><td colspan="2">应用性学习（执行→支持，实施→依从）</td><td colspan="5">拓展性学习（分析→价值化，评价→信奉）</td><td colspan="3">适应性学习（实践→自动化，创造→个性化）</td></tr>
<tr><td colspan="2">记忆回忆</td><td colspan="7">理解</td><td colspan="2">应用</td><td colspan="3">分析</td><td colspan="2">评价</td><td colspan="3">创造</td></tr>
<tr><td>识别</td><td>提取</td><td>解释</td><td>举例</td><td>分类</td><td>总结</td><td>推断</td><td>比较</td><td>说明</td><td>执行</td><td>实施</td><td>区别</td><td>组织</td><td>归因</td><td>检查</td><td>评论</td><td>产生</td><td>计划</td><td>生成</td></tr>
<tr><td>试题情境维度</td><td>情境具体内容（热点）</td><td colspan="19">热点：生态文明；角度：碳排放权交易</td></tr>
<tr><td rowspan="4">测评水平维度</td><td>水平一：认识——熟悉和领会</td><td colspan="9">√</td><td colspan="2"></td><td colspan="5"></td><td colspan="3"></td></tr>
<tr><td>水平二：认可——有意识努力和行动</td><td colspan="9">√</td><td colspan="2">√</td><td colspan="5"></td><td colspan="3"></td></tr>
<tr><td>水平三：认同——精通和内化</td><td colspan="9"></td><td colspan="2"></td><td colspan="5">√</td><td colspan="3"></td></tr>
<tr><td>水平四：认定——潜意识和个性化</td><td colspan="9"></td><td colspan="2"></td><td colspan="5">√</td><td colspan="3">√</td></tr>
<tr><td rowspan="4">核心素养维度</td><td>政治认同</td><td colspan="9">√</td><td colspan="2">√</td><td colspan="5">√</td><td colspan="3"></td></tr>
<tr><td>科学精神</td><td colspan="9">√</td><td colspan="2">√</td><td colspan="5">√</td><td colspan="3"></td></tr>
<tr><td>公共参与</td><td colspan="9"></td><td colspan="2"></td><td colspan="5"></td><td colspan="3"></td></tr>
<tr><td>法治意识</td><td colspan="9"></td><td colspan="2"></td><td colspan="5"></td><td colspan="3"></td></tr>
<tr><td rowspan="2">试题类型</td><td>合格性考试</td><td colspan="19"></td></tr>
<tr><td>选拔性考试</td><td colspan="19">√</td></tr>
</table>

二、 新结构命题测评检测修复表价值分析

（一）可有效检测高考评价体系精神、反映新课程标准在试题中的渗透过程

从知识、情境、能力维度看，在事实性知识方面，该高考试题检测考生对情境中的碳排放权交易、控制排放企业，新课程标准中的新发展理念、产业转型等术语知识进行识别、提取、解释、分类及比较的认知能力，区分了学生对于这种知识维度的学习处于何种进阶水平；在概念性知识方面，重点检测了考生对于情境中碳排放权交易的试点做法这类分类和类别知识进行解释、推断的能力，对于新课程标准中价格变动的影响这类原理和通则知识进行解释、推断、实施、组织、评论的能力，以及对于情境中论述配额价格、市场价格、企业成本、经营决策之间关系的关键信息以及新课程标准中市场如何配置资源这类理论、模型和结构的知识进行识别、提取、推断、比较、说明、实施、评论、产生的能力；在程序性知识方面，检测考生对于碳排放权交易试点具体做法这类技术和方法知识以及确定何时使用适当程序的准则知识进行识别、提取、解释、推断、实施、区别、组织、检查、评论、产生的能力；在元认知知识方面，考查了考生调用认知任务知识推断、实施、检查的能力。由以上分析发现，基于该题这种复杂良构（学科内综合应用）的生活实践情境，及时回应了生态文明建设热点，从碳排放权交易角度，考查内容方面从零散的、细小的术语知识转向概念性的、程序性的、元认知方面的知识，这是一种关注趋向理解核心概念的考查；考查要求方面测评学生理解、应用、分析、评价的能力、方法、技能类知识，凸显对学生高阶能力的测评。

从品格价值观、核心素养、测评水平维度看，该题以碳排放权交易的情境为载体，通过“辨析与评价”的学科任务驱动考生认知活动，让考生在推断、实施、组织、评论、产生的过程中，贯穿以人民为中心的思想，自觉提升思想道德修养，明辨是非善恶美丑，对中国特色社会主义道路和制度自信有极大的增强作用，使考生在习得性、应用性、拓展性学习过程中对中国特色社会主义产生政治认同，培养掌握规律、坚持辩证唯物主义、彰显反思性思维品质的科学精神。

根据以上分析，该题检测了学生三种学业质量水平：认识——熟悉和领会、认可——有意识努力和行动、认同——精通和内化。同时可以发现，试题情境是载体，大概念知识是基础，能力是关键，核心素养是导向，价值观是引领。该题坚持了立德树人方向，凸显了“价值引领、素养导向、能力为重、知识为基”的高考命题理念，体现了对关键能力和核心素养的考查。

（二）科学规范和修复原创、改编试题命制，深化拓展考试评价功能，赋予考试新活力

基于学科核心素养的考试评价，试题命制要与新课程标准对标，与高考评价体系精神对路，与学业质量标准对位，坚持“教—学—评”一致性原则，凸显过程性评价与增值评价。在以上理念指导下构建的新结构试题命制测评检测修复表能有效地实现单个试题命制的检测，同时能在宏观上最大效能地反映对整套甚至多套试卷命制所体现出的知识维度、

品格价值、测评水平、试题情境、核心素养的总体分布，防止各维度在整套或多套试卷命制中失衡、失格、失效，从而科学规范和修复试题命制，拓宽其服务范围，赋能传统考试。

就单个试题命制而言，在利用新结构试题命制测评检测修复表检测试题各维度的形成及分布基础上，也应遵循以下原则：第一，遵循科学性与规范性相结合的原则。科学性不仅指试题必须不存在科学性错误（比如试题表述、解答等方面的科学性错误），还应该包括试题命制遵循考试发展规律以及认知规律（比如必备知识考查应重点关注以大概念为核心的知识，情境类型与认知过程、学习进阶等相匹配等）。规范性是指政治试题应遵循相关的规范要求，既要保障题目标题、解释说明、题号标注等正确无遗漏，也要保证政治试题本身的表述符合政治学科与语言文字的规范，更要保证政治试题答案表述的规范性。第二，遵循基础性与现实性相结合的原则。基础性主要是指政治试题考核目标应基于新课程标准、学科关键能力，凸显对考生基本政治素养的考查。现实性主要是指政治试题应该尽量“三贴近”原则。这里尤其强调政治试题的编制在选材、难度预设等方面应该面向全体考生，还包括试题的表述应该与学生已有学习经验没有明显的冲突。第三，遵循一致性与有效性相结合的原则。一致性主要是指政治试题命制应当在命题理念、内容选择、考查目标、考查要求、考查载体等方面与当前相关要求相一致，试题解答时所涉及的知识、技能以及测试水平等方面都与考试命题依据的相关规定保持一致，不周延、不拔高。有效性主要是指政治试题命制应当基于对考生政治学习在知识、品格价值观、认知技能与能力、核心素养等方面的考查，发挥各类试题的考查功能，以有效地反馈考生真实的学习层级。第四，遵循稳定性与创新性相结合的原则。稳定性主要是指政治试题命制时应该结合目前学生实际以及近几年高考试题趋势，在试题难度预设、试卷整体结构等方面合理延续。创新性主要是指政治试题命制各方面考量应基于“以稳为主”，关注“稳中求进”“进中求新”，这不仅是选拔性考试也是合格性考试的目标指向所必然决定的。

参考文献

［1］安德森，等．布卢姆教育目标分类学：分类学视野下的学与教及其测评［M］．蒋小平，张琴美，罗晶晶，译．北京：外语教学与研究出版社，2009.

［2］张云平．构建新结构教学评框架有效反思和改进学习测评［J］．课程·教材·教法，2021，41（6）：52－58.

以核心素养理念破解高中政治议题式教学的困境思考

——以“坚持新发展理念”为例

东莞市第四高级中学　叶思奕

《普通高中思想政治课程标准（2017 年版 2020 年修订）》提出，高中思想政治课程是落实立德树人根本任务的关键课程，必须坚持正确的思想政治方向，构建以培育思想政治学科核心素养为主导的活动型学科课程。这要求高中政治课堂必须以培养学科核心素养为目标，在课程实施过程中，教师要根据学生身心发展的需要，通过议题的引入、思考、讨论、展示等环节，改变教学方式，使教学在互动、开放、民主的氛围中，达到促进学生核心素质发展的目标。因此，开展议题式教学既是落实普通高中思想政治学科核心素养培育的重要渠道，也是转变教师教学方式和学生学习方式的重要渠道，对提升高中思想政治学科教学质量具有十分重要的指导意义。

但是，在高中政治课堂教学实践活动中，笔者发现很多教师的议题式教学经常存在三种困境。困境一：“议而无题”。用于引入议题的生活情境不切合学生的生活实际，或者脱离社会时政热点，不能激发学生对议题的兴趣，导致议题仅成为摆设，议题提出后又回到了传统课堂中，不能培养学生的政治认同、科学精神等核心素养。困境二：“活而无动”。构建以培育思想政治核心素养为主导的活动型学科课程，要求教师在课堂中将“议题内容活动化”，设计一定的活动环节，但是在课堂教学中，这些“活”的环节并没有让学生“动”起来，因为活动环节设计注重于“形”而缺少了“神”，没有从培养学生的高阶思维出发，不能实现培养学生科学精神、公共参与等核心素养的目标。困境三，“议而无序”。作为议题讨论探究，需要确定一个核心概念，设置一个个有序的问题去层层推进，形成整体性的课堂思维，让学生自己去思考，去讨论，去反思，最后内化为自己的知识和核心素养。很多课堂教学虽然设置了很多的问题，但这些问题却处于碎片化和无序化状态，让学生疲于解决这些问题，不能建构起这些学科知识的逻辑框架和内部联系，导致学生无法在原有知识的基础上形成对新知识的内化与升华。因此，要解决议题式教学的以上三大困境，笔者认为必须基于核心素养理念，引入大概念体系和树立高阶思维目标，合理地处理议题情境的设置、议题活动的开展、议题层次等的设计问题，以破解高中政治议题式教学的三大困境。下面笔者以高中思想政治必修2《经济与社会》模块的“贯彻新发展理念”为例，谈谈对解决上述三大困境的策略思考。

一、设计真问题让议题式教学“有题可议”

陶行知曾提出生活教育的原理之一：“生活即教育。”要让议题式教学“有题可议”，这些引入的问题必须来源于生活，设计“真问题”。这就要求我们，第一，不能照搬课本原来的探究设问，因为这些课本的案例和问题虽然经典，但并不适用于所有的学生，教师要根据不同时代背景、不同地区、不同学情去设计适合他们的情境和问题。第二，要设计学生所关注的时政热点的问题。根据高中政治学科的特点，用马克思列宁主义思想、中国特色社会主义理论的基本观点，引导学生紧密结合与自己息息相关的经济、政治、文化等生活经历探究学习和社会实践的过程。设计的问题必须切合国家大政方针，切合学生所思、所想、所关注的材料，才能激发学生的热情去解决生活中的真问题，研究真学问，产生真情感，真正培养学生的政治核心素养。第三，要设计课本核心概念相关的问题，而不是只为迎合学生兴趣，这样的问题才有真意义，学生才能真正有所得，课堂议题才能成为真议题，而不只是讨论个别问题。

例如，“贯彻新发展理念”一课的内容很多，在设计这节课时，很多教师很容易在设计议题时走偏，把重点放在讨论：我国在经济发展的过程中存在着哪些成就？又存在着哪些发展难题？我国的创新不足表现在哪里？我国有哪些发展不平衡的问题？……这些问题确实也需要解决，但是在议题式教学中，这些问题不能算是“真问题”，因为学生没有经过数据调查很难有自己的独特见解，而且它们也不切合学生关注的热点，学生讨论完以后并没有解决本节课的核心概念，所以也难以实现核心素养的培养。本节课的核心概念和议题应该为：“为什么发展必须以人民为中心？如何坚持新发展理念？转变经济发展方式的意义是什么？”因此要提出既能体现以人民为中心的发展思想，又能引导学生思考如何“破解发展难题，增强发展动力，厚植发展优势”的真问题，形成子议题。例如，教师可以引入“拉闸限电”的新闻，以国家电网的发展作为情境导入，设计三个子议题：第一，这张电网通向哪里？（不计成本通电，以人民为中心）第二，这张电网是为谁服务？（由无到有，由有到强，压非保民，依靠人民）第三，这张电网如何照亮中国？（国家电网可以采取哪些措施解决人民用电问题）结合我国2030年前实现碳达峰和2060年前实现碳中和的目标，以国家电网的发展理念，去理解我国的五大发展理念，既切合学生所关心的时政热点，又使学生因为国家电网而了解社会主义制度的优越性，促进了学生政治认同等核心素养的培养。教师也可以利用当地的经济发展资源设计真问题，例如，我们可以前往当地产业园或经济博览馆进行采访纪实拍摄，让学生通过拍摄的纪实了解民情后，提出以下相应的议题开展课堂教学：①你认为该地能实现经济发展，不断提升人民幸福感的原因是什么？（以人民为中心，注重新发展理念）②如果让你设计一份当地产业园的发展方案，你会如何设计？（引入创新、协调、绿色、开放、共享理念）让学生通过真实的情境融入，在真实问题的解决中提高思辨、合作探究和表达能力，促进政治认同、法治意识、公共参与等核心素养的培养。

二、 以高阶思维为目标让议题内容 “有活可动”

所谓高阶思维，是指发生在较高认知水平层次上的心智活动或认知能力，它在教学目标分类中表现为分析、综合、评价和创造。高阶思维是高阶能力的核心，主要指创新能力、问题求解能力、决策力和批判性思维能力，它是适应知识时代发展的关键能力。高中思想政治课要求通过对经济与社会、政治与法治、哲学与文化等知识模块的学习，引导学生树立正确的世界观、人生观、价值观，培养学生对中国共产党和社会主义的真挚情感和理性认同，弘扬和践行社会主义核心价值观，培养科学精神，以及能对个人成长、社会进步、国家发展和人类文明做出正确的价值判断和行为选择等核心素养。要实现这些核心素养，有赖于转变教学方式和学习方式，使高中政治议题式课堂的“议题内容活动化”，形成基于核心素养的活动型课堂。如何让学生在议题活动中能“动”起来，做到“有活可动”呢？笔者认为要以高阶思维为目标，从以下几点设计议题及教学活动：第一，设计具有思辨性或价值冲突的问题，让学生对这些问题有角度可思考、可辩论、可讨论、可合作，引导学生发展批判性思维，提高思辨能力和核心素养；第二，着眼于学生的分析、综合、评价和创造能力，设计课堂讨论、辩论、合作展示和评价的环节，让学生有表现自己高阶思维能力的机会；第三，议题的内容要具有一定的开放性，培养学生的求解能力、决策力和创新思维。例如，在“贯彻新发展理念”这一课中，为了让学生形成大局观，培养辩证思维和决策能力，可以以国家电网的发展理念为主题，设计一个讨论环节：如果你是中国电网市场部的一员，要为边远山区的一户居民拉网装电，成本非常高，回报率却非常低，你会做这件事吗？原因是什么？让学生先合作讨论，再展示自己做出的选择及做出选择的原因。然后再展示事实：中国电网不惜成本，只为每一户居民都能通得上电，让人民共享社会主义国家的成果。通过学生参考思辨—表达—评价的环节，让学生真正“动”起来，产生对社会主义国家优越性的政治认同和科学精神。又如，可以以当地经济发展为情境，设计问题：如果你是当地产业园的投资者，准备运用最新绿色节能系统打造产业园，发现初期投入资金将比传统产业园所需要资金多出十倍，你是否还会坚持绿色理念？原因是什么？让学生通过这些思辨性、开放性的问题，开展议题式活动，从而提高自己的核心素养和思维能力。

三、 以大概念教学推进议题式教学的整体性

大概念教学是指通过引导学生把握学科主干知识，并掌握主干知识与零散知识之间的相互关联，进而形成对整个学科知识的充分把握，并由此形成学生的学科核心素养的一种教学方式。大概念教学理论应用在高中政治议题式课堂中，就是要求教师在备课的过程加强对高中政治教材、课程标准、高考评价体系的研究，以核心概念为中心，对课堂教学任务进行重新梳理，建立知识间的联系，以核心概念、主干知识和学生认知规律来设计相关的教学情境和议题内容，以达到促进学生核心素养发展的目标。教师对知识体系重构的逻辑性越强，议题式课堂的思维张力就越丰富，学生也越能从整体上把握知识间的逻辑性、

指向性和规律性，从而破解知识的碎片化和无序化的难题，让学生重新建构知识逻辑，提高核心素养，培养创新意识。

例如，在“贯彻新发展理念”一课中，按照课本的知识逻辑，我们应该先讲解我国的经济发展要“以人民为中心”，然后再学习如何贯彻“创新、协调、绿色、开放、共享”五大发展理念。但是我们可以不按照课本的顺序，重构课本的知识逻辑，以科学发展观为核心概念，从三个层次设计分议题，形成这节课的知识网：第一，新发展理念“新在何处”？（让学生分析五大理念分别解决什么问题，如何解决）第二，新发展理念“初心何在”？（让学生体会以人民为中心的基本原则）第三，新发展理念“路在何方”？（让学生分析东莞市为什么有这样的发展变化，通过演讲活动，让学生找到东莞如何落实新发展理念，如何起到示范作用）这三个议题以大概念教学为中心，使知识具有整体性和有序性，让学生重新建构知识逻辑和知识联系，使政治课堂在教学方式和学习方式发生改变的同时，学生的政治认同、科学精神、法治意识和公共参与等核心素养得到更大的发展。

参考文献

[1] 中华人民共和国教育部. 普通高中思想政治课程标准（2017 年版 2020 年修订）[M]. 北京：人民教育出版社，2020.

[2] 严宏亮. 思想政治课议题式教学探究：以“垃圾围城”为例 [J]. 中学政治教学参考，2017 (19)：14 – 15.

[3] 林雅冰. 核心素养理念下高中政治议题式教学探究 [J]. 高考，2022 (3)：153 – 155.

[4] 贾永红. 基于核心素养培育的高中政治议题式教学实施路径 [J]. 西部素质教育，2022，8 (6)：58 – 60.

价值认同导引下思政课议题式主题教学模式构建

——以“世界是普遍联系的”为例

广东华侨中学　陈春芳

思政课是落实立德树人根本任务的关键课程。培养学生价值认同，促进学生行为养成是思政学科最根本的任务。而传统的思政课教学将理想及价值观学习简单化为认知学习，让理想信念建构难以落实；脱离真实生活情境的课堂让学生知行难合一；“我讲，你听；我问，你答；我写，你抄；我给，你收”的课堂教学模式忽视了学生学习的主动性和积极性，教师越教，学生越不会学，越不爱学；等等。这在很大程度上影响了思政课教学的成效。如何增强学生对思政课的价值认同，一直是广大一线思政课教师思考的一个重要问题。本文以“世界是普遍联系的”为例，试图探究价值认同导引下思政课议题式主题教学模式的构建，为思政课教学培育学生的价值认同提供思路。

一、价值认同导引下思政课议题式主题教学模式的内涵

《普通高中思想政治课程标准（2017 年版 2020 年修订）》修订的一个亮点，就是将议题式教学作为思政课教学的基本抓手。思想政治学科倡导的议题式教学，把课程学习与社会生活实际联结起来，既坚守了学科课程的本位，又凸显了思政课程的实践性和参与性，促进知行合一。

基于此，本文所指的思政课议题式主题教学模式是指在高中思政课堂教学中以培养学生的价值认同为导向，以大概念（主题）为基础，以教学议题为纽带，以真实的生活情境为载体，以能激发学生开展自主合作探究的系列活动为路径，以学科任务的达成为主线，把课程学习与社会生活实际联结起来，让学生从被动的“听懂、记牢”转化为主动的“信得过、做得出、守得住”，落实思想政治学科核心素养，自觉认同中国特色社会主义理论与制度、坚定“四个自信”、基本形成正确的三观，并最终由价值认同走向行为养成，自觉践行社会主义核心价值观，从而促进立德树人根本任务的真正实现。这也是中学思政课改革的基本路径。

二、价值认同导引下的思政课议题式主题教学模式构建

价值认同导引下的思政课议题式教学是基于高中学生“情感冲突—澄清—认同”的价值学习规律，通过巧妙设置议题，创设教学活动情境，提出问题、引发思辨，让学生在经历体验、辨别、探究中达到真学、真懂、真信、真用的目的。

（一）以教材为依据，将教材中“课时—框题—目题”的知识框架转化为“主题—议题—问题”的学习图谱

传统的教学通常以教材中“课时—框题—目题”的知识框架展开，缺少对课程内容与要求的整体把握和结构化处理，不利于准确把握“学科核心素养”的精髓。而议题式教学是以大概念（课时、框题主题）为核心，将大概念转化为总议题，在总议题的统领下，依据知识的内在联系设计分议题（目题主题、核心概念），对教学内容进行结构化和整体把握，为学生建立起正确的思维导线，再围绕分议题设计议学任务链（问题），引导学生开展自主合作探究学习。总议题（课时主题）向上承接大概念（单元主题），向下统领分议题（框题目题、内容）和议学任务链（自主合作探究学习的问题或活动、作业、评价、资源等）。这也是教师对教材的二次开发，通过主题引领，有效地解决了教材中存在的传递性、结构性的问题，强化了价值引导下的课程育人功能。总议题统整框内所有目题目标、各个教学要素的主要手段，是对教学内容做“结构化”处理的主要抓手。

以“世界是普遍联系的”为例。本框是第三课时“把握世界的规律”的第一框题，下设两个目题，分别是“联系的普遍性、客观性、多样性”和“用联系的观点看问题”，即：课时——“把握世界的规律”；框题——“世界是普遍联系的”；目题——“联系的普遍性、客观性、多样性”和“用联系的观点看问题”。依据思政课对议题的定义：议题是能承载学科内容，能激发学生开展自主合作探究活动，能达成学科核心素养的可以商议的话题。这节课以教学大概念（主题）——“规律和联系”为核心，确立中心议题（总议题）——“如何看待‘双减’?”，在中心议题（总议题）的统领下，依据教材“联系的普遍性、客观性、多样性”和“用联系的观点看问题”两个目题的知识的内在联系设计两个分议题：议题1——为什么国家要从政治高度来认识和对待“双减”？议题2——如何让“双减”政策落地，构建教育良好生态？从而对本框的教学内容进行结构化和整体把握，为学生建立起正确的思维导线。

显然，这一框题的中心议题即总议题“如何看待‘双减’?”是围绕“世界是普遍联系的”这一核心概念（主题）展开的，两个分议题（议题1：为什么国家要从政治高度来认识和对待“双减”？议题2：如何让“双减”政策落地，构建教育良好生态?）又分别聚焦于联系的特点（联系的普遍性、客观性、多样性）和用联系的观点看问题（整体与部分的关系、系统与要素的关系）等五个学科分解概念。因此，议题的呈现和解决是围绕学科核心概念，指向学科核心素养的。

（二）基于“主题—议题—问题”的学习图谱，创设教学情境，构建“问题—习题”的议学任务链，引导学生开展“学—议—悟—评—信”的学习进程

教学情境是指向价值认同的议题式教学的载体，承载着“议中学”的开展和学科知识建构的任务，是培养学生的价值认同，促进学生发展的必由之路。构建生动、有趣、新颖并且关注社会热点的议题情境是议题式教学的有效切入口，引导学生在经历情境体验与探究的过程中学习，不仅可以增强价值认同教育的感染力与真实感，而且可以构建学科理论逻辑与实践逻辑的纽带，为价值认同的生成提供现实的基础，实现“真学”。

以“世界是普遍联系的”为例。教师在确定了中心议题“如何看待‘双减’?”之后，需要围绕“双减”政策创设教学情境，引导学生面对情境中的结构化问题。如何创设教学情境？这就需要将情境主线、议学任务（问题设计）和学科知识有机串联和整合起来，以序列化的议学任务（问题设计）统整结构化的学科知识，以活动过程的实施引导知识生成。例如，为了引导学生生成建构联系的特点（联系的普遍性、客观性、多样性）的相关知识体系，设计议题1：为什么国家要从政治高度来认识和对待“双减”？因此，在整合“双减”政策教学情境过程中，必须明确学科任务要求，以序列化的议学任务（问题设计）来统整结构化的学科知识。

（1）议学任务1：“双减”政策带来哪些影响？体现了什么哲学道理？

（2）议学任务2：“双减”减什么？为什么要减？“双减”可以避免吗？“双减”给教培机构和从业人员带来了什么启示？

（3）议学任务3：“双减”政策推行后，为什么有些家长还要配合校外培训机构打“擦边球”？这给我们什么启示？

又如，学生在教学情境中理解用联系的观点看问题（整体与部分的关系、系统与要素的关系），设计议题2：如何让“双减”政策落地，构建教育良好生态？下设两个“议学任务”。

（4）议学任务4：用整体与部分的辩证关系分析构建教育良好生态教育为什么要抓“源头治理”和充分发挥学校主阵地作用，并提出相应对策。

（5）议学任务5：抓“系统治理”和“综合治理”、打好“减增组合拳”是如何体现系统的基本特征的？它给我们什么启示？

学生根据“议学任务链”开展自主合作探究，在“双减”真实的教学情境中，运用本框“联系”的相关知识，分析问题和解决问题。通过师生、生生互动对“议学任务”的阐释、论证、辨析、评价、预测、选择等的过程，学生在自主辨析思维中感受“真”的力量，并能以实际行动理解并认同“双减”，实现“真用”。

（三）基于“学—议—悟—评—信”的学习进程，设计关注学习多向度互评交叉并进的评价量规

评价量规既是一种评价工具，也是一种教学工具，是指导教学、促进学习的有效工具。学界的共识是教学要依据学情和教学重点难点，在语言上简洁明了、通俗易懂，在范围上密切关注学生个性化发展，在内容上兼顾学科素养的提升及成长过程中整体素养的培育。

以“世界是普遍联系的”为例。在本框的教学中，教师围绕总议题设计了分议题，分议题下设议学任务链，学生在议学任务链的驱动下，以小组为单位开展自主合作探究学习，时间是8分钟，在这个过程中，学生先要自主学习教材内容，探究议学任务，然后小组合作探究，生生互动交流，形成小组的答案或方案。如无科学指导，相关活动难免会流于形式。鉴于此，非常有必要设计一套评价量规，使其既指向学生在议学任务活动中的表现性任务，又指向学生学习成果与方案；既为教师观察学生活动提供参照，又为学生自主学习提供工具；既兼顾学生的个性差异，又强调团队协同合作。

本框围绕“世界是普遍联系的”两个关键任务——联系的特点（联系的普遍性、客观性、多样性）和用联系的观点看问题（整体与部分的关系、系统与要素的关系），确定四个教学目标，作为量规设计的起点；再用学生能够理解的语言，将教师的教学目标转化为学生的学习目标；根据目标，细化学生的学习过程，设计相应的表现性任务，包括课堂合作探究、课堂小测、课后延伸、价值引领等，同时设计与学习任务和学习目标相匹配的评价量规；将四个评价量规连同相关学习资源一并呈现给学生，并明确告知学生需要依据量规开展课堂学习活动，在完成学习任务的同时对照量规进行自我评价。

实践证明，本节课借助评价量规，既加深了学生对学科知识的理解，又落实了学科核心素养，促进了学生价值认同的培育。例如，议学任务2：“双减”减什么？为什么要减？“双减”可以避免吗？“双减”给教培机构和从业人员带来了什么启示？量规要求用联系的特点来分析，围绕这个问题，学生能运用联系的客观性来分析“双减”——“双减”之所以不可避免，是因为“规模过于庞大的教培行业，如果任其发展，将在国家教育体系之外形成另一个教育体系，这不仅破坏了教育生态，还将影响党的教育方针的全面贯彻和立德树人根本任务的实现，不利于学生全面发展和健康成长”，如此既提升了学生运用知识分析、解决问题的能力，又增强了学生对“双减”政策的理解，实现了价值认同。

参考文献

[1] 赵学晶. 从认同过程看思政课促进大学生社会主义核心价值观认同的路径构建［J］. 现代教育论坛，2021，4（8）：19－21.

[2] 张琳珏，杨小斌. 运用评价量规　助力素养落地：以高中思想政治课模拟联合国活动为例［J］. 中国考试，2018（9）：36－39.

基于深度学习的教学改进策略

广东肇庆中学　蓝清梅

随着社会的发展，我国基础教育从“知识本位”转向“素养本位”的新征程，迎来了素养立意的新时代。教育界同仁在探寻学生核心素养的培育中基本达成了一个共识，即深度学习是与学生发展核心素养相匹配的一种学习方式。

一、为何：思政课堂为何需要深度学习?

（一）是改变当前思政课教学现状的需要

《普通高中思想政治课程标准（2017 年版 2020 年修订）》明确指出，构建以培育思想政治学科核心素养为主导的活动型学科课程。问题设计的质量是活动型课堂高效教学的关键因素，然而从思政课教学现状来看，由于教师对“活动型学科课程”的本质理解不够准确和到位，课堂缺乏具有真实性、合作性、选择性以及适当挑战性特征的问题来促进学生开展深度学习，学生停留在对活动过程和步骤的认识层面上，停留在简单问题的应答上，而对真正要解决的核心问题没有深入的思考和深刻的生成。因此，要改变思政课当前的教学现状，深度学习势在必行。

（二）是突破学生当前学习困境的需要

在思政课教学中，我们常常发现，学生对思政课的学习仍停留在浅层学习的层面，学习的过程更多的是一种输入的过程，他们更习惯于去接收知识、记住知识，习得的是零散的、静态的知识，而非经过思考、内化乃至内生的动态知识，未能实现知识的自我构建。这种缺乏自我“整体构建”输出的学习过程，导致学生“茶壶里倒不出元宵”，具体反映在面对一则时政材料时，学生往往无法抓住中心观点表达自己的想法；面对一个争议性话题的讨论时，学生难以有思辨的生成；面对一道材料型主观题时，学生感觉无从下手分析作答。由此可见，要突破学生浅层学习的困境，深度学习是一个良好的应对之策。

（三）是适应“三新”背景下高考的需要

“三新”背景下的高考，要求学生“三适应”。一是适应题目的创新，例如，政治高考主观题，题目的设置究竟是如何依据材料而定的；二是适应答案的开放性，学生要形成开放性思维，必须从标准答案的束缚中解放出来；三是适应情境结构的不良性，如一些高考题提供的材料就属于不良结构情境，这些题中被隐藏的答案信息或者求解条件较多，冗余信息较多，情境条件较复杂。可见，“三新”背景下的高考，要求学生要具备创造性地解决问题的能力，运用原有的知识经验对不同情境或新问题进行分析与评价。浅层学习已然无法应对“三新”背景下的高考，只有深度学习方可适应。

二、 是何： 深度学习的内涵是什么？

深度学习是在一定的社会需求中发展起来的一个概念，关于深度学习的概念，存在多种界定方式。但学者们普遍认为它是 1976 年由美国学者马尔顿和萨尔乔在对学生阅读策略的研究中提出的一个概念。他们将深度学习界定为在理解学习的基础上，学习者能够批判性地学习新的思想和事实，并把它们融入原有的认知结构中，能够在众多思想间进行联系，并能够将已有的知识迁移到新的情境中，做出决策和解决问题的学习。崔允漷面对信息社会下学生的需求，从课堂教学的角度对深度学习做出界定，他认为，深度学习的关键是信息的自我转换，学生在信息社会需要实现的是加工信息、理解信息、评价信息、应用信息、反思自己的学习。佐藤学认为“深度学习”是“学习者能动地参与教学的总称”，亦即“通过学习者能动地学习，旨在培育囊括认知性、伦理性、社会性能力，以及教养、知识、体验在内的通用能力。因此，发现学习、问题解决学习、体验学习、调查学习等，均属于‘深度学习’的范畴”。

总体而言，深度学习是一个多视角下的整合概念，内涵丰富。笔者认为，相对于浅层学习，深度学习是一种用以促进学生辩证思维、培育学生核心素养的学习方法，是指在真实复杂的情境中，学生运用所学的本学科知识和跨学科知识，运用常规思维和非常规思维，将所学的知识和技能用于解决实际问题，以发展学生的批判性思维、创新能力、合作精神和交往技能的学习策略。因此，深度学习不仅强调学习者积极主动的学习状态、知识整合和意义联结的学习内容、举一反三的学习方法，还强调学习者迁移知识、在具体情境中解决问题的能力。

三、 如何： 基于深度学习的教学改进策略有哪些？

教师在思政课教学中应如何基于深度学习优化教学策略，通过改进教学促使学生学习真实发生呢？

第一，设计“真问题”，通过问题导学，触发学生“真思考”。

所谓“真问题”是指有思考价值的问题，“真思考”是需要学生开动脑筋乃至运用高阶思维能力进行的思考。通过设计“真问题”，以问题为开始、以追问为形式、以思辨为目标，触发学生“真思考”，是深度学习在思政课教学中的基础形式。问题导学的第一步是设计“真问题”，引起学生的注意；第二步是在学生反馈的基础上，合理追问，激发学生主动思考；第三步是良性互动，引导学生辩证思考，深度生成。

如高中思想政治必修2《经济与社会》中为让学生深刻理解无论是公有制企业还是非公有制企业，都必须经受住市场竞争的考验，让课堂更贴近真实的经济样态，拓展破产的知识，课堂上教师提出了一个问题："企业经营成功固然可喜，那万一企业破产了呢，你们觉得破产是不是一件坏事？"有的学生脱口而出："如果我的公司破产了，我会觉得很痛苦，是件坏事。"听到这样的回答，笔者进一步追问道："是的，破产确实让你痛苦，可我们就可以这样断定破产是一件坏事吗？"学生貌似被问住了，用惊讶的眼神表达出困惑，课堂出现了短暂的沉默。接着，其他学生分享了许多想法，比如"破产对竞争对手而言是好事，破产符合市场竞争优胜劣汰原则，不想破产就要用心经营"，又比如"痛定思痛，破产为我下一次创业积累了经验教训，这样看来也许是个好事"，等等。教师就学生的想法进行点拨引导："破产有利于强化企业经营者的风险意识，有利于优化社会资源，故国家规范破产。"在这样的师生互动、生生互动的政治教学氛围中，我们运用辩证思维解决一个个问题，学生在"真思考"中习得相关的知识，学会辩证思考，培育科学精神，让学习真实发生。

第二，运用"大概念"，通过单元设计，助力学生"整体建构"。政治学科概念抽象、内容多、知识结构复杂，通过问题导学，学生通常对每一课的知识点掌握得比较好，可是从单元乃至模块去理解的能力便比较薄弱，甚至出现了结束一个模块的课程后，很多学生对这一模块还不能讲出一个所以然的现象。归其原因，学生的学习没有立足学科整体，缺乏整体构建与深度整合。而《普通高中思想政治课程标准（2017年版2020年修订)》指出："学科核心素养强调对学科内容的整体理解和把握。"基于此，教师需要运用"大概念"，通过单元设计，统整学科知识，实现学科内容从"碎片化"走向结构化、系统化。

如高中思想政治必修3《政治与法治》中"坚持党的领导、人民当家作主和依法治国的有机统一"就是一个大概念。以这个大概念为统领，以"中国共产党的领导""人民当家作主""全面依法治国"作为教学单元进行单元设计。第一单元以中国共产党为主体，以解决"为何坚持党的领导""如何坚持党的领导"两个问题为牵引，把有关党的知识整体建构起来，学生可以从党的地位、性质、宗旨、执政方式、指导思想、领导方式、执政理念、党员和党组织的作用八个方面建构知识体系。第二单元围绕"人民当家作主有何保障"这一议题，学生学习我国国体、政体、基本制度三个核心知识，并通过把握它们之间的联系进行整体建构，从而深刻理解国体决定政体，政体体现国体，人民当家作主有制度保障。第三单元围绕"全面依法治国是国家治理领域一场广泛而深刻的革命"的主题，学生通过学习明白法治中国的建设是一个系统的工程，既需要党和国家的统筹规划，更需要公民和全社会的参与与推动，能从科学立法、严格执法、公正司法、全民守法多维度整体建构关于全面依法治国的知识体系。学习过程中学生在教师的指导下不断自主"整体建构"知识体系，促使深度学习发生。

第三，布置"活作业"，通过理解迁移，启发学生"融会贯通"。作业是课程的重要组成部分。学生在学习过程中完成对课程的认识，既包括课堂的学习过程，也包含课后的作业过程。根据新课程标准要求，高中思政课的作业应向社会延伸，与生活接轨。因此，积极探索课后活动型作业，布置"活作业"，可以让学生学以致用，让学生深度生成。"活作业"具有开放性的特点，以思维活动或者社会实践活动的样态呈现。学生在完成

“活作业”的过程中，需要通过自身的认知图式及思维方式解决具体问题，这不仅考验学生对基本知识的掌握与运用，还能考查学生理解迁移、综合运用的能力。

如学习完“基层群众自治制度”之后，笔者布置的“活作业”是请学生回去走访调研自己所在的社区（村），并形成一份调研报告。具体要求：（1）搜集填写好居（村）委会的基本信息，包括名称、地址、电话等。（2）采访居（村）委会主任或者委员，了解社区（村）的基本概况，重点访谈存在的问题。（3）依据访谈存在的问题，选择自己最感兴趣的一个问题，提出建设性的解决方案。（4）撰写报告时要综合运用政治学科知识，并注意学科术语的规范性。就这样，“活作业”成为链接思政小课堂与社会大课堂的桥梁，学生在真实的情境中内化知识，在“融会贯通”中实现迁移运用，让学习真实发生，让素养随之形成。

综上所述，高中思政课教学中可以通过改进教学促进学生深度学习，使思政课教学真正有效培养学生的核心素养。

参考文献

[1] 安富海. 促进深度学习的课堂教学策略研究［J］. 课程・教材・教法，2014，34（11）：57－62.

[2] 郭华. 深度学习及其意义［J］. 课程・教材・教法，2016，36（11）：25－32.

[3] 张浩，吴秀娟. 深度学习的内涵及认知理论基础探析［J］. 中国电化教育，2012（10）：7－11，21.

[4] 阎乃胜. 深度学习视野下的课堂情境［J］. 教育发展研究，2013，33（12）：76－79.

努力构建双循环的高中思想政治课程生态

汕头市聿怀中学　杨慧珍

党的十九届五中全会审议通过的《中共中央关于制定国民经济和社会发展第十四个五年规划和二〇三五年远景目标的建议》中，明确了“建设高质量教育体系”的政策导向和重点要求，提出“十四五”时期将加快构建以国内大循环为主体、国内国际双循环相互促进的新发展格局；建设高质量教育体系要对标服务全民的终身学习体系……这为构建“第二个百年”新征程指明了方向，也为教育释放出了明确的信号——在国内国际双循环的新格局下围绕“高质量”做好教育。思想政治课程要坚持为党育人、为国育才的使命，引导学生坚信党的领导，树立道路自信、理论自信、制度自信、文化自信，发挥思想政治学科立德树人关键课程的功能，这也是建设双循环高质量课程的应有之义。

在经济学家的眼中，内循环就是国内的供给和需求形成的循环，外循环就是参与国际产业链的供给和需求形成的循环。从高中思想政治课程来看，笔者理解的“双循环”包括了“有活力”的课程内循环与“有合力”的课程外循环，打造“有活力”和“有合力”的高中思想政治课堂，构建双循环的思政课程生态。

一、构建“有活力”的高中思想政治课程内循环

（一）在多技术融合环境下，科学组织思想政治课堂

新时代的教师需要具备一定的信息素养，熟练掌握、运用多种信息技术开展教学活动。在日常的教学过程中，教师要结合课堂的实际情况，利用多种信息技术讲解知识点，如PPT小工具、微课视频、希沃一体机的“投影功能”等，提高学生的学习兴趣，也提高课堂的教学效果。现代化教学中，信息技术的运用相当重要，但传统课堂的板书、讲解、练习的作用也不容忽视，课堂上教师应该根据实际情况，恰当运用信息技术，使之与传统课堂相结合，达到1+1>2的理想效果。

当前，我们正身处前所未有之世界大变局中，新型冠状病毒给人类带来了前所未有的困难，也带给我们无尽的思考。作为一名教育工作者，我们每个人都要拥抱变化，用超前的思维合理规划，以长远的眼光看待现在与未来。教师要懂得合理运用各种线上工具开展

云端教学，例如，熟练应用录制工具，如 Camtasia Studio、希沃视频等软件录制微课，指导学生开展线上学习活动；熟练运用微信小程序，如班级小管家、群接龙、问卷星等，布置不一样的线上作业，助力线上教学。

（二）“小课堂”与“大世界”相融合，打造高质量的思政课堂

教育离不开生活，生活也离不开教育，思政课教学也是如此。打造高质量、有活力的思政课堂，必须把“小课堂”与“大世界”相融合，把教育与生活有机结合。

立足小课堂，延伸大世界。例如在讲授统编高中思想政治选择性必修 1《当代国际政治与经济》第一单元“各具特色的国家”时，笔者突破传统的框题式教学的模式，设计了议题式“大单元教学”——在一节课的时间里用一个议题贯穿整个第一单元，完成第一单元的教学任务。具体操作如下：课前，教师先让学生预习第一单元的内容；在课堂导入阶段，学生观看中美抗击新型冠状病毒的视频、图文等材料，然后采用议题式教学法，提出问题“请你从国家的政权组织形式、国家的结构形式、政党制度等角度剖析中美抗击新型冠状病毒不同做法的原因”。用一个议题贯穿整个第一单元的教学，串起第一单元的主干知识，引导学生在自主探究、探讨辨析中强化国家安全意识，这既能调动学生学习的积极性、主动性，又能从课堂知识延伸至世界视角，辨识当代世界主要国家的政权组织形式、结构形式、政党制度，增强中国特色社会主义道路自信、理论自信、制度自信、文化自信。

人在小课堂，胸怀大世界。例如，在讲授统编高中思想政治必修 4《哲学与文化》第七课第二框“正确认识中华传统文化”时，笔者通过图文材料对比中日两国奥运会开幕式，让学生从开幕式中感悟两国文化的差异，引导学生尊重别国文化，培养胸怀天下的气度；再从视频中感受 2008 年北京奥运会开幕式的震撼，回顾 2022 年北京冬奥会开幕式的“中式浪漫”，引导学生认同本民族文化，正确认识中华传统文化，感悟中华优秀传统文化的当代价值，坚定对中华优秀传统文化的自信，树立“文化既是民族的又是世界的”的大局意识。

二、构建“有合力”的高中思想政治课程外循环

（一）发挥学校、家庭、社会的作用，在社会实践中凝聚育人合力

高中思政课程要落实立德树人的根本任务，要将立德树人理念从学校教育拓展到全社会，推动学校、家庭、社会同频共振、协同育人。凝聚思政课程的育人合力，需要我们在培养学生时，不仅要重视课堂内的教学，更要注重课堂外的实践与锤炼，要因地制宜地开展适合学生的社会实践大课堂，为学生的全面发展夯实基础。

例如笔者在教授统编高中思想政治课程必修 3《政治与法治》第一单元综合探究“始终走在时代前列的中国共产党”时，设计了一堂社会实践活动——带领学生走进汕头市红色交通站旧址陈列馆、汕头开埠文化陈列馆，重温习近平总书记在汕头走过的路、讲过的话，让学生在实践中感悟中国共产党是始终走在时代前列、人民衷心拥护、永远自我革命、经得起各种风浪考验、朝气蓬勃的马克思主义政党！中国共产党无愧为伟大光荣正确

的党！从书本到实践、从课堂到社会，加深理解如何更好地坚持和加强党的全面领导，拥护党的领导，增强对中国共产党的政治认同，坚定青年人的理想信念。

思政课堂需要“走出去”参与社会实践大课堂，也可以“引进来”邀请嘉宾作客课堂。例如，针对统编高中思想政治必修1《中国特色社会主义》第四课第二框“实现中国民族伟大复兴的中国梦”，笔者邀请汕头开埠文化纪念馆讲解员黄少彦同志作客思政课堂，请她为学生分享2020年习近平总书记考察汕头时她为总书记讲解汕头埠故事的经历、2022年1月担任汕头市第十五届人大代表出席会议的经历，激励学生坚定理想信念，志存高远，脚踏实地勇做时代弄潮儿，在实现中国梦的伟大实践中放飞青春梦想，在为人民利益的不懈奋斗中书写人生华章。邀请嘉宾到课堂中为学生讲述人生故事或史实，学生与嘉宾互动，这可以增加课堂的趣味性，调动学生参与课堂的积极性，激励学生牢固树立“勇担复兴大任，争当时代新人”的理想信念。

除了“引进来”与“走出去”的方法，教师还可以设置课后调研活动，让学生利用课后时间进行社会调查、采访父母，提高学生的社会实践能力、公共参与的政治学科核心素养；可以将思政课堂与研究性学习相结合，让学生在社会实践中、在理论学习中获取新知，提高团队合作能力、小组协作能力。多种方法发挥学生的主体作用，也发挥学校、家庭、社会的育人合力，构建“有合力”的高中思政课程外循环。

（二）学习与借鉴优秀资源，形成教研合力

他山之石，可以攻玉，思想政治课程具有与时俱进的品质，因此需要教师用开放的眼光、包容的心态，学习与借鉴优秀资源，不断提高专业素质与技能。

教师可以通过参与高质量的教研大讲堂活动、优秀公众号的教研直播活动，学习与借鉴优秀课例、教学理念、教学方法。还可以开展多学科的混合教研，例如，政治学科与历史、地理等学科的双科、多科混合教研，综合提高教师的文科素养，助力高质量的课程教学。

例如，在授课统编高中思想政治必修1《中国特色社会主义》第三课第一框“伟大的改革开放”的过程中，教师可以进行政治与历史的双学科混合教研，甚至可以开展双学科融合的课堂。在双学科融合的课堂上，历史教师结合历史必修《中外历史纲要（上）》，从时代背景和时间进程上梳理改革开放的进程，展示改革开放40多年的成就，帮助学生理解改革开放的必要性。在对史实建立起感性理解的基础上，政治教师再从理性归纳总结的角度，引导学生思考、感悟改革开放的重大意义、中国改革开放取得成功的原因。双学科融合的课堂教学，有利于丰富课堂形式、增强课堂趣味性，有利于拓展学生知识视野，培养学生的核心素养，也有利于提升教师的综合素质，形成学科合力。

打造“有活力”与“有合力”的高中思想政治课堂，构建双循环的思政课程生态，需要教师在实践中不断摸索、不断思考；在统编新教材的授课过程中，也需要教师不断进行教学反思，不断求索与钻研，提高每节课的教学质量。学无止境，成长无极限，作为新时代的思政教师，要始终鼓起“闯”的勇气、激发“拼”的劲头、保持“实”的干劲，在新时代新征程上为党育人、为国育才！

参考文献

［1］顾月华. 努力构建双循环的普通高中教育生态［J］. 人民教育，2020（24）：40－41.

［2］朱继文. 把握国内国际双循环　构建学前教育新格局［J］. 学前教育，2021（1）：1.

［3］经济学家圈. 十四五与双循环：17 位一线经济学家深度解读新发展格局［M］. 北京：中国广播影视出版社，2021.

［4］廖小平. 探析高质量思想政治课堂的教学模式［J］. 天天爱科学（教育前沿），2021（2）：191－192.

历史篇

“新师范”建设丛书
XINSHIFAN JIANSHE CONGSHU

家国情怀素养下历史主题教学探究

——以“大国力量对比决定国际格局变动”为例①

华南师范大学附属中学　刘　莉

一、依据课程标准专研教材，挖掘时代主题

依据《普通高中历史课程标准（2017年版2020年修订）》对家国情怀等素养的培育要求，统编新教材渗透着“素养立意”“培根铸魂”，注重渗透核心素养、熏陶家国情怀。在中国两个百年发展之际，世界命运、国家命运、个人命运紧密相连，一线历史教师可构建一系列培育家国情怀素养的主题教学，把握好主流核心价值，增强中华民族的凝聚力、向心力，在潜移默化中熏陶学生树立正确的世界观、人生观、价值观，激励学生明使命、懂担当、创辉煌；注重运用“全球思维”范式，注重联系现实、忧国忧民、关注人类命运共同体；重视分析问题、解决问题能力的训练。本文以《中外历史纲要（下）》第18课“冷战与国际格局的演变”为例，可以提炼出主题“大国力量对比决定世界格局变动”，彰显家国情怀。

二、学术引领任务驱动，开展主题探究

（一）冲突导入

推动世界格局变动的根本原因是什么呢？观察图1、图2两幅图片，可见美苏两国的关系发生了怎样的转变？思考：是什么因素导致了此变化？

① 本文是2021年广东省中小学三科统编教材“铸魂工程”专项课题，课题名称“立德树人视角下高中历史主题教学的实践探索”，课题编号：GDJY－2021－A－b225。

图1　1945 年美苏两国的关系

图2　1962 年美苏两国的关系

（二）任务一：什么是国际格局？

一定历史时期内，在国际关系中起到举足轻重作用的行为体（如国家或国家集团），形成一种相互联系、相互制约、相互作用的相对稳定的结构状态和局面。

——徐蓝：《20 世纪国际格局的演变与大国关系互动研究》，第 34 页，北京：世界知识出版社，2020

政治上两极思维模式；经济上两大集团；地缘政治上划定东西方地理界线；军事上两大军事集团。

——徐蓝：《20 世纪国际格局的演变——一种宏观论述》，载《历史教学》2013 年第 10 期

20 世纪 40 年代中后期至 80 年代末 90 年代初，以美苏为首的两大集团之间逐步形成的既非战争又非和平的长期对峙与竞争状态。

——张海鹏，徐蓝：《中外历史纲要（下）》，第 110 页，北京：人民教育出版社，2019

可见，冷战与两极格局相互激荡。冷战既是两极格局形成的重要原因，又是两极格局瓦解的重要原因。两极格局下多极力量的成长，又对冷战的紧张或缓和产生影响。

（三）任务二：冷战究竟起源于哪国？

1. 史学争论：学术界关于冷战起源的研究

（1）西方学术界。

①正统学派（20 世纪 40 年代至 50 年代，美国精英与当政者）：苏联霸权；

②修正学派（20 世纪 60 年代逐渐流行，学者）：美国负责；

③后修正派（20 世纪 70 年代兴起）：美苏都有责任、英国说服美国；

④新后修正主义（20 世纪 90 年代初冷战结束后）：苏联挑起，斯大林负责。

——徐蓝：《试论冷战的爆发与两极格局的形成》，载《首都师范大学学报（社会科学版）》2002 年第 2 期

（2）苏联/俄罗斯学术界。

冷战结束前：美国挑起、“经济帝国主义”；冷战结束后：西方和苏联都负责任。

——阿尼金：《外交史》，第 13 页，北京：生活·读书·新知三联书店，1983

（3）中国学术界。

①美国酝酿和发动；②国家利益说：美苏双方行为的结果；③英国在冷战形成过程中起重要作用；④美苏意识形态的对立说；⑤美苏文化差异说；⑥个人因素说；⑦核武器威

胁说；⑧美苏两极格局形成说；⑨其他新角度观点；⑩是多种因素综合作用的结果。

——白建才，田华：《二十年来我国学术界对冷战史的研究》，载《世界历史》1999年第2期

（4）徐蓝：美国挑起、苏联应对。

1946年美苏关系恶化，杜鲁门“强硬”政策，反对华莱士“避免对抗缓和矛盾”政策，美对苏进行全面清算，从集团对抗眼光出发，与苏全面分裂乃至全面对抗；也不忘和平演变。克利福德报告认为“只要我们能维持这种主张，并且坚定足够长久的话，最终这种逻辑肯定会渗透进苏维埃制度中去”。

——徐蓝：《20世纪国际格局的演变与大国关系互动研究》，第554－556页，北京：世界知识出版社，2020

笔者认同徐蓝教授的观点，徐教授深入分析：“西方学者研究主导思想是美国理念。特别是冷战结束后，更是以冷战胜利者心态评判历史，把冷战发生和重大危机责任都推给失败者。如美国著名冷战史学家约翰·刘易斯·加迪斯就是典型，论证美主导‘单极世界’到来。这不是历史唯物主义的态度，也不符合历史发展的史实。”

2. 美国挑起、苏联应对的原因与表现

（1）原因。

吾国因拥有道义、政治、经济及军事各方面的力量，故自然负有国际社会之责任，且随之亦有领导国际社会之机会。吾国为本身之最大利益以及为和平人道计，对于此种责任，不能畏缩，不应畏缩，且在事实上亦未畏缩。

——张海鹏，徐蓝：《中外历史纲要（下）》，第111页，北京：人民教育出版社，2019［编者摘译自《罗斯福在美国外交政策协会发表关于美国外交政策的演说》（1944年10月21日）］

代表全人类行事：美国的秩序观。美国笃信自己的道路将塑造人类的命运，它以“决定命运之名”，美国深信自己国内的原则放之四海而皆准，实施这些原则，对他国有益无害。它认为其他所有的民族都渴望照搬美国的价值观。

——亨利·基辛格：《世界秩序》，胡利平等译，第305页，北京：中信出版社，2015

（2）表现。

美国挑起、苏联应对

1946年2月 凯南“长电报” VS 1946年9月 诺维科夫“长报告”

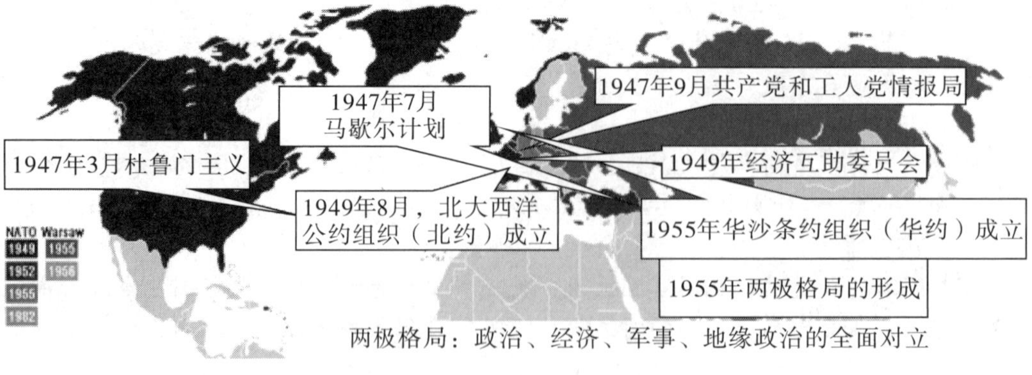

图3 冷战和两极格局形成示意图

从图3可知，在政治、经济、军事方面都是美国先挑起、苏联针锋相对应对。关于"边缘地带"学说，美国地缘政治学者斯皮克曼说："谁控制了边缘地带，谁就控制了欧亚大陆；谁控制了欧亚大陆，谁就控制了世界命运。"

（四）任务三：20世纪50—90年代国际格局如何演变？

1. 20世纪50年代：透过柏林危机看两极格局

图4　古巴导弹危机漫画

图5　100米怒视

10月25日，最高苏维埃主席团一致同意，这场危机不应当朝着一个"沸点"发展。这场大国之间的游戏还得继续玩下去。我们双方应当采取谨慎且节制的态度，为这场危机寻求一个理智的解决方案。赫鲁晓夫希望能够以苏联从古巴撤出导弹为交易筹码，换取美国从土耳其的基地中撤离木星导弹。

——梅尔文·P. 莱弗勒：《人心之争：美国、苏联与冷战》，孙闵欣等译，第134－135页，上海：华东师范大学出版社，2012

据最新解密文件显示，危机期间的10月27日下午，美两艘驱逐舰曾向苏潜艇发射10枚震荡炸弹，险些引发一场核战争。因为当时美国人并不知道苏联潜艇配备核武器。面对美军舰不断发射炸弹，苏潜艇指挥官萨维斯基在极度紧张的精神状态下，下令启动装有核弹头的鱼雷发射系统。但最终还是理智战胜冲动，核弹头鱼雷被撤下，世界避免一场可怕灾难。核战争对大家都是危险的，这一因素对危机局势的克制潜力超过军事力量对比和威慑力量对比的任何计算标准。肯尼迪总统宁愿做出某些让步以求达成谈判解决，也不愿利用当时的压倒优势发动一场核战争。

——雷蒙德·加特霍夫：《冷战史：遏制与共存备忘录》，伍牛等译，第178页，北京：新华出版社，2003

1989年基辛格问苏联前外交部长葛罗米柯："鉴于苏联在战争期间伤亡之巨大、破坏惨重，假如美国对封锁柏林做出军事反应苏联会如何应对呢？"葛罗米柯回答道："斯大林也曾回答过下属提出的类似问题，大意是：他不相信美国会在这么一个局部问题上使用核武器。如果西方盟国沿着通往柏林的道路发动常规性、试探性的地面进攻，苏联军队受命不必请示斯大林即可发起抵抗。如果美国军队全线出动，斯大林说，'就来找我'。换言之，斯大林对局部战争胸有成竹，但不会冒险与美国进行全面战争。从此两大阵营寻求压制对方的气焰"。

——亨利·基辛格：《世界秩序》，胡利平等译，第368页，北京：中信出版社，2015

通过图 4、图 5 和材料细节以及心理描写可以看出，两极格局有两点很突出：第一，两极格局不对称、不完全；第二，两极格局孕育多极化趋势。总结出两极格局特点：地缘性、对峙性、克制性、不对称、不完全。

2. 20 世纪 60、70 年代：透过一体化看多极化趋势

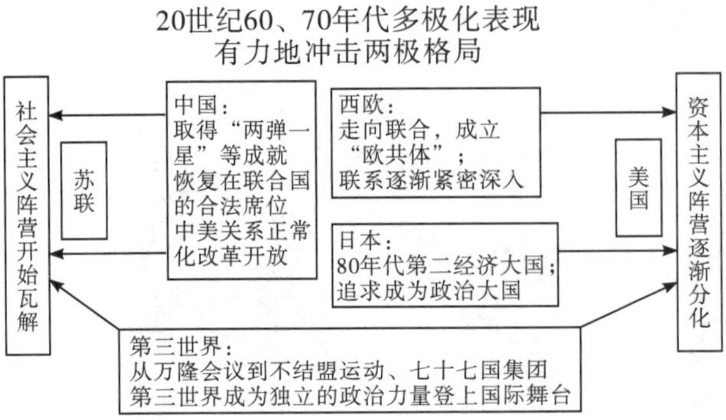

图 6　20 世纪 60、70 年代多极化表现

图 7　1984 法国总统密特朗与德国总理科尔

法德两国领导人希望通过他们的姿态表明，欧洲共同体不仅有经济目标，而且力求使人民最终彼此接近起来。

——诺曼·戴维斯：《欧洲史》，郭方等译，第 591 页，北京：世界知识出版社，2007

从经济角度看，美国不再是世界头号国家，世界也不再仅有两个超级大国。从经济状况和经济潜力看，当今世界有五大力量中心。

未来五年、十年或十五年，在我们有生之年，我们将看到五大超级经济力量：美国、西欧、苏联、中国，当然还有日本。

这五大力量将决定经济的未来，由于经济力量对其他力量的关键作用，这五大力量也将决定本世纪最后 1/3 时间的前途。

在即将到来的世界中，美国将不再处于十分突出的地位，或者完全占支配地位了。

——张海鹏，徐蓝：《中外历史纲要（下）》，第 114 页，北京：人民教育出版社，2019［编者摘译自《尼克松在堪萨斯城的讲话》（1971 年 7 月 6 日）］

3. 20 世纪 90 年代：透过德国统一看格局走向

图 8　里根与戈尔巴乔夫会面

图 9　1987 年戈尔巴乔夫与里根签订《消除两国中程和中短程导弹条约》

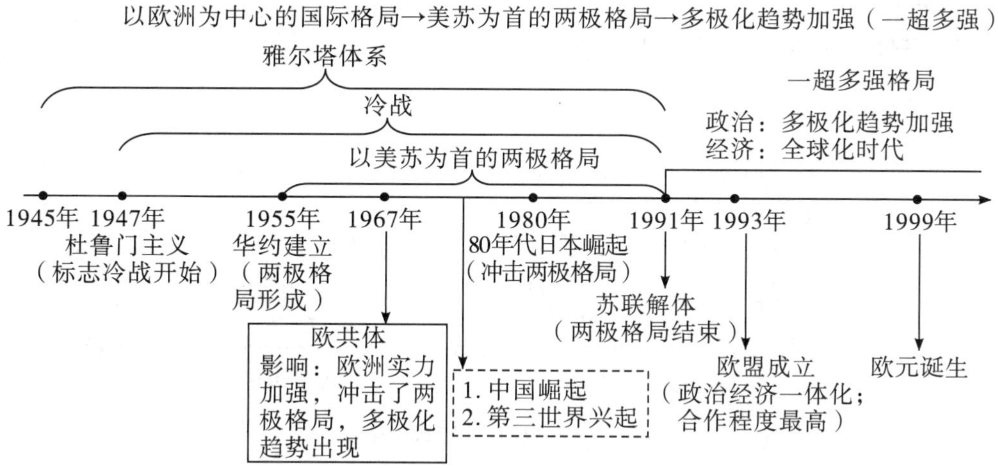

图 10　国际格局演变

（五）任务四：（小组探究）推动国际格局演变的决定性因素是什么？

表 1　小归纳：20 世纪 50—90 年代国际格局演变的决定性因素

阶段	大国力量对比	大国关系变化	国际格局
二战后 20 世纪 50 年代	美苏两个超级大国；欧洲衰落	美苏剑拔弩张：美“杜鲁门主义”等全面遏制；苏针锋相对反遏制	两极格局
20 世纪 60 年代、70 年代	日本崛起、西欧一体化、第三世界崛起、中国改革开放	美苏关系缓和：美“尼克松主义”；法“戴高乐主义”；德“新东方政策”；英“多边外交”；中“第二中间地带理论”、改革开放、中美苏大三角	两极格局下多极化趋势出现
20 世纪 80 年代、90 年代	中日崛起、欧盟成立、德统一、东欧剧变、苏联解体、美国成为唯一超级大国	美苏关系缓和：美“新遏制政策”；苏放任“和平演变”、戈“新思维”；中“多边外交”、中国方案	一超多强、多极化趋势加强

正如徐蓝教授所分析的：“20 世纪以来，世界历史发生的各种重大事件以及国际格局从欧洲中心到两极格局，再到多极化趋势发展，无不与大国紧密相连。大国与大国集团的力量对比和关系变化是国际格局变动的决定性力量，真正能对国际秩序构建产生决定性作用的还是少数大国。”

三、 思维碰撞凝练升华， 熏陶家国情怀

（一）升华 1：大国力量对比和大国关系变化决定国际格局变动

国家综合实力是决定力量，学生是祖国的未来，这激励我们刻苦学习、扎实本领、为

祖国之富强而读书！

（二）升华 2：经济格局决定政治格局

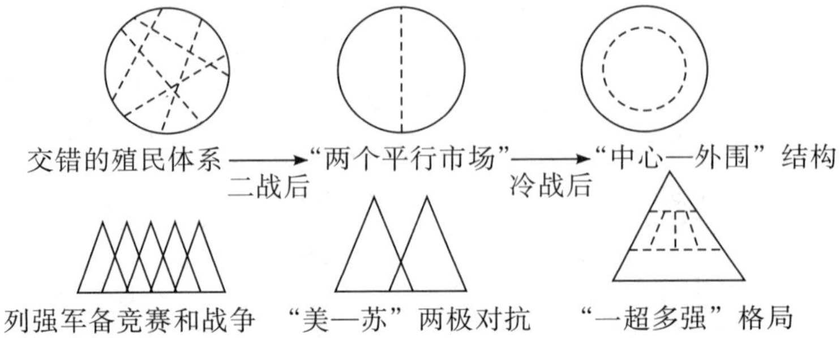

图 11　经济格局决定政治格局

（三）升华 3：家国情怀升华，和平与发展是时代主题

统一是历史发展的趋势，和平与发展是时代主题，要正确把握时代主题；在社会主义经济落后国家进行现代化建设特别困难，并不存在固定模式，必须根据国际社会整体发展和各国具体情况，不断改革与制度自我完善，才能取得最后成功，中国的实践证明此点。

（四）思维延伸

希腊历史学家修昔底德在《伯罗奔尼撒战争史》中认为，“使希波战争不可避免的真正原因是雅典势力的增长和因而引起的斯巴达的恐惧”。后人把这一现象称为“修昔底德陷阱”。那么，大国应如何避免落入“修昔底德陷阱”？

参考文献

［1］徐蓝．20 世纪国际格局的演变与大国关系互动研究［M］．北京：世界知识出版社，2020．
［2］斯皮克曼．和平地理学：边缘地带的战略［M］．俞海杰，译．上海：上海人民出版社，2016．
［3］彭树智．世界史·现代史编：下卷［M］．北京：高等教育出版社，1994．

探索高中历史个性化作业实践，推动品质课堂建设

——以统编教材授课过程中实施的“开放性”历史作业为例

东莞市第四高级中学　余　兰

品质课堂建设是在社会主义建设新时期实践党的十九届五中全会提出的“建设高质量教育体系”的目标。2021 年，东莞市为推进品质课堂建设，提出了“抓好八个教学改进”，“推进中小学作业优化设计”是“八个教学改进”之一，这一改进的目标任务是“……探索适合东莞的作业设计布置……进一步提高课堂教学质量”，高中历史个性化作业的实践研究正好契合了东莞市品质课堂建设的要求。

个性化作业是指在一定的教学思想和理论的指导下，在研究学生作业规律的基础上，教师根据学生的性格、能力水平和学习需求设计相应的作业，对不同层次的学生提出不同的要求，使每个学生都能体会成功的喜悦，增强学生的自我成效感，从而充分、自由、和谐地发展学生的个性。因此历史教师要善于在课堂上根据教学内容、学生情况“因材施教”，为学生设计具有个性化的作业，真正实现“有教无类”，真正引导每一个学生在完成作业的过程中巩固知识、培养能力，促进他们核心素养的有效提升，这才是“品质课堂”。

为了更好地推进个性化作业实践研究，我们对本校刚入校的准备实施统编教材教学的高一学生进行了问卷调查，以了解学生对于高中历史学科和历史学科作业的了解情况和期许，问卷如下：

“高一学生历史作业”问卷调查

同学：

你好！为了解我校历史课堂教学情况和你在校学习历史课程的情况，我们编制了这份问卷，请你根据自己的学习情况，在下列各题中选择一个最符合自己实际的选项，填涂在答题卡对应选项上。你的回答将是我们开展课题研究的重要依据。感谢你的支持与合作！

1．与其他课程相比，历史课的作业负担：（　　）
A．比较重　　B．大致相当　　C．比较轻　　D．非常轻
2．你对历史这门课的重视程度是：（　　）
A．非常重视　　B．重视　　C．一般重视　　D．不重视
3．你对历史课的喜欢程度是：（　　）
A．非常喜欢　　B．喜欢　　C．一般喜欢　　D．不喜欢
4．你感觉老师布置的历史作业多吗？（　　）
A．很多　　B．适量　　C．很少
5．你不能按时上交历史作业的原因是：（　　）
A．太多了，没有时间做　　B．不会做
C．没有兴趣，不想做　　D．动作慢，注意力不集中
6．你完成历史作业的态度是：（　　）
A．非常认真　　B．比较认真　　C．不认真
7．老师布置的历史作业是否有多样性、层次性？（　　）
A．没有　　B．偶然有　　C．经常
8．老师所留历史作业的内容主要是：（　　）
A．重复性的抄写作业　　B．具有开放性、层次性、阶梯性的作业
C．介于A、B之间　　D．很随意，没什么目的性的作业
9．你觉得老师布置的历史作业与你的接受能力之间存在差异吗？（　　）
A．作业太难，不知如何做
B．作业有点困难，但能完成
C．作业没困难，能完成
10．你对现有历史作业布置方式的评价是：（　　）
A．很满足　　B．过得去　　C．不满足
11．你喜欢的历史作业布置方式是：（　　）
A．老师统一布置　　B．老师分层布置
C．自己布置　　D．无所谓
12．面对历史作业中碰到的困难，你通常会：（　　）
A．向老师、家长或同学请教　　B．通过自己的努力寻找解题的方法
C．抄别人的作业，会了就行　　D．学会放弃
13．你认为老师布置的历史作业：（　　）
A．全班一样　　B．分层次
C．可以让学生选择做　　D．无所谓
14．考虑到历史与其他学科的不同特点，你觉得除了书面作业，还喜欢教师布置什么样的历史作业？（可多选）（　　）
A．历史小论文　　B．个人观察探究本地的人文历史
C．以小组为单位进行历史课题探究　　D．实地考察
E．课外练习　　F．其他

15. 除了老师布置的作业，你会自己做一些课外的历史作业吗？（　　）

A. 会主动做　　B. 不会

C. 看老师或班主任有没有要求　　D. 偶尔会

16. 你觉得作业对你的历史学习有帮助吗？（　　）

A. 没帮助

B. 有帮助，但帮助不大

C. 无帮助

17. 你对历史作业的布置还有哪些建议：________________

通过这份问卷，我们了解到新一届入校的学生总体上还是比较喜欢学习历史课的，但是90%以上的学生不重视历史作业，投入时间和精力在政治、历史、地理三科中是最少的；70%的学生能按时完成作业，还有一部分需要督促才应付完成作业，更有不做或直接抄袭的学生；同时绝大部分学生对教师的口头作业不重视。

从调查情况来看，历史作业面临着比较尴尬的境地，我们认为主要原因如下：第一，传统观念上，大家心中对历史的认识普遍都是“副科”“小科”，而且很枯燥，学了也没用，观念淡薄，意识上都是不太重视。在历史学科遭到漠视的同时，历史作业自然也就被放置于一个非常无足轻重的位置，这是造成学生历史作业没办法凸显个性化创制性的重要原因。第二，历史教师一般同时承担多个班级的教学，学生数量多，教师在布置作业上很难做到精选、精改，尤其是在批改主观题时更显得特别头疼和无奈，这也在很大程度上制约了作业的设计。因此我们尝试在这一届学生中从开放性作业入手，改变学生对历史学科的刻板认识，通过开放性作业提高学生学习历史的兴趣，推动历史学科品质课堂的建设。

高中历史开放性作业是在尊重学生的自主性和个性的前提下，以历史学科知识为基础开展的不拘泥形式的历史作业，在一年的实践中，我们有了以下探索。

一、通过开放性历史作业的“生活化”，拉近学生与历史的距离、学生与教师的距离，为历史品质课堂建设奠定基础

统编教材《中外历史纲要（上）》第一单元讲述了古老的中华文明产生演变的历程，从石器时代到铁器时代，从原始部落到统一的多民族封建国家的建立，短短几节课跨越了几千年，几节课下来学生对于历史到底是什么还是懵懵懂懂，或者就是应了那句话“历史就是过去了的东西”。恰巧高一的第一个长假是国庆长假，于是我们布置了一个开放式的历史作业给学生：用你喜欢的方式，展示一下你身边的历史或历史的变迁。国庆假期回来后，上交作业的学生给了我们一个个惊喜。

一部分学生用文字介绍了家里的“古董”，讲述他们身边的历史就在这些古董里：

爷爷的削木器

邓同学

话说爷爷年轻的时候是一位专业的船匠，因此我家里留下了不少造船的工具。

爷爷有一个木制的工具箱，工具箱很重，我一个人根本提不起来，箱子里装满了各种

各样的造船工具。其中有一个年代久远的削木器，到现在它已经有70多年历史了。削木器的底座是一块被打磨得十分光滑的荔枝树的木头，木头看上去颜色很深，是深褐色的，从两侧开了两个正方形的小孔，听爷爷说，可以把刨栓插进孔中，削木的时候可以拉动。底座木头的顶部被削成一定的坡度，如同汽车的车头，中间部分被凿开，一块削铁被镶了进去。更令人感到惊奇的是，这样一个小小的削木器竟然可以通过调节削铁来调节被削木片的厚薄。

如今，爷爷已经退休，很多工具他都已经不用了，只是当作宝贝放在家里，有时候拿出来看看，到现在我家里还摆着爷爷用这些工具做的家具，这些家具的每一根木条，都刻上了爷爷他们的历史。

我家的老二胡

尹同学

在外公的龙凤床下，静静躺着一把布满灰尘的二胡，它的年纪很大了，家里的人甚至也不记得这把二胡有多大年纪了。

当我向外公询问这把二胡的历史时，他很久都没有说话，过了很久才说出了它的历史。外公原来出生于地主家庭，过着小康生活，但是在他年幼的时候，家里出现变故，自己的父亲抑郁而死，留下年幼的外公和他的大哥大嫂。因为家里变故，很多东西都被变卖了，小康之家变得空空荡荡。外公为了读书，就拿着自己父亲留下的二胡到茶馆里面去拉曲，凭借着拉二胡的收入养活自己和支付学费。

外公那么不容易都在读书，听了这把二胡的历史，我读书的意志更加坚定了！

我家的风雨灯

卢同学

我家的风雨灯在我爷爷那个时代就在用了，到现在已经有70多年了。这盏灯是用煤油点的，但是灯光却不弱，而且因为它特殊的造型，这盏灯不怕风吹雨打，因此在以前发挥了很大的作用。那时候，村里的大人要干很多活，晚上还要出去做农活，因此农民们出去干活的时候都点着这样的灯照明。另外在我们水乡，风雨灯还可以起到航行灯和信号灯的作用。

我家的风雨灯，现在已经是锈迹斑斑了，虽然这样，我的家里人还是把它珍藏着，因为在它身上承载着我家里人的记忆。

爷爷的奖状

黎同学

我家没有收藏什么东西，但是我爷爷有一些古董，这些古董就是他上小学、中学时的奖状和证书。那时候爷爷家里很穷，而且学校离家里又很远，但是爷爷不管是刮风下雨还是烈日炎炎，都坚持每天步行去上学，一天也没有落下。那时候能够上中学的人在村子里面是很少的，所以可见当时的爷爷读书是多么用功，而这些发黄的奖状和证书也见证了爷爷勤奋努力读书的历史。现在，爷爷有空还会拿出他的奖状来教育我们，一定要好好读书。爷爷的话，我一定会铭记在心的。

这一次国庆假期的开放式作业让学生对“历史就在身边”有了一定的理解，收集整理作业的过程也拉近了教师和学生的距离。由于没有严格要求完成历史作业的形式，所以学生对于高中历史作业有了新的期待，在课堂上学习历史的热情也被调动起来，但这次开放式作业也存在一定的不足，即一部分学生未参与进来，觉得这些和考试无关、和书本无关，因此在后来的教学过程中笔者做了适时调整。

二、通过开放性历史作业的“分层化”，关注不同能力水平的学生，做到学有所用，用之灵活，追求课堂教学的“品质”

这份开放性作业是在《中外历史纲要（上）》的中国古代史部分结束时布置的，要求学生自愿选择下面一到两个题目完成，可以单独完成，也可以组队完成：

（1）制定一份中国古代的朝代更替表，并整理每一个朝代的政治、经济、思想情况。

（2）设计一份中国古代史的大事记忆表，要求重点突出，易于记忆。

（3）假设你能够穿越，你想去哪个朝代？说明你的理由，也可以创作相关的历史剧。

第一个题目难度不大，一些历史知识基础较弱的学生根据课本后面的大事年表基本都能完成，这种大事年表的整理，对于夯实学生的基础知识有一定的效果，但是后面的两项作业，需要学生对所学知识在理解的基础上能够灵活运用，之后收上来的作业让笔者深刻体会到了“给学生一个舞台，学生还了我一个惊喜”！

张同学选择了第二个题目，他抓住了每个朝代核心的知识点，并且用最简练的语言，通过“打油诗”的形式将这些核心知识点整理了出来，制定了一份中国古代史大事记忆表，这体现了张同学很强的历史归纳概括能力。

（1）夏商周：地位贵贱看血缘，王位世袭是夏朝，内服外服是商朝，分封宗法是周朝。

①分封制：天下共主行分封，同姓亲族位最高，功臣先贵族为次，土地解决天下治。

②宗法制：大宗小宗互为兄，嫡长子为人最爱，强化王权家天下，和平继承家和睦。

③经济：水稻家畜为人所食，刀耕火种千耦其耘，青铜技艺炉火纯青，商周时手工业繁荣，职业商人铸最早货币，工商食官影响后世，甲骨文字源远流长，诗歌总集回味无穷。

（2）春秋·战国：

①春秋战国社会大变革，奴隶社会成封建社会，生产力提高铁具出现，精耕细作私有制确立，人身依附关系渐减弱，农民生产积极性提高，土地兼并贫富差距大，小农经济和重农抑商。

②儒家经典万口传诵，克己复礼为仁，为政以德皆出于孔子。有教无类，因材施教，影响后世。仁政重民，性善论，舍生取义皆悟于《孟子》；老庄常诵《道德经》，无为而治，天下人不相胜，道是本原，齐物，逍遥的人生态度；兼爱，非攻，尚力，节用，受老百姓爱戴；变法革新乃法家之精运魂；《孙子兵法》影响远。

（3）秦：

①皇帝制：地方服从中央，臣子服从皇上。权力高度集中，皇权至高无上。

②三公九卿制：丞相位最高，御使负监督。太尉掌军事，牵制不相属。

③郡县制：地方行郡县，按地域划线。任免不世袭，财政归中央。

（4）汉：中央设立中朝外朝，地方实行推恩令，设刺史，察举征辟选择官员，实行重农抑商政策，罢黜百家，独尊儒术。文采华丽的汉赋，浪漫古拙的绘画，博大精深的书法，雍容大度的秦印，方正质朴的汉印。西汉发明纸，东汉有了蔡侯纸。老爸爱看《黄帝内经》《伤寒杂病论》，病人感谢华佗麻沸散，体操健儿热爱五禽戏，我最讨厌《九章算术》。

（5）魏晋南北朝：社会动荡，政权更迭，社会地位靠出身门第，人口南迁，经济重心南移，江南迅速发展，中原缓慢，南北出现了白瓷，佛教盛行，儒学有危机，王羲之的《兰亭集序》，顾恺之“以形写神”的绘画理论，祖冲之算出圆周率后七位，贾思勰的《齐民要术》。

（6）隋唐：

①三省六部制：三省六部最成熟，起草诏令归中书，封驳审议归门下，尚书省负责执行，牵制补充分工明。

②科举制：隋唐大兴科举制，寒门也有出头日，有才有德有分数，光宗耀祖孝父母。

③文艺：李杜诗篇万口传，雕版印刷《金刚经》，书法理论日渐成熟，吴道子《送子天王图》，药王孙思邈《千金方》。

（7）宋：

①削大将军兵权，设二府三司收精兵，统兵与调兵分离，削实权，文臣做知州，设通判，制钱谷，设转运使。

②官营手工业为主导，炼铁燃料煤到焦炭，棉纺织业出现，元黄道婆革新技术，元朝青花瓷出现，打破坊市界限，纸制交子出现，重农抑商松动，海上贸易兴盛。

③程朱理学重理轻行，九渊守仁重心忽物，理学认为“格物致知”，心学认为“发明本心”。

（8）元朝：实行一省制和行省制，简单明了有弊端。

（9）明：君主专制达顶峰，皇帝权力空前强，阻碍资本主义发萌芽，中国远远落后西方。明太祖废丞相，设殿阁为顾问，明成祖设内阁，手握“票拟”后权大。

（10）清：雍正设立军机处，军国大事一人裁。反封求平等是李贽，反专倡法制是宗羲，反专重实践是炎武，唯物主义是夫之。

而选择第三个题目的袁同学，写出了有些无厘头的穿越历史文段，她给她感兴趣的清朝提出了建议，对她感兴趣的那个时期的人物和作品进行了批判，这些语段虽稚嫩，但也看得出袁同学对于清朝的历史有了自己的理解。

擦亮眼睛去清朝

袁同学

虽然清朝处于中国古代王朝的封建没落时期，但我迎难而上，是因为这个时代有一个：曹雪芹。在我的理解中，穿越应该会带着自己现有的思想回去的吧，而且湖南卫视还告诉我，通常穿越女都会有如神助，遇神杀神，遇佛杀佛，简直跟吃了哈药六牌钙加锌口服液一样的，腰不酸了，腿不疼了，说起话来底气特足。我不禁仰天长叹，神啊，让我回去帮帮曹雪芹吧，多老实多有前途一孩子啊，不来个穿越的人回去帮他都受不过去了。我这辈子最大的希望就是看一看曹雪芹披阅十载，增删五次，呕心沥血写出来的《红楼梦》的真迹，想想都觉得做梦会笑起来。我必须要告诉他，你将来会流芳百世的，您老的《红楼梦》是“中国古典小说的巅峰之作”呢，还有各式各样的美人来演你的黛玉呢。您可是我的偶像啊老大！您若安好便是晴天啊有没有!! 我还要把他养得白白胖胖健健康康的，因为他要把剩下的40 回写给我们这些被续本折磨得泪流满面的悲惨读者啊!! 看过高鹗续写版本的我严重被刺激到了，原本在曹老大笔下死翘翘的五儿竟然在高鹗笔下给复活了，简直带上了“悬疑魔幻色彩”。唉，伤不起，真心伤不起。说了这么多，我想说的就是，因为清王朝有一个叫曹雪芹的奇葩，我不介意为了他而当一个会穿越的奇葩。

然后，在帮助完曹老大，确定我们后人有完整版的《红楼梦》看之后，我决定要为我未来的时代做一些必须有的事情。历史上这个腐败的清王朝哟，可怜见的，似乎隔世都能闻到那股酸臭的腐朽味道。于是，它被人华丽丽地鄙视了。鄙视了一次还不够，还要被人千世万世地鄙视下去，永不止步。就我个人而言，我不希望清王朝的统治能够继续下去，但是它作为中国封建社会向近代社会转型的一条必由之路，这段历史无法逃避和跳跃。作为一个穿越人，我得把我的新思想新文化传授出来。我会告诉统治者：工商皆本，千万别重农抑商，人家资本主义萌这么的一小芽也不容易啊。别再举行科举制了，又酸又臭的穷秀才不是我们需要的栋梁之才好吗。我还要叫慈禧把她收起来玩的枪支拿出来，应用于军事啊，国防力量强大了才是真正给力啊。我不会再允许清朝实行什么“闭关锁国”政策了，要真的想抵御外敌，强大自己才是根本。给我睁大你们这些统治阶级的狗眼，还真以为老子天下第一了哈。看看外国的发展和世界的潮流，亮瞎你的眼。我要把自己在新世纪所学的知识写成书，要加强培育科学创新人才，反正我要把他们的脑袋给摇醒了。

我希望能把现代化建设的基础打好一点，让新兴的阶级快点发展壮大起来，然后把清王朝的封建统治推翻。让中国少走一些弯路，这就是我穿越的目的。其实本来我也在怀疑，自己这么渺小，这任务也忒艰巨了些。但后来，还是湖南卫视告诉我那些穿越女个个都像打了鸡血一样的，什么封建等级制度，皇帝皇后阿哥贵妃的都弱爆了。人家还能将整个皇室玩弄于股掌之中呢，这简直不是人做的。于是我就放心了，我要做的也太小儿科了点儿。

忽然感觉中国不像是咱的母亲，反倒像自家的闺女啊。心心念念着要她过得好点，少受点苦，我得好好地铺路啊。哦对了，回到清朝，我必须要对想侵略中国的外国人说：“我叫你欺负叫你侵略！咱家闺女自个儿都舍不得欺负，你信不信咱一掌拍扁你这张钛合金脸，哪儿凉快给我待哪儿去！”

我们的时代，很好。事实上，穿越回清朝，只会更加证实：我们现在生活的时代，是中国有史以来最好的时代。珍惜吧，反正我觉得自己的小日子过得挺滋润的。

设计分层式的历史作业，能够让不同层次的学生感受到学习的成就感，感受到历史学科的魅力，“让更多的学生参与，让更多的学生学有所获”，这也符合品质课堂建设的初心。

三、通过开放性作业的“社团化”，延伸历史课堂的影响，集众力推动品质课堂建设

在开放性作业实践的过程中，科组的教师意识到只是单枪匹马地推进开放性作业实践研究，受制很大，“独乐乐不如众乐乐”，因此在学校的历史社团“风雨阁”和“溯源”的参与下，整个科组的教师和学生社团一起开展了一系列的活动。我们希望通过学生历史社团的力量，在学生的组织下，自主地关注历史，创造性地学习历史，通过开展历史活动来吸引更多的学生了解历史、爱上历史，引导学生改变“历史只能在课堂上学”的观念，通过课后活动的开展，为品质课堂建设进行补充。在两个学生社团的推动下，我们开展了“图说历史”摄影比赛、历史剧表演赛和历史演讲比赛等活动，通过灵活的形式在校内扩大了历史学科的影响。

以上开放性作业实践的开展，只是一些在品质课堂建设过程中的初步的尝试，还存在着很多的不足，而对于高中历史个性化作业的实践研究和品质课堂建设还有很长一段路要走，作为基层教师，唯有不断学习，不断更新理念，才能更好地适应不断变化的社会，才能培养出不单纯为分数而学习的学生、不戴着高考枷锁学习的学生，让高中历史教学能真正为习近平主席提出的“学史明理、学史增信、学史崇德、学史力行”的目标贡献力量。

参考文献

[1] 庄晓蕙，刘庆欢，何雪萍，等. 我国个性化作业研究：现状、问题与展望——基于读秀学术搜索数据库与中国知网全文数据库的数据分析 [J]. 教育学术月刊，2014 (10)：104 - 111.

[2] 陈未英. 高中历史个性化作业设计“三基点”[J]. 文理导航（上旬），2019 (8)：45 - 46.

[3] 何成刚，夏辉辉，张汉林，等. 历史教学设计 [M]. 上海：华东师范大学出版社，2009.

由博物到博悟：博物馆资源在高中历史学科核心素养形成中的融入路径

——以“广州十三行和古代中国对外贸易”展览为例

广州协和学校　张嘉盈

博物馆是历史的记录者和保存者，是一个国家、一个民族历史与文化精粹的殿堂；这里具有极为丰富的教育资源，是青少年“博物”世界的起点，更是他们“博悟”成长的新课堂。利用博物馆资源，如何能实现“博悟”，并以“博悟”促进高中学生历史核心素养的形成呢？

一、寻找断层：基于课程与思维之间的断裂处，确立博悟方向

历史学科核心素养是指学生在学习历史过程中所培养的相对稳定的、具有历史学科特征的思维品质和关键能力，是历史知识、学习能力和学习方法的有机结合。史料实证是进一步养成历史理解、历史解释素养的基础，缺乏史料实证能力，得出的结论就是空洞和毫无根据的，根本站不住脚。

著名史学家梁启超曾指出：“史料为史之组织细胞，史料不具或不确，则无复史之可言。”《普通高中历史课程标准（2007 年版 2020 年修订）》对史料实证的概念有如下阐述：史料实证是指对获取的史料进行辨析，并运用可信的史料努力重现历史真实的态度与方法。这就要求我们教师要培养学生具备能够在真实、可靠的史料基础上得出历史结论和评判历史的能力与品质。

目前正在使用的统编高中历史新教材基本从理论上抽象概括历史进程，而博物馆所陈列展示的史料和实物，却能让学生跨越历史时空，用间接的接触和直接的观察，以形象感觉佐证抽象概念。以统编高中新教材选择性必修 3《文化交流与传播》第 2 课子目“中华文化对世界的影响”为例，课文的表述虽寥寥数语却意味深长，“16—18 世纪，中国的茶、丝绸、瓷器在欧洲社会深受喜爱”；简洁抽象的概述可以通过近在咫尺的广州十三行博物馆里六百多件从康熙到现代的广彩瓷器和相当数量题材丰富的外销通草画展品得到充分的印证。

在学校的精心组织安排下，笔者任教的部分高中历史选考班学生深度参观了广州十三行博物馆以及认真聆听了专家讲座，开阔视野的同时深受启发。

二、图文感知：基于博物馆资源丰满抽象概念，构建博悟基础

明清时期通过海上丝绸之路，中国瓷器大量畅销于世界各地。尤其是在欧洲，18世纪的欧洲上层社会的贵族已把收藏中国优质瓷器作为炫耀财富的象征。教师引导学生查阅相关专著记载，可知：十三行商人为适应外国客户的需求，把欧洲素描、肖像画等绘画风格，成功运用到中国的出口瓷器上。当时商人们在广州河南一带（今广州市海珠区的俗称）创办瓷器彩绘作坊，雇请一批画工和画匠学习西方的绘画艺术，并请西方的艺术家给予指导，在从景德镇运来的素胎瓷器上运用透视、立体等绘画技巧进行装饰，开炉烘染，烧制彩瓷——这便是历史上有名的“广彩”。

“广彩”全称是“广州织金彩瓷”，如同在锦缎上绣以色彩绚丽、高雅华贵的万缕金丝，然后以低温焙烧而成。作为外销瓷，广彩在清代享有崇高的国际声誉，有“世界官窑”之称。广彩与青花、粉彩并列为中国三大外销瓷器，在清代三大瓷器的出口数量上，广彩占了63%，远销欧洲、美洲、亚洲、非洲100多个国家。

洛克菲勒与广彩瓷，一个是美国传奇家族，一个是中国古典工艺，二者却能巧妙地结合在一起。学生观察发现，在广州十三行博物馆馆藏的成套洛克菲勒纹饰广彩瓷中，最引人注目的是一个描金人物纹的广彩水果篮，中式的工艺手法，西方的家庭用具，典型的十三行外销商品特色。

通草，不是作画的颜料，而是画作的“纸”。它是五加科植物“通脱木”的茎髓。据《广州植物志》记载：通脱木，别名通草，生长迅速，繁殖极易，茎髓洁白轻软，名为“通草”。通草画，就是画在通草片这种特殊材质上的水彩画。自古以来，世界各地皆有特殊的用于记载人类生活信息的材料，比如古埃及的纸莎草纸、死海的羊皮古卷、西域高僧携来的印度佛经贝叶等。

通草画于19世纪在广州兴起，题材以反映清末的社会生活场景和形色人物为主，诸如官员像、兵勇像、杂耍图、纺织图、演奏图等。作品的人物刻画采用西方绘画原理，与传统中国画风格迥异，但又反映出中国的本土风情，所以深受当时西方人的喜爱。遥想当年，在广州这个“一口通商”的繁华口岸，通草画作为最受欢迎的外销画，最兴盛时全城绘制通草画的画匠多达两三千人。热闹的码头上，启程归国的西方人将这些带有活色生香中国印记的画作携带至遥远的异国他乡。广州十三行博物馆目前收藏的200多幅通草画使广州的历史风貌被鲜活地留存下来，成为了十分难得的反映广州口岸社会风情的珍贵资料，极大地补充了中国传统的官修史书和文人笔记的文献记载之不足。可惜的是，对于消失已百余年的通草画制作工艺，今天的工匠们基本一无所知，制作通草片的手工作坊也濒临灭绝。

博物馆的历史教育融科学性、人文性和趣味性于一体，高中生往往通过陈列展示的某一件或若干件藏品，加深对相应历史概念的理解。馆藏系列文物通过整合改变其过去“可敬不可亲”的呆板形象，简明扼要、通俗易懂，令高中生通过近距离接触博物馆文物，从被动了解逐渐向主动研究发展，良性构建博悟基础。

三、口述历史：基于课中的断层构建历史解释，博悟形成素养

博物馆的教育功能不同于学校，学校是在确定的年限，对确定的对象进行教育，其上课、作业、考试通常带有强制因素的局限性。而博物馆所展示的内容、面向的群体具有多样性和广博性，从社会历史到自然生态、从文化艺术到科学观念都可以在博物馆得到反映。尤其是学校课本中的历史知识元素，大都可以在博物馆找到其踪迹与定位。

再以笔者讲授统编高中新教材必修《中外历史纲要（上）》第13课为例，不少学生阅读教材子目“统治危机的初显”后提出疑问：清政府实行“闭关自守”政策，为何仅特许广州十三行统一经营对外贸易呢？笔者建议他们可以利用节假日亲自参观一下就在我们身边不远处的广州十三行博物馆，研学小组的五位学生结伴而行参观了广州十三行博物馆，加上对第三、四单元课文内容的整合，比较透彻地理解了问题，也找到相对满意的答案。他们参观后整理的文字节选如下：

自唐代以来，广州一向是我国最重要的商港之一，而广州十三行，在17世纪后期至19世纪中叶这一段期间，又是我国对外贸易中的一种特殊的组织。十三行商馆集中在广州城郊西南角，紧靠珠江，那里是一个繁忙的水码头。康熙二十三年（1684），粤海关官府招募了十三家较有实力的商行，代理海外贸易业务，后来行商家数变动不定，少则四家，多时二十多家，但“十三行”始终是成为这个商人团队约定俗成的称谓。广州十三行受粤海关管辖，它的运行机制诸如承商制、保商制、总商制、揽商制、公行等在本质上是清政府确保实现以商制夷、确保税收的方式。承商制是指十三行“承揽夷货”制度；保商制规定行商首先要负责外商在华所有行为；总商一般是一到三名，由行商中资本最雄厚的行商担任，负责率领众商与夷人交易；揽商制是指行商包揽一笔交易的所有环节；公行的设立是为了规范对外贸易市场，把握议价权，实现行商利益最大化。

到乾隆二十二年（1757），乾隆皇帝下令“一口通商”，四大海关仅留广东一处。清朝实行闭关锁国政策，仅保留广州一地作为对外通商港口，而十三行则是当时中国唯一合法的外贸渠道。此后的100年间，十三行向清朝政府提供了40%的关税收入，因此被誉为“金山珠海，天子南库”。为了取悦清政府，行商每年还以“备贡”的名义，向内务府造办处上缴银两，为皇室传办贡品提供经费。由此可见，广州十三行不仅在物质上支撑着御用洋货的供应，而且在财源上对宫廷制造业也做出了莫大的奉献。

清政府对于广州十三行的管理规定非常严格：禁止外商在广州过冬，禁止外商雇役华人办事，官府指定的通事、买办除外，禁止外国妇女进入广州，身处广州的外商平时不能随便走出商馆，只能在每月逢八之日出外游览散步，且人数不能超过10人，等等；上述规定对西方殖民者的侵略活动，也曾起过一定的自卫作用；但由于逐渐减少与外界接触的机会，阻碍了本国的经济发展，导致中国彻底丧失对外贸易主动权。

通过对博物馆展览的参观记录和分析整理，学生的理解与表达能力不断增强，学生代表还在课堂上向大家展示他们的研究收获，演讲水平也得到提升。学生都对自己身处作为历史文化名城的广州倍感自豪，并对开发利用本土历史课程资源表现出浓厚兴趣。以口述

历史的形式，基于高中教材知识的断层构建历史解释，高中生的学科素养在博览与感悟中形成。

四、诱发思维：基于主题以问题驱动思维深入，促进博悟深化

我国是一个有着悠久历史和丰富文物的文明古国，这造就了博物馆的包罗万象，对各个部分的历史教学它都能起到独特的辅助作用。博物馆是国家、民族的历史缩影，也可以是某些方面专题历史的再现，这也为补充和完善学校历史课堂教学提供了丰富素材。广州十三行博物馆正是按时空序列设计布置陈列的，学生沿着这条脉络参观，就能对某一特定阶段的历史情况有比较清晰的了解。

博物馆通常以文物为基础，用生动的陈列展示形式，通过对重大历史事件和重要历史人物的展现，系统地揭示了社会历史发展变化过程及其规律，使观众直观地接收历史信息，从而获得宝贵的历史知识。例如，统编高中新教材选择性必修 2 对于“广州十三行”的表述言简意赅，但对其来龙去脉以及发展走向的交代并不清晰完整。广州十三行博物馆一楼展厅主题为“清代广州十三行历史展”，该展览共分为“开海设关”“十三行风貌”“十三行行商”“十三行贸易”“中西汇流”“走向近代”六个部分；历史教师组织学生按要求、有目的地参观此处，便能使他们获得更为生动、形象、具体的知识和体验，可以弥补单纯课堂教学的缺失和不足。

由中英贸易冲突而引发的鸦片战争，以中国战败而结束。1842 年，清政府被迫与英国政府签订了不平等的《南京条约》，其中规定，英商可赴中国沿海五口自由贸易，取消广州行商垄断外贸的特权。1856 年（第二次鸦片战争期间），具有 170 年历史的商馆被一场大火化为灰烬，广州十三行从此消失于商业舞台，其在经营对外贸易上独领风骚的辉煌遂成为历史。

由此可见，博物馆是一部立体的百科全书，犹如“实物的图书馆”。它对青少年来说是一个充满新奇和引起幻想的天地，以其诉诸感官的愉悦体验以及直观易懂的表达形式对高中生的心灵和行动产生潜移默化的影响，其意义堪比学校的教育和家庭的教育。

由博物到博悟，博悟的深化极具系统性与开放性，在时空上超越教材、课堂和学校的边界，并向学生的自身生活和社会生活无限延伸。从框架和内容上看，逐渐深化的博悟具有文化自信的特征，同时也是社会主义核心价值观落地实施的有效途径。单件文物足以提供给学生丰富的信息点，而且当多件文物按照某种历史脉络呈现在学生面前时，则形成一个完整的信息链条。通过引导学生对同一学习主题下的多个文物按照历史进行自主探究，从而让学生在历史发展脉络中发现其蕴含的价值追求。这是在对比分析中“领悟”规律，获得发现的学习过程。学校今后应更多开展馆校互动、互补、互联等形式的教育教学活动，让教师和学生拓宽学习视野，使自身的素质得到不断提高；同时也使博物馆的社会教育功能得到高度释放，更有效地增强博物馆等文化机构的社会认知度。

参考文献

［1］中华人民共和国教育部．普通高中历史课程标准（2017 年版 2020 年修订）［M］．北京：人民教育出版社，2020.

［2］梁启超．中国历史研究法［M］．北京：中华书局，2009.

［3］广州历史文化名城研究会，广州市荔湾区地方志编纂委员会．广州十三行沧桑［M］．广州：广东省地图出版社，2001.

［4］江铁军．广东革命历史博物馆论丛［M］．广州：中山大学出版社，2002.

指向时空观念素养的学生识图能力培养策略初探

汕尾市陆河县陆河中学　蔡碧丹

古人云："置图于右，置书于左，索象于图，索理于书。"历史地图是我们学习和研究历史，加强对文字内容理解的最好工具。历史地图型题目近年来在各地历史高考中频频出现，是对学生时空观念素养的突出考查。教师加强对高考历史地图题的研究，在日常课堂教学中有效利用好历史地图资源，并对学生进行历史地图的专题训练，可以有效落实时空观念素养的培养。

一、高考历史地图题解读

历史地图题指的是以历史地图为主干材料的试题，图文结合是该题型的主要特点，在考查历史知识的基础上，注重对学生时空观念和历史解释素养的考查。在2021年的高考中，北京、浙江、湖南、天津、山东的地方卷都出现了历史地图型选择题。全国卷也多次考查了历史地图题，具体统计情况如表1所示。2021年的广东卷虽然没有出现历史地图型选择题，但历史地图材料具有直观性、客观性、灵活性和丰富性的特点，便于命题者在命题中创制新情境，在未来的高考命题中一定会备受命题者青睐，因此在历史教学中绝对不能有所忽略。

表1　全国卷高考历史地图题考查统计表

年份	考题	题型
2019	全国Ⅱ卷第33题：《15世纪欧洲出现印书坊的城市分布图》	选择题
2018	全国Ⅲ卷第24题：《战国以前铁器分布图》	选择题
2017	全国Ⅱ卷第24题：《春秋战国之际局部示意图》	选择题
2016	全国Ⅱ卷第41题：《玄奘西行与鉴真东渡路线示意图》 全国Ⅲ卷第41题：《清末自开商埠分布示意图》	非选择题

续上表

年份	考题	题型
2013	全国Ⅰ卷第34题：《不同时期的欧洲局部图》 全国Ⅰ卷第41题：《东汉十四州示意图》《唐开元十五道示意图》	选择题 非选择题

总结近几年的高考题可知，高考历史地图题的题型一般以选择题为主，兼有文字材料题；涉及地图类型众多，主要包括分布图、布局图、行政疆域图、战争形势图和交通路线图等；一般是通过地图的图例说明和图片内容共同呈现都城的变迁、地理名称的变化、疆域范围的改变、行政区划的变迁、河道的改道、战争路线及进程的描绘、区域性经济特征的展示、文化交流的路线等问题，通过地图语言来反映历史现象的动态和人类活动的进程。高考试题中所考查的历史地图基本不是来源于课本，这在一定程度上增加了试题的难度。高考历史地图题根据考查形式的不同，一般可以分为以下三种类型。

类型一：以“历史地图”的形式考查历史事件的空间位置

例1：（2021·1月浙江高考·12）1931年11月，中华苏维埃共和国宣告成立，成立的地点位于下图中的（　　）

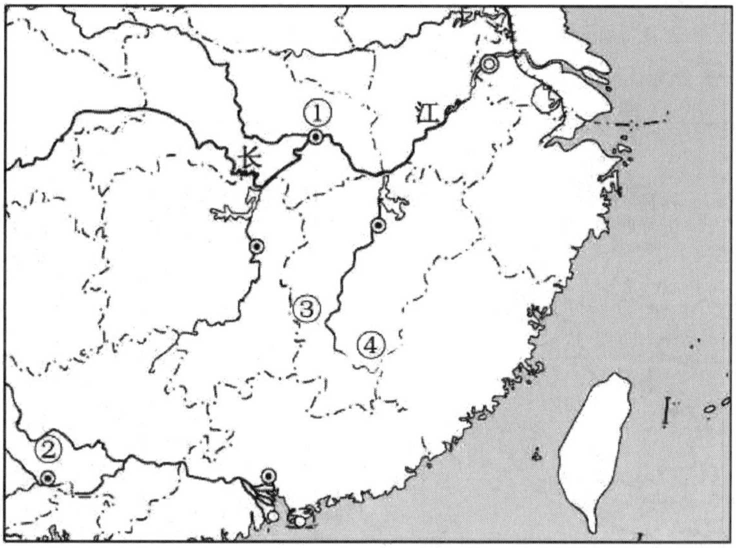

图1

A. ①　　B. ②　　C. ③　　D. ④

类型二：透过“历史地图”时空信息深度考查历史事件，包括原因、背景、经过、结果及影响等

例2：（2018·全国Ⅲ卷·24）据考古报告，从数十处战国以前的墓葬中发现了铁器实物，这些铁器不少是自然陨铁制作而成，发现地分布情况见图2。据此可知，战国以前（　　）

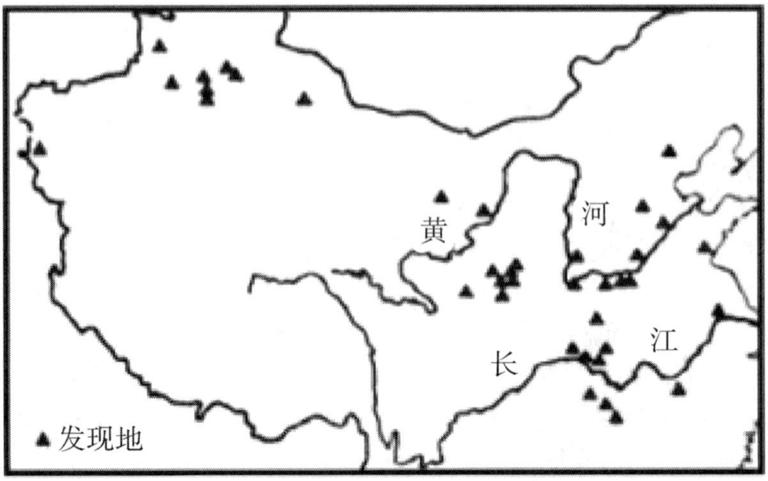

图 2

A. 铁制农具得到普遍使用　　　　B. 新疆地区与中原联系紧密

C. 我国的冶铁技术已经相当普及　　　　D. 铁器分布可反映社会发展程度

类型三：综合运用“历史地图”的时空信息来解释历史事件

例 3：（2013 · 全国新课标Ⅰ卷 · 14）阅读材料，完成下列要求。历史地图包含了政治、经济、文化等多种信息。

图 3　东汉十四州示意图

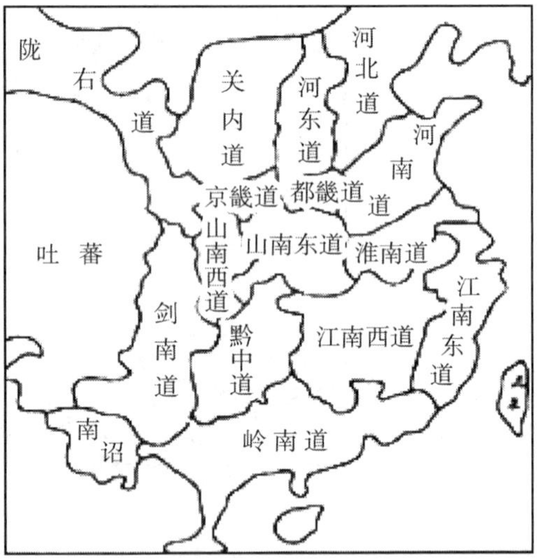

图 4　唐开元十五道示意图

比较图 3、图 4，提取两项有关汉唐间历史变迁的信息，并结合所学知识予以说明。

可以看到，在这三种类型的历史地图题目中，前两种类型的题目考查以选择题为主，第三种类型的题目以文字材料题为主。在解答历史地图题时，学生需要抓住历史地图中的关键性地名、国家和区域分界线等有效信息，调动和运用所掌握的历史知识，与试题的相关信息建立正确的联系，并做出综合性判断。除第一种历史地图型题目，后两种类型题目考查难度都较大，尤其是第三个类型的题目，考查的是学生的历史高阶思维，需要学生通过对历史地图进行分析、综合和比较，再结合课本所学知识，选择恰当的时空尺度对史事做出合理的论述和解释，综合考查了学生唯物史观、时空观念和历史解释的素养。

二、 历史地图题教学策略应用

基于上述高考历史地图题对学生能力考查的要求，在教学过程中，教师要着重培养学生三个方面的能力：第一，识读不同类型地图的能力；第二，利用地图描述历史事件的能力；第三，挖掘地图信息构建历史阶段特征的能力。下面笔者就结合教学实际，具体谈谈应该如何培养学生这三个方面的能力。

（一）看图识史，培养学生识读不同类型地图的能力

高考试题和历史教材中涉及的历史地图主要分为五种类型：政治类地图、军事类地图、外交类地图、经济类地图和文化类地图，每个类型的地图所包含的具体图型如表 2 所示。在识读历史地图的过程中，学生首先要具备识读地图的基本能力，进而要掌握的是历史地图语言的历史含义，历史地图中的地图符号通常有表示区域范围的经纬度、海岸线、国界线或区域线、河流走向线，表示地理环境的各种小圆圈，表示方向或态势的各种箭头和其他图例规定的特殊符号。而这些地图符号在历史地图中往往都具有特定的历史性含义。而这就需要学生在平常的学习活动中进行不断的积累。教师在教学的过程中，必须要立足教材，利用好配套的历史地图册，精选地图，培养学生识读历史地图的能力。

表 2　历史地图分类表

类型	按功能分
政治类地图	形势图、疆域图、殖民扩张图、领土扩张图等
军事类地图	战争形势图、进攻路线图等
外交类地图	对外交往的路线图等
经济类地图	农工商及城市分布图、航运路线图等
文化类地图	文物出土图等

学生在识读不同类型的历史地图时，所要遵循的关键步骤如下：第一步，读出历史地图反映的时间和空间；第二步，读出历史地图上呈现的关键信息；第三步，把题干所给的文字信息和历史地图结合起来进行分析；第四步，调动所学知识，结合所读图背后的历史阶段特征，从而观察并分析历史事实发生的原因，总结历史事实演变的规律。

例 4：

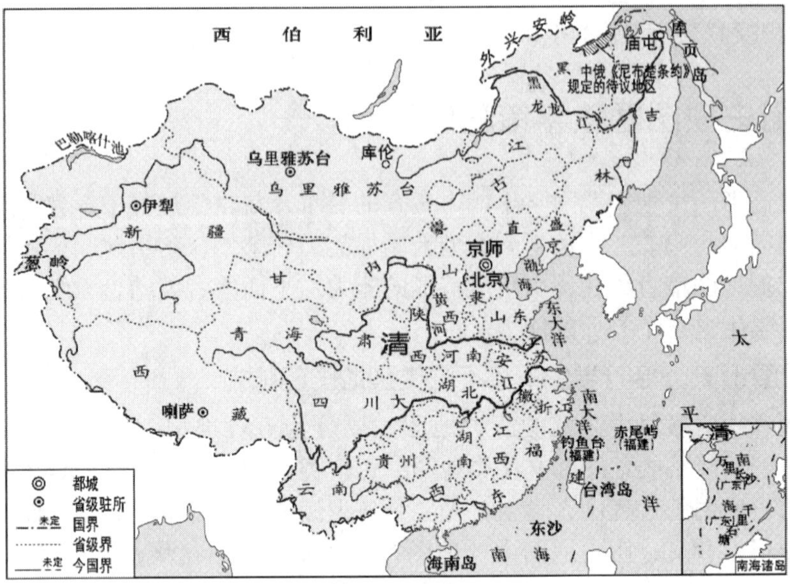

▲清朝疆域图（1820年）

图 5　选自《中外历史纲要（上）》第 79 页

问题 1：完成填空。清朝版图东临________，东南至________，东北至__________，南至________，西跨________，西南达________，西北至________，北接________。

问题 2：清朝采取了哪些措施实现了对其统治区域的有效管理？其国家治理的措施有何特点？

问题 3：为什么说清朝基本奠定了现代中国的版图？

如图 5 所示，学生看图时首先定位出时空范围是清朝疆域图，根据图例、国界线以及地名，可以完成问题 1 的填空，对清朝的版图有直观的了解和认识。在此基础上学生需要调动所学知识，结合地图描述清朝在不同的统治区域采取了不同的治理措施，教师可以引导学生进一步得出清朝国家治理的特点，也就是因俗而治、因地制宜和加强民族认同。这一过程不仅培养了学生历史地图的识读能力，还进一步培养了学生进行历史叙述和总结概括的能力。而问题 3 则是在前两个问题的基础上，让学生认识到清朝疆域的奠定对现代中国版图的奠定以及统一多民族国家的巩固和发展的重要意义。问题设置层层递进，是对学生思维方式的有效培养。

（二）读图说史，培养学生利用地图描述历史事件的能力

在学生能够识读历史地图的基础上，教师还要进一步培养学生结合历史地图进行历史解释的能力，也就是要求学生能够利用历史地图生成恰当的时空语言叙述历史事件的来龙去脉和发展变化，揭示历史表象后面的深层因果关系，做出正确的价值判断。

例 5：

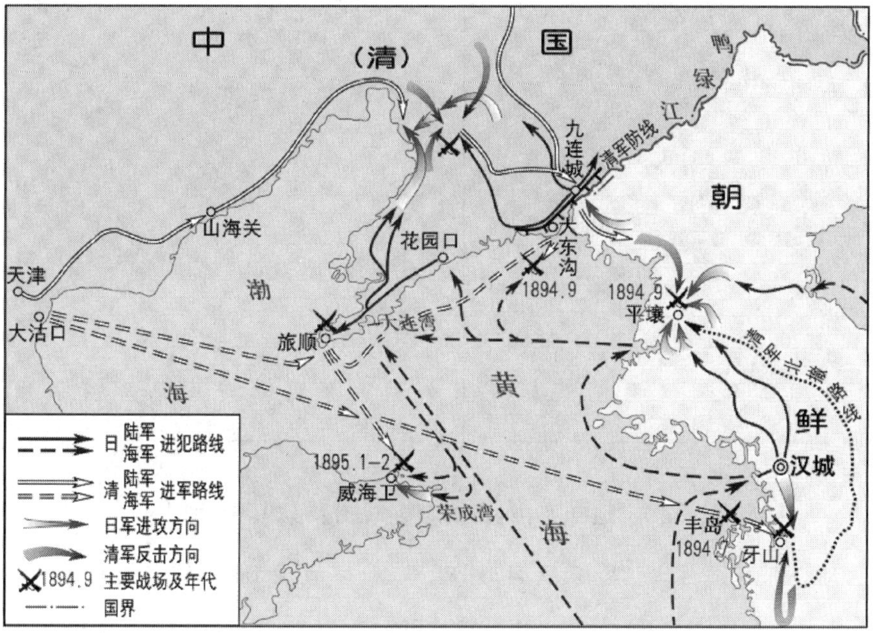

▲甲午中日战争形势图

图 6　选自《中外历史纲要（上）》第 100 页

问题 1：根据“甲午中日战争形势图”，简述甲午中日战争的战争过程，并指出该场战役的典型特征。（要求：200 字至 300 字）

问题 2：你能说说中国在甲午中日战争中失败的原因吗？

如图 6 所示，在完成问题 1 的过程中，学生首先必须识读甲午中日战争形势图，进行时空定位，并找出图中包含的关键信息，包括战争进程、主要战场、清军和日军的进军线路图，在此基础上组织语言进行描述，要求学生能够看图说话，这不仅培养了学生识读历史地图和语言组织的能力，进而培养了学生的时空观念，包括历史时序性和联系的时空观，也培养了历史解释的素养。而问题 2 则是对学生的进一步要求，学生在解决问题 2 的过程中需要结合历史阶段特征和历史背景知识，总结历史事件发展的原因，进而得出历史发展规律。

（三）据图构史，培养学生挖掘地图信息构建历史阶段特征的能力

历史是动态发展的，历史地图也是动态变化的。学生在掌握识读静态历史地图的基础上，还应树立动态的、联系的历史时空观念，在历史地图的比较和联系中，思考多种历史事件的关系，能够对较长时间、较大范围的史实加以概括和说明，即构建历史阶段特征，进而能够从具体的史实知识抽象推论出概括性知识，也即大概念，更有利于学生将其迁移到新情境，分析和解决在现实生活中面临的问题。

例 6：

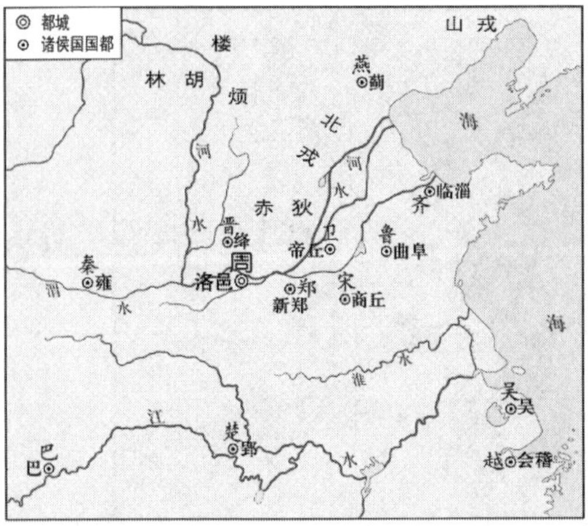

▲ 春秋列国形势图

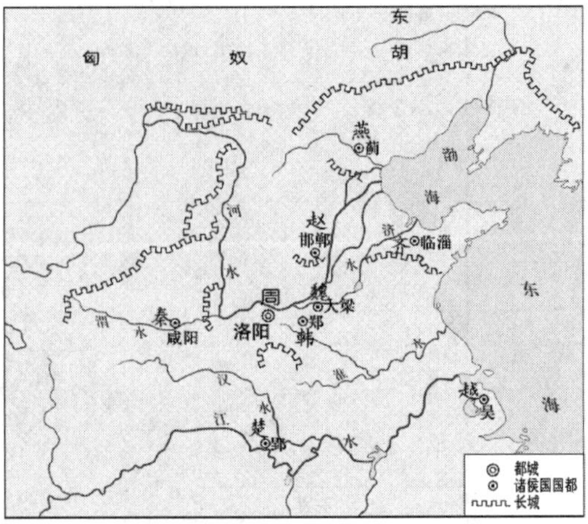

▲ 战国形势图

图 7　选自《中外历史纲要（上）》第 9、10 页

问题：结合课本，对比“春秋列国形势图”和“战国形势图”，概括这一时期的政治局面。

如图 7 所示，在这个问题的探究中，学生需要把两幅地图联系起来进行对比分析。首先学生要明确两幅地图之间的前后发展关系，找出战国形势图与春秋列国形势图的变化之处。春秋列国形势图中的晋国到战国时期演变成了韩、赵、魏三国，也就是“韩赵魏三家分晋”，这就是春秋战国时期礼崩乐坏局面的典型表现。而战国形势图中郑、宋、卫、鲁等诸侯国的消失，则说明了这一时期兼并战争的频繁和残酷。春秋列国形势图中的戎狄等民族在战国形势图中也消失了，从中学生可以直观认识到这一时期的民族交融现象。从两幅地图的对比分析，学生可以自主得出春秋战国时期典型的阶段特征，加深对这一时期历史的理解和认识，达到培养学生挖掘地图信息构建历史阶段特征能力的目的。

三、 总结

历史空间既包括特定时间框架下的静态地图空间，也包括历史时序下的横向和纵向联系的动态地图空间。在历史教学中，教师应该利用好丰富的历史地图资源，有意识地去培养学生的时空观念素养，从多方面去培养和提升学生的历史认知能力和思维能力。

参考文献

[1] 陈志刚，覃玉兰. 历史空间的内涵与空间观念素养的培养［J］. 历史教学，2018（2）：18－23.

[2] 张兆金. 从思维意识到思维方式的转向：浅议“时空观念”素养的培养［J］. 中学历史教学，2019（6）：6－8.

[3] 安世皓."时空观念"之"时空"再解读[J].历史教学问题,2020(3):182-185.
[4] 陶荣.基于历史地图涵养时空观念的三重路径[J].历史教学问题,2021(5):129-132,122.
[5] 姜磊.图像史料在高中历史教学中的应用策略[J].中学历史教学参考,2021(22):73-74.
[6] 曾凡国.关于历史地图分析能力的培养[J].历史教学,2004(1):55-56.

浅谈高中历史教学中时空观素养的培养

湛江第一中学　周家凤

时空观念是了解和理解历史的前提和基础，是在特定的时间联系和空间联系中对事物进行观察、分析的意识和思维方式，是学生认识历史必须具备的重要观念，也是历史学科本质的体现，因此，培养学生的历史时空观念在历史教学中是非常必要而且必需的。但由于教师对“时空观念”历史教学内涵认识模糊，在教学实践中不同程度地出现了“泛化”和“窄化”现象。“泛化”主要表现在将“时空观念”概念复杂化、烦琐化，从而使其脱离了课堂教学；“窄化”主要表现为将“时空观念”理解为“简单的线性序列”，仅将历史中的时间和空间理解为物理上的时空，教师较少指导学生在不同的时空框架下合理解释历史的延续与变迁、统一与多样。因此，本文试图通过对“时空观念”内涵的梳理来探索在教学实践中培养时空观念的途径和策略。

一、历史学中“时空观念”的基本内涵

从《普通高中历史课程标准（2017 年版）》明确提出高中历史学科五大核心素养以来，学界关于五大核心素养概念内涵的探讨成为新课程改革的重要前奏和内容。关于“时空观念”的内涵解读，史学界有多种诠释，为我们提供了很多新的视角。

徐蓝、朱汉国在《〈普通高中历史课程标准（2017 年版）〉解读》中指出历史学科的时空观念包括历史时序的观念和历史地理的观念。显然，徐蓝、朱汉国讲的只是一个总的概念，在历史时序和历史地理的概念中应该还含有诸多不同的内涵，因而有许多历史工作者开始对这个总概念进行诠释。在探讨时间概念及“时间”内涵方面，马应隆、谭杰在《历史时空观念四维度教学目标之探析》中将历史时间分为历史时间点和历史时间段；李菁则在《核心素养下历史时空观念的培养》中将历史时间划分为“短时段、中时段、长时段”。在探讨空间概念及“空间”内涵方面，马应隆、谭杰在《历史时空观念四维度教学目标之探析》中将历史空间划分为自然空间和人文空间；王贵喜在《社会历史空间：历史唯物论的重要范畴》中从历史唯物论出发，将空间概念划分为自然空间和社会历史空间。这些探讨给了我们理论的指引与启发。根据多年的教学实践，笔者觉得姚晓岚、魏恤

民在《历史教学中时空观念的培养路径》一文中的解读更方便我们的教学实践。他们认为：历史学的时间概念有客观时间和历史时间之分。客观时间是历史活动赖以发生和演变的客观存在，表现为时间点、时间段和时间长河。历史时间是历史学家为了研究的方便和需要，基于自己对社会历史的认识而对客观时间所做的单元划分，是史学家拟构出来的时间观，其表现形式是各种历史分期。历史学的空间有两层含义：一个是历史事物所处的地理位置和自然环境，这是历史活动的自然空间；另一个是与历史活动密切相关的经济、政治、文化环境和社会环境，即社会空间。历史学完整意义上的空间，是自然空间和社会空间的统一。

在以上学者研究的基础上，笔者尝试着对历史学中的时间和空间概念的重要内涵强调以下三点。

第一，时间观念包括两个方面：一个是客观时间，是历史活动赖以发生和演变的客观存在，表现为时间点、时间段和时间长河；另一个是历史时间，是史学家拟构出来的时间观，其表现形式是各种历史分期，或历史演进的历程。

第二，空间观念包括两个方面：一个是自然地理的相关概念，比如地点、区域、地方、地域等；另一个是“社会的空间”，也称作“人的空间”，即通过“人”的活动以及与之有关的政治、经济、文化、思想等事件构建的环境特征。

第三，时空观念之间的关系可以有以下类型：同一时间下的不同空间、不同时间下的同一空间、不同时间空间下的同一特征、同一时间空间下的共同特征。

二、“时空观念”的培养策略

（一）让学生知道和理解历史学中常用的时间、空间等表达形式

首先，教师要让学生知道和理解历史学常用的时间、空间术语；知道和理解历史时间的各种表达方式及内涵，如：年、年代、世纪，史前、古代、近代、现代，早期、中期、晚期，公元（前）、时期、朝代等；知道和理解历史空间的各种表达方式及内涵，如：地图、地理示意图，中原、西域、关内（外），西洋、南洋，巴尔干地区、西欧等；知道和理解整合历史时间与空间的各种表达方式及内涵，如古代两河流域文明、罗马帝国、文艺复兴、“大萧条”、长征、冷战、第三世界、南北对话、南南合作等。

其次，教师要让学生使用两种以上的时间、空间术语描述同一史事。如 1932 年与民国 21 年、抗日战争初期、二战之前等术语的交替使用；美索不达米亚与两河流域等术语的交替使用；冷战与雅尔塔体系下的世界格局、1946—1991 年的美苏关系等术语的交替使用。

最后，教师要让学生形成历史时间、空间的结构。知道时间轴、年表、年谱、地图、空间示意图等的功能特点，以时间轴、事件年表、人物年谱、地图、空间示意图等方式整理、表达相关历史信息。

（二）利用历史地图增强时空的意识和思维方式

“左图右史”“索象于图，索理于书”为古今学者读史和治学的重要方法。比起文字

的表现形式，地图在反映事物所处空间状态方面具有更简明、直观的特征，因而学者郑樵在《通志·图谱略》中说：“置图于右，置书于左，索象于图，索理于书。”梁启超在《中国地理沿革图·序》中指出，读史不明地理则空间概念不确定，譬诸筑屋而拔其础也。显然，要完整地理解历史，就要借助于历史地图。

历史地图是高中历史教材中较为常见的信息形式，是人类某一历史时期自然、政治、经济、军事、文化状况及其变化的直观反映，它显示人类活动空间分布和地域差异现象，展示了人类在特定的历史时期的活动进程，也揭示了不同历史时期地理环境的变化以及在此环境下人类活动的形态，可以说是在一定程度上历史现象的动态反映。历史地图在培养学生历史时空观念方面具有不可替代的功能。因此，高中历史教师要灵活运用历史地图，带领学生深入挖掘地图中所隐含的信息，将地图作为除文字和文献之外的重要史料，了解不同时期的地图的内容，如疆域、地名等的变化，通过对地图的研究教学，帮助学生构架出一个动态发展的时空观念和思维方式。

例如，在讲授“新航路的开辟”一课时教师会用到不同时期的历史地图：

图 1　约公元 7 世纪的“世界地图”

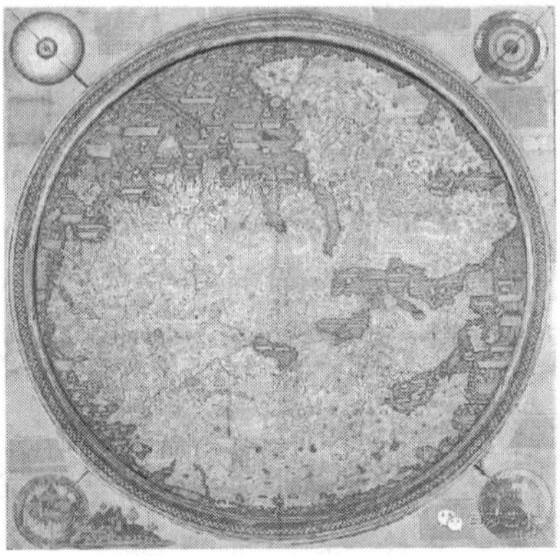

图 2　1457 年葡萄牙王室资助绘制的“世界地图”

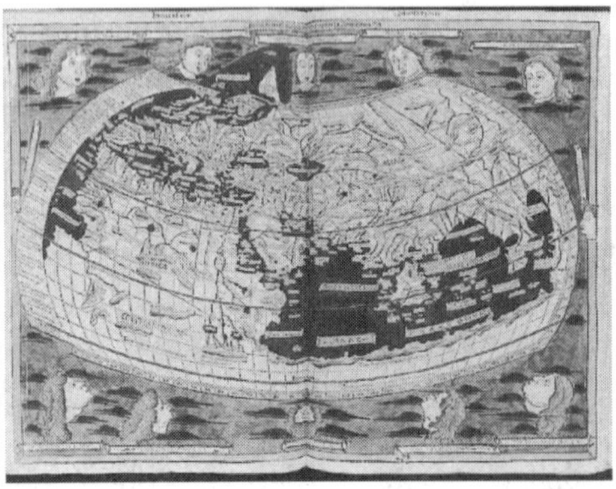

图 3　15 世纪的“世界地图”

图 4　16 世纪后的“世界地图”

如对图 1 的处理，教师可以提出以下问题：“你知道这是一幅什么图像吗？依据是什么？”“你能够解释为什么这幅图像呈这样的格局吗？这显示了什么历史因素的影响？”

“在这种历史因素的影响下，欧洲人是如何看待图中的各个部分的?”通过对这些问题的互动式问答，引申出特定条件下的历史时空认识及影响认识的历史因素，进而架构欧洲人对当时世界的看法。最后教师说明此图的史料来源及历史信息。接着教师以图2、图3、图4显示迪亚士、哥伦布与麦哲伦航海前后欧洲人对世界了解的变化，提出问题：“请同学们观察上面三幅地图，找出发生的变化，并思考为什么会发生这样的变化。”在学生回答的基础上教师进行总结：“在葡萄牙与西班牙之后，荷兰、英国、法国等国家的航海家接踵而行，连续进行了两百多年的航海探索，之后的探索与较早的新航路开辟结合在一起，被称为‘地理大发现’。我们能够看到的不仅仅是地图的逐步完善，还能看到欧洲人对世界了解的逐渐深入，而欧洲人也就终于要从中世纪的宗教蒙昧中走出来了。”从而完成本片段的教学引导。

“左图右史”是一种重要的学习方法。历史地图具有表现历史事件时间、空间信息的独特功能。作为记载、传输历史信息的特种文化工具，它实现了图文结合、时空结合、自然与人文结合，对于进一步理解和运用历史知识，更深刻地理解影响历史发展的环境因素，思考历史事件成因等，有着不可替代的作用。

（三）运用时空观念构建知识体系

要培养学生的时空观，知识储备与逻辑思维都是必备基础。学生只有熟悉重要时空节点上的历史事件，教师才能引导学生将这些零散的事件编织成体系完整的结构，并让学生在任何一个时空节点都能顺利地沿着时间或空间脉络对历史进行推理、延伸、理解、解释、评价等。因此，在将历史事件的时空要素建构成体系时，教师可采用大事年表、时间轴、思维导图、人物年谱等方法让学生建立知识网络。下面以时间轴为例予以说明。

历史学科时间轴，就是在学生掌握一定史实知识的基础上，参照数轴的形式（可按需要横向或纵向列出），以时间或时期、阶段为坐标点，学生自主动手，把历史的零散知识（主干知识）有机整合起来，从而构建出历史学科知识体系。时间轴的制作可以根据不同年级而有所侧重。例如高一年级可以以课为单位制作，高二年级可以按照单元结构进行制作整合，高三年级可以以专题形式进行“古今关联，中西对比”。在使用时间轴方面，教师可以引导学生进行多种维度的时空观建构和培养。

利用时间轴构建一维时空观认知体系主要适用于新课讲授。在时间或空间的一维时空中，教师启发学生思考同一时空背景下知识之间的内在联系和重要事件的异同，以突破知识的重难点，提升认识，并且按照时间顺序或空间要素，使学生易于建构起历史事件、人物、现象之间的相互关联。例如在复习必修一“中国特色社会主义建设的道路”这个专题时，“新中国成立后”是同一时间和空间定位，在此前提下，我们可以探讨同一经济领域不同时间段里的历史事件，也可以探讨同一时间段里不同空间领域的不同事件。设问如下：

（1）新中国成立后中国农村生产关系经历了几次调整？调整的内容和结果分别是什么？由这些调整我们得出什么认识？（解答：得出的认识是生产关系的调整一定要适应生产力的发展水平，否则就会破坏生产力。部分解答略）

（2）新中国第一个五年计划与三大改造的关系是什么？（解答强调三大改造是“一

五”计划的任务之一）

（3）“大跃进”和人民公社化运动的主要区别是什么？（解答：“大跃进”涉及生产力方面，人民公社化涉及生产关系方面。二者的不同点在于：“大跃进”的发动，反映了我党不顾经济发展的客观规律，片面地扩大生产规模，追求经济建设的高速度；人民公社的建立反映了我党不顾生产力发展的实际水平，片面地变革生产关系的“左”倾错误，违背了生产力决定生产关系的原理）

（4）经济特区与港澳特别行政区有何异同？（解答略）

利用时间轴有利于实现专题或主题内知识的纵横拓展深化，学生对单元内知识之间的关系就有了一个更深入而透彻的理解把握，比较、分析、归纳、概括的能力也会得到提升。

利用时间轴构建二维时空认知体系。在特定的时间和空间框架下我们可以运用原因与结果、联系与区别的概念范畴，解释史事的延续与变迁；可以运用对立与统一、量变与质变、动机与后果的概念范畴，评价史事的延续与变迁；可以基于将史事置于其发生、发展的特定时间与空间下做审视的原则，反思以上的解释与评价。例如，我们在中国古代史的一轮复习中，可以就中国古代专制主义中央集权制发展演变的具体史实进行不同时代的比较，从而概括出不同时代专制主义中央集权制度发展演变的时代特征，也可以在此基础上进行中国古代专制主义中央集权制度长期存在的原因、特点及评价认识等规律性、理论性的总结提升。在复习中国古代的文学发展相关内容时，既要注意到不同历史时期文学形式和变化演进，也要关注到不同朝代疆域、都城等地域变化给文学带来的影响。又如，我们在概括历史发展的阶段特征时，也是综合考量在特定的时间段中政治、经济、思想文化、科技、民族关系、外交、教育等社会空间要素后得出的认识。

利用时间轴构建立体时空观认知体系。“古今联系、中外对比”是历史学科的基本能力要求，利用时间轴可以比较直观地达成该目标。如在一轮复习中，可以对古代的中国和世界、近代的世界和中国、现代的世界和中国进行多角度、多层次、多维度、多主题、多切口等方面的关联和对比，从而帮助学生认识世界文明发展的多样性和复杂性，也有利于帮助学生形成人类命运共同体的认识和责任感。

（四）立足社会时空，合理评判历史与现实

《普通高中历史课程标准（2017 年版）》中对历史“时空观念”水平四提出的要求是“在对历史和现实问题进行独立探究的过程中，能将其置于具体的时空框架下；能够选择恰当的时空尺度对其进行分析、综合、比较，在此基础上作出合理的论述”。这表明，时空观念包含着对历史的认识、对现实的审视和对未来的判断。

历史不是由一系列毫不相关的事件堆积而成的“素材”，而是有着自身演进和发展规律的，若要获得对历史的深层认识，就不能仅仅呈现历史的表面时序，而且应该以时序为载体，运用历史发展的眼光挖掘其内在逻辑，实现对历史发展的整体认识和全貌理解。所以，培养学生的时序意识，更为重要的是建构历史事物的逻辑关联，帮助学生理解历史的嬗变与延续，把握历史发展的趋势和规律，实现从时序意识到时序思维的跨越。

“在特定的历史背景下认识历史事物”，要求我们分析历史要具体问题具体分析。以

“辛亥革命”一课为例，我们通过编制历史大事时间轴寻找相近时间发生的历史事件，并对其进行一定意义的关联便可以发现：辛亥革命前的中国，既有革命党人的民主革命风潮、立宪派的立宪运动，也有清政府的新政自救，出现了革命派、立宪派、清政府三方角逐的社会政治格局。清政府在革命与改良的夹击中进行着王朝的自我挽救，但从“预备立宪”的发布到“皇族内阁”的出笼，清楚地表明“立宪”只不过是清政府维护统治的一种手段。在满族贵族与汉族官僚、中央集权与地方分权等各种势力围绕权力再分配的激烈争夺和矛盾冲突中，掌握着最高权力的皇宗贵胄唯恐大权旁落，不愿意做出妥协和让步，使得原本支持清政府的立宪派大失所望，最后与之分道扬镳，从而加剧了清王朝的解体。

“在不同的时空条件下对史事作出合理的解释”和“将过去、现在、未来的时空联结在一起，洞察历史趋势”，要求我们一方面要用联系的观点把局部的历史现象放在更为广阔的历史视野中去考察，另一方面要站在历史发展的长时段进程中理解其变化与延续，去考察它对现在和未来的影响。历史事实是具体而零散的，但当我们从纵向时间和横向空间两个维度去观察历史事物时，就不是把历史孤立在某个固定的时空范围里，而是在不同的时空维度关注历史现象的沿革演绎和中外历史的交汇融通，形成宏阔的历史视野。

从世界历史进程来看，辛亥革命“揖美追欧，旧邦新造”的社会政治目标，是19世纪以来世界经济工业化和自由平等、民主共和思潮推动的结果，也顺应了20世纪初世界民族主义的历史潮流，与印度反英运动、伊朗资产阶级革命和土耳其资产阶级革命彼此呼应，是“亚洲觉醒”的最重要标志。它使处于革命低潮的越南革命者深受鼓舞，唤醒了印尼华侨的民族精神，激发了菲律宾、缅甸等国人民的革命斗志，直接打击了帝国主义的殖民统治。

从历史发展的长时段进程来看，辛亥革命是近代以来中国人民反侵略、求民主、图富强的标志性事件。要把辛亥革命融入更大的历史场景中去考察它对现在和未来的影响。20世纪以来，中国人民经历了辛亥革命、新中国成立和社会主义制度建立、改革开放三次历史性巨变，这三次巨变前后相承、不断前进。今天，“中国特色社会主义进入了新时代，意味着近代以来久经磨难的中华民族迎来了从站起来、富起来到强起来的伟大飞跃”。我们要洞察历史趋势，顺应历史潮流，发扬革命先驱追求民族独立、国家富强的求索精神，继续奋斗，与时俱进。这就是我们纪念辛亥革命、铭记历史伟人的意义所在。

综上所述，对于教师而言，一方面要从理论上认识“时空观念”的基本内涵和特征，尤其要理解时空与史事间的关联，才能在自己的教学中体现正确的时空观；另一方面，教师积极并持久地引导学生在“时空观念”下认识和思考历史问题，必定有助于学生“时空观念”素养的培养。

参考文献

[1] 徐蓝，朱汉国.《普通高中历史课程标准（2017年版）》解读［M］. 北京：高等教育出版社，2018.

[2] 中华人民共和国教育部. 普通高中历史课程标准（2017年版）［M］. 北京：人民教育出版社，2018.

［3］李义初．时空观念：高中历史概念教学的钥匙：以“认识文艺复兴时期的人文主义”教学为例［J］．中学历史教学，2018（10）：20－22.

［4］陆灵灵．“时空观念”素养视域下的初中课堂教学省思［J］．中学历史教学参考，2018（19）：32－33.

［5］周朝阳．建构立体的历史时空认知体系：历史时空观素养目标研究与实践探索［J］．中学历史教学参考，2017（5）：31－33.

［6］冯刚．历史核心素养之“时空观念”素养的培养途径初探［J］．启迪（教育教学版），2016（8）：41－44.

［7］马应隆，谭杰．历史时空观念四维度教学目标之探析［J］．经济师，2019（6）：194－195.

［8］李菁．核心素养下历史时空观念的培养［J］．林区教学，2019（5）：86－87.

［9］王贵喜．社会历史空间：历史唯物论的重要范畴［J］．重庆邮电大学学报（社会科学版），2016，28（4）：95－99.

［10］姚晓岚，魏恤民．历史教学中时空观念的培养路径［J］．教学月刊·中学版（教学参考），2019（9）：33－37.

地理篇

"新师范"建设丛书

核心素养导向下的区域地理必备知识的学习

广东实验中学　冯志旭

从重视“双基”到落实“三维目标”，当前，我国基础教育课程改革已经进入以培育核心素养为导向的新阶段。课程改革的核心环节是课堂改革，以核心素养为导向的新课堂改革的关键在于，教师仍需要处理好知识、能力与素养的关系。在教学实践中存在部分教师在高中地理教学中只敢谈素养、不敢讲知识的情况。笔者认为，重视地理学科核心素养的落实，不能避讳地理知识的学习，但也要认识到，核心素养导向下的地理知识学习又必然不同于传统的知识学习。本文即以高中区域地理教学为例，探讨如何处理好地理知识与地理核心素养的关系，以期更好地促进学生地理核心素养的培育和发展。

一、　区域地理教学不能避讳地理知识的学习

从当前区域地理教学的现实情况来看，高中区域地理教学一直都是让一线教师最纠结的部分。按照课程专家的设计意图来看，初中、高中教材要注重内容衔接和分工递进，初中课程重区域基础知识的学习，讲世界区域和中国区域；高中课程重原理和区域综合，故不再赘述基本区域知识，仅设置选择性必修 2 的《区域发展》，抽象理解区域核心概念、落实区域发展和区域协调等内容，树立因地制宜、人地和谐的区域协调发展观。但问题在于，大部分地区初中地理不纳入中考，学生区域基础知识薄弱，甚至不清楚我国主要山脉分布、基本地形单元位置、省份位置，世界主要国家、地区的基本概况。如果忽略这部分的现实学情，直接进行高中区域发展模块的学习，缺乏基本区域知识、原理的支持，犹如空中楼阁，会导致学生整个地理知识体系支离破碎，难以实质性地提升学生各种高阶能力和地理素养。协调好初中、高中区域基础知识和课程标准要求、高考要求、教学时间要求的关系，是当前高中区域地理教学面临的重要难题。

实际上，一线教师也意识到了这些难题。不同学校具体做法可能不同，但在实际教学中都毫不例外地进行了初中区域知识（中国地理和世界地理）的补充教学。笔者了解到对于补充的区域基础知识的处理，一般有以下几种方式：第一种，在学完选择性必修 1 后，先专门进行中国区域和世界区域的补充学习，或仅补充学习中国区域，再进行选择性必修

2 的学习；第二种，在学完选择性必修 1 后，直接进行选择性必修 2 的学习，但在教学单元中整合涉及的中国、世界区域背景知识，增强区域认知；第三种，按照教材编写的顺序，完成三本选择性必修教材学习后，补充学习中国、世界区域知识。暂不讨论各种处理方法孰优孰劣，从教材处理的共性行为来看，在核心素养立意下，大家都不避讳补充基础区域知识部分；实际上这也说明，共同的惯性教学行为必然存在内在的学习理论逻辑：素养培养离不开扎实的地理知识。

从知识与素养的理论关系上看，地理的基本概念、原理、规律、过程等基本知识是学生地理核心素养培养的基础，没有基本知识做支撑，则难以提升地理素养。从中国高考评价体系的构建来看，“必备知识、关键能力、学科素养和核心价值”是高考四大考查内容，必备知识又是所有考查内容中最基础的、所占比重最大的部分，是培养能力、达成素养的根基。

不论是从当前中学区域地理教学实际，还是从知识与素养的理论关系上看，核心素养导向下的区域地理教学，都不能避讳地理知识的学习。

二、 什么知识最有价值：“强有力的知识” 带给教学的启发

显然，在以素养立意的新课程教学中不能否认知识的重要性，但也不能过于强调知识，走向天平的另一端：以知识为中心。这就还需要我们进行这样的思考：什么样的知识最有价值？怎样选择最有价值的知识教给学生？麦克·扬（Michael Young）提出的“强有力的知识（Powerful Knowledge）”给了笔者教学的启发。

“强有力的知识”由英国教育社会学家麦克·扬最先提出。他并没有对其进行明确的概念界定，而是认为“学校课程应由人类社会最可靠、最有力的知识——学科知识构成”，这种知识是有助于发展学生高阶思维的“较好的知识”。这种理念源于英国课程改革的现实背景，并促使了 2014 年版英国课程改革的理念转变。

自英国 1999 年版国家课程标准开始，英国课程从知识导向的课程内容向技能导向转变，在学习计划中突出技能的培养；在课程知识的组织上，提出了建设“广义学科”的目标，出现了大量职业生涯指导、健康教育等跨学科主题。英国 2008 年版国家课程延续了这种课程理念，然而在实践中人们发现，过分强调技能习得造成学生在学科核心知识上的匮乏；跨学科的学习主题打乱了学科知识的内在逻辑，课程标准被赋予了过多的目标和责任，最终导致学生学业成绩下滑和社会公众对教育改革的不满。基于此，2014 年版英国课程改革出现了较为明显的“知识转向”，在课程内容的选择上，从强调技能导向转向强调知识导向；在课程知识的组织上，从强调跨学科知识转向强调学科知识；在课程设计的逻辑起点上，从强调学生兴趣转向强调学科知识；在课程学习评价的设计上，从强调知识分层转向强调知识标准。

“强有力的知识”论断的提出，属于课程改革中“知识观”的转向。当前我国正处于以核心素养为导向的课程改革新阶段，在课程改革的理念上，强调素养立意，突出学生核心素养的培育和发展，强调构建基于大概念的跨学科融合课程。显然，英国的课程改革能给我国课程改革带来经验。作为一线教师，我们更多的是处理教学中的实际问题：如何把

握素养和知识之间的关系？或许我们在课改中可以更加“冷静”，既谈以素养为引领，更新教育理念；也要以地理必备知识和关键能力为抓手，将地理核心素养落在实处。

从这个角度上来看，在教学中重视必备知识的学习应放在落实核心素养的整体框架中考虑；对知识和素养的考查可以通过中国高考评价体系联系在一起，形成知识—素养—评价的有机整体。从学习内容上看，必备知识是由学科的基本事实、基本概念、基本技能和基本原理组成的基本知识体系，低年级知识可作为高年级知识的基础，而必备知识又是所学基础知识中最具有“生长力”或“节点”的关键知识，它是其他知识依存和发展的基础，是形成关键能力和学科素养的基础。从学习方式上看，学生学的主要是各种知识，所有关键能力和学科素养的形成，都建立在知识的学习之上。从评价路径上看，必备知识是中国高考评价体系的四大考查内容之一，不论是核心价值观的实现，还是学科素养和关键能力的考查，都建立在必备知识之上。例如，有学者也认为，地理必备知识的考查路径，遵循地理学思想方法—地理学科问题—地理学科必备知识的规律。

三、 核心素养导向下的区域地理必备知识学习新特点

根据美国著名认知心理学家安德森的知识分类，可以将知识大概分为两大类，一类是陈述性知识，一类是程序性知识。初中区域地理的学习，包含大量“它在哪里”“它是什么”这一类陈述性知识，陈述性知识的核心成分是概念和规则，它是学科的逻辑结构，具有理论的色彩。高中区域地理则在陈述性知识的基础上，重在分析“这是为什么”“怎么办”这类程序性知识，它包括对内的智慧技能和对外的认知策略两大类，具有操作性、实践性、体验性的特点。如表 1 所示，对区域地理知识进行简单分类。

表 1　区域地理知识的分类

知识类型	主要特点	范围	意义	举例
区域地理陈述性知识	回答“它在哪里”“它是什么”的知识	1. 词语、名称、术语、概念或标记 2. 命题、事实或事件 3. 规律、规则或主要观点	1. 继承人类关于自然、社会及其关系的文化积累 2. 核心成分是概念和规则，是学科的逻辑结构，是正确运用地理语言、解决地理问题、提高地理素养的关键	1. 中国的国土面积 2. 季风区与非季风区 3. 天山的位置 4. 秦岭—淮河一线是中国南方和北方的分界线

续上表

知识类型	主要特点	范围	意义	举例
区域地理程序性知识	回答“这是为什么”“怎么办”的知识	1. 地理智慧技能：包括“它意味着什么”和“它为什么会这样”的知识，主要涉及地理概念、地理特征、地理规则、地理过程和地理成因等 2. 地理认知策略：包括“怎么样学”的知识，涉及获取和解读地理信息的能力、调动和运用知识的能力、描述和阐释事物的能力与论证和探究问题的能力；以及体现出的以区域认知和综合思维为代表的地理核心素养	1. 是培养地理技能、掌握学习方法、学会地理学习的关键 2. 获得从事地理学习和研究等智力活动所需要的智慧技能基础 3. 学会对个体内部的认知活动进行自我调节等的认知策略	1. 概念：大都市 2. 规则：基于自然环境差异，中国分为南方地区、北方地区、西北地区和青藏地区 3. 地理成因：青藏高原是如何形成的？ 4. 地理策略：评价产业转移对珠三角地区的影响 5. 如何用所学知识解决鄱阳湖湿地退化的问题？

从知识的构成上看，区域地理必备知识也是由陈述性知识和程序性知识构成，但它并不是所学地理知识的全部，而是在梳理高中学科学习要求、课程标准内容要求、历年高考考查的知识内容基础上，根据考试和教学实际情况系统整合、掇菁撷华而成的。因此，从地位上看，区域地理必备知识是区域地理知识体系中最关键、最重要的一部分。从教学的角度而言，这类知识也应是教学的重点，强调在教的过程中注重方法，重教的过程而非结果，遴选最核心的知识而非全部；在学的过程中注重应用，强调学生对知识的落实和掌握，突出对知识本身的生成和建构。

四、 核心素养导向下的区域地理必备知识学习建议

针对核心素养导向下的区域地理必备知识的新特点，结合个人教学实践经验，笔者提出以下几点教学建议供大家借鉴参考。

1. 重视尺度思想在区域地理陈述性知识中的应用

尺度思想是通过时空尺度变化观察理解地理事象、解决地理问题的思想，是地理重要思想之一。尺度思想也是重要的地理学科素养，重视尺度思想本质还是强调用素养来引领大量记忆性知识的学习，而不是单纯记知识。

例如，在学习初中世界地理和中国地理时，学生会因苦恼于各种烦杂无趣的区域基础知识而感到迷茫，以区域定位为例，掌握七大洲和中国的经纬度位置范围，是必备的基础知识。知识本身不难，但学生很难记住，即使记住，也是死记硬背，难以灵活使用。运用区域尺度思想，大洲作为高一级尺度区域大而泛，结合考试要求，其实不需要掌握得太精

准，知道大概范围即可，因此在教学策略上把握四个字：模糊定位。例如，记忆非洲时，学生知道最北端在30°N地中海南岸附近，而非洲气候南北对称，最南端大概在30°S，为了避免东西半球划分切割完整大陆，故最西端大概从20°W开始，最东端大概在50°E，因为纬度皆小于45°，故称小纬度；经度小于50°，故称小经度，故非洲范围模糊记忆为：小纬度，小经度（范围约在30°S～30°N，20°W～50°E）。同理，欧洲则是：大北纬，小东经（范围约纬度>40N°，经度<60°E）；而大洋洲主体位于南半球，且经度皆大于100°E，可记为：南半球，大东经。再配合手绘简易地图，学生会清楚很多。

对于中国区域定位而言，因为区域等级更低，尺度更小，在考试要求上对区域定位则细很多，所以在教学策略上还是记住四个字：分区突破。活用中国四至点，中国东西两端间经线约为110°E，南北两端间纬线约为35°N，这样就把中国分为4个部分，像数学的四个象限，中间交汇点则靠近省会城市西安。学生对象限内部区域相对熟悉，容易定位；对象限附近区域最为模糊（实际这也是区域的过渡带），所以通过分区突破，以山脉为骨架，识记重要单元相对位置，并可增加30°N/40°N，100°E/120°E等经纬线，在四个象限内再逐渐细化区域单元，最终实现分区突破的目的。

2. 挑选“强有力的区域地理必备知识”

因为每一章节的知识很多，所以在教学中要尤为慎重挑选所讲授的知识，哪些知识可略讲，哪些知识需详讲，哪些知识学生自己阅读即可理解，需要教师有一个参考的“标尺”，而课标要求、高考要求、教材要求和学生学习要求即为这把尺子参考的内容。对于课堂上的一些知识，有些可略讲的，则适当放手，让学生自己讲，自己总结，互相点评。对于重要的必备知识，除了在课堂上详讲之外，笔者在每周单元课程结束后，会整理一个本单元必备知识清单，印发给学生，对于基础薄弱、学习能力欠缺的学生可以起到巩固、提醒的作用。

3. 选择灵活多样的记忆方法

从教育心理学的角度出发，依据知识的分类不同，其学习的具体方式也不一样。像地理陈述性知识的学习，可使用精加工策略对知识进行联结、组织、展开。在教学中，笔者会通过多呈现与区域相关的图片、音视频，使学生加深对这一区域的理解；引导学生构建思维导图、框架图进行知识间的联结。像编顺口溜是很多教师进行地名、地理界线记忆的常用手法，笔者略微创新，不仅仅是教师提供顺口溜，也让学生参与顺口溜的编写。像在大洲分界线的知识学习上，学生编出“亚北美，亚北美，白令海峡流冰水”“南美南极两边隔，中间有个德雷克”这种朗朗上口、文意相符的顺口溜。对于一些程序性地理知识的记忆，特别是地理过程性思维的训练，通过出声思维，让学生来口述过程，省时高效；让优秀学生在讲台通过电子白板讲题，把自己的审题过程和作答思路展现出来，比起教师来告知审题方法，学生更易理解，更有利于学生问题解决能力的提高。

4. 选择适切的课堂教学方式

课堂教学仍是区域地理必备知识学习的主阵地，选择适切的教学方式是高效课堂教学的重要保证。传统的讲授式教学弊端很明显，但对于过难知识的学习，这种教学模式则高效省时。案例教学情境完整，由现象到原理，层层深入，但也存在案例单一或案例过多、为了探究而探究的情况。合作探究在调动学生积极性、主动性上有优势，但在参与度、探究深度、学习效率上又难以保证。目前倡导的主题区域探究和地理问题式教学，也会存在过多强调培养学生高阶能力而导致学生区域基础知识落实不足的情况。所以教无定法，真正适切的教学方式可依据具体学习内容、知识性质、学情基础而定。

参考文献

［1］钟启泉. 基于核心素养的课程发展：挑战与课题［J］. 全球教育展望，2016，45（1）：3－25.

［2］张建珍，许甜，兰伯特. 论麦克·杨的“强有力的知识”［J］. 清华大学教育研究，2015，36（6）：53－60.

［3］张建珍，郭婧. 英国课程改革的“知识转向”［J］. 教育研究，2017，38（8）：152－158.

［4］丁继昭，史辰羲. 基于高考评价体系的地理科必备知识考查路径初探［J］. 中国考试，2020（6）：14－18.

［5］吕宜平. 基于知识分类的中学地理教学策略［J］. 中学地理教学参考，2004（10）：8－9.

［6］教育部考试中心. 中国高考评价体系说明［M］. 北京：人民教育出版社，2019.

指向深度学习的地理教材知识结构化分析路径探究

——以新人教版必修教材为例

华南师范大学附属南沙中学　谢慧莹

一、 教材知识结构化分析的必要性

在新课程标准、新课程、新理念实施的背景下，地理高考在朝着考查能力和素养的方向转变，传统的“碎片化”教学方式的弊端日益显露。但在实际教学中，把知识割裂为一个个“知识点”的教学方式仍是一种常态化的存在。对于学生而言，若知识点之间缺乏联结，其习得的知识是“碎片化”的，这样就难以在完整的知识体系中深刻地认识到地理学科的思维和本质，真正习得学科核心素养。

在知识呈现海量却“碎片化”的现状下，知识结构化是实现深度学习的重要方式。叶澜认为，让学生掌握和运用知识结构，是最高效的学习方式。于教师而言，如何让这些碎片化的多元信息资源纳入自己的学科知识体系，把握住学科的本质和主线，也成为一个重要的议题。

地理教材是进行地理教学的“物质基础”。要实现结构化教学、创建结构化知识，让学生在头脑中形成科学的认知结构，教师需要先正确理解和把握教材的知识内容结构，形成系统化的教学逻辑。

目前国内研究的地理教材分析方法大部分是通过不同的维度（如背景、内外部联系、重难点分析等）建立其分析框架，鲜有学者针对教材具体内容如何分析、如何正确梳理结构进行研究。梳理出科学的知识结构是分析和把握教材的重要一环，因此本文将结合教材分析的一般方法和地理学科知识特点，进一步提出地理教材知识结构化的分析方法，并以高中新人教版必修的内容进行举例说明，以期为一线地理教师快速、精准把握教材结构提供有效的路径参考。

二、 教材知识结构化分析的理论基础

（一）地理教材知识结构特征

中学地理教材中的知识往往根据学生的认知水平做了许多简化，在内容的宏观编排上，更注重一般的逻辑，“节点”以地理概念的形式呈现，地理概念间以知识联结关系连接在一起。因此在分析地理教材的内容结构时，应先在宏观上理出主线，再进行微观结构的分析。

地理学科本身就具有其独特的内部结构。根据理论地理学的观点，地理结构主要包括地理节点和地理关联两部分。地理节点由各地理要素组成，地理关联则由地理要素间的相互联系和作用机制组成，而地理关联主要是通过物质流、能量流和信息流这三种地理流实现的。因此要厘清某一地理系统的内部结构，首先要找出地理节点（往往是地理事象），然后找出节点之间的地理关联，最后组织形成某种结构，如图 1 所示。

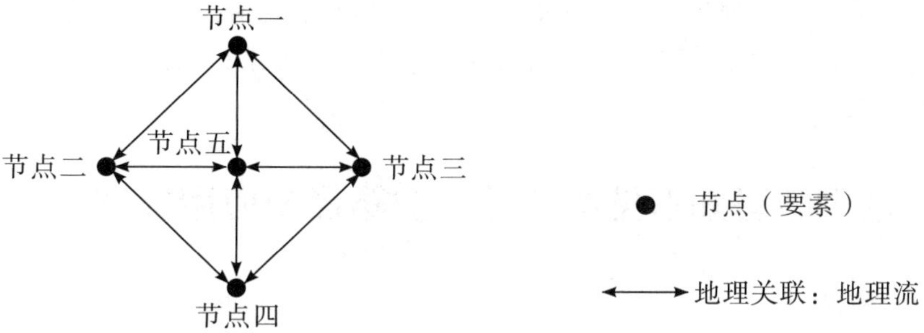

图 1　地理结构的组成

（二）地理知识线索

知识线索是地理知识联系的纽带，是掌握地理教材内容结构的关键。高中地理知识中蕴含的线索主要有以下四条。

1. 人地关系线索

人地关系是地理科学研究的核心内容，也是地理教材内容的主线，贯穿地理教学的始终。区域发展从自然状态到人类活动兴起、衰败、复兴的过程就是人地关系从和谐到矛盾对立再到和谐的过程。人地关系主要存在三种状态：人地互不干扰的和谐状态、人地冲突状态（包括人对地和地对人）、人地相互影响的和谐状态，这是寻找地理事物发展中的人地关系变化的切入口。

2. 空间线索

地理学是研究区域和空间的科学，地理事物的空间分布特征是地理学研究的一个重要方向，它不仅研究地理事物的空间分布结构，而且致力于寻找地理事物的空间差异和空间联系，揭示其空间运动和变化规律。因此，空间分布也是地理知识架构的一条主线，这一线索在地理必修第一册的内容中体现得最为明显。描述地理事物的空间分布特征主要有空间分布（包括位置、水平和垂直结构、格局）和空间运动这两种视角，这是在高中地理学

习中寻找地理事物空间联系的维度指引。

3．时间线索

地理学重视以“现在”为视角，对“过去”做认识和剖析，研究地理环境的发展演化过程，以更好地预测“未来”地理事物的变化规律。因此地理学重视从时间的纵向角度看待事物，地理知识往往也根据时间的脉络构成层级体系，这一主线在地理必修第二册的内容中体现得最为明显。

4．逻辑关系线索

逻辑联系存在于各个学科的知识体系之中，最普遍也最为复杂，如包含关系、因果关系、数量关系等，也体现在各个不同主题不同尺度的地理知识体系中。逻辑关系把知识点联系起来，构成知识链，进一步构成知识网。在分析教材内容时，以逻辑关系为线索，可以按照“知识点—知识线—知识面”构建知识体系。

（三）知识的联结关系

从微观上看，从逻辑的角度出发，组成知识网络结构的知识点间的联结关系有以下的类型：①属性关系；②种属关系；③类比关系；④演绎关系；⑤归纳关系；⑥因果关系；⑦质量互变关系；⑧对立关系；⑨空间关系；⑩物质流关系；⑪能量流关系；⑫信息流关系；⑬综合关系。

三、地理教材知识结构化分析的路径及应用探究

（一）分析路径

根据地理教材结构特征和一般的地理知识线索，可对地理教材知识进行从宏观到微观的逐级结构分解，并以思维导图为主要形式形成可视化的知识网络，路径如图 2 所示。

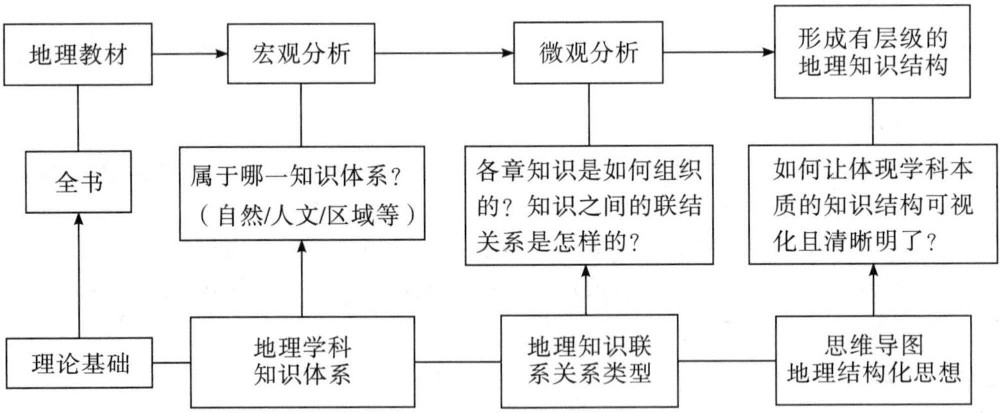

图 2　地理教材知识结构化分析路径示意图

（二）新人教版教材的应用

1．基于学科体系梳理宏观架构

对比地理科学的知识体系，高中地理的知识体系是不完整的，教材内容具有一定的选择性，只采用了个别案例去说明一些地理问题，如为了说明宇宙环境对地球的影响，只选择了太阳对地球的影响。这是为了适应中学的学情等各方面条件，不影响知识之间紧密的逻辑，但为保持学科学习的系统性和完整性，教师则需要具备完善的地理科学知识体系，站在上位的视角，在中学的地理教学中，敏锐地察觉侧重点，把地理专业知识整合为中学生可以接受的地理知识，增强学科知识教学，提高地理学科教学能力。

从内容主题来看，新人教版地理必修第一册、必修第二册的内容分别属于自然地理、人文地理的体系，而选择性必修 1 是自然地理学原理的深入，选择性必修 2 是区域地理，把自然和人文地理原理融合到区域发展的分析中，选择性必修 3 则是以资源和环境为主题，突出自然环境与人类社会的关系，落脚到国家安全和社会可持续发展。各板块的知识相互联系，又相对独立，具有从自然到人文、从原理到应用、从分析到综合的递进关系。这五本教材由浅入深地共同构建了高中地理学习的基本知识体系。必修教材与选择性必修教材内容具有明显的层次递进关系，本文主要以必修第一册和必修第二册为例，进行整本教材的宏观分析。

教师在进行整本教材的内容分析时，应首先找出模块之间、章节之间的主线，从宏观上把握知识的架构，为下级的微观知识结构的分解建立正确的起点。

必修第一册为自然地理基础。教材第一章的内容是从宇宙空间尺度的视角认识地球，然后介绍地球的时间演化过程，从大尺度的空间和时间维度勾勒出地理学的基本研究对象——地球表面；接着则是围绕地表自然环境的五大要素——大气、水、地形、土壤、生物展开；最后一章“自然灾害”主要是自然要素之间的相互作用、要素突变的现象及其对人类活动带来的影响。

必修第二册为人文地理基础，主要从人文地理要素的角度，如人口、聚落、文化、产业、交通等，介绍人文地理基础知识，最后，从人地协调发展的角度，阐述世界层面以及国家层面的发展问题。必修第一册和必修第二册共同构成了高中地理的基础知识体系。

接着，对每章的内容做分析、解读，找出其突出的知识线索，结果整理如图 3、图 4 所示。

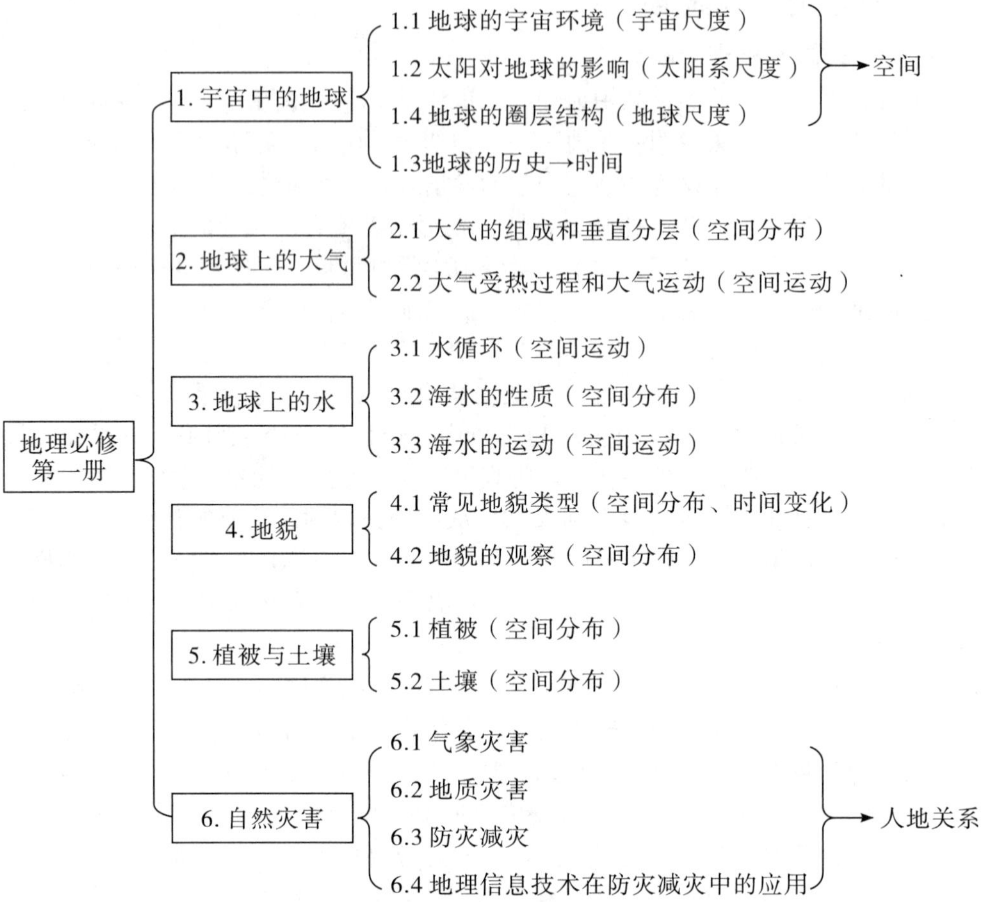

图3　2019年人教版地理必修第一册的章内容主线

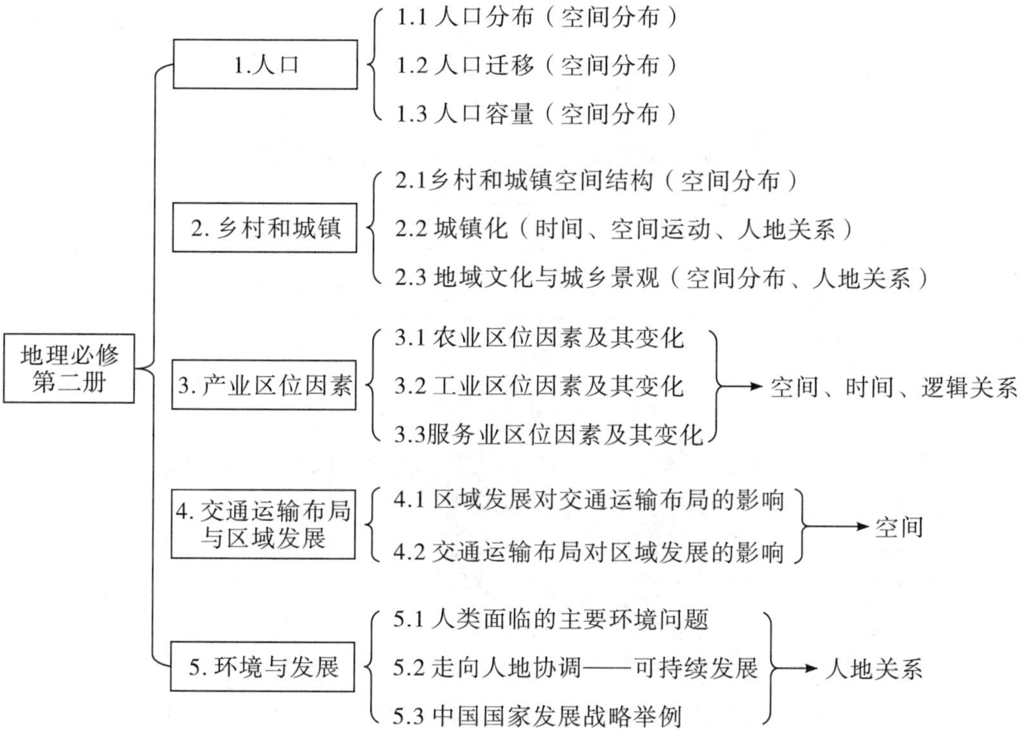

图4　2019 年人教版地理必修第二册的章内容主线

四、 基于联结关系厘清微观结构

高中地理教材的宏观架构是知识体系的骨架，在“章”的基础上，知识向下划分出每个章节内的具体内容则属于微观知识。对教材知识的结构化分析就是要从整体拆分出部分，通过知识关联分别建立知识大模块和小组块，通过人地关系线索、空间分布线索、时间变化线索、逻辑关系线索将大小组块的内容进行联系与整合，体现出结构化思维中寻找共性、重组结构、建立联结的过程。微观知识结构的建构思路与宏观框架大体一致，差异主要在于微观知识显得更加零碎，知识线索交错复杂，逻辑关系线索的运用会更多。

找到教材的“章知识”主线后，再对章内的“节知识”进行微观分析。教师利用教材进行教学时，往往是以教材中的“节知识”进行课时的划分。在解读教材每一节内容时，关键是找到知识的主线及知识的联结关系。

本文以人教版地理必修第二册第二章中“城镇化”这一节的内容为例，分析新教材的微观知识结构。首先，“城镇化”位于第二章“乡村和城镇”的第二节，因为“城镇化”是一个变化的过程，因此其最突出的是时间的主线。同时，城镇化是乡村人口、产业向城镇迁移集聚、乡村人口变为城镇人口的过程，因此也暗含着人口等要素的空间流动的线索。此外，在城镇人口不断增加、城镇面积不断扩大的要素空间流动和分布变化的过程中，人与环境的关系也在发生着变化，因此这个过程还暗含着人地关系变化的线索。

具体到“城镇化”这一节的内容，教材又铺设了四个标题（下文称“目”）的内容：城镇化的意义、世界城镇化进程、城镇化过程中出现的问题和地理信息技术在城市管理中的应用，这些内容之间又具有多重联系。（如图 5 所示）

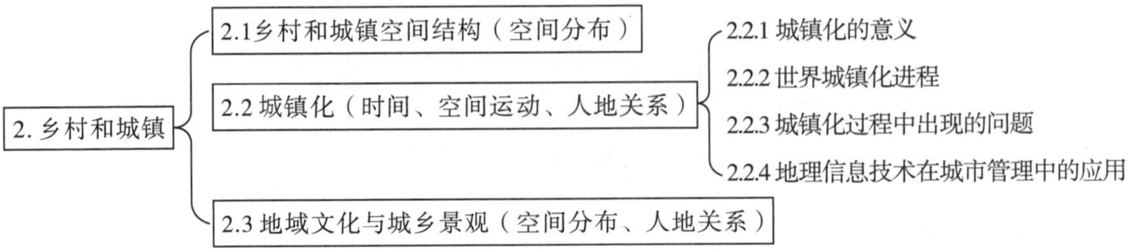

图 5　“城镇化”的章节结构

第一目“城镇化的意义”部分，首先引入了城镇化的概念，同时阐述了城镇化对于经济、资源、环境和社会四方面的意义，也就是城镇化的“利”。

第二目“世界城市化进程”部分，主要分析了不同尺度区域的城镇化过程和特点，呈现出城镇化过程的一般规律。从时间上来看，城镇化进程可以划分为三个不同阶段——初期、中期和后期，每个阶段的发展水平和特点不同。从区域来看，不同尺度区域内的城镇化水平存在着显著差异，教材分析了三种尺度地区的差异：全球尺度（发达国家和发展中国家）、大洲尺度（以非洲为例）、国家尺度（英国和中国）。但是教材在这三者的内容安排上有详略之分，并非全部放在正文中平铺直叙，全球尺度被放在“正文”突出介绍，大洲尺度放在“案例”部分，国家尺度则安排在“案例”和“活动”部分。因此这一部分突出了时间演变的主线，又包含了不同尺度区域的线索，具有显著的时空综合特点。

第三目“城镇化过程中出现的问题”部分，主要阐述了各个地方城镇化进程中普遍出现的问题，包括环境问题和社会问题两方面，这是城镇化的“弊”。而这些问题多发于城镇化速度较快的中期阶段和目前的发展中国家，这是其与前面内容的联系。从人地关系的角度看，城镇化是人类对自然环境的一种改造和干扰活动，其问题的产生其实源于干扰强度过大，造成了人地关系的矛盾。

第四目“地理信息技术在城市管理中的应用”部分，是顺着“出现问题—治理解决”的思路引出的。既然出现了问题，为了实现可持续的发展，我们就应该针对性地治理和解决，或在发生前进行预防，即通过一些方法，更加合理地规划、建设和管理城市。而地理信息技术则可以提供技术层面的帮助。

综上，“城镇化”这一节内容的微观知识结构由多种知识线索联结，“节”与“目”、“目”与“目”以及“目”以内的知识联系都是十分紧密的。教师在进行教材分析时，不能只简单地按照教材上的内容笼统建立起一般的“形式逻辑”，而要把其内隐的知识关系线索找出来，才能把握其本质。

五、 小结与讨论

本文主要提出了这样的教材结构化分析方法：分析教材的内容结构首先应该从宏观上抓住知识主线，寻找人地关系、空间、时间和逻辑关系线索，搭建大框架，然后再从微观层面对单个知识点进行解读，从 13 种知识关系中寻找知识点之间的联结关系，从而建立起紧密的地理知识网络，并以结构图的形式表达出来。但在应用过程中还有以下问题需要注意：

（1）结构图不是简单的多点罗列，而要体现知识之间的相互关系，体现出地理学知识的结构特点，如时空综合、要素综合、区域尺度。

（2）经过对章节知识宏观和微观结构的分析，可形成本节的知识结构图（如图 6 所示），确立结构化教学的正确起点。但对于教师的实际教学而言，不可能直接把如此复杂的综合知识结构照搬给学生，一是内容复杂、信息量过大，对于学生来说消化难度较大，课堂时间不允许；二是学生的有效学习需要经过自主构建的过程，而学生的构建往往是有偏差的。因此如图 7 所示的知识结构图更适合作为教师心中的导引图，不能直接以板书或课件的形式教授给学生。

（3）教材上呈现的知识逻辑结构并不一定就是非常严谨或完整的，教师可以结合地理科学的知识体系、地理知识的关系线索以及学生的学情，对教材上的内容进行适当的重组、调整或补充，在教学的过程中给学生呈现出更佳的知识结构。

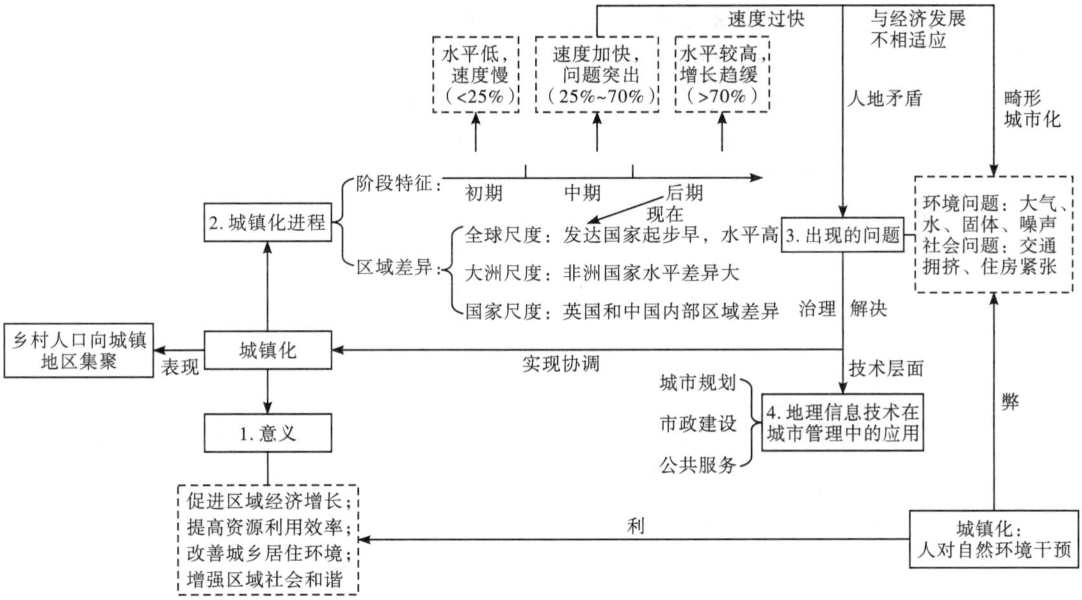

图 6　“城镇化”内容的微观知识结构

参考文献

[1] 叶澜. 重建课堂教学价值观 [J]. 教育研究，2002，23（5）：3－7，16.

[2] 林培英. 对高中地理核心素养中“综合思维”的理解（连载二）[J]. 地理教育，2017（9）：4－6.

[3] 夏灵，苏迎春，黎明. 单元教学设计理念下的地理教材分析方法研究：以人教版新教材“水循环”为例 [J]. 地理教学，2021（4）：16－20.

[4] 牛文元. 理论地理学的内涵认知 [J]. 地理研究，1988，7（1）：1－11.

[5] 吴文成. 地理结构思维的概念、模型与教学策略 [J]. 中学地理教学参考，2018（5）：22－26.

[6] 林晶瑶. 高中地理教学中的地理结构化思维建构研究 [D]. 昆明：云南师范大学，2018.

[7] 黄静儿. 基于地理知识链生成的线索式教学 [J]. 中学地理教学参考，2014（15）：37－38.

[8] 焦秋生. 地理教育心理学 [M]. 北京：首都师范大学出版社，2014.

基于大概念的高中地理教学路径探究

东莞市第四高级中学　蔡凤武

一、 大概念的概念

（一）大概念的概念

目前对大概念的表述很多，如英国科学教育学者温·哈伦认为，它是“能够用于解释和预测大范围自然界现象的概念”。综合布鲁纳、威金斯等人的观点，以及结合笔者的思考，笔者认为，大概念是对知识、现象、原理、规律、方法、思维、能力、观念等的高度抽象总结的表达形式，能够反映事物的本质，具有共性、层级性、统领性。大概念是所有学科通用的，图 1 是基于大概念构建的概念层级体系模型。

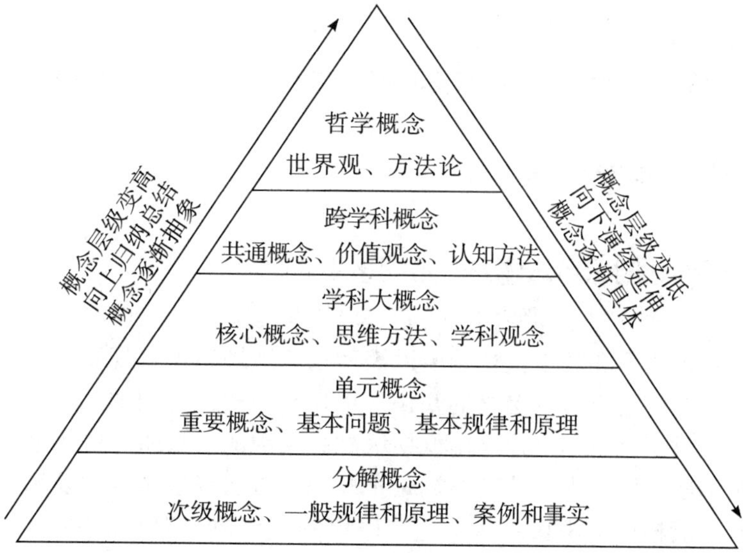

图 1　基于大概念的概念层级体系模型

（二）地理大概念的表现

地理大概念包含了地理的基本知识、基本原理、基本方法、基本能力和基本素养等，同时地理学科还必然与其他学科发生各种联系，跨学科的知识、能力和原理等必然出现在地理学科中，因此地理教学虽然主要是地理教学，但并不是孤立存在的。比如在讲蒸发这一基本现象和原理时，也必然会涉及物理、化学、生物等学科知识和方法，这样才能触及蒸发的本质。图2展示了基于大概念的地理概念内部及其与其他学科大概念的关系。

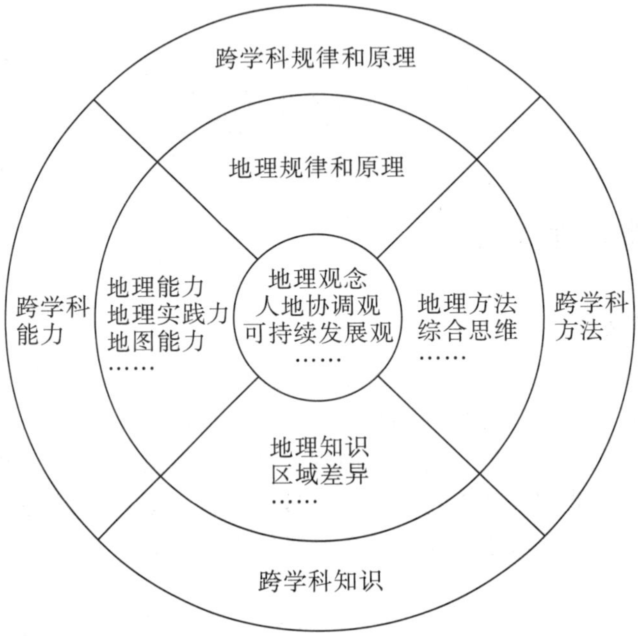

图2　基于大概念的地理概念内部及其与其他学科大概念的关系

二、 大概念教学的优势

（一）有利于构建知识方法体系，方便学生记忆

大概念能反映地理事物之间的相互关系、层级从属关系，从而能帮助学生厘清事物之间的关系，构建知识体系。学生记忆难原因表面在于地理知识、规律原理等比较繁杂，实质上是学生没有对这些处于最低层级的知识、规律和原理进行归纳总结，没有形成统一的思想方法。当然，没有自下而上建立由低层级到高层级的清晰明了的体系，学生也难以从高层级向低层级调取运用知识。这就好比是把知识、方法等按照各种逻辑放在各自的记忆宫殿中，运用时才能根据某逻辑主线快速准确地调用相关知识和方法。比如学到农业时，学生能从记忆宫殿中调取农业的类型、分布、区位、生产过程、产生的问题、可持续发展的措施。遇到题目问的是措施时，学生能调取自然灾害、人口管理、农业生产、工业生产、交通工程建设等相应的措施。

（二）有利于触及地理基本原理，减少无效重复教学

对于黄土高原水土流失严重的原因，2004年版中图版必修三教材中列举了“地貌形态的不稳定与黄土易侵蚀性”“降水集中多暴雨”“植被稀少”“人类在长期农业生产过程中，黄土高原大面积的森林和草原被毁掉，地表抗侵蚀性大大减弱……其次是不合理用地，如过度开垦、过度放牧、乱伐树木、开矿及无计划地修建窑洞等”等，然而，在面对2018年地理全国卷Ⅱ第10、11题时，学生按照这个思路显然是回答不出的。

10．第5次降水产生洪峰原因是此次降水（　　）

①历时长　②强度大　③下渗少　④植被截流少

A．①②　　B．②③　　C．③④　　D．①④

11．第6次降水产生的洪水含沙量极高，其泥沙主要源于（　　）

A．河床　　B．沟谷　　C．裸露坡面　　D．植被覆盖坡面

究其原因，教材只是把水土流失的因素和影响罗列了一遍，并没有触及水土流失的本质。图3是基于大概念的水土流失的思维导图，同样是这些点，最终体现的答题要点是一样的，但是思考过程和方式完全不一样，这样讲清楚了基本原理。和流水作用、水循环结合起来，触及了水土流失的本质就是流水作用的原理，再向上归纳，就是物质和能量的运动，其取决于物质的特点和能量的特点，这就是用大概念的方法教学。学生理解基本原理后，教师可以大量减少无效重复教学，也能做到以不变应万变。

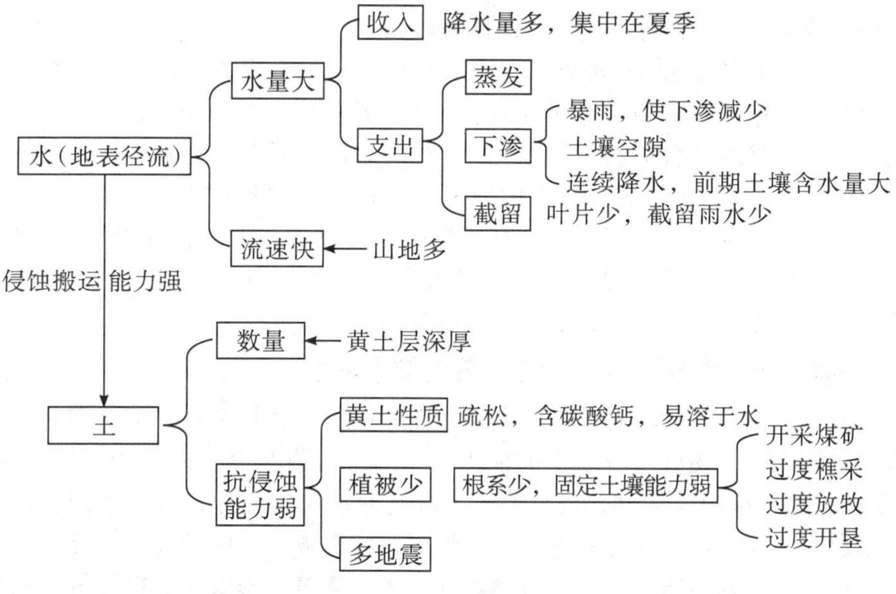

图3　水土流失的基本原理

（三）有利于厘清概念之间的关系，开展地理的深度教学和广度教学

在进行概念梳理时，教师应一层层向下深挖剖析概念，从而弄清楚下一层级的概念，进行深度教学。比如2021年地理全国Ⅰ卷第36题第（3）问“分析该品牌咖啡馆布局在

商业繁华地段和高级写字楼地区的目标消费人群”，这题考查的是服务业的区位因素中的市场因素，具体考查的是市场这一概念的下一级概念。所以教学中把重点常考的概念分析到其下一级概念时，就实现了地理的深度教学。

教师在教学中进行概念梳理时，会出现很多同级概念，如学习到水土流失这类生态问题时，土地荒漠化、森林减少、湿地减少等都属于同级的内容概念，因此，在完成水土流失相关内容的教学时，可以拓展这些同级的内容，实现地理的广度教学。

（四）有利于地理考情考向分析，开展原创试题预测命制

在教学中，教师讲到某个知识点时，会搜集相关高考试题，对这些试题的考情考向进行汇总分析，找出其中的规律方法，就能预测高考考查的方向、方法，减少盲目备考。考查方向清晰后，就要开展原创试题命制，从而提高备考的精准性。比如高考之前各地市的模拟题，对于预测高考题还是有比较大的作用。

三、 利用大概念进行有效教学的路径

（一）破除单一的教学目标，树立多元的教学目标

传统的教学目标大多比较单一，主要是指向知识、应试能力的目标，是教师根据大纲来设置的，教师的任务就是想方设法让学生达到目标，学生没有主动权，是标准的“要我学”，而非“我要学”。所以在传统的教学目标的指导下，填鸭式教学成为单一的、主要的方法，应试成为单一的目标，这是要破除和改变的。

大概念教学下的多元化目标，除了包含传统的知识目标以外，还包括德育、体育、美育、劳技教育等，比如《中国高考评价体系》中明确指出：“高考评价体系是落实立德树人根本任务、发展素质教育的科学系统。”立德树人放在教学目标的首位。2020 年 7 月，《教育部关于印发〈大中小学劳动教育指导纲要（试行）〉的通知》中提到，要树立正确的劳动观念，具有必备的劳动能力，培育积极的劳动精神，养成良好的劳动习惯和品质。劳动教育主要包括日常生活劳动、生产劳动和服务性劳动中的知识、技能与价值观。所以，在教学中，教学目标的制定除了应对考试外，还要多元化。

（二）破除单一的教学依据，树立多元的教学依据

传统的教学依据主要是教材和考试大纲，而考试也与教材紧密相关。但是现在的考试除了考查必备知识外，还会考查学生的能力、素养、价值观等。以 2021 年广东地理高考试题第 20 题“环境保护”为例，该题关注青藏高原环境的变化，其变化的直接原因是全球变暖，试题引领我们在全球变暖这一大背景下对生态脆弱地区的关注，除了考查基本的知识和能力外，还很好地体现了人地协调观这一核心素养。如果还是以传统的教材和考试大纲作为教学依据，显然跟不上时代的发展，因此要坚决予以破除。

我们要树立多元化的教学依据，结合教材，按课程标准定教学目标，参照高考评价体系，使教学依据多元化。利用课程标准上课，而非教授教材，这是大概念教学的特点，教材只是一个案例，教学完全可以脱离教材，只要达到教学目标即可。课程标准的表述本身就是一个大概念，而教材给的案例只是尽量体现这个大概念的要求，传统教学的内容只

是一个小概念，所以往往会出现学生说的“地理学的不考，考的没学”的现象。究其原因，考试时不是不考这个案例，而是考查了相关知识能力和素养。比如《普通高中地理课程标准（2017 年版）》“1.4　通过野外观察或运用视频、图像，识别 3～4 种地貌，描述其景观的主要特点”。2019 年中图版高中地理必修第一册讲了流水地貌、海岸地貌、风沙地貌、喀斯特地貌、冰川地貌，2019 年人教版高中地理必修第一册讲了喀斯特地貌、河流地貌、风沙地貌、海岸地貌，两本教材选取的地貌类型有差异，内容也有差异。作为教师，到底是按照教材来讲，还是在教学中增加其他地貌的内容？如果按照教材教学则可以不用讲，但如果按照课程标准这一大概念教学方法则可以讲。

（三）破除单一的教学过程，树立多元的教学过程

传统教学过程是以教师讲授，学生被动接受为主，所有的教学活动基本都是在教室内完成的，这样的教学过程陈旧，效果不好，甚至应试效果都不好。而现在国家倡导素质教育，立德树人，教师必须要破除传统单一的教学过程，树立多元的教学过程。传统的教学内容主要是以知识为主，现在除了知识以外，还要提高学生的学科素养，树立正确的学科观、世界观和人生观，做一个道德高尚的社会主义接班人。大概念教学能较好地统摄多元的教学过程。

1. 利用大概念构建知识体系，重新组织地理大单元教学

在新课教学时，我们会做课外延伸，向深处拓展，那么新课程标准就制定了教学拓展延伸的边界。在复习课时，我们会发现单元知识是重叠交织的，按照目录顺序的单元教学总是无法拓展加深，难以达到考试的要求。这时候需要以某个单元核心概念为准，把与之相关的低层级的概念重新组合构建成知识体系相对完整的大单元。以《普通高中地理课程标准（2017 年版 2020 年修订）》的新课程标准为例，比如涉及与工业相关的内容时，课程标准的内容要求有“必修第二册：2.5 结合实例，说明工业、农业和服务业的区位因素”，“选择性必修 2：2.4 以某地区为例，分析地区产业结构变化过程及原因；2.5 以某资源枯竭型城市为例，分析该类城市发展的方向；2.7 以某区域为例，说明产业转移和资源跨区域调配对区域发展的影响”，“选择性必修 3：3.1 结合实例，说明自然资源的数量、质量、空间分布与人类活动的关系；3.2 以某种战略性矿产资源为例，分析其分布特点及开发利用现状”。教师利用工业这一单元核心概念统摄整合，再利用工业的生产过程及治理把这 6 个相关内容整合在一起，用大单元的形式把它们重新组合构建来上复习课，则知识体系化明显增强。图 4 是基于大概念的工业大单元教学设计体系思维导图。

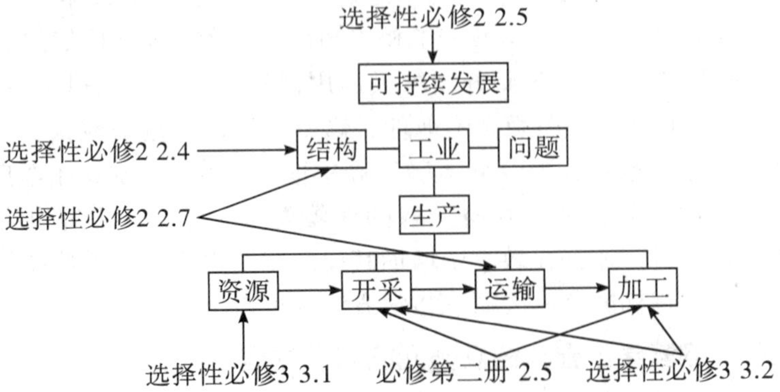

图4　基于大概念的工业大单元教学设计体系思维导图

以某个核心概念构建的大单元教学，在复习课、微专题教学、主题式教学、项目式教学中使用得非常广泛和便捷。在以试题为评价载体的高考试题中，每一个题组都有一个核心概念，题目就是围绕这一核心概念展开的，比如2021年广东地理高考试题第12～14小题，核心概念是“辐射逆温”，第12题是辐射逆温形成的地形因素，第13题是辐射逆温形成的时间和天气，第14题是辐射逆温形成的动力机制。所以在高三的复习课中就应该围绕某个核心概念来建立微专题，加强知识之间的联系，这样复习效果就会比较好。

2．利用概念进行归纳总结，得出地理基本原理规律

高中的地理教学中，有很多的地理事实、案例、原理、规律，并且在教学中还会延伸出很多的同类案例、相反的案例，考试中有海量的题目，而且每年都会出现新的题目。如何应对这些事实与案例呢？其实解决地理问题的基本原理、基本规律、基本方法、基本能力和基本观念相对比较固定，数量也相对比较少，所以一旦掌握了基本规律，去应对形式变化多端的地理案例、地理试题，教学就会轻松很多。利用概念进行归纳总结，可以是知识的归纳，也可以是方法的归纳。比如高中地理学习和考试中，考查农业上的覆盖类这一技术措施的题目比较常见，类型也有很多，如覆盖地膜、秸秆、砂石，培土，覆盖积雪等。既然都是覆盖类，不同的是覆盖材料和覆盖方式，相同的是覆盖这一基本方式，那就可以用覆盖这一核心概念去归纳总结。

覆盖技术是农业技术措施的一种，还可以用农业技术这一大概念来归纳，所有的农业技术都有改善作物生长的自然条件、优化生产过程和方式、减少投入和增加产出、减少农业生态问题等作用。再比如，区位是必修第二册的基本原理，包括人口分布、工业、农业、交通等，它们的区位分析的方面、路径都是一样的。这样利用大概念进行归纳总结后，把复杂多变的小概念整合到一起，得出了具有共性的大概念，触及地理的基本原理和规律，使得学生把握本质，大大减轻了记忆量，还能以不变应万变，学习过程变得轻松而准确。

3．利用概念向下演绎，开展地理深度教学

地理概念是有等级差异的，地理概念也可以从高等级的概念向低等级的概念演绎，从而全面理解这个高等级概念。可以是发散式的演绎，比如农业，可以从农业的概念、类型、特征、区位、问题、可持续发展等方面进行演绎；也可以是单链式的演绎，比如农业

区位—自然条件—气候—热量—最低温。

4. 善于利用同级概念，进行教学的有效迁移

同级的概念，可以是同级的知识概念，也可以是同级的方法概念。同级的知识概念，比如南美洲大陆西岸秘鲁寒流因为处于信风的背风坡从而形成上升流，形成渔场，那么类似的索马里半岛夏季盛行西南离岸风也能形成上升流从而形成渔场，同理，岛屿的背风坡一侧呢？台风会搅动海水，也会形成上升流，台风后也可以增加渔获。把海洋变成湖泊呢？除了自然的上升流，可否人造上升流呢？比如日本在海底人工制造上升流，来增加渔获。从方法层面来看，分析气温的变化时，可以从大气热量的收入、支出来分析，那么分析河流水量变化时也可以从水量的收入、支出来分析，同样湖泊的沙量、湖泊的污染物、大气中的污染物、三角洲面积的变化、土壤有机质的含量变化等也可以用这一方法，扩大到自然界物质和能量的迁移都可以用这一方法。这都属于同一个方法的教学迁移，可概括为“收支平衡理论”这一大概念的教学方法。

5. 全面了解学生学情，开放调整教学设计

传统的教学设计是根据课程标准、考试大纲来进行的，但这脱离了学生的学情，必然使得教学设计中的重难点和学生实际学习的重难点难以匹配，导致的结果就是重点讲的内容学生可能已经明白了，而学生不明白的地方反而没有讲到。为了有效教学，全面了解学情是教学设计的前提和基础。除了在课前了解学情，课堂也是了解学情的重要环节，比如可以通过提问这一常见方式了解学情，但是要注意问题的设计，正如英国科学教育学者温·哈伦所讲的，提问时“所提的问题要鼓励学生去阐明他们的思想，而不是智力测验类型的题目，只期待学生给出正确的答案（如可以问‘你想到的的是什么?’而不是问‘什么是……?’)”，问“什么是……?”其实教师已经预设了答案，教学的目的是要学生直接生成答案，“问你想到的是什么?”则是在了解学生基础，然后根据学生回答去判断学生学情，再根据学情灵活地调整接下来的教学。学生的学情千差万别，大概念的教学设计必然是大容量、开放式的教学设计。

6. 创设一个主题情境，统筹串联课堂教学

教材中的内容往往是主干知识，缺乏完整性，因此实际的教学还会搜集一些素材作为补充，或者为了课堂需要，会利用另外的素材。为了使教学形神都不散乱，需要一个情境来统领教材内容、素材内容，要做到一“境”到底，这个情境其实就是一个大概念，利用教学中设置的情境这个大概念组织教学，有效地将材料统领起来，形神统一。比如讲到必修第二册农业区位因素这一内容时，可以创设一个学生比较熟悉的乡土区域的某个具体的农作物，该乡土区域的这一作物就成为了本节课堂的学习主线，就是说的该区域这一作物成为统摄本节课的大概念。主题探究式教学、项目式学习都属于大概念的教学方式。

四、 破除单一的教学评价， 树立多元的教学评价

传统的教学评价主要是通过作业、考试的形式来进行的，基本上都是纸质作业。大概念的教学评价多元化，比如作业除了练习册、试卷之外，还可以是在黑板上写出答案、课

堂上回答问题、画地图、画思维导图、课后撰写地理考察报告、撰写地理小论文、完成地理实验、制作地理道具、撰写阅读之后的读后感、上讲台讲解等形式。2021 年北京地理高考题第 16 题第 3 问“绘制统计图，并说明梯田面积变化对梯田减沙的影响”就是做了很好的示范。除了分数以外，还要评价素养、能力，是否树立正确的人生观、价值观。这些在新的高考评价体系中有明确的要求，也要去落实。

总的来说，高中地理内容复杂多样，考试评价维度多样，教学方法多样，看起来纷繁复杂。大概念教学可以统筹多样的教学内容、教学方法，更加精准、有效地提高教学，也能减轻学生学习负担，提高学习效率。

参考文献

［1］哈伦. 以大概念理念进行科学教育［M］. 韦钰，译. 北京：科学普及出版社，2016.
［2］教育部考试中心. 中国高考评价体系［M］. 北京：人民教育出版社，2019.
［3］中华人民共和国教育部. 普通高中地理课程标准（2017 年版 2020 修订版）［M］. 北京：人民教育出版社，2020.